모두를 죽이려면
여기를 클릭하세요

KB037193

모두를 죽이려면 여기를 클릭하세요

TMI, 초연결 네트워크 사회의 보안과 생존 전략

브루스 슈나이어 지음 김상현 옮김

i!i
에이콘

지은이 소개

브루스 슈나이어 Bruce Schneier

'세계 최고 권위의 보안 전문가 중 한 사람(「와이어드Wired」)'이자 '보안 분야의 구루(「이코노미스트Economist」)'로 꼽히며 지금까지 13권의 보안 관련 서적을 출간한 베스트셀러 저자이기도 하다. 세계 유수의 보안 관련 콘퍼런스와 이벤트에 기조 연설자로 초대받으며, 보안 전문 블로그 'Schneier on Security(https://www.schneier.com/)'와 관련 뉴스레터는 전 세계적으로 25만 명 이상의 구독자를 갖고 있다. 하버드대학교의 케네디스쿨과 버크만 클라인 인터넷 소사이어티 센터Berkman Klein Internet Society Center의 연구원이자 강사로 활동하며 IBM 시큐리티의 특별 고문이자 전자프론티어재단EFF, Electronic Frontier Foundation, 액세스나우AccessNow, 토르Tor 프로젝트의 이사회 멤버다.

감사의 글

그동안 십수 권의 책을 펴냈으니 이제는 책을 쓰는 틀이 잘 잡혔을 것이라고 독자들은 생각할 것이다. 설령 그렇다고 해도 책마다 다르다. 특히 이 책은 『당신은 데이터의 주인이 아니다 Data and Goliath』를 펴낸 다음 너무 일찍 시작했고, 그래서 글을 쓰기 시작할 때 여러 번 헤맸다. 때문에 2017년 여름 집필을 시작해 2018년 3월 말이 돼서야 최종 원고를 넘길 수 있었다.

나의 최근작들에 힘을 보탠 이들은 이 분야의 전문가들이다. 이 책을 펴내는 데도 힘을 모아 주었다. 캐슬린 사이들은 빼어난 연구자로 문장의 표현에도 거시적, 미시적 관점에서 훌륭한 감식안을 가지고 있다. 베스 프리드만은 지난 20년 동안 내가 쓴 모든 글을 교열해왔기 때문에 나와 내 문체를 훤히 꿰고 있다. 베스가 없다면 어떻게 이 일을 해낼 수 있을지 상상하기 어렵다. 베스는 내가 원고를 출판사에 넘기기 전에 글을 검토할 뿐 아니라 이후에도 출판사 측 교열 담당자와 작업하기 때문에 내가 끼어들 필요가 없다. 마지막으로 레베카 케슬러는 집필 최종 단계에서 새롭게 바뀐 내용을 반영한 편집 작업을 해줬다. 케슬러의 역할은 더없이 중요했다. 이들에 더해, 작업 후반에 뛰어들어 추가적인 연구와 요약을 도와준 캐서린 맨스테드에게 감사를 전한다.

초기 원고의 전체나 일부를 읽고 의견을 준 분들의 이름을 여기에 적는다. 이들 덕택에 실수를 바로잡고 모호한 논리를 개선해 책의 완성도를 높일 수 있었다. 마이클 애덤, 로스 앤더슨, 스티브 배스, 마이클 브레넌, 존 브루스, 코디 샤레트, 존 데이비스, 주디스 도나스, 노라 엘링슨, 미케 에오양, 그렉 팔코, 휴버트 파이러, 존 푸세크, 브레트 프리시만, 블레어 갠슨, 제이슨 기피, 잭 골드스미스, 클로이 굿윈, 새라 그랜트, 엘더 하버, 빌 허든, 트레이 헤르, 크리스토퍼 아이젠트, 안드레이 재프, 다니엘르 킬, 엘리어트 킴, 시아 킹, 조너선 콘, 나디야 코치유크, 알렉산더 크레이, 리디아 리클라이터, 알리시아 맥도날드, 대니얼 미슬러, 애덤 몬트빌, 키 네더리, 데이비드 오브라이언, 크리스튼 페인, 데이비드 페리, 스튜어트 러셀, 마틴 슈나이어, 닉 사이나이, 내서니얼 소블, 해나 솔로몬-스트라우스, 랜스 스피츠너, 스티븐 테일러, 마크 밴 자델호프, 아룬 비시와나트, 새라 M. 왓슨, 제라드 웨버, 톰 휠러, 벤 와이즈너. 이들이 아니었다면 이 책은 훨씬 더 형편없었을 것이다. 과장이 아니다.

W.W. 노턴은 최고의 출판사다. 최초 편집자인 제프 슈리브와 그 후임인 브렌던 커리에게 감사한다. 집필에 대한 계획이 제대로 영글기도 전에 계약서에 서명을 한 탓에 어려움이 많았고 첫 마감 기한도 지키지 못했지만 제프는 인내심을 갖고 나를 도와줬다. '내 담당 편집자는 나에 대한 믿음을 잃지 않았다'라는 말은 진부하게 들리겠지만—그리고 솔직히, 그의 머릿속에 어떤 생각이 있었는지 전혀 모르지만—실제로 제프는 나에 대한 믿음을 잃어버린 적이 결코 없다고 주장했다. 그리고 노턴출판사는 마감 기한을 어긴 뒤 선급금을 되돌려주겠다는 내 제안을 고사했다. 브렌던 커리는 그보다 좀 더 쉬운 상황을 맞았을 것이다. 제프의 후임으로 왔을 무렵, 나는 실제로 집필 작

업에 진전을 보이고 있었다. 하지만 출판 과정에서 내가 원고를 뒤늦게 넘기는 바람에 노턴 측의 시간 압박이 커질 때마다 그가 보여준 작업 수완은 본보기가 될 만했다.

제프와 브렌던과 마찬가지로 수전 라비나는 최상급 출판 대리인이다. 업무가 계약을 협상하는 일뿐이라면 누구든 할 수 있을지 모른다. 하지만 나는 수전을 통해 나 자신과 출판사 사이에 누군가를 중개인으로 갖는 일이 얼마나 중요한지 거듭 깨닫고 있다.

하버드대학교—특히 버크만 클라인 인터넷 소사이어티 센터, 벨퍼과학 및 국제정세센터의 사이버 보안 프로젝트 그리고 하버드대 케네디행정대학원 전반—에도 내가 집필하고, 강의하고, 가르칠 수 있는 자리를 제공해준 데 감사한다. 거기서 만난 동료와 친구들은 소중한 수확이었고 그들이 전해준 아이디어와 통찰은 이 책에 상당 부분이 반영됐다. 내 주요 직장인 리질리언트 시스템(훗날 IBM 리질리언트로, 이어 IBM 시큐리티의 일부로 편입됐다)에도, 이 책을 쓰고 출판할 수 있도록 시간을 허락해준 데 감사한다.

이 책을 쓰는 동안 나를 기다려준 21년째 인생의 동반자 아내 캐런 쿠퍼와 모든 친구와 동료들에게 고마움을 전하고 싶다. 나는 내가 쓴 원고들과 유독 더 상호의존적인 관계인 것 같다. 집필 작업이 순조롭게 진행되면 내 마음도 괜찮다. 글이 잘 안되고 어려움을 겪으면 내 심정도 참담하다. 전작들처럼 이 책을 쓰면서도 굴곡이 많았다. 독자 여러분의 인내와 친절함에 감사드린다.

옮긴이 소개

김상현

개인정보보호와 프라이버시 전문가로, 캐나다 온타리오 주정부와 알버타 주정부 등 여러 부처에서 정보공개 담당관, 개인정보 보호 책임자, 프라이버시 관리자 등으로 일했다. 2013년부터 브리티시콜럼비아주의 공공 의료서비스 기관 중 하나인 퍼스트네이션 보건국First Nations Health Authority, FNHA의 정보공개 담당관 겸 프라이버시 관리자로 일했고, 최근 캐네디언 웨스턴 뱅크CWB의 최고프라이버시책임자CPO로 이직했다. 개인정보보호와 프라이버시 분야의 자격증인 CIPP/C(캐나다), CIPT(IT 분야), CIPM(관리), FIP(정보 프라이버시 펠로) 등을 취득했고 현재 요크대학교 오스굿홀 로스쿨 대학원에서 프라이버시와 사이버 보안을 공부하고 있다.

2001년 캐나다로 이주하기 전까지 10여 년 동안 「시사저널」, 「주간동아」, 「동아닷컴」, 「한경닷컴」 등에서 기자로 일했다. 저서로 『인터넷의 거품을 걷어라』(미래M&B, 2000), 『디지털 프라이버시』(커뮤니케이션북스, 2018), 『유럽연합의 개인정보보호법 GDPR』(커뮤니케이션북스, 2018)이 있고, 번역서로 『디지털 휴머니즘』(에이콘, 2011), 『통제하거나 통제되거나』(민음사, 2011), 『불편한 인터넷』(에이콘, 2012), 『똑똑한 정보 밥상 Information Diet』(에이콘, 2012), 『디지털 파괴』(문예출판사, 2014), 『보안의 미학 Beautiful Security』(에이콘, 2015), 『공개 사과의 기술』(문예출판사, 2016), 『에브리데이 크립토그래피』(에이콘, 2018) 등이 있다.

옮긴이의 말

"모두를 죽이려면 여기를 클릭하세요. Click Here to Kill Everybody"

책 제목으로 이만큼 강렬한 낚시성 제목도 드물 듯싶다. 저자인 브루스 슈나이어도 이를 인정했다. 하지만 그런 센세이셔널한 제목에도 불구하고, 그것이 경고하는 핵심은 여전히 유효하다. 머지않아 제목과 같은 상황이 발생할 위험성도 충분히 존재한다는 것이다. 우리의 컴퓨터와 인터넷 환경은 클릭한 번으로 수많은 인명을—'모두'는 아니더라도—살상할 수 있는 세계로 나가고 있다.

그런 흐름의 중심에 '모든 것의 컴퓨터화'가 자리 잡고 있으며, 더 구체적으로는 '인터넷에 연결된 컴퓨터화'다. 이제 오븐은 음식을 데우는 컴퓨터다. 냉장고는 냉장 보관 기능을 갖춘 컴퓨터이고, 카메라는 렌즈와 셔터가 달린 컴퓨터이며, 현금자동인출기ATM는 현금이 보관된 컴퓨터다. 소위 '스마트 전구'는 누군가가—혹은 다른 컴퓨터가—전원을 켜면 조명이 되는 컴퓨터다. 자동차는 어떠한가? 이제는 네 바퀴와 엔진을 가진 20~40개의 컴퓨터가 서로 연결돼 구성된 컴퓨터 시스템이라고 보는 편이 더 타당하다. 브레이크를 밟으면 마치 운전자가 물리적으로 승용차를 정지시키는 것처럼 느껴질지 모르지만 실상 운전자는 브레이크에 전자 신호를 보낼 뿐이며, 페달과 브레이크 패드 사이에는 더 이상 기계적인 연결이 존재하지 않는다. 이미 우리 몸의 일부처럼 변해버린 스마트폰은 두말할 필요도 없다.

(인터넷과 연결된) 모든 것의 컴퓨터화는 우리 몸에도 내장될 것이라고 저자 브루스 슈나이어는 전망한다. 심장병 환자가 쓰는 심박조율기나 당뇨병 환자용 인슐린 펌프, 정기적으로 복용해야 하는 알약, 심지어 콘택트 렌즈까지 컴퓨터화하고 '스마트'해질 것이다. 가령 스마트 콘택트 렌즈는 렌즈를 낀 사람이 바라보는 곳에 관한 정보를 표시할 뿐 아니라, 신체의 포도당 수준을 모니터하고 녹내장 여부도 진단할 것이다. 손목에 차는 피트니스 트래커는 우리 몸의 상태를 점점 더 정확하고 상세하게 감지할 것이다.

우리 삶의 질과 편의성을 더 높이기 위해 이런 흐름에 이른 것이지만 그 이면의 부작용도 만만찮다. 모든 것이 인터넷에 연결돼 원격 조종이 가능한 만큼 악의적인 해커나 정부의 스파이가 이를 악용할 위험성도 그에 비례해 증폭된다. 브루스 슈나이어가 주목하는 것은 바로 이런 이면이다. 인터넷에서 클릭 한 번이면 수많은 인명이 살상될 수 있는 위험이다. 이 위험은 온갖 기기의 컴퓨터화 속도를 미처 따라잡지 못하는 보안의 취약성 때문에 더욱 높아진다. 설상가상으로 기업이나 정부는 무엇이든 컴퓨터화하고 인터넷에 연결하려 계획하는 초기 단계에서 '보안'이라는 중대 변수를 경시하거나 아예 무시해버리기 일쑤다. 때로는 의도적으로 보안에 허점을 만들기까지 한다.

슈나이어는 우리의 인터넷과 컴퓨터가 이제는 자동차업계나 항공업계, 제약업계처럼 인명 살상의 잠재적 위험성을 갖게 됐다고 지적한다. 이처럼 새롭게 발전되고 확장된 소위 '인터넷 플러스Internet+' 환경은 더 이상 방임 상태로 내버려 둘 수 없다고 강조한다. 3D 프린터를 통해 간단히 권총을 제조하고, 자율 주행 차를 해킹해 사고를 유발하고, 생체 프린터로 치명적인 바이

11

러스를 유포하는 등 책 제목과 직결되는 몇 가지 사례는 그런 주장의 적실성을 잘 보여준다.

슈나이어는 '모든 것의 컴퓨터화'는 보안 패러다임에도 결정적인 변화를 몰고 올 것으로 전망한다. (1) 소프트웨어나 시스템의 취약점이 발견되면 온라인으로 패칭patching하던 방식은 사물인터넷 환경에서 제대로 통하지 않을 것이다. 패치 과정이 해킹 채널로 악용되는 상황을 막기도 더 어려워질 것이다. (2) 내가 다른 서비스나 객체를 인증하는 방식도 근본적으로 바뀔 것이다. IoT는 '나(사람)'의 개입 없이 기계와 기계, 장비와 장비끼리, 이를테면 자동차와 도로 신호등이 서로를 인증하는 상황이다. 이 과정에 어떤 위험이 도사리고 있는지 제때 파악해 해결하기는 더욱더 어려울 수밖에 없다. (3) 최초 디자인부터 제조, 조립, 운송, 판매, 유통의 출처가 모두 다른 상황, 더욱이 부품 하나하나까지 그 출처가 각기 다른 나라인 상황에서 '공급망' 관리는 더욱 어려워질 것이다. 러시아의 보안회사 카스퍼스키Kaspersky, 중국의 화웨이Huawei와 ZTE를 과연 어느 정도까지 믿을 수 있을까?

이렇게 보면 '인터넷 플러스'의 신세계는 결코 장밋빛만은 아니다. 혜택이 큰 만큼 부작용도 커 보인다. 부작용을 최소화할 수 있는 해법은 무엇일까? 슈나이어는 표준, 규제, 국제 협약, 국가 단위의 법률 같은 '정책'으로 풀 수밖에 없다고 주장한다. 그리고 그런 정책 수립의 기반으로 '방어 우선' 원칙을 강조한다. 지금의 사이버 전쟁과 사이버 스파이 활동은 의심할 바 없이 공격 우선이다. 방어보다 공격이 훨씬 더 쉬운 사이버 스페이스의 특성도 한몫한다. 그 때문에 시스템이나 소프트웨어의 보안 취약점이 발견되면 정부기관이나 해커들은 이를 공개해 패치를 유도하기보다 발견 사실을 숨기고 공격 무기로 활용한다. 이런 흐름은 공격의 악순환으로 이어진다.

슈나이어는 '모두를 죽이려면 여기를 클릭하세요'의 시나리오가 더 이상 허황하게 보이지 않는 요즘 상황에서 정부의 관여 여부는 이미 논란거리가 아니라고 강조한다. 인명 살상의 위험이 있는 것은 정부가 규제할 수밖에 없고, 인터넷 플러스는 바야흐로 이 범주에 들어가고 있기 때문이다. 이제 정부의 규제는 불가피해 보이고 중요한 것은 규제 대책을 얼마나 영리하게, 혹은 어리석게 내놓느냐에 달려 있다고 그는 말한다.

브루스 슈나이어는 IT 보안 분야에서 최고의 '공공 지식인'이라고 할 만하다. 복잡하고 자칫 지루할 수 있는 컴퓨터 보안 문제를 평이하면서도 흥미진진하게 풀어내는 솜씨가 대가 급이다. 이 책 또한 예외가 아니다. '스마트' 기기, '머신 러닝', AI, IoT 같은 신조어가 봇물 터지듯 나오는 요즘 상황에서 대체 뭐가 어떻게 된다는 것인지 갈피를 잡기가 쉽지 않다. 이 책은 독자로 하여금 제대로 방향을 잡을 수 있게 해줄 뿐 아니라 낙관적이고 멋지게만 보이는 일방적 미래상 대신 현실에 발을 딛고 그런 장밋빛 미래를 만들기 위해 각자가 어떻게 일익을 담당할 수 있는지 친절하게 일러준다.

번역 과정은 학습의 과정이기도 하다. 같은 업종에 종사하는 처지지만 슈나이어가 보여주는 지식과 통찰의 깊이는 내게 언감생심이다. 이 책을 번역하면서 슈나이어가 설파하는 컴퓨터 보안의 지혜를 많이 배웠다. 그런 배움의 기회를 선사해준 에이콘출판사 권성준 사장님께 감사한다. 나를 항상 사랑으로 응원해주는 아내 김영신 그리고 아들 1호 동준과 2호 성준에게 이 책을 바친다.

차례

지은이 소개   5

감사의 글   6

옮긴이 소개   9

옮긴이의 말   10

들어가며   16

1부 — 트렌드

1장   컴퓨터의 보안을 확보하기는 여전히 어렵다   41

2장   패치는 실패한 '보안 패러다임'이다   65

3장   인터넷에서 누가 누구인지 알기가 점점 더 어려워진다   81

4장   누구나 비보안을 선호한다   99

5장   위험은 재난 수준으로 확대된다   133

2부 — 해법들

6장   보안이 확보된 인터넷 플러스는 이런 양상일 것이다   173

7장   어떻게 인터넷 플러스의 보안을 확보할 것인가   197

8장   보안을 앞서 강화해야 할 주체는 정부다   235

9장   어떻게 정부는 방어를 공격보다 우선시할 수 있는가   259

10장 플랜 B: 어떤 일이 벌어질까?   289

11장 정책이 산으로 가는 경우   307

12장 신뢰와 복원력을 갖춘 평화 지향의 인터넷 플러스를 향해   331

결론   343
노트   356
찾아보기   446

들어가며

모든 것이 컴퓨터가 되고 있다

다음 세 가지 사고 사례와 그 의미를 따져보자.

시나리오 1. 2015년 보안 연구자 두 명이 지프 체로키 SUV의 운전 기능을 장악했다. 이들은 15㎞쯤 떨어진 곳에서 인터넷으로 연결된 엔터테인먼트 시스템을 통해 자동차의 제어 시스템에 침투했다. 에어컨을 틀고 라디오 방송국을 바꾸고 와이퍼를 작동하고 마침내 엔진까지 꺼버렸다. 그 과정에서 비디오는 고속도로를 주행하던 운전자의 사색이 된 표정을 보여준다.[1] 시범용일 뿐 살인 의도는 없었기 때문에 연구자들은 브레이크나 운전대까지 제어하지는 않았지만 마음만 먹으면 충분히 가능한 일이었다.

이는 일회용 속임수가 아니다. 해커들은 여러 승용차 모델에서 보안의 취약성을 찾아내 증명해 보였다.[2] 이들은 승용차의 진단 포트를 통해 해킹했다. DVD 플레이어를 통해 해킹했고,[3] 제너럴모터스의 온스타[OnStar] 내비게이션 시스템[4]과 타이어에 탑재된 컴퓨터를 통해 해킹했다.[5]

항공기도 취약하다. 지프 체로키의 시범 내용만큼 생생한 사례는 없었지만 보안 연구자들은 상업용 항공기의 전자기기도 엔터테인먼트 시스템[6]이나 공지(空地) 통신 시스템을 통해 해킹할 수 있다고 주장해왔다.[7] 수년 동안 항공기 제조사들은 항공기 해킹이 가능하다는 사실을 부인했다. 마침내 2017년, 미 국토안보부는 보잉 757에 대한 원격 해킹을 시연했다.[8] 상세한 내용은 공개되지 않았다.

시나리오 2. 2016년, 러시아인들로 추정되는 해커들은 우크라이나의 키예프 부근 피브니치나[Pivnichna] 고전압 변전소에서 '크래시오버라이드[CrashOverride]'라는 이름의 사이버 무기를 원격 작동해 변전소를 마비시켰다.[9]

이 크래시오버라이드 공격은 우크라이나 서부의 프리카르파트야오블레네르고[Prykarpattyaoblenergo] 발전소를 겨냥했던 사이버 공격과는 달랐다.[10] 당시 공격은 정전도 일으켰지만 조금은 수동적인 공격이었다.[11] 역시 러시아인들로 추정되는 해커들은 당시 멀웨어 백도어를 통해 시스템 접근권을 얻어낸 다음 발전소의 컴퓨터를 원격 제어해 전원을 차단했다(발전소의 오퍼레이터 중 한 사람은 그런 상황을 비디오로 기록했다).[12] 그와 달리 크래시오버라이드는 모든 기능을 자동으로 수행했다.

피브니치나 변전소로부터 전력을 공급받는 주민들은 결과적으로 운이 좋았다. 변전소의 기술자들이 한 시간여 만에 공장의 네트워크를 차단한 다음 수동으로 전력을 복구한 것이다. 비슷한 규모의 미국 발전소들도 그와 동일한 수동 오버라이드 기능이 있는지는 불분명하다. 그런 기능을 사용할 줄 아는 직원의 존재 여부는 차치하고라도 말이다.

크래시오버라이드는 군용 무기였다. 모듈 단위로 설계돼 가스 파이프라인, 정수 처리장 등 다양한 표적에 맞춰 쉽게 재조합할 수 있었다. 또 우크라이나 공격에서는 사용되지 않은 다양한 수준의 폭발력도 지니고 있었다.[13] 변전소 전력을 반복해서 켜고 끌 수 있었고, 그 과정에서 관련 장비에 물리적 피해를 입힘은 물론 전력을 며칠 혹은 몇달 동안 마비시킬 수 있었다. 우크라이나가 한겨울에 이런 공격을 받았다면 인명 피해는 훨씬 더 심각했을 것이다. 그리고 이 무기는 정부 작전의 일환이었지만 능력을 시위하는 무대이기도 했다.[14] 근래 러시아 해커들은 20개가 넘는 미국의 발전소에 침투해 핵심 시스템에 접근하기도 했지만 아무런 위해는 가하지 않았다.[15] 이 또한 자신들의 능력을 시위한 것이었다.

시나리오 3. 2017년 어느 주말 누군가가 전 세계 15만여 대의 프린터를 해킹했다. 이 해커는 자동으로 보안성이 취약한 프린터들을 감지한 다음 해당 프린터들로 하여금 아스키ASCII 부호로 된 그림과 조롱하는 내용의 메시지를 되풀이해 인쇄하게 만드는 프로그램을 짰다.[16] 이런 일은 흔히 일어나는 공공 기물 훼손 행위라고 볼 수 있다. 이 사건 전에는[17] 미국 여러 대학교에 있는 프린터들이 해킹을 당해 반유대주의 메시지를 담은 전단을 인쇄하기도 했다. 3D 프린터들이 이런 공격을 당한 사례는 아직 없지만 여느 프린터처럼 취약하지 않을 것이라고 믿을 만한 근거는 없다. 일반 프린터가 해킹을 당하면 얼마간의 비용 손실과 짜증을 감내해야 하는 수준에 그치겠지만, '바이오 프린터'의 경우를 고려하면 위협의 수위는 극적으로 높아진다. 이는 아직 미숙한 단계에 있지만 잠재적으로는 개별 환자의 암이나 다른 질병을 공격하도록 특정된 바이러스를 자동화 장비로 합성하고 조립할 수 있을 것으로 전망된다.[18]

그러한 바이오 프린터들이 병원, 약국, 의사 사무실 등에 널리 설치된 미래를 상상해보라. 원격 접근 능력과 적절한 인쇄 정보를 가진 해커는 바이오 프린터로 하여금 살인 바이러스를 인쇄하도록 강제할 수 있다. 한 프린터가 그런 바이러스를 다량 인쇄하도록 하거나, 여러 프린터들이 소량씩 인쇄하도록 통제할 수 있다. 해당 바이러스가 광범위하게 유포돼 수많은 인명을 감염시키고 그런 상태가 일정 기간 지속된다면 전 세계적인 전염병 사태로 이어질지도 모른다.

"모두를 죽이려면 여기를 클릭하세요." 이런 표현이 과장이 아닌 상황인 셈이다.

어떻게 이런 시나리오들이 가능할까? 1998년에 나온 승용차는 몇 킬로미터 떨어진 곳에 있는 사람들이 원격으로 운전 기능을 빼앗을 위험이 없었다. 1998년의 변전소도 마찬가지였다. 요즘 모델이 보안에 취약하고 미래의 바이오 프린터가 위험할 것으로 예견되는 까닭은 그 중심에 컴퓨터가 있기 때문이다. 모든 것이 이런 식으로 취약해지고 있으며 모든 것이 컴퓨터화하는 흐름과 직결된다. 더 구체적으로는 인터넷에 연결된 컴퓨터화다.

이제 오븐은 음식을 데우는 컴퓨터다. 냉장고는 냉장 보관 기능을 갖춘 컴퓨터다. 카메라는 렌즈와 셔터가 달린 컴퓨터다. 현금자동인출기는 현금이 보관된 컴퓨터다. 그리고 현대의 전구는 누군가가—혹은 다른 컴퓨터가—전원을 켜면 조명이 되는 컴퓨터다.

예전의 승용차는 컴퓨터가 일부 내장된 기계 장치였다. 이제는 네 바퀴와 엔진을 지닌, 20~40개의 컴퓨터가 서로 연결돼 구성된 컴퓨터 시스템이라고 보는 편이 더 타당하다. 브레이크를 밟으면 마치 운전자가 물리적으로 승용차를 정지시키는 것처럼 느껴질지 모르지만 실상 운전자는 브레이크에 전자 신호를 보낼 뿐이며 페달과 브레이크 패드 사이에는 더 이상 기계적인 연결이 존재하지 않는다.

전화기는 2007년 아이폰이 등장하면서 강력한 컴퓨터로 진화했다.

우리는 이 스마트폰을 어디에나 휴대한다. 그리고 이 새롭게 컴퓨터화한 물건, 인터넷에 연결된 물건에 우리가 사용하는 '스마트Smart'라는 접두어는, 그것이 데이터를 수집하고 사용하고 통신할 수 있다는 뜻이다. 텔레비전이 스마트하다는 말은 시청자에게 최적의 경험을 제공하기 위해서라는 명분으로 시청자의 사용 습관에 관한 데이터를 끊임없이 수집한다는 뜻이다.

머지않아 스마트 기기들은 우리 몸에도 내장될 것이다. 오늘날 사용되는 심박조율기[19]와 인슐린 펌프[20]는 스마트하다. 알약도 스마트해진다.[21] 스마트 콘택트 렌즈[22]는 렌즈를 낀 사람이 바라보는 곳에 관한 정보를 표시할 뿐 아니라, 신체의 포도당 수준을 모니터하고 녹내장 여부도 진단한다. 피트니스 트래커도 스마트해서 우리 몸의 상태를 점점 더 정확하고 상세하게 감지한다.[23]

주위의 여러 사물도 스마트해진다. 반려견용 스마트 목걸이[24]나 고양이용 스마트 장난감[25]도 구입할 수 있다. 스마트 펜,[26] 스마트 칫솔,[27] 스마트 커피컵,[28] 스마트 자위 기구,[29] 스마트 바비 인형,[30] 스마트 줄자[31] 그리고 화초용 스마트 감지기[32]까지 구입할 수 있다. 심지어 사고를 당했을 때 자동으로 구급차를 부르고 가족에게 문자 메시지를 보내는 오토바이용 스마트 헬멧도 나와 있다.[33]

우리는 이미 '스마트 홈'의 시작을 목도하고 있다. 아마존의 알렉사Alexa나 그와 비슷한 디지털 비서들은 주인의 명령을 알아듣고 반응한다. 스마트 온도계,[34] 스마트 전원,[35] 스마트 가전제품이 이미 팔리고 있다. 스마트 체중계[36]와 스마트 변기[37]도 구할 수 있다. 스마트 전구와 그를 조작할 스마트 허브도 구입할 수 있다.[38] 주인이 집을 비운 사이에도 수리 기술자나 배달원이 집 안에 들어갈 수 있도록 1회용 비밀번호를 생성하는 스마트 출입문 자물쇠[39]나 당신의 수면 패턴을 감지해 수면 장애를 진단하는 스마트 침대도 구입할 수 있다.[40]

직장에서는 이들 스마트 기기들이 감시 카메라, 센서 등과 네트워크로 연결돼 고객의 움직임과 다른 모든 것을 감지할 수 있다. 빌딩의 스마트 시스템은 더 효율적인 조명 환경, 엘리베이터 운영, 온도 조절, 기타 다른 서비스를 제공한다.

도시들도 도로, 가로등, 인도와 광장에 스마트 감지기를 설치하는가 하면[41] 스마트 전력 수급 시스템과 스마트 운송 네트워크를 구축하기 시작한다. 머지않아 도시들은 주민들의 가전제품과 다른 가정용 기기를 제어해 전력 소비를 최적화할 수 있을 것이다. 스마트 무인 차량들은 네트워크로 연결돼 목적지로 가는 경로를 자동으로 설정해 연료 소비를 최소화할 것이다. 거리의 감지기와 제어 장치는 교통을 더 효율적으로 규제하고 경찰과 응급 차량의 출동 시간을 줄이며 도로의 재난 상황을 자동으로 보고할 것이다. 도로나 인도의 다른 감지기들은 경찰의 대응 시간을 단축하거나 쓰레기 수거 트럭의 경로를 최적화하고 파손된 도로를 더 신속하게 보수하는 등 공공 서비스의 효율성을 높여줄 것이다. 스마트 옥외 광고판은 근처를 지나가는 개개인을 인식해 각자에게 맞춤화된 광고를 보여줄 것이다.[42]

변전소는 전력을 분배하는 컴퓨터로—다른 모든 것과 마찬가지로—인터넷에 연결돼 있다. 크래시오버라이드는 피브니치나 변전소를 직접 감염시키지 않았다. 몇 킬로미터 떨어진 통제실의 컴퓨터에 숨어 있었고, 해당 컴퓨터들은 인터넷을 통해 변전소와 연결돼 있었다.

이러한 기술적 변화는 지난 10여 년 사이에 일어났다. 과거에는 장치나 설비

안에 컴퓨터를 갖고 있었다. 이제는 그 반대로 컴퓨터에 그런 장치나 설비가 부착되는 형태로 바뀌었다. 컴퓨터는 점점 더 작아지고 저렴해지면서 더 많은 장치와 설비 들에 내장되고, 그 결과 더 많은 것이 컴퓨터로 변모한다. 우리는 그런 점을 미처 깨닫지 못하고 있고, 승용차나 냉장고를 컴퓨터로 간주하고 구입하지도 않는다. 하지만 이들은 모두 컴퓨터라고 할 수 있다. 이는 보안 관점에서 심각한 사안이다.

인터넷에 대한 개념도 바뀌고 있다. 우리는 더 이상 집이나 사무실의 특정한 장소에 앉아 별도의 공간처럼 보이는 곳에 로그온하지 않는다. 더 이상 채팅방에 들어가거나 이메일을 내려받거나 ─ 많은 경우 ─ 인터넷을 '서핑'하지도 않는다. 그러한 공간적 비유는 더 이상 타당하지 않다. 머지않아 "인터넷에 들어갈 거야"라는 말은 토스터 기계의 플러그를 꽂으면서 "전력망에 연결할 거야"라고 표현하는 것만큼이나 부적절하게 여겨질 것이다.[43]

이처럼 모든 것이 연결된 상황에 주어진 명칭은 '사물인터넷IoT, Internet of Things'이다. 마케팅 용어의 성격이 짙지만 엄연한 사실이기도 하다. 기술 분석 기관 가트너Gartner는 이것을 '내부 장치끼리, 혹은 외부 환경과 서로 교신하고 감지하거나 상호작용할 수 있는 기술이 내장된 물리적 객체들의 네트워크'라고 정의한다.[44] 이것은 모든 유형의 기기가 인터넷으로 연결돼 우리에게 정보를 제공하고 기기끼리 그리고 다른 컴퓨터 응용프로그램들과 교신하는 것이다.

이 변화의 규모는 엄청나다. 2017년의 경우 84억 개의 객체들 ─ 주로 컴퓨터와 전화기 ─ 이 인터넷에 연결된 것으로 추산된다.[45] 전년도보다 30% 이상 증가한 규모였다. 2020년이 되면 어떤 전망치를 받아들이냐에 따라 200~750억 개에 이를 것으로 보인다.[46]

22

이러한 폭발적 성장은 경쟁 우위를 꾀하거나 어떤 제품이든 '스마트'한 기능을 더하면 경쟁에 뒤지지 않을 것이라고 믿는 기업들에 의해 주도된다. 컴퓨터가 더 소형화되고 심지어 더 값싸지면서 우리는 이런 현상을 온갖 곳에서 발견한다.

세탁기는 이미 의류를 깨끗하게 빨아주는 기능을 갖춘 컴퓨터다. 그 새롭고 값싼 고성능 컴퓨터가 인터넷 연결 기능을 갖게 되면 세탁기 제조회사들은 그런 '스마트' 기능을 더하기가 더 쉬워질 것이다. 그리고 소비자들은 인터넷 연결 기능을 갖지 않은 신제품 세탁기를 구입하기가 점점 더 어려워질 것이다.

2년 전 나는 인터넷 접속 기능이 없는 새 차를 사려다 실패했다. 인터넷 접속 기능이 없는 차들은 있었지만, 내가 사고 싶은 차들은 모두 그런 기능을 표준으로 갖추고 있었다. 이런 기술에 필요한 비용이 낮아지면서 이것은 모든 분야로 확산될 것이다. 인터넷은 점점 더 다양한 분야의 기기들에 접목되다가 결국에는 모든 제품과 서비스의 표준 기능으로 정착될 것이다.

지금은 세탁기에 인터넷을 더한다는 아이디어가 멍청하게 여겨질 수도 있다. 티셔츠에 인터넷 기능이 접목될 것이라는 생각이 터무니없어 보일 수도 있다.[47] 그러나 몇 년 안에 그것은 평범한 현상으로 자리 잡을 것이다. 컴퓨터는 여전히 더 강력해지고 작아지고 값싸지고 있어서, 마이크로프로세서 비용이 소매업자가 판매 전 자동 재고 추적과 판매 후 자동 이용 추적을 통해 얻는 혜택보다 낮아지는 시점이 되면 인터넷 기능을 갖춘 의류는 당연시될 것이다. 10년쯤 뒤면 센서 없는 티셔츠를 사는 것이 불가능해지고 사람들은 세탁기가 의류의 센서와 교신해 최적의 세탁 사이클과 세제를 결정하는 일을 당연하게 여길지도 모른다. 이어 세탁기 제조사들은 당신이 입는-그리고 더 이상 입지 않는—옷에 관한 정보를 의류 제조사들에게 판매할 것이다.

내가 이런 이야기를 할 때마다 "왜?" 하고 묻는 사람들이 있다. 이들은 에너지 절감 부분은 이해하지만 왜 사람들이 커피포트나 칫솔을 인터넷에 연결하고 싶어 하는지는 납득하지 못한다. 2016년 인터넷에 연결된 냉장고가 나왔을 때 한 언론은 '모든 기기의 '스마트'화 트렌드, 우둔화로 공식 전환'이라고 제목을 뽑았다.[48]

이유는 단순하다. 시장 경제. 온갖 기기의 컴퓨터화 비용이 줄어드는 만큼 컴퓨터화를 정당화하기 위한 한계효용—제공되는 기능이든 수집되는 감시 데이터든—또한 하락한다. 비용이 워낙 적기 때문에 컴퓨터화의 혜택 또한 굳이 클 필요가 없어진다는 뜻이다. 이 혜택은 이용자에게는 추가 기능일 수도 있고 기업 입장에서는 고객 기반에 대한 더 많은 정보와 마케팅의 기회일 수도 있다. 동시에 칩 공급사들은 특수 칩 제조에서 일반용 칩의 대량 생산 쪽으로 방향을 틀고 있다. 이들 내장 컴퓨터가 표준화되면 제조사로서는 연결 기능을 더하는 비용이 제거하는 비용보다 더 저렴해질 것이다. 온 도시를 센서로 뒤덮는 비용이 인도에서 쓰레기를 치우는 비용보다 더 저렴해질 것이라는 말이다.

모든 것을 컴퓨터화하는 데는 여러 이점이 있다. 그중 일부는 지금도 확인할 수 있고 나머지 이점들은 컴퓨터화가 임계 수준에 도달한 다음에나 실현될 것이다. 사물인터넷은 그 자체가 우리 일상의 곳곳에 내장될 것으로 보이지만 이런 흐름이 어떤 새로운 특성으로 이어질지는 예측하기 어렵다. 우리는 규모와 범위에서 근본적인 변화를 맞고 있고, 어느 정도로 연결됐느냐에 따라 그 결과도 사뭇 다르다. 모든 것은 하나의 복잡한 초연결 시스템이 돼 가고, 내부에서 모든 것이 서로 직접 연결되지 않더라도 이들은 동일한 네트워크상에 존재하면서 양방향으로 영향을 미친다.

이런 흐름은 사물인터넷보다 더 복잡다단한 성격을 띤다. 사물인터넷을 따져보자. IoT 또는 더 일반화해서 사이버 스페이스와 물리적 세계의 조합인 '사이버 물리cyberphysical' 시스템으로 시작하자. 소형화된 센서, 제어기, 송신기를 더하자. 그리고 자동화된 알고리즘, 머신 러닝, 인공지능을 더한다. 이를 클라우드 컴퓨팅에 던져 넣으면 그에 부응해 저장과 처리 용량이 증가할 것이다. 인터넷 연결, 어디에서나 가능한 보편적 컴퓨팅과 널리 사용 가능한 고속 무선 접속 환경도 빼놓을 수 없다. 마지막으로 로봇공학 기술도 첨가한다. 그 결과 우리가 얻는 것은 세계에 직접적이고 물리적인 방식으로 영향을 끼칠 수 있는 단일한 글로벌 인터넷이다. 감지하고, 생각하고, 행동하는 인터넷이다.[49]

당장 뚜렷하게 드러나는 흐름은 아니지만 개별 흐름들이 서로 모이고 융합돼 더욱 강화되는 그런 흐름이다. 로봇공학은 자동화된 알고리즘을 사용한다. 드론은 IoT, 자동화 그리고 모바일 컴퓨팅을 조합한다. 스마트 광고판은 IoT와 개인화를 조합한다. 댐의 수위를 자동으로 조절하는 시스템은 사이버 물리 시스템, 자동화된 알고리즘 그리고 아마도 클라우드 컴퓨팅을 조합할 것이다.

그리고 비록 다르게 생각하고 싶겠지만, 사람 역시 이런 시스템의 한 요소에 불과하다. 우리는 이들 컴퓨터에 입력값을 제공하고 그에 따른 출력값을 수용한다. 우리는 그처럼 자동화된 기능성의 소비자다. 우리는 아직 충분히 스마트하지 못해서 우리를 배제할 수 없는 시스템들 간의 연결과 교신에 관여한다. 적어도 물리적으로는 스스로 움직일 수 없어 이리저리 이동시킨다. 우리는 이들 시스템에 영향을 미치고 그와 더불어 영향을 받는다. 설령 이 기기들이 인간의 생리학과는 뚜렷이 구별된 형태로 유지된다고 해도 우리는 가상 사이보그가 될 수밖에 없을 것이다.

우리는 이 새로운 '시스템들의 시스템'에 붙일 이름이 필요하다. 이것은 인터넷 이상이고, 사물인터넷 이상이다. 실상은 인터넷과 사물의 결합, 즉 '인터넷+사물'이다. 더 정확하게는 '인터넷+사물+우리'다. 줄여서 '인터넷 플러스'다.[50] 솔직히 나는 새로운 용어를 지을 필요가 없기를 바라지만 앞에 설명한 모든 흐름을 묘사할 수 있는 기존 용어를 찾아낼 수가 없다. 그래서 적어도 이 책에서는 '인터넷 플러스'라고 부르고자 한다.

물론 '스마트'나 '생각한다'는 표현은 상대적이다. 현재 시점에서는 다른 무엇보다 미래의 바람이나 염원을 더 반영했다고 보는 편이 맞다. 대다수 IoT는 그리 스마트하지 않으며 많은 IoT는 앞으로도 오랫동안 멍청한 상태로 남아 있을 것이다. 하지만 꾸준히 더 스마트해질 것이다. 그리고 가까운 시일 안에 의식을 가진 컴퓨터를 볼 가능성은 거의 없지만, 컴퓨터는 이미 특정 업무에 대해서는 퍽 지능적으로 작동하고 있다. 인터넷 플러스는 우리가 구축하는 모든 인터넷 연결망을 통해 더욱 강력해진다. 그리고 보안상 점점 더 취약해진다. 이 책을 통해 왜 그것이 사실인지 그리고 어떻게 그것을 보완할 수 있는지 논의하고자 한다.

다루는 주제가 복잡하기 때문에 두 부분으로 나눴다. 1부는 현재의 컴퓨터 보안이 기술적, 정치적, 경제적으로 왜 지금과 같은 상태에 있는지, 더불어 여기까지 이르게 된 배경은 무엇인지 다룬다. 컴퓨터는 더 작아지고 물리적 세계를 조작하는 데 더 능숙해지지만 기본적으로는 여전히 우리가 수십 년 동안 사용해온 것과 같은 컴퓨터다. 기술적인 보안 문제는 여전히 변하지 않았다. 정책 문제는 그간 씨름해온 내용과 동일한 문제들이다. 그리고 컴퓨터와 통신이 모든 것에 내장돼 가면서 여러 산업 분야는 하나 둘 컴퓨터 산업처럼 변해 갈 것이다. 컴퓨터 보안은 모든 분야의 보안 문제가 되고, 컴퓨터 보안 문제에서 얻은 교훈은 다른 모든 분야에도 적용 가능해질 것이다. 그리고 그것이 승용차든 변전소든 또는 바이오 프린터든, 우리가 컴퓨터에 대해 아는 것이 한 가지 있다면 호사가, 활동가, 범죄자, 정부요원 그리고 기술적 능력을 갖춘 누구든 시도할 수 있는 공격에 취약하다는 점이다.

'트렌드'에 초점을 맞춘 1장에서는 왜 인터넷이 그토록 보안에 취약한지 모든 기술적 이유를 들겠다. 2장에서는 시스템에서 보안을 유지하는 주된 방법—허점이 발견되면 이를 보완하는 '패칭'—을 짚고, 왜 이런 방법이 '인터넷 플러스' 환경에서는 실패할 수밖에 없는지 설명한다. 3장은 우리가 인터넷에서 어떻게 본인의 진짜 신원을 증명하고 신원을 숨길 수 있는지에 대해 논의한다. 4장은 보안의 취약성을 선호하는 정치적, 경제적 동력, 예컨대 감시 자본주의, 사이버 범죄, 사이버 전쟁 그리고 그러한 취약성을 자양분으로 삼아 기업과 정부가 자행하는 더 침입적인 행태를 설명한다.

5장에서는 '왜 위험이 증가하고 어떻게 재난 수준으로 확대되는지' 설명한다. '모두를 죽이려면 여기를 클릭하세요Click Here to Kill Everybody'라는 표현은 과장이지만, 우리는 이미 컴퓨터 공격이 자동차 사고를 일으키고 발전소를 무력화할 수 있는 세상에 살고 있다. 둘 다 대규모로 진행될 경우 얼마든지 끔찍한 참사로 이어질 수 있는 상황이다. 여기에 항공기, 의료 장비 그리고 전 세계의 주요 인프라에 대한 해킹 시나리오까지 더한다면 상황은 더욱 으스스해진다.

내가 쓴 책과 기고문, 블로그 등을 꾸준히 읽어 온 독자라면 1부의 많은 부분은 낯익은 '리뷰'로 보일 것이다. 만약 처음으로 내 책을 만나는 독자라면 1부는 2부로 넘어가기 위한 중요한 준비 작업이 될 것이다.

'인터넷 플러스' 보안의 한 가지 특징은 우리 모두 그에 익숙하다는 점이다. 지금까지 우리는 컴퓨터와 인터넷 보안을 대체로 시장에 맡겨 왔다. 이런 접근법은 과거에는 크게 문제가 되지 않았기 때문에 대체적으로 만족스럽게 작동했다. 보안은 대체로 프라이버시에 관한 것이었고 전적으로 비트의 문제였다. 만약 내 컴퓨터가 해킹을 당했다면 나는 중요한 데이터를 잃거나 내 신원을 도둑맞았다. 참 불행한 사태였고 손해 비용도 만만치 않았지만 그리 재난스러운 상황은 아니었다. 이제는 모든 것이 컴퓨터인 상황이기 때문에, 컴퓨터에 대한 위협은 생명과 재산의 문제나 다름없다. 해커들은 우리가 운전하는 승용차나 몸에 부착한 맥박 조정기, 또는 도시의 전력망을 교란할 수 있다. 재앙 수준이다.

2부에서는 '인터넷 플러스'의 보안을 담보하기 위해 어떻게 정책을 바꿔야 할지 논의한다. 6장, 7장 그리고 8장은 인터넷 플러스의 보안을 개선하는 데 무엇이 필요하고, 개선 방법은 무엇이며, 누가 그런 역할을 담당해야 하는지 다룬다. 어느 대목도 새롭거나 복잡하지는 않지만, 중요한 것은 세부 내용에 있다. 8장을 마칠 즈음 그런 역할을 담당해야 할 '누구'가 바로 정부라는 점을 독자들이 확신할 수 있기를 바란다. 정부에 이 역할을 맡기는 데는 상당한 위험이 따르지만 정부 외에는 유효한 대안이 없다. '인터넷 플러스'의 보안이 지금처럼 허술하고 취약해진 것은 비즈니스의 그릇된 동기부여, 방어보다 공격적 인터넷 사용을 부추기는 정부, 실행 과정의 여러 문제 그리고 정부 개입을 필요로 하는 시장의 실패 등이 복합적으로 작용한 결과다. 8장에서 내가 제시하는 한 가지 방안은 인터넷 플러스의 보안 정책과 기술에 대해 조언하고 조정하는 새 정부기관이다. 내 의견에 동의하지 않을 수도 있다. 괜찮다. 하지만 우리가 필요로 하는 것은 그런 사안에 대한 토론이다. 9장은 더 일반적이다. 정부가 신뢰를 얻기 위해서는 공격보다 방어를 우선시해야 한다. 그 방법을 설명하겠다.

6장부터 9장까지 내가 제시한 여러 정책 수정안이 가까운 시일 안에 받아들여질 가능성은 현실적으로 거의 없다. 그 때문에 10장에서 나는 좀 더 현실적으로 태도를 바꿔 어떤 일이 벌어질 가능성이 높으며, 미국과 다른 나라들에서 그에 어떻게 대응할 수 있는지 논의한다.

11장은 인터넷 플러스의 보안에 악영향을 끼칠 현재의 몇몇 정책 제안을 짚는다. 12장은 다시 일반론으로 돌아가 어떻게 하면 신뢰, 복원력 그리고 평화가 규범이 되는 인터넷 플러스를 만들 수 있는지, 그런 미래는 어떤 양상일지 논의한다.

기본적으로 나는 긍정적인 역할을 수행하는 선의의 정부가 필요하다고 믿는다. 이는 지지를 얻기 어려운 주장일 수 있다.[51] 컴퓨터 산업이 강한 자유주의 성향을 띠고, 작은 정부를 선호하며 반규제 정서가 강하다는 점을 고려하면 특히 그렇다. 하지만 이는 중요한 논지다. 우리는 누구나 정부가 어떻게 실수를 저지르거나 일을 엉터리로 처리하는지, 혹은 기술 혁신을 어떤 식으로 저해하는지 들어 왔다. 하지만 정부가 어떻게 시장을 조율하고 개인을 보호하고 기업의 권력에 대한 견제 기구로 작동하는지에 대해서는 논의가 적었다. 지금 인터넷 플러스의 보안이 그토록 취약한 이유 중 하나는 정부의 감독이 부재하다는 점이다. 위험도가 점점 더 재앙 수준으로 높아짐에 따라 우리는 과거 어느 때보다도 정부의 개입을 필요로 한다.

나는 정책 입안자와 공학자에게 행동을 촉구하는 내용으로 책을 마무리한다. 이들 정책 논의는 본질적으로 기술적일 수밖에 없다. 우리는 기술을 이해하는 정책 입안자가 필요하고, 공학자들이 정책 수립에 참여하도록 해야 한다. 우리는 공익을 고려하는 공학자들을 키우고 그런 분야를 육성해야 한다. 이런 수요는 인터넷 플러스의 보안 분야를 넘어 더 광범위하게 적용된다. 그러나 나는 보안이라는 특정 기술 분야에 국한해 행동을 촉구하고자 한다. 그것이 내가 아는 분야이기 때문이다.

다음과 같은 여러 테마들이 추가로 이 책을 장식한다.

- **보안 군비 경쟁** 보안을 공격자와 방어자 간의 기술적 군비 경쟁으로 바라보면 유익할 때가 있다. 공격자는 새로운 기술을 개발하고, 방어자는 그에 대응해 방어 기술을 개발한다. 또는 방어자가 새로운 방어 기술을 개발함으로써 공격자로 하여금 다른 공격 기법을 고안하게 만든다. 이런 군비 경쟁이 인터넷 플러스 환경에서 전개되는 양상은 보안을 이해하는 데 필수적이다.

- **신뢰** 우리가 자주 떠올리지는 않지만 신뢰는 사회가 모든 수준에서 제대로 기능하는 데 결정적인 요소다. 인터넷에도 신뢰는 어디에나 존재한다. 우리는 컴퓨터, 소프트웨어 그리고 우리가 사용하는 인터넷 서비스를 신뢰한다. 우리는 네트워크에서 우리가 볼 수 없는 부분을 신뢰하고, 우리가 사용하는 기기의 제조 공정을 신뢰한다. 어떻게 우리가 이 신뢰를 유지하며 어떻게 그것이 손상되는지도 인터넷 플러스상의 보안을 이해하는 데 긴요하다.

- **복잡성** 이 문제와 관련된 모든 것들 이를테면 기술, 정책, 기술과 정책 간의 상호작용 등은 한결같이 복잡하다. 정치학, 경제학, 사회학

도 마찬가지다. 이들은 여러 차원에서 복잡하며, 그런 복잡성은 시간이 지나면서 더욱 높아진다. 인터넷 플러스의 보안은 소위 '사악한 문제wicked problem'다. 실제로 사악하다는 뜻이 아니라 문제와 요구 사항을 정의하기조차 어려워서 유용한 해법을 만들기는 고사하고 풀기가 어렵거나 불가능하다는 뜻이다.

이 책은 수많은 문제와 주제를 다룬다. 그런 문제와 주제를 빠르고 피상적으로 취급한다는 뜻이다. 꽤 많은 분량의 각주는 참고 문헌과 출처들로, 관심 있는 독자들은 직접 읽어보라는 의도다. 이 내용은 책 소개 웹사이트에도 실려 있다(https://www.schneier.com/books/click_here/). 책의 내용을 개정하는 경우 이곳에서 그 내용을 확인할 수 있다. Schneier.com에서 월간 이메일 뉴스레터와 매일 업데이트되는 블로그 그리고 내가 여러 매체에 기고한 글도 볼 수 있다.

나는 이 문제들을 다소 거리를 둔 '메타meta' 수준에서 바라본다. 나는 기본적으로 공학자다. 정책 입안자도, 정치 분석가도 아니다. 나는 우리의 보안 문제에 대한 기술적 해법을 설명할 수 있으며, 그러한 기술적 해법을 판별하고, 생성하고, 구현하는 데 필요한 새로운 정책 유형까지 설명할 수 있다. 하지만 그러한 정책 변화를 가능케 하는 정치 역학에 대해 쓰지는 않는다. 정책 변화에 대한 지지를 어떻게 끌어낼지, 어떻게 실제 변화를 일궈 낼지, 혹은 그런 변화의 적실성을 어떻게 논의할지에 대해 말할 수 없다. 이는 이 책의 가장 큰 허점이다. 그런 점을 나는 인정한다.

또한 나는 미국의 시각에서 글을 쓴다. 대다수 사례는 미국에서 나온 것이며, 그에 따른 권장 내용 역시 대부분 미국의 상황에 적용된다. 그것이 내가 가장 잘 아는 내용이기 때문이다. 하지만 미국은 사안이 어떻게 잘못될 수 있는지를 보여주는 대표적인 사례일 수 있고, 무엇보다 그 방대한 규모와 시장에서의 지위로 인해 문제를 개선할 수 있는 중요한 위치에 있기 때문이기도 하다. 이 책이 국제 문제와 인터넷 보안의 지정학에 관한 저술은 아니지만 그런 측면들이 여러 장에 산재해 있다.[52]

이들 문제는 끊임없이 진화하기 때문에, 이런 책은 일정 시기의 '스냅샷'과도 같다. 2014년 3월 『당신은 데이터의 주인이 아니다Data and Goliath』의 집필을 마치던 때를 기억한다. 그로부터 출간 예정일인 6개월 뒤까지, 나는 책의 내용을 바꿀 대형 사건이 터지지 않기를 바랐다. 지금도 같은 마음이지만 책을 다시 써야 할 정도로 큰 사건이 일어나지는 않으리라는 나름의 확신이 있다. 새로운 뉴스나 사례가 나타날 것이라는 점은 분명하지만 내가 이 책에서 짚은 논점은 앞으로도 여러 해 동안 유효할 것이라고 생각한다.

인터넷 플러스에 대한 보안의 미래, 혹은 군대식 용어를 선호한다면 '사이버 보안의 미래'는 방대한 주제이고 이 책을 구성하는 장들 대부분은 그 자체만으로도 단행본으로 엮어 낼 수 있을 만큼 큰 주제다. 특정 주제를 깊이 파기보다 보안과 연관된 다양한 분야를 폭넓게 다룸으로써 독자들에게 현재 상황을 알려주고, 문제의 성격을 짚어주며, 이를 개선하기 위한 로드맵을 보여줄 수 있다고 생각한다. 이 책을 통해 가능한 한 많은 독자들이 이 중요한 논의에 참여하도록 유도하는 한편 충분한 기반 지식을 갖추고 그러한 논의에 참여할 수 있도록 정보를 제공하는 것이 목표다. 우리는 향후 몇 년에 걸쳐 중요한 결정을—설령 그런 결정이 아무 일도 하지 않는 것이 될지라도—내리게 될 것이다.

이런 위험 요소들은 저절로 사라지지 않는다. 상대적으로 인프라가 취약한 나라나 전체주의 정부가 지배하는 나라에만 나타나는 문제도 아니다. 마비 상태인 미국의 정치 체제 탓으로 돌린다고 해서 문제가 줄어들지도 않는다. 시장의 힘을 통해 마법처럼 스스로 문제를 해결하지도 못한다. 우리가 문제를 해결하는 수준이나 범위는 그 해법에 요구되는 정치적, 경제적, 사회적 비용을 어느 수준이나 범위만큼 수용할 것인지와 직결된다.

세계는 컴퓨터들로 구성되고 우리는 이들의 보안을 확보하지 않으면 안된다. 그러자면 사고 방식을 바꿔야 한다. 2017년에 열린 한 인터넷 보안 콘퍼런스에서 전직 연방통신위원회FCC 의장 톰 휠러Tom Wheeler는 "우리는 21세기의 문제에 대해 20세기의 언어로 논의하고 19세기의 해법을 제안하고 있다"[53]라고 꼬집은 매들린 올브라이트Madeleine Albright 전 국무장관의 발언을 인용했다. 그의 지적은 맞다. 우리는 더 잘 대응해야 한다. 우리의 미래가 거기에 달려 있다.

2018년 4월, 미네소타주 미네아폴리스 그리고 매사추세츠주 케임브리지에서

Part 1

트렌드

2년 전 나는 우리집 온도조절장치를 바꿨다. 여행이 잦아 집에 없을 때는 전기를 절약하고 싶었다. 새로운 온도조절장치는 스마트폰을 통해 제어할 수 있다. 집에 있을 때와 없을 때 각기 다르게 프로그램을 설정해 원격으로 집 안의 온도를 조절할 수 있다. 완벽하다.

불행하게도 나는 스스로에게 다른 잠재적 골칫거리도 안겼다. 2017년 한 해커는 인터넷에서 '히트마이저' 스마트 온도조절장치−내가 구입한 브랜드는 아니었다−를 해킹해 원격 조절할 수 있다고 자랑했다.[1] 그와는 별개로 한 연구자 그룹[2]은 미국에서 널리 팔리는 두 회사의 온도조절장치−이번에도 내 브랜드는 아니었다−를 상대로 랜섬웨어를 시연해 보였다. 만약 이들이 랜섬웨어를 심을 수 있다면 해당 온도조절장치를 봇[bot] 네트워크의 하나로 삼아 인터넷의 다른 사이트들을 공격할 때 이용할 수 있을 것이다. 이것은 연구 프로젝트였기 때문에 그 과정에서 실제로 운용되는 온도조절장치가 피해를 입지도 않았고, 수도관이 터지지도 않았다. 그러나 다음은 내 브랜드 차례일지 모른다.[3] 위 사례와 같이 아무런 피해도 없이 끝나지 않을 수도 있다.

인터넷 플러스Internet+는 보안 관점에서 다음 두 가지를 뜻한다.

하나, 우리가 가진 컴퓨터와 스마트폰의 보안 특성은 모든 것의 보안 특성이나 다름없게 될 것이다. 따라서 소프트웨어의 보안 취약성이나 로그인과 인증상의 문제, 또는 보안 취약점과 소프트웨어 업데이트—모두 1부에서 논의할 주제이기도 하다—등은 이제 컴퓨터와 전화기뿐 아니라 온도조절장치, 승용차, 냉장고, 이식 보청기, 커피메이커, 가로등, 도로 표지판 등 다른 모든 것에도 적용될 것이다. 컴퓨터 보안은 '모든 것의 보안'으로 발전할 것이다.

둘, 컴퓨터 보안에서 얻은 교훈은 모든 것들에 적용 가능해질 것이다. 컴퓨터 보안 분야에 종사해온 나 같은 사람들은 지난 수십 년 동안 많은 것을 배웠다. 공격자와 방어자 간의 기술 경쟁, 여러 컴퓨터 오류의 특성 그리고 복원력의 필요성 등인데, 앞으로 논의할 주제들이기도 하다. 이들 교훈은 컴퓨터에 국한되곤 했지만 이제는 모든 것에 해당하는 교훈이다.

한 가지 결정적인 차이가 있다. 잠재적 위험성이 훨씬 더 높다는 점이다.

인터넷이 세계에 물리적인 영향을 미칠 위험성은 날로 더 커지고 있다. 현재의 위협은 해커들이 원격으로 항공기를 추락시키거나[4] 승용차의 기능을 마비시키거나[5] 의료 장비를 악용해 살인을 저지를 위험성이다.[6] 우리는 GPS가 해킹돼 국제 운송 경로가 엉뚱하게 왜곡되거나[7] 전자 기표소의 투표 결과가 조작돼 선거의 공정성이 훼손될 위험성을 우려한다. 스마트 홈에 대한 해킹 공격은 실질적인 재산 피해를 낳는다는 뜻이다.[8] 은행의 경우 경제적 혼란을 의미한다. 발전소에 대한 공격은 정전 사태를 뜻한다. 폐기물 처리장은 독극물 유출을 의미할 수 있다. 승용차, 항공기, 의료 장비에 대한 공격은 인명 살상을 뜻할 수 있다. 테러범이나 국가 차원에서는 전체 경제와 국가의 보안이 위험해질 수 있음을 의미한다.

보안은 공격자와 방어자 간의 기술 경쟁, 혹은 군비 경쟁이라고 할 수 있다. 인터넷 광고주들과 이를 막는 광고 차단 프로그램들 간의 전쟁을 생각해보라. 만약 당신이 광고 차단 프로그램을 사용하고 있다면 — 전 세계적으로 약 6억 명이 사용한다[9] — 일부 사이트들은 광고 차단 프로그램의 작동을 차단하는 프로그램을 설치해 해당 차단 프로그램의 기능을 끄지 않으면 사이트의 콘텐트를 볼 수 없게 해놓은 사실을 발견할 것이다.[10] 스팸은 새로운 기법을 개발하는 전문 스팸꾼들과 그에 대응할 방법을 모색하는 안티 — 스팸 회사들 간의 군비 경쟁이다.[11] 클릭 사기도 그와 대동소이하다. 사기꾼들은 다양한 기법을 개발해 구글Google 같은 회사들로 하여금 실제 이용자들이 웹 링크를 클릭했다고 믿게 함으로써 돈을 타 내려 시도하는 반면, 구글은 그런 사기를 탐지해 내려 애쓴다. 신용카드 사기는 새로운 기법을 고안해 내는 공격자들과 그러한 사기 수법을 막는 새로운 방법을 모색하는 신용카드 회사들 간의 군비 경쟁이다. 요즘의 현금자동인출기는 공격자와 방어자 간의 10여 년에 걸친 군비 경쟁의 산물로, 카드 정보와 개인식별번호PIN를 훔쳐 내기 위해 점점 더 세밀하고 교묘해지는 소위 '스키머들skimmers'[12] 그리고 심지어 인터넷을 통한 원격 ATM 공격과의 전쟁은 여전히 진행 중이다.[13]

그러므로 인터넷 플러스의 보안을 이해하기 위해서는 인터넷 보안의 현재 상태를 먼저 이해할 필요가 있다. 우리는 현재와 같은 상태로 이끌고 계속해서 추동하는 기술, 비즈니스, 정치, 범죄 트렌드를 이해해야 한다. 또 미래의 가능성과 전망을 규정하고 제한하는 기술적 트렌드는 무엇인지 파악해야 한다.

1

컴퓨터의 보안을 확보하기는
여전히 어렵다

보안은 항상 균형 잡기다. 보안과 편의성 간의 균형인가 하면 때로는 보안 대 기능성, 혹은 보안 대 성능 간의 균형 잡기다. 그런 균형 잡기에서 보안은 늘 뒷전으로 밀리고 그것이 컴퓨터의 보안이 취약한 주된 이유지만, 컴퓨터의 보안을 확보하기가 실제로 어렵다는 점도 사실이다.

1989년 인터넷 보안 전문가 진 스패포드Gene Spafford는 이런 유명한 발언을 남겼다. "유일하게 진정으로 안전한 시스템[1]은 전원을 끈 다음 콘크리트로 주형을 뜬 틀 안에 넣고 납으로 도장한 방 안에 보관한 다음 무장 경비원을 배치한 경우지만, 그 경우에도 나는 보안을 확신하지는 못한다." 그로부터 거의 30년이 지난 지금도 이는 여전히 유효하다.

외따로 떨어진 컴퓨터에도 유효하고, 어디에나 널린 인터넷 연결 기능을 갖춘 내장형 컴퓨터에도 유효하다. 국립사이버보안센터의 전직 센터장 로드 벡스트롬Rod Backstrom은 얼마 전 이를 다음과 같이 요약했다.[2] (1) 인터넷에 접속된 것은 무엇이든 해킹될 수 있다. (2) 모든 것은 인터넷에 연결되고 있다. (3) 그 결과, 모든 것이 취약해진다.

그렇다. 컴퓨터는 보안을 확보하기가 워낙 어렵다 보니 웬만한 보안 연구자는 누구나 그에 대해 할 말이 있다. 나는 2000년에 이런 말을 한 적이 있다. "보안은 절차이지, 제품이 아니다."[3]

이런 지적이 유효한 이유는 많다.

대다수 소프트웨어는
엉성하게 작성됐고 보안이 취약하다

나는 스마트폰으로 〈포켓몬 고Pockémon Go〉를 하는데, 걸핏하면 다운된다.[4] 지나치게 불안정하지만 예외적인 일은 아니다. 우리는 누구나 이런 경험이 있다. 우리가 쓰는 컴퓨터와 스마트폰은 거의 정기적으로 다운된다. 웹사이트는 제대로 뜨지 않는다. 기능은 작동하지 않는다. 이런 사태에 대한 대비책을 우리는 알고 있다. 강박적으로 데이터를 저장하고 파일을 백업하거나 시스템이 자동으로 그렇게 하도록 설정하는 것이다. 컴퓨터가 이상 징후를 보이면 재부팅한다. 우리는 때때로 중요한 데이터를 잃어버린다.[5] 그리고 우리는 제대로 작동하지 않을 때마다 끊임없이 짜증스러워하면서도 컴퓨터가

다른 여느 소비재만큼 제대로 작동할 것이라고 기대하지는 않는다.

소프트웨어는 일부 예외를 제외하고는 엉성하게 작성된다. 시장이 양질의 소프트웨어에 보상을 해주는 것이 아니기 때문이다. '좋은 품질, 빠른 출시, 싼 가격-그중 둘만 골라라' 하면 늘 값싸게 재빨리 시장에 내놓는 쪽이 품질보다 우선한다. 그동안 우리 대다수는 엉성하게 작성된 소프트웨어로도 그럭저럭 견뎌 왔다.

이런 철학은 소프트웨어 산업 전반으로 스며들었다. 기업들은 소프트웨어의 품질에 대해 일정보다 빨리, 예산 이하로 제품을 내놓는 경우와 비슷한 보상을 제공하지는 않는다. 대학들은 안정적인 코드보다 가까스로 작동하는 코드에 더 초점을 맞춘다. 그리고 우리 대다수 소비자들은 더 나은 소프트웨어에 요구되는 가외의 비용을 지불할 용의가 없다.

현대의 소프트웨어는 버그투성이이다. 어떤 경우는 소프트웨어 자체의 복잡성 때문이지만[6]-뒤에 더 설명하겠다-대부분은 프로그래밍 실수 탓이다. 이 버그들은 개발 과정에서 수정되지 않은 채, 개발이 완료돼 출시된 다음에도 남아 있다. 그렇게 버그 투성이임에도 기본 기능이 여전히 작동한다는 사실은 우리가 얼마나 용의주도하게 그런 버그를 에둘러 소프트웨어를 작성할 수 있는지 잘 보여준다.

물론 모든 소프트웨어의 개발 절차가 똑같은 것은 아니다. 마이크로소프트 Microsoft는 2002년 이후 10여 년 동안 출시되는 소프트웨어의 보안 취약성을 최소화하기 위해 소프트웨어 개발 절차를 개선하는 데 투자했다.[7] 그렇다고 해서 마이크로소프트의 제품이 완벽한 것은 결코 아니지만-그것은 지금 당장의 기술력을 넘어선다-업계의 평균 수준보다 훨씬 더 낫다. 애플Apple은 양질의 소프트웨어를 만드는 것으로 유명하다.[8] 구글도 그렇다. 일부 소프트웨어의 매우 작고 중요한 부분도 높은 품질을 유지한다. 항공기의 항공전자 소프트웨어는 다른 어떤 소프트웨어보다 훨씬 더 엄격한 품질 표준에 따라 제작된다. 미항공우주국[NASA]은 우주왕복선 소프트웨어를 제작할 당시 엄격한 품질 관리 절차를 따랐다.[9]

이런 경우들이 예외인 이유는 산업 분야와 기업 유형마다 다양하다. 운영체제를 만드는 회사들은 많은 자본을 투자한다. 소규모 코드는 수정하기가 쉽다. 항공기 소프트웨어는 정부의 엄격한 규제를 받는다. NASA는 여전히 매우 보수적인 품질 보증 표준을 고집한다.[10] 윈도우, 맥OS, iOS, 안드로이드처럼 비교적 고품질인 소프트웨어 시스템의 경우에도 크고 작은 문제를 수정하기 위해 끊임없이 패치를 설치해야 한다.

어떤 버그는 보안상의 취약점이기도 하고, 또 어떤 경우는 해커들의 공격 대상이 되기도 한다. 그중 한 사례는 '버퍼 오버플로[Buffer Overflow]'라는 버그다.[11] 이것은 공격자가 해당 프로그램으로 하여금 임의의 명령들을 수행하도록 강제해 컴퓨터를 장악할 수 있도록 허용한 프로그래밍상의 실수다. 이와 비슷한 실수가 벌어질 수 있는 분야는 많다. 어떤 경우는 더 쉽게 그런 실수가 벌어지기도 한다.

구체적인 숫자는 파악하기 어렵다. 버그의 몇 퍼센트가 보안에도 취약하며 그런 취약한 버그 가운데 몇 퍼센트가 공격에 노출되기 쉬운지 정확히 알 수가 없다.[12] 이처럼 취약한 버그들이 드문지 혹은 많은지 여부는 실상 학계의 진지한 토론 대상이기도 하다. 나는 많을 것이라는 쪽이다. 대규모 소프트웨어 시스템은 해커의 표적이 될 만한 보안 취약점을 수천 개 가졌을 수 있지만 그중 오직 한 취약점만 찾아내도 그 시스템에 침투할 수 있다. 그런 취약점을 찾아내는 일은 때로는 간단하고, 때로는 그렇지 않다.

하지만 이 많은 취약점들은 균일하게 분포돼 있지 않다. 찾기 쉬운 것도 있고, 찾기 어려운 것도 있다. 전체 취약점들을 자동으로 찾아내 수정하는 툴 그리고 찾기 쉬운 취약점들을 미리 제거하는 코딩 관행은 소프트웨어의 보안성을 크게 높여준다. 그리고 누군가가 취약점을 찾아내면 다른 사람이 같은 취약점을 찾아내거나 이미 찾아냈을 가능성이 높다. 하트블리드Heartbleed는 웹 보안상의 취약점이다. 2년간 발견되지 않은 채로 남아 있다가 각기 다른 두 연구자가 며칠 간격으로 발견했다.[13] 스펙터Spectre와 멜트다운Meltdown이라는 이 두 취약점[14]은 2017년 복수의 연구자들이 발견하기까지 적어도 10년 동안 컴퓨터 칩들에 존재해왔다. 이처럼 발견이 동시다발적으로 일어나는 데 대해, 그런 일이 벌어졌다는 점 말고는 딱히 그럴듯한 설명을 찾기 어렵다. 하지만 여러 정부들이 스파이 활동과 사이버 무기 용도로 보안 취약점을 축적하고 있다는 점은 주목할 만하다. 이는 9장에서 논의할 것이다.

사물인터넷IoT 장비들이 폭증한다는 사실은 더 많은 소프트웨어, 더 많은 코드 라인 그리고 더 많은 버그와 취약점들이 나타날 것이라는 뜻이기도 하다. IoT 장비의 값을 싸게 유지한다는 것은 초보 프로그래머, 엉성한 소프트웨어 개발 절차 그리고 더 많은 코드의 재사용을 뜻하며, 따라서 널리 복제되는 경우 단일 취약점으로 인한 피해가 더욱 커질 수 있다는 의미다.[15]

컴퓨터에서, 스마트폰에서, 승용차에서, 의료 장비에서, 인터넷에서, 중요한 인프라를 제어하는 시스템에서 사용되는 소프트웨어는 여러 방식으로 취약하다. 이것은 단순히 몇몇 취약점을 찾아내 고칠 수 있는 문제가 아니다. 그러기에는 너무 많다. 그것은 앞으로도 오랫동안 감수하며 살 수밖에 없는, 소프트웨어의 엄연한 현실이다.

인터넷을 설계할 때 보안 요소는 전혀 고려되지 않았다

2010년 4월, 약 18분 동안 모든 인터넷 트래픽의 15%가 목적지로 가던 도중 갑자기 중국에 있는 서버들을 경유했다.[16] 중국 정부가 도청 능력을 시험한 것인지 아니면 단순한 실수였는지는 모르지만 공격자들이 어떻게 이렇게 했는지는 알고 있다. 경계 경로 프로토콜BGP, Border Gateway Protocol을 악용한 것이었다.

BGP로 부르기도 하는 경계 경로 프로토콜은 인터넷 서비스 제공사, 국가, 대륙 간의 다양한 케이블과 기타 연결망을 통한 트래픽의 물리적 경로를 정하는 규칙이다. 이 시스템에는 아무런 인증 절차가 없어서 누구나 속도와 정체에 대한 모든 정보를 암묵적으로 신뢰하기 때문에, BGP는 조작될 수 있다.[17] 정부의 계약직 직원이었다가 내부 고발자로 변신한 에드워드 스노든 Edward Snowden이 폭로한 문서 덕택에 우리는 미국 국가안보국이 특정한 데이터 스트림을 도청할 목적으로 이런 취약점을 이용한다는 점을 알고 있다.[18] 2013년, 한 회사는 인터넷 트래픽이 벨라루스와 아이슬란드에 있는 서비스 제공사들의 라우터로 38회나 우회됐다고 보고했다.[19] 이듬해 터키 정부는 인터넷의 일부를 검열하기 위해 이 기법을 사용했다.[20] 2017년에는 미국의 주요 ISP들을 거치는 트래픽이 러시아의 수상쩍은 인터넷 제공사로 우회됐다.[21] 이런 유형의 공격은 국가 수준에서만 벌어지는 것이 아니다. 2008년에 열린 데프콘DefCon이라는 해커 콘퍼런스에서 한 발표자는 이런 기법을 어떻게 사용할 수 있는지 시연했다.[22]

인터넷이 개발될 당시 보안의 초점은 네트워크에 대한 물리적 공격을 막는 데 있었다. 인터넷의 고장 방지 아키텍처는 서버와 네트워크가 제대로 작동하지 않거나 파괴되는 경우를 감당할 수 있다. 이것이 감당하지 못하는 것은 그 기반이 되는 프로토콜에 대한 공격이다.

기반 인터넷 프로토콜은 보안을 염두에 두고 개발되지 않았고, 그 때문에 많은 부분은 지금도 여전히 취약하다. 가령 이메일의 '송신자From'란에는 아무런 보안 대책도 없어서 누구든 다른 누군가로 가장할 수 있다. 인터넷 주소를 컴퓨터용 숫자 주소에서 사람이 판독할 수 있는 이름으로 바꿔주는 도메인 네임 서비스DNS나, 인터넷상의 시간을 일치시키기 위한 네트워크 시간 프로토콜Network Time Protocol에는 보안 장치가 없다. 월드와이드웹의 기반이 되는 오리지널 HTML 프로토콜에는 아무런 보안 장치가 없으며, 더 안전한 'https' 프로토콜조차 여전히 수많은 취약점을 지니고 있다. 이 모든 프로토콜들은 해킹될 수 있다.

이 프로토콜들은 1970년대와 1980년대 초에 발명됐다. 당시만 해도 인터넷 이용은 연구 기관에 국한됐으며 어떤 중요한 용도로도 사용되지 않았다. 초기 인터넷 아키텍처를 설계한 인물 중 하나인 데이비드 클라크David Clark MIT 교수는 이렇게 회고한다. "보안을 고려하지 않은 것은 아닙니다.[23] 믿지 못할 사람들이 있다는 사실을 알았지만 우리는 그들을 배제할 수 있다고 생각했어요." 그렇다. 이들은 인터넷 사용을 자신들이 아는 사람들로만 국한할 수 있다고 정말로 생각했다.

1996년까지도 보안은 종점endpoint―사람들 앞에 놓인 컴퓨터 단말기를 가리킨다―의 책임이지 네트워크의 책임은 아니라는 것이 주된 관념이었다. 다음은 인터넷의 산업 표준을 정하는 인터넷기술표준화기구IETF, Internet Engineering Task Force가 1996년 발표한 내용이다.

인터넷 제공 회사들이 모든 트래픽의 프라이버시를 보호하고 인증하는 것이 매우 바람직하지만,[24] 이는 아키텍처의 요구 사항은 아니다. 기밀성과 사실 인증은 최종 사용자들의 책임이며, 최종 사용자들이 사용하는 프로토콜에 구현돼야 한다. 최종 도착지들은 인터넷 제공 회사들의 기밀성과 무결성에 의존해서는 안 된다. 인터넷 제공 회사들은 일정 수준의 보호 대책을 제공하기로 결정할 수도 있지만, 이것은 최종 사용자들이 스스로를 보호할 일차 책임에 부차적인 것이다.

이것은 전적으로 어리석은 입장은 아니다. 6장에서 나는 시작과 끝을 포괄하는 종단 간 네트워킹 모델을 다룰 것이다. 이것은 IETF가 개괄한 대로 네트워크에 보안 책임을 물어서는 안 된다는 입장이다. 그러나 사람들은 그런 입장을 너무 오래, 경직되게 고집해왔다. 심지어 네트워크 안에 포함해야 타당한 보안 측면들조차 수용하지 않았다.

이를 고치기는 어려웠고, 때로는 불가능했다. 1990년대 이후 IETF는 공격을 막기 위해 BGP에 보안 기능을 더하자는 제안을 내놨지만 언제나 집단 행동의 문제에 봉착했다. 더 나은 보안 시스템을 채택해 혜택을 누리자면 충분히 많은 네트워크들이 같은 행동을 취해야 한다. 남보다 먼저 이를 실천한 곳들은 노력에 상응하는 혜택을 누리지 못했다. 이런 상황은 왜곡된 동기를 낳는다. 서비스 제공 회사로서는 채택 비용만 한 혜택을 얻지 못하기 때문에 이 기술을 먼저 채택할 이유가 거의 없다.[25] 다른 회사들에서 먼저 나서기를 기다리는 편이 더 낫다. 그 결과는 물론, 지금 우리가 보고 있는 현실이다. 보안 문제에 관해 처음 언급하기 시작한 지 20년이 지난 지금도 아무런 해법이 없다.

이와 비슷한 사례는 또 있다. 도메인 네임 시스템 보안 확장DNSSEC, Domain Name System Security Extensions는 도메인 네임 서비스 프로토콜이 가진 보안 문제를 해결해줄 업그레이드 해법이다. BGP와 마찬가지로 기존 프로토콜에는 아무런 보안 처방이 없어서 시스템은 온갖 방법으로 공격당할 수 있다. 또 BGP와 마찬가지로 인터넷 커뮤니티에서 그에 대한 해법을 개발한 지 20년이 지났지만 아직도 구현되지 않고 있다.[26] 누구든 혜택을 누리기 위해서는 대다수 웹사이트들이 그 해법을 채택해야만 하기 때문이다.

컴퓨터의 확장성은
모든 것이 우리를 위협할 수 있다는 뜻이다

부모님이나 할머니할아버지가 집에서 쓰시던 구식 전화기를 떠올려보자. 전화를 위한 용도로 설계, 제조됐으며 그것이 그 전화기가 할 수 있는 일의 전부다. 이를 지금 호주머니에 들어 있는 전화기와 비교해보자. 이는 실상 전화기가 아니다. 통화 앱을 가진 컴퓨터다. 그리고 훨씬 더 많은 기능을 가지고 있다. 전화기뿐 아니라 카메라, 메신저, 전자책 리더, 내비게이션 등 온갖 다양한 기능을 수행한다. '거기에 대한 앱이 있지There's an app for that'라는 표현은 구식 전화기에는 통하지 않지만, 통화 기능을 가진 컴퓨터에는 당연한 사실이다.

그와 비슷하게 요하네스 구텐베르크Johannes Gutenberg가 활판 인쇄를 발명한 이후 수세기 동안 기술은 괄목할 만한 향상을 했지만 여전히 기본적으로는 동일한 기계식–그리고 이후에는 전기기계식–장비였다. 수세기 동안 인쇄기는 오직 인쇄일 뿐이었다. 장비 오퍼레이터가 얼마나 열심히 시도하든 인쇄기가 미적분학을 계산하거나 음악을 틀거나 생선의 무게를 잴 수는 없었다. 당신 집 안의 구식 온도조절장치는 온도를 감지하고 그에 반응해 회로를 켜거나 끄는 전기기계장치였다. 그 회로는 난방기와 연결돼, 온도조절장치는 난방기를 켜고 끌 수 있었다. 그것이 전부였다. 구식 카메라는 사진만 찍을 수 있었다.

이들은 이제 모두 컴퓨터가 돼서, 거의 무슨 기능이든 수행하도록 프로그램될 수 있다. 얼마 전 해커들은 캐논 픽스마Canon Pixma 프린터,[27] 하니웰 프레스티지Honeywell Prestige 온도조절장치[28] 그리고 코닥Kodak 디지털 카메라를 프로그래밍해 컴퓨터 게임인 〈둠Doom〉을 실행해보임으로 이런 사실을 증명했다.[29]

내가 IT 콘퍼런스에서 이런 일화를 들려주면, 25년된 컴퓨터 게임을 실행하는 이들 새로운 IoT 장비들에 모두가 웃지만 아무도 놀라지는 않는다. 이들은 컴퓨터다. 당연히 〈둠〉을 실행하도록 프로그래밍될 수 있다.

이 일화를 비IT 종사자들에게 들려주면 반응이 다르다. 우리 머릿속에 박힌 기계의 모델은 오직 한 가지 정해진 기능만 수행할 수 있고, 만약 고장이 나면 그럴 수 없다는 것이다. 하지만 범용 컴퓨터는 사람과 더 비슷하다. 거의 어떤 일이든 할 수 있다.

컴퓨터는 확장성이 있다. 모든 것이 컴퓨터화하면서 이 확장성은 모든 것에 적용될 것이다. 이것은 보안 분야에 세 가지 시사점을 보여준다.

하나, 확장 가능한 시스템은 설계자들이 모든 설정 환경, 조건, 응용 분야, 용도 등을 미리 예상할 수 없기 때문에 보안 확보가 어렵다. 이는 실상 복잡성에 관한 문제이기 때문에 조만간 다시 짚을 것이다.

둘, 확장 가능한 시스템은 외부 환경에 대해 제한을 가할 수 없다. 특정한 물리적 틀에 저장된 자기 테이프로부터 음악만 재생하는 기계식 뮤직 플레이어나 일정 규격의 1회용 포드pod만을 사용하는 커피 메이커를 만들기는 쉽지만, 그러한 물리적 제한은 디지털 세계로 전이되지 않는다. 이것이 뜻하는 바는 복제 보호─흔히 디지털 저작권 관리Digital Rights Management, 또는 DRM으로 알려져 있다─가 기본적으로 불가능하다는 뜻이다. 지난 20년 동안 음악과 영화 산업계에서 경험했듯이 우리는 사람들이 디지털 파일의 불법 복제본을 사용하는 것을 막을 수 없다.

더 일반적으로 소프트웨어 시스템은 제약을 가할 수 없다. 그러한 제약에 이용되는 소프트웨어가 다른 용도로 쓰이거나, 바뀌거나, 수정될 수 있기 때문이다. 해적판 음악 파일의 재생을 거부하는 뮤직 플레이어를 만들기가 불가능한 것처럼 총기 부품의 인쇄를 거부하는 3D 프린터를 만들기는 불가능하다. 물론 보통 사람이 이런 일을 하지 못하도록 막기는 쉽지만 전문가를 막기는 불가능하다. 그리고 일단 그 전문가가 소프트웨어에 설정돼 있는 제한 사항을 해제하는 프로그램을 만들고 나면, 다른 모든 이들도 그런 제한 사항을 피할 수 있다. 이렇게 되기까지는 그리 긴 시간이 걸리지 않는다. 최고의 DRM 시스템도 채 24시간을 가지 못한다.[30] 우리는 이에 대해 11장에서 다시 논의할 것이다.

셋, 확장성이 있다는 것은 모든 컴퓨터가 소프트웨어에 추가 기능을 더함으로써 업그레이드될 수 있다는 뜻이다. 이는 우발적으로 보안상의 취약점을 높이는 쪽으로 작용할 수 있다. 추가 기능에 새로운 취약점이 포함될 수 있고 새로운 기능은 최초 설계 당시 예상하지 않았던 내용일 수 있기 때문이다. 그러나 더 중요하게는 새로운 기능이 해커들에 의해서도 추가될 수 있다는 점이다. 누군가가 당신의 컴퓨터를 해킹해 멀웨어를 설치하는 경우 이들은 새로운 기능을 더하는 셈이다. 이것은 당신이 요청하지도 않았고 원하지도 않았으며 오히려 당신의 이익에 반하는 기능이지만, 어쨌든 기능은 기능이다. 그리고 그런 기능은 적어도 이론상으로는 모든 컴퓨터에 추가될 수 있다.

'백도어Backdoors'도 시스템에 내장된 추가 기능이다. 나는 이 용어를 자주 쓸 것이기 때문에 정의할 만한 가치가 있다. 백도어란 암호학에서 오래된 용어로,[31] 컴퓨터 시스템의 정상적인 보안 대책을 우회할 수 있도록 의도적으로 설계한 접근 메커니즘을 가리킨다. 백도어는 대개 비밀이고 일반에게 알리지도 않고 동의도 얻지 않았지만, 꼭 그럴 필요는 없다. 미연방수사국FBI이 애플에 대해 아이폰의 암호화 기능을 우회하는 방법을 제공하라고 요구했을 때, 실은 백도어를 요구한 것이다.[32] 연구자들이 포티넷Fortinet 방화벽에서 소스코드에 삽입된 가외의 비밀번호를 찾아낸 것은 다름 아닌 백도어를 발견한 것이다.[33] 중국 기업 화웨이가 비밀 접근 메커니즘을 인터넷 라우터들에 삽입했을 때 화웨이는 백도어를 설치한 것이다. 이에 대해 11장에서 더 논의할 것이다.

모든 컴퓨터는 멀웨어Malware에 감염될 수 있으며 랜섬웨어Ransomware의 볼모가 될 수 있다. 모든 컴퓨터는 멀웨어에 감염된 장비들의 네트워크로 원격 제어되는 봇넷의 일원으로 전락할 수 있다.[34] 모든 컴퓨터는 원격으로 모든 데이터와 프로그램을 삭제당할 수 있다. 여러 장비와 기기들에 내장된 컴퓨터, 혹은 IoT도 다르지 않다. 공격자들은 IoT 장비들에 대해서도 데스크톱과 랩톱 컴퓨터들을 유린하는 것과 똑같은 방식으로 공격하고 조작할 수 있다.

컴퓨터화된 시스템의 복잡성 때문에
방어보다 공격이 더 쉬워진다

......

지금 인터넷에서 공격자들은 방어하는 쪽보다 유리한 위치에 있다. 불가피한 현상이 아니다. 역사적으로 볼 때 지난 수십 수백 년 동안 어느 쪽이 더 유리한지 여부는 시소처럼 공격과 방어 사이를 오갔다. 전쟁의 역사는 그런 점을 잘 보여준다. 기관총과 탱크 같은 기술은 그러한 힘 관계를 어느 한쪽으로 옮겨 놨다. 그러나 지금 컴퓨터와 인터넷 환경에서는 공격이 방어보다 더 쉽다.[35] 이런 상황은 앞으로도 당분간 지속될 가능성이높다.

여기에는 여러 이유가 있지만 가장 중요한 대목은 시스템의 복잡성에 있다. 복잡성은 보안에서 최악의 적이다.[36] 시스템이 더 복잡할수록 그 시스템은 보안에 더 취약해진다. 그리고 지금 전 세계에 널린 수십억 대에 달하는 컴퓨터들은 각기 수백만 줄에 달하는 코드를 포함하고, 수조 개의 웹페이지와 수 제타바이트^{zettabyte}(10^{21}바이트)에 달하는 미지의 데이터를 가진 인터넷에 연결돼, 인류가 지금까지 건설한 가장 복잡한 시스템을 구성한다.[37]

더 높은 복잡성은 더 많은 사람들의 개입, 더 많은 구성 부분, 더 많은 상호 활동, 더 많은 층의 추상적 개념, 더 많은 설계와 개발 과정의 실수, 더 어려워진 시험과 검증, 보안상의 취약점이 숨을 수 있는 더 많은 공간과 여지를 의미한다.

컴퓨터 보안 전문가들은 종종 시스템의 공격 노출 표면으로 보안 수준을 가늠한다.[38] 공격자가 표적으로 노릴 위험성 때문에 보안 조처가 필요한 모든 가능한 지점들이 바로 공격 노출 표면이다. 시스템이 복잡하다는 것은 공격 노출 표면이 크다는 뜻이고, 이는 공격을 모의하는 쪽에 막대한 이점으로 작용한다는 뜻이다. 공격자로서는 취약점—보안 대책이 없는 공격 경로—을 하나만 찾아낸 다음 공격 타이밍과 방법만 정하면 된다. 아니면 성공할 때까지 계속해서 공격을 감행할 수도 있다. 동시에 방어하는 측은 모든 가능한 공격으로부터 전체 공격 노출 표면을 항상 안전하게 보호하지 않으면 안 된다. 그리고 방어하는 측은 언제나 이겨야 하는 반면, 공격자는 단 한 번만 운이 좋아도 성공이다. 한마디로 공정하지 않은 전쟁이다. 시스템을 공격하는 데 소요되는 비용은 그것을 방어하는 데 필요한 비용의 극히 미미한 부분에 지나지 않는다.

복잡성은 컴퓨터 보안을 유지하기가—심지어 보안 기술이 향상돼 가는 데도—왜 여전히 어려운지 잘 설명해준다. 해마다 새로운 아이디어와 새로운 연구 결과 그리고 새로운 보안 제품과 서비스가 나온다. 그와 동시에 해마다 점점 높아지는 복잡성은 새로운 취약점과 공격들로 이어진다. 우리는 나아지는 데도 설 자리를 잃고 있다.

복잡성은 또한 이용자가 보안 조처를 잘못 적용하기도 한다는 뜻이다. 복잡한 시스템은 대개 옵션option이 많아 이들을 안전하게 관리하기가 어렵다. 이용자들은 기본 비밀번호를 정기적으로 변경하지 않거나 클라우드의 데이터에 대한 접근 제어를 잘못 설정하기도 한다.[39] 2017년 스탠포드대학교는 수천 명에 이르는 학생과 직원들의 기록이 노출된 사태의 원인이 '잘못된 접근 설정'에 있었다고 분석했다.[40] 비슷한 경우는 매우 많다.

공격이 방어보다 더 쉬운 데는 복잡성 외에도 다른 이유들이 있다. 공격자는 '선점자의 우위'를 가지며, 방어자가 갖지 못한 자연스러운 기민성을 갖는다. 이들은 법률이나 전통적인 윤리 규범을 걱정할 필요가 없으며 혁신 기술을 더 재빨리 활용할 수 있다. 방어하는 쪽은 보안을 향상시켜야 할 동기가 별로 없는 데다 예방 차원의 보안 대책을 세우는 데 매우 게으르다. 실제 공격이 벌어질 때까지 예방 차원의 보안 대책이 수립되는 경우는 거의 없다. 공격자들은 또한 공격을 통해 얻을 게 있는 반면, 방어에 드는 비용은 기업들이 가능한 한 최소화하려 애쓰는 영업 비용의 일부로 취급되며 경영진은 자신들이 표적일 수 있다는 사실을 믿지 않는다. 공격자에게 더 많은 이점이 가는 셈이다.

그렇다고 해서 방어가 무의미하다는 뜻은 아니다. 단지 어렵고 비용이 많이 든다는 뜻이다. 공격자가 단독 범인이고 더 쉬운 표적을 선택하도록 유인될 수 있다면 물론 방어하기가 더 쉬울 것이다. 그러나 두둑한 예산에 전문 기술을 갖춘 적극적인 공격자라면 항상 침투에 성공할 것이다. 국가안보국NSA 전직 부국장 크리스 잉글리스Chris Inglis는 국가의 지원을 받는 사이버 활동에 대해 이렇게 말했다. "만약 사이버 스페이스의 공수 상황을 축구 점수에 견준다면 경기가 시작된지 20분 정도가 지난 상황에서 스코어는 462대 456쯤 될 것이다. 다시 말해 공격 일변도라는 뜻이다."41 사이버 현실을 잘 드러내는 비유다.

물론 기술적으로 공격이 쉽다고 해서 어디에나 만연해 있다는 뜻은 아니다. 살인도 저지르기는 쉽지만 실제로 살인을 저지르는 사람은 거의 없다.42 살인자들을 가려내고, 비판하고, 처벌하는 사회 시스템 때문이다. 인터넷의 경우는 처벌하기가 더 어렵다. 범인을 찾아내기가 어렵고—이에 대해서는 3장에서 논의할 것이다—인터넷 공격의 글로벌한 성격이 복잡한 사법권 문제를 야기하기 때문이다.

인터넷 플러스는 이런 경향을 더욱 악화할 것이다. 더 많아진 컴퓨터와 특히 과거와 사뭇 다른 유형의 컴퓨터들은 복잡성을 더욱 높일 것이기 때문이다.

상호 접속 환경은 새로운 취약점을 낳는다

인터넷은 새로운 특성과 의도하지 않은 결과들로 가득하다. 전문가들조차 인터넷의 온갖 다른 부분들이 서로 연결되고 상호작용하는지 제대로 이해하지 못하며, 그런 부분들이 실제 작동하는 방식에 자주 놀라게 된다. 이는 취약점의 경우도 마찬가지다.

더 많은 것들이 네트워크로 연결될수록 한 시스템의 더 많은 취약점들이 다른 시스템에 영향을 미칠 것이다. 세 가지 사례를 들겠다.

- 2013년, 범인들은 대규모 소매 체인 타깃Target의 네트워크를 해킹해 7천만 명의 고객 정보와 4천만 개의 신용/현금카드 데이터를 훔쳤다. 범인들이 타깃의 네트워크에 접속할 수 있었던 것은 그보다 앞서 타깃의 난방 및 에어컨 하청업체들 중 하나로부터 로그인 정보를 훔쳐 낼 수 있었기 때문이었다.[43]

- 2016년, 해커들은 라우터, DVR, 웹캠 등 수백만 개의 IoT 컴퓨터들을 수집해 '미라이Mirai'라고 부르는 방대한 봇넷을 구성했다. 이어 해당 봇넷으로 도메인 네임 서비스 회사인 다인Dyn에 분산형 서비스 거부(디도스)DDoS 공격을 개시했다. 다인은 많은 유명 인터넷 사이트들에 중요한 인터넷 기능을 제공하고 있었다. 때문에 다인이 다운되자 레딧Reddit, BBC, 옐프Yelp, 페이팔PayPal, 엣시Etsy 등 수십 개의 인기 웹사이트들도 접속이 끊겼다.[44]

- 2017년, 해커들은 인터넷에 연결된 물탱크를 통해 이름이 밝혀지지 않은 카지노의 네트워크에 침투해 데이터를 훔쳤다.[45]

시스템들은 미처 예측하지 못한 그리고 잠재적으로 유해한 방식으로 다른 시스템들에 영향을 끼칠 수 있다. 특정 시스템의 설계자들에게는 별로 심각하지 않다고 여겨지더라도 다른 시스템과 결합되면 치명적인 수준으로 악화될 수 있다. 한 시스템의 취약점은 다른 시스템으로 이전되면서 더 확대되고, 그 결과는 아무도 미처 예측하지 못한 수준으로 나빠질 수 있다. 이것은 스리마일Three Mile섬의 원전 참사, 우주왕복선 챌린저Challenger 폭발, 혹은 2003년 미국과 캐나다 동부의 대규모 정전 사태 같은 재난이 벌어지는 양상이기도 하다.

이처럼 미처 의도하지 못한 효과는 두 가지 시사점을 제공한다. 하나, 여러 시스템 간의 상호 접속 환경은 어느 시스템이 문제인지 파악하기 어렵게 만든다. 둘, 어느 단일한 시스템도 실상은 문제의 원인이 아닐 가능성도 있다.[46] 두 보안 시스템이 개별적으로는 안전하지만 이들을 연결하는 접속 환경이 취약한 탓일 수도 있다는 뜻이다. 2012년 누군가가 매트 호난Mat Honan 기자의 아마존 계정을 해킹해 그의 애플 계정에 접근한 다음, 지메일Gmail 계정에도 접근해 그의 트위터twitter 계정까지 접수했다.[47] 이러한 공격의 진행 방향은 시사하는 바가 크다. 어떤 취약점들은 개별 시스템의 문제가 아니라 그것이 다른 시스템과 서로 연결돼 사용될 때 취약점을 노출할 수 있기 때문이다.

다른 사례도 있다. 삼성 스마트 냉장고의 취약점은 그 이용자의 지메일 계정을 해커들에게 노출시켰다.[48] 아이폰에 내장돼 움직임과 방향을 감지하게 돼 있는 자이로스코프는 음향의 진동을 감지할 수 있을 정도로 민감해 사람들의 대화를 엿듣는 데 사용될 수 있다.[49] 카스퍼스키의 안티바이러스 소프트웨어는 우발적으로 (혹은 의도적으로) 미국 정부의 비밀을 훔쳐 낸다.[50]

만약 100개의 시스템이 모두 서로 교신한다면, 약 5천 회의 상호작용이 일어난다는 뜻이며 그로부터 5천 개의 잠재적 취약점이 초래될 수 있다는 뜻이다. 만약 300개의 시스템이 그렇게 서로 교신한다면 상호작용의 숫자는 4만 5천 회로 증가한다. 시스템이 1천 개라면 50만 회의 상호작용이 일어난다. 이들 중 대부분은 무해하거나 무미건조한 내용이겠지만, 일부는 치명적인 결과를 낳을 수도 있다.

컴퓨터들의 실패 양상은 저마다 다르다

......

컴퓨터는 일반적인 것들이 그렇듯이 동일한 방식으로 실패하지 않는다. 컴퓨터는 세 가지 다른 방식으로 취약하며 이는 매우 중요한 특성이다.

하나, 거리는 문제가 되지 않는다. 실제 물리적인 환경에서 보안을 고려할 때 우리는 평균적인 공격자를 상정한다. 현관 자물쇠를 사면서 세계 최고의 도둑이 침투하는 시나리오를 상정하지는 않는다. 이웃 주변을 배회하는 평균적인 도둑을 막을 요량으로 자물쇠를 구입한다. 케임브리지에 내 집이 있고 절도의 달인은 오스트레일리아의 캔버라에 있다면, 나는 걱정하지 않는다. 그 도둑이 비행기를 타고 날아와 내 집을 털지는 않을 것이기 때문이다. 하지만 인터넷에서는 다르다. 캔버라에 사는 해커는 마치 길 건너 이웃에 사는 것처럼 손쉽게 내 홈 네트워크를 해킹할 수 있다.

둘, 컴퓨터를 공격할 수 있는 능력은 컴퓨터를 공격하는 기술skill과는 다르다. 소프트웨어는 기술을 구현한다. 엄청난 기술을 가진 캔버라의 해커는 자신의 전문성을 소프트웨어에 구현할 수 있다. 자신의 공격 기술을 자동화해 자신이 잠든 사이에도 소프트웨어가 공격을 진행하도록 할 수 있다. 이해커는 자신의 해킹 소프트웨어를 전 세계 누구에게나 뿌릴 수도 있다. 풋내기 해커를 지칭하는 '스크립트 키디script kiddie'라는 용어도 여기에서 나왔다. 실제 기술은 거의 없지만 강력한 해킹 소프트웨어를 가진 사람. 만약 세계 최고의 도둑이 자신의 기술을 누구라도 사용할 수 있는 툴을 자유롭게 배포해 평균적인 도둑도 당신의 집에 쉽사리 침입할 수 있게 된다면 가정 보안을 더 걱정하지 않을 수 없는 상황이 될 것이다.

잠재적으로 위험한 해킹 툴은 인터넷에서 항상 무료로 유통되고 있다. 미라이 봇넷을 만든 공격자는 자신의 코드를 세계에 공개했고 그로부터 일주일 내에 10여 개의 공격 툴이 그것을 포함시켰다.[51] 바로 우리가 멀웨어라는 부르는 사례로, 해킹 기술이 전혀 없는 공격자들도 엄청난 공격 능력을 지닐 수 있게 해주는 웜, 바이러스, 루트킷rootkit을 통칭하는 용어다. 해커들은 온라인 암시장에서 루트킷을 구입할 수 있다. 이들은 랜섬웨어 공격을 대행해주는 '서비스로서의 랜섬웨어'를 고용할 수도 있다.[52] 해킹 팀과 감마 그룹 같은 유럽 회사들은 상대적으로 소규모인 세계 각국 정부들에게 공격 툴을 판매한다.[53] 러시아의 연방 보안 서비스에 소속된 21세의 카자흐스탄계 캐나다인 카림 바라토프Karim Baratov는 2016년 미국 민주당 전국위원회를 성공적으로 해킹한 피싱 공격을 수행했다. 여기에 사용된 멀웨어는 전문 해커 알렉세이 벨란Alexsey Belan이 만든 것이었다.[54]

셋, 컴퓨터는 한꺼번에 실패하거나 아니거나다. '클래스 브레이크class break'는 컴퓨터 보안에서 나온 개념이다.[55] 이것은 한 시스템만이 아니라 같은 계열의 전체 시스템이 다운되는 보안 취약성이다. 그런 사례 중 하나는 공격자가 일단 한 컴퓨터를 원격 장악하는 데 성공하면 그와 동일한 운영체제를 가진 모든 컴퓨터도 장악할 수 있게 된다는 점이다. 혹은 공격자가 해킹해 봇넷으로 징발할 수 있는 인터넷에 연결된 비디오 녹화기와 웹캠의 취약성도 그런 사례다.

에스토니아의 국민 ID 카드는 2017년 클래스 브레이크의 피해를 입었다. 암호화 기술상의 오류 때문에 정부는 온갖 종류의 정부 서비스에 이용되던 76만 장의 카드를 정지시켜야 했다.[56] 이 가운데는 높은 보안 수준으로 설정된 것도 있었다.

위험성은 소프트웨어와 하드웨어의 단일한 특성 때문에 더욱 높아진다. 우리 거의 모두는 세 가지 컴퓨터 운영체제 중 하나와 두 가지 모바일 운영체제 중 하나를 사용한다. 우리 중 절반 이상은 크롬 웹 브라우저를 사용하며 나머지 절반은 다른 다섯 가지 웹 브라우저 중 하나를 이용한다. 우리 대부분은 마이크로소프트 워드를 문서 작성에 이용하며, 엑셀을 스프레드시트로 사용한다. 우리 거의 모두는 PDF로 된 문서를 읽고, JPEG 이미지를 보며, MP3 파일을 듣고, AVI 비디오 파일을 시청한다. 전 세계의 거의 모든 기기는 동일한 TCP/IP 인터넷 프로토콜을 사용해 통신한다. 기본적인 컴퓨터 표준만이 단일한 게 아니다.[57] 2011년 DHS의 연구에 따르면 GPS는 주요 인프라 분야 15곳 중 11곳에서 필수적이다. 이처럼 헤아릴 수 없이 많은 공통 기능과 프로토콜에서 클래스 브레이크는 수백만에 달하는 기기와 사람들에게 피해를 끼칠 수 있다. 지금 현재 IoT는 더 많은 다양성을 보여주고 있지만 이런 상황은 퍽 기본적인 경제 정책이 변하지 않는 한 오래가지 않을 것이다. 미래에는 소수의 IoT 프로세서, 소수의 IoT 운영체제, 소수의 통제 수단 그리고 소수의 통신 프로토콜만이 남게 될 것이다.

클래스 브레이크는 웜, 바이러스 그리고 다른 멀웨어로 이어진다. '공격은 한 번, 충격은 여러 번'이라는 개념을 생각해보라. 우리는 투표 사기를 인가 받지 않은 개인들이 투표하는 것으로 상상하지, 어느 한 사람이나 기관이 인 터넷으로 연결된 투표 장비나 온라인 투표자 명부를 원격 조작하는 것으로 는 상상하지 않는다. 하지만 이것이 컴퓨터 시스템이 실패하는 양상이다. 누 군가가 장비를 해킹하는 것이다.

소매치기를 상상해보라. 그가 소매치기 기술을 익히는 데는 시간이 걸렸다. 각 피해자는 새로운 일감이고, 한 번의 성공이 다음 번의 성공을 보장하지 는 않는다. 호텔 방에서 볼 수 있는 전자 자물쇠는 다른 취약성을 지닌다. 공 격자는 설계상의 오류를 찾아 호텔의 모든 방을 열어주는 키 카드를 만들 수 있다. 만약 그가 자신의 공격 소프트웨어를 온라인에 공개한다면 누구든 모 든 자물쇠를 열 수 있게 된다. 그리고 이런 자물쇠가 인터넷에 연결돼 있다 면 공격자들은 잠재적으로 문들을 원격 해제 즉, 모든 자물쇠를 원격으로 동 시에 열 수도 있다는 뜻이다. 그게 바로 클래스 브레이크다.

2012년, 이런 사건이 전자 자물쇠를 만드는 오니티Onity라는 회사에 발생 했다.[58] 오니티는 매리엇, 힐튼, 인터컨티넨탈 같은 체인에 소속된 4백만 개 이상의 호텔 방에 사용되는 전자 자물쇠를 만드는 회사였다. 집에서 만든 기 기로 해커들은 자물쇠를 몇 초 안에 열 수 있었다. 누군가가 그런 방법을 알 아냈고, 자물쇠 해제 장비를 만드는 설명서가 빠르게 유포됐다. 오니티가 이 런 사실을 깨닫기까지는 여러 달이 걸렸고[59]—해당 시스템을 보수(패치)할 방 법이 없었기 때문에(이 부분은 2장에서 설명하겠다)—호텔 방들은 그 뒤로도 몇 달 간, 심지어 몇 년 간 취약한 상태로 남아 있었다.

위기 관리 분야에서 클래스 브레이크는 새로운 개념은 아니다. 이것은 한 해

동안 다른 이웃과 가정집에서 때때로 벌어지는 절도나 주택 화재, 특정 지역의 모든 이들에게 한꺼번에 벌어지거나 아무에게도 벌어지지 않는 홍수와 지진 간의 차이와 비슷하다. 그러나 컴퓨터는 위 두 가지 측면의 성격을 동시에 가지고 있으며, 공중보건 위험 모델의 성격도 지닌다.

컴퓨터 실패의 이런 특성은 보안 실패의 본질도 변화시키며, 그에 대한 방어 대책도 전혀 다르게 세워야 할 필요성을 제기한다. 우리는 모든 이들에게 치명적 피해를 입힐 수 있는, 가장 극단적인 개인을 상정하지 않으면 안 된다.

공격은 항상 더 발전하고, 쉬워지고, 빨라진다

DES로 약칭되는 데이터 암호화 표준Data Encryption Standard은 1970년대 개발된 암호화 알고리즘이다. 그 보안은 당시 가능하다고 여겨진 공격들을 (겨우) 막아 낼 만하다고 여겨지는 수준을 감안해 의도적으로 설계됐다. 1976년 암호학 전문가들은 DES를 깰 수 있는 장비의 개발 비용을 2천만 달러로 추산했다.[60] 1995년에 출간한 『Applied Cryptography응용 암호학』(John Wiley & Sons)에서 나는 그 비용이 1백만 달러로 낮아졌다고 추산했다.[61] 1998년 미국의 온라인 인권단체 EFFElectronic Frontier Foundation는 DES 암호 기술을 하루 안에 깰 수 있는 장비를 25만 달러에 개발했다.[62] 지금은 당신의 랩톱으로도 DES 기술을 깰 수 있다.

또 다른 사례를 들어보자. 1990년대 휴대전화는 아무런 인증 시스템 없이 기지국을 자동으로 신뢰하도록 설계됐다. 인증이 어렵고 가짜 기지국을 세우기가 어려웠기 때문이었다. 그로부터 5년 뒤 '스팅레이StingRay' 위장 기지국들은 FBI의 비밀 감시 툴이 됐다.[63] 다시 5년이 지난 뒤 위장 기지국을 설정하는 일은 워낙 쉬워져서 해커들은 콘퍼런스에서 시연하는 수준까지 이르렀다.

그와 비슷하게 점점 더 빨라진 컴퓨터의 처리 속도는 모든 잠재 값들을 빠르게 돌려 진짜 비밀번호를 파악해 내는 작업을 쉽게 만들었다. 그와는 대조적으로 일반 사람들이 기억할 수 있는 수준의 비밀번호 길이와 복잡성은 거의 달라지지 않았다. 그 때문에 10년 전만 해도 안전했던 비밀번호는 이제 안전하지 못한 것이 돼 버렸다.[64]

나는 이런 표현을 한 국가안보국 직원으로부터 처음 들었다. '공격은 늘 더 발전한다. 결코 더 나빠지지 않는다.' 공격은 더 빨라지고, 더 값싸지고, 더 쉬워진다. 지금 이론 수준인 공격은 얼마 안 있어 현실이 된다. 그리고 우리의 정보 시스템들은 애초 계획했던 것보다 훨씬 더 오래 남아 있기 때문에, 미래 기술을 가진 공격자들에 대응하지 않으면 안 된다.

공격자들도 배우고 적응한다. 보안을 안전safety과 구분 짓는 것도 이 대목이다. 토네이도는 안전 문제이고, 우리는 그에 대한 여러 방어 대책과 상대적 효율성을 논의할 수 있고 미래의 기술 진보가 어떻게 우리의 안전을 높여줄지 상상해볼 수 있다. 그러나 우리가 무엇을 하거나 하지 않든, 토네이도는 우리의 방어 대책에 맞춰 적응하지 않으며, 우리의 행태에 따라 변화하지도 않는다. 그것은 토네이도일 뿐이다.

해커들은 다르다. 이들은 창의적이고 지능적이다. 전술에 변화를 주고 새로운 기법을 고안하며 항상 적응한다. 공격자들은 우리 시스템을 조사하고 클래스 브레이크를 초래할 수 있는 취약점을 찾는다. 그리고 그들 중 누군가가 하나를 찾아내면 이들은 해당 취약점을 그것이 보완될 때까지 반복해서 유린한다. 지금 작동하는 네트워크 보호 대책은 내일이면 통하지 않을지도 모른다. 공격자들이 그를 우회하거나 뚫을 수 있기 때문이다.

이 모든 것이 시사하는 바는 전문 지식은 아래로 흐른다는 점이다. 과거 특급 기밀이었던 군 기술은 지금 박사학위 논문의 소재가 되고, 내일의 해킹 툴로 변모한다. 차분 암호 해독 기법[A]은 1970년 이전 국가안보국에 의해 발견된 기술로, 1970년대 IBM의 수학자들이 DES를 설계하는 과정에서 다시 발견했다.[65] 국가안보국은 IBM의 발견을 기밀로 분류했지만 해당 기법은 1980년대 말 학계 암호학자들에 의해 재발견됐다.[66]

방어는 항상 유동적이다. 어제 통했던 방어 기술은 오늘 통하지 않을 수 있으며, 내일이 되면 거의 확실하게 통하지 않을 것이다.

A   Differential Cryptanalysis(差分暗號解讀技法). 2개의 평문 블록들의 비트 차이에 대응되는 암호문 블록들의 비트 차이를 이용해 사용된 암호 키를 찾아내는 방법 – 옮긴이

2

패치는 실패한
'보안 패러다임'이다

보안에는 두 가지 기본 패러다임이 있다. 하나는 사람의 생명이 걸린 기술이 연계된 실제 세계에서 비롯한다. 자동차, 항공기, 의약품, 건축과 건설 그리고 의료 장비의 세계다. 이 경우 우리가 설계하는 방식은 전통적이며 '처음 할 때 제대로 하라'는 말로 요약될 수 있다. 이것은 철저한 시험의 세계, 보안 인증과 공인된 엔지니어들의 세계다. 이것은 느리고 비용이 많이 드는 프로세스다. 보잉^{Boeing}사가 신형 항공기에 대해 수행할 온갖 안전 시험을 상상해보라. 혹은 제약회사가 신약을 출시하기 전에 수행할 여러 실험을 고려해보라. 이 경우는 수정하는 데도 느리고 비용도 많이 든다. 각 변화마다 동일한 절차를 거쳐야 하기 때문이다.

이렇게 하는 이유는 잘못될 경우의 비용이 워낙 크기 때문이다. 누구도 빌딩이 갑자기 무너져 버리거나, 날아가던 항공기가 추락하거나, 의약품 부작용 등으로 수천 명이 죽는 상황은 원치 않는다. 그리고 그 모든 위험을 완전히 지워버릴 수는 없지만 충분한 사전 작업으로 위험을 줄일 수 있다.

보안 분야의 다른 대안 패러다임은 빠르게 움직이고, 자유분방하고, 고도로 복잡하며, 지금까지는 대체로 무해한 소프트웨어의 세계에서 발원한다. 이 세계의 모토는 '보안은 기민해야 한다'라거나 페이스북^{Facebook}의 구호처럼 '빠르게 움직이고 무엇이든 깨뜨려라'다.[1] 이 모델에서 우리는 보안 취약점이 발견되면 시스템을 재빨리 업데이트하려 노력한다. 우리는 생존 가능한 시스템, 공격을 받은 다음 복구할 수 있는 시스템, 공격을 실제로 줄일 수 있는 시스템 그리고 변화하는 위협에 적응하는 시스템을 개발하려 시도한다. 그러나 대체로 우리는 재빨리 그리고 효율적으로 수선(패치)할 수 있는 시스템을 만든다. 우리가 이 목표를 얼마나 잘 성취하는지는 논란의 여지가 있지만 어차피 잘못을 저지른 데 따른 비용은 그리 크지 않기 때문에 문제가 있음을 수용한다.

인터넷 플러스의 보안에서 이 두 가지 패러다임은 서로 충돌한다. 당신이 운전하는 승용차에서 충돌하며 가전 제품에서 충돌하고 컴퓨터화된 의료 장비에서 충돌한다. 가정의 온도조절장치에서, 컴퓨터화된 투표 장비에서 그리고 교통신호 제어 시스템에서, 화학 공장에서, 댐에서, 발전소에서 충돌한다. 이들은 계속 반복해서 충돌하며, 그에 따른 실패의 결과는 생명과 재산에 영향을 미칠 수 있기 때문에 사안의 심각성은 점점 더 높아진다.

패치는 우리가 소프트웨어에 대해 늘 적용하는 작업으로—이를 보통 '업데이트'라고 부른다—시스템의 보안성을 유지하기 위한 최우선 메커니즘이다.

어떻게 그것이 작동하는지 (그리고 작동하지 않는지), 미래에는 얼마나 잘 작동할지 이해하는 것은 현재 직면한 보안 문제를 제대로 파악하는 데 중요하다.

모든 소프트웨어에는 발견되지 않은 취약점들이 있다. 이들은 몇 달, 혹은 몇 년 동안 잠복해 있다가 기업이나 정부기관, 개별 연구자, 혹은 사이버 범죄자들에 의해 발견되곤 한다. 우리는 (1) 보안 취약점을 소프트웨어 개발사와 일반에 알리는 발견자, (2) 재빨리 해당 취약점을 보완하는 보안 패치를 내놓는 개발사, (3) 해당 패치를 설치하는 이용자 들을 통해 보안을 유지한다.

여기까지 오는 데는 오랜 시간이 걸렸다. 1990년대 초만 해도 연구자들은 자신들이 발견한 취약점을 소프트웨어 개발사에만 알렸다. 개발사들은 기본적으로 아무 일도 하지 않거나 몇 년이 지난 다음에야 겨우 취약점을 보완하는 식으로 더디게 대응했다. 그러자 연구자들은 개발사들이 좀 더 적극적으로 대응하도록 압력을 넣기 위해 자신들이 발견한 취약점을 일반에게 공개하기 시작했다. 하지만 개발사들은 연구자들을 비웃고, 그들의 공격은 '이론적인' 것일 뿐 걱정할 만한 가치가 없다고 폄하하는가 하면 법정 소송을 빌미로 위협하면서도 문제를 바로잡지는 않았다. 개발사들의 실제 행동을 이끌어 낼 수 있는 유일한 해법은 연구자들이 취약점의 세부 내용을 발표하는 것이었다. 요즘 관행은 연구자들은 취약점을 발견하면 해당 소프트웨어의 개발사에 먼저 경고를 주고 이어 취약점의 세부 내용을 공개 발표하는 식이다. 발표된 문건은 개발사들로 하여금 보안 패치를 신속하게 출시하도록 만드는 동기로 작용했을 뿐 아니라 연구자들에게는 서로 배우고 공로를 인정해주는 수단이 됐다. 이런 문건은 다른 연구자들에게 새로운 지식과 자극을 줌으로써 보안을 더 향상시켰다. 만약 '책임 있는 공표^{responsible disclosure}'라는 말을 듣는다면, 이 프로세스를 가리키는 것이다.[2]

단독 해커부터 학계의 연구자, 기업의 공학자에 이르기까지 많은 연구자들은 컴퓨터의 취약점들을 찾아내며, 책임을 지고 공표한다. 기업들은 해커들에게 취약점들을 공표하거나 범죄 행위에 악용하는 대신 자신들에게 가져오면 포상금을 주겠다고 제안한다. 구글은 공개 도메인과 독점 영역 양쪽에서 일반적으로 사용되는 소프트웨어의 취약점을 찾아내는 데 전력을 다하는 '프로젝트 제로^{Project Zero}'라는 전담 팀이 있을 정도다.[3] 이들 연구자의 동기를 의심할 수도 있지만−많은 이들은 유명세를 노리거나 경쟁 우위를 꾀하기도 한다−결과 자체를 의심할 수는 없다. 끝없이 나오는 것 같은 취약점들에도, 모든 소프트웨어는 그런 취약점이 발견되고 수정되는 과정에서 점점 더 보안성을 높여 간다.[4]

그럼에도 이것은 '행복하게 잘 살았답니다^{happily ever after}'의 상황이 아니다. 취약점을 찾으면 그를 수정하는 시스템에는 여러 문제가 있고, 이들 중 많은 부분은 인터넷 플러스 환경에서 더 악화된다. 이것을 취약점을 연구하고, 발견된 취약점을 제조사에게 알리고, 수정 패치를 만들어 배포하는 전체 생태계의 관점에서 보되, 시간의 역순으로 따라 보자.

패치 설치 초기만 해도 이용자, 특히 기업 네트워크에서는 패치 설치를 주저했다. 패치는 제대로 시험되지 않은 경우가 많았고, 문제를 고치기보다는 오히려 더 악화시키는 경우가 너무 잦았다. 이것은 운영체제 개발사, 대규모 소프트웨어 제조사 등 모든 소프트웨어 개발사들에 적용되는 내용이었다. 시간이 지나면서 상황은 달라졌다. 대규모 운영체제 개발사들−마이크로소프트, 애플, 특히 리눅스^{Linux}−은 패치를 배포하기 전에 시험해보는 과정이 크게 향상됐다. 사람들이 패치에 점점 신뢰를 갖게 되면서 이들을 더 신속하게 자주 설치하는 데도 익숙해졌다. 그와 동시에 개발사들은 이제 패치를 더욱 설치하기 쉽게 만들고 있다.

그럼에도 여전히 사람들은 자신의 시스템에 패치를 설치하지는 않는다.[5] 산업계의 추산에 따르면 이용자의 4분의 1은 패치가 배포된 당일에 설치하고, 다른 4분의 1은 한 달 안에 그리고 다른 4분의 1은 1년 안에 설치하며, 나머지 4분의 1은 전혀 설치하지 않는다. 패치 설치율은 군대, 산업계, 의료계 시스템에서 특히 더 낮다. 해당 업계의 소프트웨어들이 고도로 특화된 탓이다. 이들 분야의 경우 패치는 문제를 해결하기보다 매우 중요한 기능에 지장을 초래할 공산이 더 높다.

불법 복제 소프트웨어를 쓰는 이들은 업데이트를 받을 수 없는 경우가 많다. 어떤 이들은 그런 업데이트 통지를 받는 것조차 원하지 않는다. 다른 이들은 잊어버린다. 어떤 이들은 소프트웨어 개발사들이 업데이트를 통해 원치 않는 기능을 슬쩍 끼워 넣는 데 신물이 나 있기 때문에 패치를 하지 않는다. 어떤 IoT 시스템들은 한마디로 업데이트하기가 상대적으로 더 어렵다. 당신은 집 안의 라우터, 냉장고, 또는 전자레인지의 소프트웨어를 얼마나 자주 업데이트하는가? 추측컨대 '전혀 하지 않는다'일 것이다. 그렇다고 이들이 자동으로 업데이트하는 것도 아니다.

2017년의 세 가지 사례는 그런 문제를 잘 보여준다. 에퀴팩스Equifax가 해킹을 당한 것은 아파치 웹서버의 보안 패치를 올라온 지 두 달이 넘도록 설치하지 않았기 때문이었다.[6] 워너크라이WannaCry 멀웨어는 전 세계적인 우려를 낳았지만 미처 패치되지 않은 윈도우 시스템들에만 영향을 미쳤다. 앰니지아Amnesia IoT 봇넷은 디지털 비디오 레코더의 취약점을 악용했는데, 해당

취약점은 이미 1년 전에 공개되고 수정됐지만 기존 레코더들은 원격 패치가 불가능했다.[7]

IoT 장비들에 내장된 컴퓨터들의 보안 상황은 더욱 걱정스럽다. 많은 시스템의 경우-저가와 고가 장비 모두-이용자들이 관련 패치를 직접 내려받아서 설치해야 한다. 이런 패치 과정은 종종 지루하고 복잡하며 평균 이용자의 기술 수준을 넘어선다. 때로는 인터넷 서비스 제공사들이 라우터와 모뎀 같은 장비들을 원격 패치할 수 있는 경우도 있지만 이 또한 드물다.[8] 더욱 걱정스러운 것은 많은 컴퓨터 내장 장비들의 경우 패치 방법 자체가 없다는 사실이다. 지금 당장 사용자가 해킹당할 수 있는 DVR의 펌웨어를 업데이트하는 유일한 방법은 해당 기기를 폐기 처분하고 신제품을 사는 것이다.[9]

그런 이유 때문에 수천만 개에 이르는 저가 장비들이 패치되지 않은 채 보안 취약점을 고스란히 안고 지난 5~10년 동안 인터넷상에 존재해왔다. 2010년, 한 보안 연구자는 가정용 라우터 30종을 분석하고 그중 절반을 해킹할 수 있었다.[10] 이 가운데 널리 보급된 인기 브랜드도 들어 있었다. 이후에도 사정은 나아지지 않았다.[11]

해커들은 이런 점을 눈치채기 시작했다. DNS체인저^{DNSChanger}라는 멀웨어는 컴퓨터뿐 아니라 가정용 라우터들을 공격한다.[12] 2012년 브라질에서는 450만 개의 DSL 라우터들이 해킹돼 금융 사기에 이용됐다.[13] 2013년 한 리눅스 웜은 라우터, 카메라 그리고 다른 컴퓨터 내장 장비들을 노렸다.[14] 2016년에는 미라이 봇넷이 디지털 비디오 레코더, 웹캠, 라우터 등의 취약점을 이용했다.[15] 출시 당시의 기본 비밀번호를 바꾸지 않는 초보적인 보안 실수를 악용한 것이었다.[16]

패치 적용의 어려움은 더 잘 설계됐을 것으로 예상되는 값비싼 IoT 기기에도 악영향을 미친다. 2015년 자동차 회사 크라이슬러^{Chrysler}는 이 책의 앞머리에 소개한 것과 같은 보안 취약점을 패치하기 위해 승용차 140만 대를 리콜했다.[17] 크라이슬러 측에서 승용차들을 패치하는 유일한 방법은 모든 차량 소유주에게 패치가 든 USB 드라이브를 우편으로 보내 차량의 대시보드에 있는 포트에 연결하도록 하는 것이었다. 2017년 애보트 랩스^{Abbott Labs}는 심박조율기를 사용하는 46만 5천 명의 환자들에게 인가된 병원에 가서 중요한 보안 업데이트를 받아야 한다고 통보했다.[18] 적어도 환자들은 자신들의 심장을 절개할 필요는 없었다.

이것은 적어도 더 값비싼 장비들의 경우에는 일시적인 문제일 가능성이 높다. 패치 작업에 익숙하지 않은 업계는 곧 그 방법을 배우게 될 것이다. 값비싼 컴퓨터 내장 장비를 판매하는 회사들은 패치가 자동으로 적용되도록 설계하는 방법을 터득하게 될 것이다. 테슬라를 크라이슬러와 비교해보라. 테슬라는 업데이트와 패치를 승용차에 자동으로 전송하고, 밤 사이에 시스템 업데이트 작업을 진행한다. 킨들^{kindle}도 마찬가지다.[19] 소유자들은 패치 절차에 아무런 통제권도 없고, 자신들의 기기가 패치된 사실도 모르고 지나갈 때가 많다.

패치 작성과 배포. 개발사들은 보안 패치를 배포하는 데 더딜 수 있다. 2016년 한 조사에 따르면 모든 취약점의 약 20%-그리고 '상위 50대 응용프로그램'에서 발견된[20] 취약점의 7%-는 해당 취약점이 공개된 당일에는 패치가 준비되지 않았다(엄밀히 말하자면, 이것은 이전 해보다 향상된 수치다. 2011년의 경우 모든 취약점의 3분의 1이 공개 당일에는 패치가 준비되지 않았다). 그보다 더 심각한 문제는 취약점이 공개된지 한 달 안에 추가로 1%만이 패치를 적용했다는 점이다.[21] 개발사가 즉각 패치를 내놓지 않는 경우 가까운 시일 안에 준비

할 가능성은 거의 없다는 뜻이었다. 그 결과 모든 안드로이드 기반 스마트폰의 절반 정도가 1년이 넘도록 패치를 적용하지 않았다.[22]

패치는 우리가 바라는 만큼 신뢰성이 높지 않아 오류를 수정하기는커녕 도리어 시스템을 다운시키기도 한다. 2014년 iOS 기반의 패치 하나는 일부 사용자들이 전화 통화를 할 수 없게 만들었다.[23] 2017년, 록스테이트LockState사의 인터넷 연결 자물쇠는 잘못된 패치 때문에 사용자들이 자기 집의 문을 잠그거나 열 수 없는 상황이 연출됐다.[24] 2018년, 컴퓨터 CPU에서 발견된 스펙터Spector와 멜트다운Meltdown 취약점에 대응하기 위해 마이크로소프트는 운영체제용 패치를 발표했지만 일부 컴퓨터는 다운되는 사태로 이어졌다.[25] 사례는 아주 많다.[26]

컴퓨터 내장 시스템과 IoT 장비들로 눈길을 돌리면 상황은 훨씬 더 심각하다. 컴퓨터와 스마트폰은 패치 작성에 전념하는 보안 엔지니어들이 있기 때문에 상대적으로 보안성이 높다. 이런 기기를 만드는 기업들이 그처럼 대규모 보안 팀을 지원할 수 있는 이유는 해당 소프트웨어로부터 직간접적으로 막대한 규모의 매출을 올리고 부분적으로는 그 보안성을 놓고 경쟁을 벌이기 때문이다. 디지털 비디오 레코더나 가정용 라우터 같은 컴퓨터 내장 시스템은 상황이 다르다. 이들은 훨씬 더 낮은 수익에 훨씬 더 적은 수량만이 팔리며, 해외 하청업체에 의해 설계된 경우가 많다. 엔지니어 팀은 해당 제품을 설계하기 위해 재빨리 꾸려졌다가 금세 해체되거나 다른 종류의 제품을 만든다. 코드의 일부는 오래되고 시효가 지난 것으로 되풀이해서 재활용될 수도 있다. 소스코드는 아예 존재하지도 않아 패치를 만들기가 훨씬 더 어려울 수도 있다. 제품을 만든 회사들은 제품의 보안을 고려할 만한 예산이 없거나 그렇게 할 만한 사업 동기가 없을 수도 있다.

더욱 심각한 것은 일단 출하되고 나면 누구도 해당 소프트웨어를 패치할 만한 인센티브가 없다는 점이다. 칩 제조사는 다음 버전의 칩을 출하하기 바쁘고, 하청업체인 장비 제조사는 제품을 다음 버전의 칩에 맞춰 업그레이드하기 바쁘며, 포장 상자에 이름이 적힌 판매사는 실상 재판매업자에 불과하다. 구식 칩과 제품을 관리하는 일은 어느 누구에게도 우선 사항이 아니다.

제조사들이 인센티브를 가진 경우에도 다른 문제가 가로막고 있다. 만약 마이크로소프트의 운영체제에 보안 취약점이 있다면 소프트웨어 제조사는 지원하는 각 운영체제 버전에 맞춘 패치를 만들어야 한다. 여러 다른 운영체제들에 맞춰 소프트웨어를 관리하는 데는 비용이 많이 든다.[27] 마이크로소프트와 애플이ー그리고 다른 모든 기업들이ー몇몇 최근 버전들만 지원하는 것도 그 때문이다. 만약 오래된 윈도우나 맥OS 운영체제를 사용한다면 해당 기업들이 더 이상 지원하지 않기 때문에 그에 해당하는 보안 패치를 구하지 못할 수도 있다.

이것은 내구성이 높은 상품에는 통하지 않을 것이다. 우리는 보통 새로운 디지털 비디오 레코더를 5년이나 10년마다, 냉장고는 25년마다 구입한다. 최근 구입한 승용차는 10년 정도 사용하다 다른 사람에게 팔면 그도 10년쯤 사용하다 제3세계로 중고차를 수출하는 누군가에게 팔 것이고, 차는 그곳에서 다시 누군가에게 팔려 10년 혹은 20년 더 굴러다닐 것이다. 1978년산 코모도어 PET 컴퓨터를 켜 보려 시도하거나 그해에 나온 비지캘크^{VisiCalc}를 써 보려 시도하고 어떻게 되는지 확인해보라. 우리는 40년이나 된 소프트웨어를 유지하는 방법 자체를 모른다.

자동차 회사를 한번 보자. 자동차 회사는 매년 10여 종의 소프트웨어를 탑재한 10여 종의 다른 차종을 판매할 수 있다. 소프트웨어가 2년마다 업데이트되며 회사가 판매 차량을 20년 동안만 지원한다고 해도 그 회사는 20~30종의 다른 소프트웨어 버전들을 업데이트할 수 있는 능력을 갖추고 있어야 한다(여러 다른 자동차 제조사들에 부품을 공급하는 보쉬Bosch 같은 회사의 경우 관리해야 할 소프트웨어의 종류는 200개 수준에 더 가깝다). 시험용 차량과 관련 장비들에 필요한 비용과 창고의 규모는 어마어마할 것이다.

다른 대안으로 자동차 회사들이 5년, 혹은 10년 이상 된 차량에 대해서는 더 이상 지원하지 않겠다는 발표를 했다고 상상해보자. 심각한 환경 문제가 초래될 것이다.

우리는 이미 너무 오래돼서 제조사들이 더 이상 보안 패치를 제공하지 않거나 해당 제조사가 아예 망해버린 경우 시스템들에 미치는 영향을 목도하고 있다. 워너크라이의 피해를 입은 기관들의 일부는 여전히 윈도우 XP를 사용하고 있었다.[28] 나온 지 17년이 지난 이 운영체제는 마이크로소프트가 2014년부터 지원을 중단했다. 전 세계 약 1억 4천만 대에 이르는 컴퓨터들이 여전히 이 운영체제를 사용하고 있다.[29] 이 가운데는 대다수 자동현금인출기도 포함된다.[30] 한때 인마새트Inmarsat 그룹이 판매했던 인기 선상 위성 통신 시스템은 심각한 보안 취약점을 안고 있지만 더 이상 패치 서비스가 제공되지 않는다.[31] 이는 산업형 제어 시스템들에는 큰 문제다. 이들 중 많은 수가 시효가 지난 소프트웨어와 운영체제를 쓰고 있는 데다 워낙 특화된 분야여서 이들을 업그레이드하는 비용이 지독히 높기 때문이다. 이들 시스템은 IT 예산이 제대로 잡히지 않은 경우가 많기 때문에 보안 문제가 불거진 다음에도 여러 해 동안 사용될 수 있다.

인증은 문제를 더욱 악화시킨다. 모든 것을 컴퓨터화하기 전까지 자동차, 항공기, 의료 장치 등과 같이 위험한 장비들은 일반에 판매되기 전에 다양한 수준의 안전 인증 절차를 거쳐야 했다. 제품은 일단 인증되면 재인증 없이는 변경할 수 없다. 항공기의 경우 코드 한 줄을 바꾸는 데도 1백만 달러 가까운 비용과 1년 가까운 시간이 들 수 있다.[32] 제품이 크게 바뀌지 않는 아날로그 세계에서는 납득할 만한 현상이다. 하지만 패치의 취지 자체는 제품이 변경될 수 있도록 그것도 빠르게 될 수 있도록 하자는 것이다.

취약점 공개. 보안 취약점을 발견했다고 누구나 그것을 공개하는 것은 아니다. 누군가는 범행 목적으로 그런 취약점들을 모으기도 한다. 공격자들은 취약점들을 악용해 시스템에 침투하며, 우리가 취약점에 대해 알게 되는 것도 그런 계기를 통해서다. 이는 '제로 데이 취약점zero-day vulnerabilities'이라고 부르며, 책임감 있는 개발사들은 해당 취약점을 수정하는 패치를 신속하게 만들려 시도한다. 미국 국가안보국, 사이버사령부 그리고 그에 상응하는 해외의 정보기관들도 일부 취약점을 현재와 미래에 활용할 목적으로 비밀에 부친다. 이에 대해 9장에서 더 논의하겠지만 지금 단계에서는 발견됐음에도 공개되지 않은 모든 취약점 - 설령 우리가 신뢰하는 누군가가 그것을 숨기고 있더라도 - 은 누군가에 의해 독립적으로 발견돼 우리에게 불리한 방향으로 사용될 수 있다는 정도로 이해하기 바란다.

자신들이 발견한 취약점들을 일반에 공개하고자 하는 연구자들조차 장비 제조사들로부터 냉대를 받기도 한다. 컴퓨터 비즈니스로 변모해 가는 새로운 산업 분야 - 커피메이커 제조사와 그 비슷한 분야 - 는 보안 연구자나 책임감 있는 공표, 패치 등의 경험이 없다. 이같은 보안 전문성의 결여는 심각한 문제다. 소프트웨어 회사들의 핵심 경쟁력은 소프트웨어 개발이다. 냉장고 제조사, 또는 대기업의 냉장고 부문은 다른 핵심 경쟁력을 가지며 - 예상컨대 음식을 차게 보관해주는 기술-소프트웨어 개발은 늘 곁가지로 밀릴 것이다.

1990년대 컴퓨터 제조사들이 그랬듯이, IoT 제조사들은 자신들의 시스템이 난공불락이라며 외부에 노출된 어떤 문제도 부인하면서 그런 문제를 노출한 이들에게는 법적으로 대응하겠다고 위협한다. 2017년에 나온 애보트 랩스의 패치는 해당 회사가 보안 취약점에 대한 최초 보고서-공격의 세부 내용은 밝히지 않은 채 발표됐다-를 "그릇되고 오도된"[33] 것이라고 주장한 지 1년 뒤에 나왔다. 컴퓨터 게임이나 워드프로세서의 경우에는 괜찮을지 모르지만 자동차, 의료 장비, 항공기 등과 같이 버그가 악용되는 경우 인명을 살상할 수도 있는 장비들에는 위험하다. 하지만 연구자들은 어쨌든 그런 세부 내용을 발표해야 할까? 아무도 '책임감 있는 공표'라는 개념이 이 새로운 환경에서는 어떠해야 하는지 모른다.

마지막으로 취약점 연구. 이 생태계가 작동하기 위해서는 취약점을 발견해서 보안을 향상시켜줄 보안 연구자들이 필요하지만, '디지털밀레니엄저작권법DMCA, Digital Millenium Copyright Act'이 그러한 노력을 봉쇄하고 있다. 이것은 우리가 4장에서 논의할 복제 금지법으로, 보안 연구 금지 조항을 포함하고 있다. 표면적으로 해당 금지 조항은 저작권이 있는 작품의 불법 재생산을 막을 의도로 제품 기능을 우회하지 못하도록 명문화한 것이다. 하지만 그 영향은 그보다 더 광범위하다. DMCA 때문에 저작권의 보호를 받는 소프트웨어 시스템의 취약점을 역설계하거나, 찾아내거나, 공표하는 것은 불법이다. 소프트웨어는 저작권 등록이 가능하기 때문에 제조사들은 이 법을 남용해 자사에 망신을 줄 수도 있는 보안 연구자들을 억압하고 재갈을 물린다.

그러한 초기 남용 사례 가운데 하나는 2001년에 벌어졌다. FBI는 데프콘 해커 콘퍼런스에서 드미트리 스클랴로프Dmitry Sklyarov를 체포했다.[34] 전자책의 복제를 막기 위해 설계된 어도비 아크로뱃Adobe Acrobat의 암호화 코드를 우회하는 방법을 콘퍼런스에서 발표했다는 이유였다. 또 2001년 HP는 자사의 트루64Tru64 제품의 보안 오류를 공표한 연구자들을 위협하는 데 해당 법규를 사용했다.[35] 2011년 액티비전Activision은 자사의 비디오 게임 중 하나의 보안 시스템을 연구해온 한 엔지니어의 공개 웹사이트를 해당 법규를 동원해 폐쇄했다.[36] 비슷한 사례는 많다.

2016년 미 의회―바로 이 법을 책임진 주체―도서관[37]은 DMCA에 보안 연구자들을 위한 예외 조항을 추가했지만 예외 범위가 협소한 데다[38] 일시적인 것이어서 기업들이 법을 남용할 여지는 여전히 넓다.

다른 법규도 연구를 억압하는 데 사용된다. 2008년 보스턴의 매사추세츠교통국은 '컴퓨터 사기 및 오용법Computer Fraud and Abuse Act'을 동원해 지하철 요금 카드의 오류를 지적한 한 콘퍼런스의 발표를 막았다.[39] 2013년 폭스바겐Volkswagen은 자사의 자동차 소프트웨어의 취약점을 발견한 보안 연구자들을 고소해 해당 내용의 공개를 2년 동안 은폐했다.[40] 2016년 인터넷 보안 회사 파이어아이FireEye는 제삼자에 의해 발견된 파이어아이 제품의 취약점에 대한 세부 내용의 공표 금지 명령을 법원으로부터 받아 냈다.[41]

이런 억압 효과는 상당하다. 많은 보안 연구자들은 기업들로부터 고소를 당하고 발견 내용도 공표되지 못할 것이라는 우려 때문에 취약점을 찾는 작업을 벌이지 않는다. 만약 당신이 종신 교수직, 논문 출간, 고소 등을 걱정하는 젊은 학계 연구자라면 그런 위험은 감수하지 않는 편이 안전하다.[42]

이 모든 이유와 컴퓨터가 점점 더 많은 사물들에 내장됨에 따라 현재의 패치

시스템은 점점 더 불충분해질 것이다. 문제는 이를 대체할 더 나은 대안이 없다는 점이다.

이런 점은 우리를 처음에 언급한 두 가지 패러다임으로 되돌린다. 처음부터 제대로 맞게 만들거나, 문제가 불거질 때마다 신속하게 고치거나.

이들은 소프트웨어 개발업계에서 평행선을 그린다. '낙수Waterfall'는 전통적인 소프트웨어 개발 모델에서 사용되는 용어다.[43] 먼저 요구 사항이 나오고 이어 규격과 디자인이 진행되고, 그 다음에 구현과 시험, 출시로 이어지는 방식이다. '애자일agile'은 그보다 더 새로운 소프트웨어 개발 모델이다.[44] 고객의 기본적인 필요 사항을 만족하는 프로토타입을 만든다. 그것이 어떻게 실패하는지 관찰하고 신속하게 문제를 고치며 요구 사항과 규격을 업데이트하는 이 절차를 계속 반복한다. 애자일 모델은 소프트웨어를 설계하고 개발하는 데 더 나은 방법처럼 보인다. 그리고 이 모델은 기능상의 디자인 요구 사항뿐 아니라 보안상의 디자인 요구 사항도 통합할 수 있다.

우리는 마이크로소프트 오피스와 스마트폰에 깔린 앱의 차이를 알 수 있다. 마이크로소프트 오피스 새 버전은 2년마다 나온다. 그것은 많은 디자인 변화와 새로운 기능으로 이어지는 중대한 소프트웨어 개발 작업이다. 새로운 버전의 아이폰 앱은 2주마다 출시되고, 그때마다 자잘한 누적적 변화가 일어나거나 이따금 한두 개의 새로운 기능이 더해질지 모른다. 마이크로소프트는 내부적으로는 애자일 개발 절차를 사용할지 모르지만 그 출시 방식은 명백히 '올드 스쿨old-School', 한마디로 옛날 방식이다.

우리는 이 두 가지 패러다임을 통합할 필요가 있다.[45] 처음부터 제대로 보안 기능을 갖추게 할 만한 보안 엔지니어링 기술이 없기 때문에 재빨리 패치하는 길 외에는 달리 방법이 없다. 하지만 우리는 이 패러다임에 근본적으로 내재된 높은 비용을 낮출 방법을 찾아야 한다. 인터넷 플러스의 생래적 복잡성 때문에 우리는 낙수 패러다임의 장기적 안정성과 애자일 패러다임의 신속한 대응 능력이 모두 필요하다.

3

인터넷에서 누가 누구인지 알기가 점점 더 어려워진다

1993년 미국의 시사문화 주간지 「뉴요커New Yorker」에 실린 유명한 만평은 개 두 마리의 대화를 보여주고 있다. "인터넷에서는 아무도 네가 개인 걸 몰라."[1] 그리고 2005년 후속 「뉴요커」 만평은 다른 개 두 마리의 대화를 보여준다. "인터넷에서는 아무도 네가 누구인지 모르던 시절을 기억해?"[2]

인터넷에서는 위 두 가지 모두 사실이다. 한편으로 우리는 자신이 진짜 본인임을, 대개는 우리만 아는 비밀번호를 입력하는 방식으로 증명한다. 다른 한편 범죄자와 반체제 인사들이 정부 당국 몰래 비밀 통신을 주고받을 수 있게 해주는 시스템이 존재한다. 물론 이 경우에도 정부 당국은 어떤 식으로든 통신 주체의 신원을 파악하곤 한다. 익명 통신을 허용하는 시스템도 있고, 어떤 것은 이름과 연계되지 않은 이용자 계정을 만드는 식으로 간단하다. 그리고 마지막으로 해커들은 신원을 숨긴 채 지구상의 온갖 네트워크에 침투할 수 있다. 하지만 이 경우에도 보안 회사나 정부기관은 이들의 신원을 밝혀내곤 한다.

이 모든 내용이 혼란스럽고 모순되게 들린다면, 사실이 그렇기 때문이다.

인증은 더 어려워지고, 개인정보 도용은 더 쉬워진다

‏‏‎ ------

2016년 당시 국가안보국의 '맞춤형 접근 작전' 그룹의 책임자였던 롭 조이스 Rob Joyce – 미국의 대표 해커 – 는 드물게 공개 연설을 했다. 그 내용을 요약하면, '제로 데이zero-day' 취약점이 지닌 위험성은 과장된 것이며, 비밀번호 같은 접근 정보를 훔치는 것이 그가 다른 네트워크들에 침투하는 방법이라는 것이었다.[3]

그가 맞다. 소프트웨어의 취약점들을 노리는 것만큼이나 해커들이 흔하게 네트워크 침투에 이용하는 방법은 인증 절차를 악용하는 것이다. 이들은 비밀번호를 훔치거나 중간자 공격으로 합법적인 로그인 절차에 편승하거나 인증된 이용자인 양 가장한다. 이런 정보를 훔치는 데는 제로 데이나 미처 패치되지 않은 취약점을 찾을 필요가 없으며, 들킬 위험도 적고 공격자로서는 다양한 기법을 더 유연하게 사용할 수 있다.

이것은 국가안보국의 경우에만 적용되지 않으며, 모든 공격자들에게 해당되는 내용이다. 이것은 중국 해커들이 2015년 미국의 인사관리처에 침투할 때 사용한 방법이었다.[4] 2014년 타깃 코퍼레이션^{Target Corporation}을 상대로 한 불법 공격은 훔친 로그인 정보로부터 시작됐다.[5] 2011년부터 2014년까지 이란의 해커들은 미국과 이스라엘을 비롯한 여러 나라에서 정치 및 군부 지도자들의 로그인 정보를 훔쳤다.[6] 2015년 사이버 무기 제조사인 '해킹 팀'에 침투해 그 회사의 거의 모든 기밀 문서를 빼내 공개한 핵티비스트^{Hacktivist}도 그 회사에서 훔쳐 낸 로그인 정보를 사용했다.[7] 그리고 2016년 미국 민주당전국위원회에 대한 러시아의 공격도 훔친 로그인 정보를 사용했다.[8] 한 조사에 따르면 보안 침해 사례의 80%가 로그인 정보의 오남용으로 말미암은 결과였다.[9] 2016년 중반부터 2017년 중반까지 지메일 이용자들을 관찰한 구글에 따르면 성공적인 피싱 공격이 매주 1200만 번씩 일어났다.[10]

로그인 정보 절도가 그처럼 효과적인 공격 방법인 이유는 인증이 워낙 널리 이용되기 때문이다. 개인정보나 기밀은 모두 약간씩 다른 형태이긴 하지만 인증을 통해 보호되기 때문에 그것을 깨뜨릴 기회는 많다. 인증 절차를 사용하기 편리하면서도 보안성이 높게 만들기는 어려우며, 많은 경우는 불가능하다. 그리고 대다수 시스템은 누군가 일단 인증을 받으면 사실상 무슨 일이든 할 수 있도록 설계돼 있다.

가장 흔한 인증 메커니즘은 이용자 ID와 비밀번호다. 누구나 이와 친숙하다. 외워야 할 비밀번호가 워낙 많다 보니 결과적으로 관련 시스템의 보안성을 떨어뜨릴 수 있는 온갖 행태를 연출한다. 외우기 쉬운 취약한 비밀번호를 고른다거나 중요한 비밀번호들을 재활용한다거나 비밀번호를 적어 둔 종이를 허술하게 관리하는 식이다.

공격자들은 이런 행태를 활용한다. 비밀번호를 짐작한다. 당신의 컴퓨터와 원격 서버로부터 비밀번호를 훔친다. 한 시스템에서 훔친 비밀번호를 다른 시스템에 시험해본다. 백업 인증용으로 사용되는 '보안 질문'에 대한 대답을 짐작한다.[11] 이용자들을 그럴듯하게 속여 비밀번호를 공개하도록 유도한다.

2016년 3월 19일, 당시 힐러리 클린턴Hillary Clinton의 대통령 선거대책본부장 존 포데스타John Podesta는 구글의 보안 위험 경고를 가장한, '팬시 베어Fancy Bear'라는 암호명을 가진 러시아 첩보 팀으로부터 이메일을 받았다. 포데스타는 IT 부서의 엉터리 조언에 따라 이메일에 포함된 링크를 클릭한 다음 가짜 구글 로그인 페이지에 자신의 비밀번호를 입력했다.[12] 자신의 10년치 이메일에 대한 접근 권한을 러시아 스파이 기관에 넘긴 것이었다.

포데스타는 피싱 공격의 피해자였다. 그를 조롱하기 쉽지만 나는 좀 더 동정적인 쪽이다. 희생자로서는 특히 컴퓨터 기술에 밝지 못하다면, 용의주도하게 작성된 피싱 메시지를 분별해 내기가 매우 어렵다. 만약 그가 3월 19일의 이메일에 응답하지 않았다면, 팬시 베어의 해커들은 다시 시도했을 것이다. 그것이 통하지 않는다면 또 다시 시도했을 것이다. 이들은 단 한 번만 운이 좋으면 임무 완수였다.

피싱Phising은 특정 표적을 노린 것이거나 불특정 다수를 겨냥한 것일 수 있다. 2017년에 발견된 대규모 피싱 공격에서 사기꾼들은 해킹한 계정들을 사용해 해킹된 이용자들의 연락처들로 이메일을 보냈다. 이메일에는 구글 독스Google docs로 위장한 웜Worm이 포함돼 있었다. 이 웜은 이메일 수신자들이 구글로 로그인할 때 해당 정보를 수집한 다음, 모든 희생자의 연락처들로 웜 자체를 포워딩했다. 구글은 이 웜을 발견하고 차단했지만, 약 1백만 명의 지메일 이용자들이 피해를 입은 것으로 추정한다.[13]

이 모든 사례에서 얻을 수 있는 교훈이 있다면 비밀번호는 허약하기 짝이 없는 보안 대책이라는 점이다. 보안 요구 수준이 낮은 응용프로그램들에서는 쓸 만하지만, 그 이상의 경우에는 사용할 수 없다.

본인을 인증하는 데는 세 가지 기본적인 방법이 있다. 내가 아는 어떤 것, 나만의 고유한 어떤 것 그리고 내가 가진 어떤 것. 비밀번호는 '내가 아는 어떤 것'에 해당한다. 내가 인증되는 것은 그 비밀번호를 나만 안다고 간주하기 때문이다.

'나만의 고유한 어떤 것'은 생체인식 기술이다.[14] 지문, 얼굴 스캔, 홍채 스캔, 손의 기하학적 모양 등 여러 다른 방식이 있다. 아이폰과 구글 픽셀은 이용자들이 지문이나 얼굴을 로그인의 수단으로 사용할 수 있도록 허용한다.

'내가 가진 어떤 것'은 일종의 토큰이다. 내가 휴대하는 것들 중에서 나를 인증하는 데 사용할 수 있는 수단이 있다.[15] 과거에는 항상 다른 숫자를 표시하는 스크린이 달린 물리적 수단이나 컴퓨터에 끼울 수 있는 카드나 동글, 또는 시스템을 풀어주는 물리적 열쇠 등이 사용됐다. 지금은 스마트폰 앱이나 문자 메시지인 경우가 많다.

이 방식들은 모두 해킹될 수 있다. 생체인식 기술은 사진, 가짜 손가락 등으로 속일 수 있다. 전화기는 해킹돼 거기에 담긴 앱과 문자 메시지가 노출될 수 있다. 비밀번호를 바꾸는 것으로는 문제가 크게 개선되지 않는다.

위 방식 가운데 두 가지를 병행하면[16]—이것이 '이중 인증'이다—보안 수준이 개선된다. 구글과 페이스북 모두 이용자의 스마트폰에 문자 메시지를 보내는 방식의 이중 인증 서비스를 제공한다(이것도 물론 완벽하지는 않다.[17] 일부 버전들은 해킹을 당하기도 했다). 스프린트Sprint, T-모바일, 버라이즌Verizon, AT&T도 비슷한 시스템을 도입하기 위해 공동 협력하고 있다.[18] 2017년, 구글은 위험도가 높은 이용자들을 위한 '고등 보호 프로그램'을 도입했다. 이 프로그램은 보안 보호를 위해 이용자가 항상 휴대하는 인증 기기를 요구한다.[19] 내가 사용하는 하버드대학교의 네트워크는 이런 시스템 중 하나를 사용한다. 즉 내 비밀번호(내가 아는 어떤 것)와 내 스마트폰(내가 가진 어떤 것)을 통한 교신의 조합이다.

요즘 떠오르기 시작한 다른 방법은 '차별적 인증'이다. 페이스북은 내가 소유한 컴퓨터에서는 간단한 비밀번호로 인증할 수 있게 하는 반면 새로운 기기나 낯선 컴퓨터를 사용하는 경우에는 더 철저한 인증 절차를 요구한다. 우리가 이용하는 은행의 경우 일상적인 소액 거래는 보통 인증으로 가능하지만, 거액을 이체하거나 돈을 다른 나라의 계정으로 이체하고자 할 때는 더 복잡한 인증 절차를 요구한다. 생체인식 기술로 인식한 각 개인의 특징에 기반한 지속적 인증 방식도 있다. 어떤 시스템이 어떻게 당신이 타이핑을 하거나 카드를 스와이핑하는지 안다면 평소와 다른 방식으로 행동하는 경우 시스템은 경고 메시지를 보낼 수 있다는 뜻이다.

인증은 언제나 보안과 편의 간의 타협이다. 사용하는 데 짜증을 불러일으키는 시스템은 얼마나 보안성이 뛰어나든 이용자들이 사용을 회피할 것이다. 일례로 우리는 비밀번호를 포스트잇에 메모한 다음 이를 모니터에 붙여 놓는다(비밀번호가 적힌 포스트잇 사진은 언론 사진과 비디오의 배경 화면으로 자주 등장한다)[20]. 생체인식 기술이 비밀번호보다 더 나은 이점 중 하나는 사용하기가 더 쉽다는 점이다. 내 친구 하나는 비밀번호를 입력하기가 너무 짜증스럽다며 스마트폰을 늘 잠그지 않았다. 그러다 지문 인식 장치가 달린 구글 픽셀로 바꾸자 사용하기가 너무나 쉽다며 전화기를 잠그기 시작했다. 그 친구가 복잡한 비밀번호를 설정하는 편이 더 안전할지는 논란의 여지가 있지만, 인증 절차를 아예 없애 버린 경우보다 지금이 더 안전할 것이라는 데는 의문의 여지가 없다.

인증 시스템을 운영하기는 어렵다. 구글과 페이스북은 모두 다른 기업들에 인증 서비스를 제공한다. 많은 온라인 쇼핑몰, 블로그, 게임 사이트는 구글과 페이스북 계정을 통한 로그인 방식을 허용함으로써 사실상 이용자 식별과 인증 서비스를 이들에게 아웃소싱한 셈이다. 몇몇 나라들도 이를 시행하고 있다. 1장에서 보안상의 취약점을 언급한 바 있는 에스토니아의 국가 신원 시스템은 시민과 외국인 거주자 들로 하여금 투표를 비롯해 다양한 정부 서비스에 접근할 수 있게 해준다. 인도는 생체인식 기술을 적용한 국가 신원 시스템을 만들어 정부기관과 기업들이 이용하게 될 전망이다. 심지어 미국도 공공 부문에서 이용할 목적으로 중앙화된 식별 및 인증 제공 기관인 'Login.gov'를 가지고 있다.

한편 이들 시스템은 많은 서비스들을 단일하고 강력한 인증 및 식별 시스템에 둘 수 있다는 점에서 바람직하지만, 다른 한편으로는 바로 그 단일성 때문에 실패할 경우 상당한 위험을 초래할 수 있다.

우리의 스마트폰은 거의 모든 것들에 대해 중앙 집중화된 보안 허브로 진화했다.[21] 우리는 스마트폰을 통해 모든 계정, 예컨대 이메일, 채팅 앱, 소셜네트워킹 사이트, 온라인 뱅킹과 신용카드 사이트 등에 접속한다. 이것은 사물인터넷의 통제 허브이기도 하다. 테슬라 자동차부터 집 안의 온도조절장치 그리고 인터넷에 연결된 장난감까지, 당신이 일종의 IoT를 가지고 있다면 스마트폰을 통해 이를 제어할 공산이 크다. 우리는 이메일, 페이스북, 테슬라, 또는 온도조절장치에 따로 로그인할 필요가 없다. 우리가 자신의 전화로 접속한다면, 이들 회사는 우리의 신원을 추정한다.

이것은 치명적인 단일 실패점이다. 해커는 무선전화 서비스 회사 버라이즌이나 AT&T를 속여 피해자의 전화번호에 대한 통제권을 해커 자신의 기기로 이전할 수 있다.[22] 일단 성공하면─이것은 놀라울 만큼 쉽다─해커들은 해당 전화번호를 사용하는 피해자의 모든 계정, 가령 구글, 트위터, 페이스북, 애플의 비밀번호를 초기화할 수 있다. 이들은 은행 계정을 초기화한 다음 해당 계정의 모든 돈을 인출할 것이다.[23] 미래에 우리는 모든 것─승용차, 가전제품 그리고 환경까지─을 인증해야 하는 상황에 이를 것이고, 따라서 보안 침해의 영향은 지금보다 훨씬 더 심각할 것이다.

다른 공격들은 유효한 인증 절차에 편승하려 시도한다. 해커는 이용자의 컴퓨터를 감시하며 그가 실제 온라인 뱅킹 사이트에 로그인하기를 기다렸다가 그 이용자가 화면에서 보고 은행으로 전송하는 내용을 조작해 은행 이체의 목적지를 바꾼다. 이를 '중간자 공격man-in-the-middle attack'이라고 부르며,[24] 은행이 이중 인증 절차를 사용하는 경우에도 통한다.

그러한 공격을 막기 위해 은행 측은 시스템이 해킹당한 흔적이 있는지 감시하고 차별적 인증을 사용할 수 있다. 은행은 당신이 방금 5만 달러를 과거에 전혀 거래한 적이 없는 루마니아의 한 은행 계좌로 송금하려 시도한 것을 감지하고 해당 이체를 승인하기 전에 당신에게 전화를 걸어 거듭 확인한다. 신용카드 회사는 카드가 물리적으로 직접 제시되지 않은 상황에서 벌어진 거액 구매나, 선물 카드 구매에 대해 가외의 승인 절차를 거친다.[25] 일부 온라인 뱅킹 앱은 스마트폰 앱을 통해 이용자의 위치를 감시하고 다른 위치에서 벌어진 신용카드 구매를 차단한다. 기업 네트워크의 경우 해당 네트워크를 감시하면서 성공적인 해킹의 흔적을 찾는 보안 상품들이 매우 많다. 이들의 품질은 천차만별이며, 공격자와 방어자 간의 무기 경쟁이 벌어지는 또 다른 분야이기도 하다.

인증 절차는 쉬우면서도 확실하게 안전해야 한다. 이 둘은 모순적인 요구 사항이어서 둘 사이의 조화를 꾀하는 데는 영리한 사고가 요구된다. 그럼에도 인증은 앞으로 지금 현재보다 더 불편해질 것이고, 이를 피할 방법은 없을 것이다.

이런 상황을 볼 때마다 나는 문을 잠그지 않고 지냈던 조부모 세대를 떠올린다. 그들은 늘 문을 잠그지 않은 채 지냈고 문을 잠가야 하는 상황의 불편함을 토로했다. 비밀번호를 늘 기억해야 하고, 열쇠를 몸에 지니고 다녀야 하며, 친구들은 열쇠 없이는 들어올 수 없고 등등. 나의 경우 그것은 평생 동안 익숙해진 불편이다. 열쇠를 집 안에 둔 채 나와서 다시 들어가지 못해 아내에게 전화를 걸어 도움을 요청한 적도 있고 이따금씩 돈을 내고 자물쇠공을 부르기도 했다. 하지만 내게 그것은 도둑이 들기 어려운 집을 가진 데 요구되는 작은 불편이었다. 안전벨트도 마찬가지다. 내가 어렸을 때는 아무도 안전벨트를 매지 않았다. 지금은 아이들이 아직 안전벨트를 매지 않았다며 출발하지 말라고 성화를 부릴 지경이다. 나는 이중 인증 시스템에도 그와 비슷한 과정을 거쳐 적응했다. 이것은 해커들이 온라인 계정을 더 뚫기 어렵게 만들기 위한 작은 불편이다.

인증은 인터넷 플러스에서 핵심이다. 컴퓨터화된 거의 모든 것들이 누구에게 연락해야 하는지, 누구 말을 들어야 하는지 그리고 누구의 제어를 허용할지 판단하기 위해 일정한 인증 시스템을 사용할 것이다. 이것은 운전하는 차량과 원자력발전소처럼 거대한 것들뿐 아니라, 장난감과 스마트 전구처럼 작은 것들에도 적용되는 상황이다. 우리는 항상 온갖 (컴퓨터화된) 사물에 스스로를 인증하고, 그들은 그들 스스로를 우리에게 인증할 것이다.

인터넷 플러스의 대부분이 식별과 인증에 의존하겠지만, 이런 기능을 수행할 안정되고 확장성 높은 시스템은 아직 존재하지 않는다. 집 안의 온도조절장치는 보일러에 신호를 보내고 싶어 할 것이다. 가전제품들은 전기 계량기에 데이터를 보내고 싶어 할 것이다. 장난감들은 자기들끼리 데이터를 주고받고 싶어 할 것이다.

업데이트를 할 때마다 공격자가 속임수로 개입해 악성 프로그램을 설치하는 것을 막기 위해 인증이 필요하다. 이는 컴퓨터 웜인 스턱스넷Stuxnet이 침투하기 위해 사용한 여러 기법 가운데 하나였다.[26] 하지만 해커들은 오랫동안 유효한 서명 기관을 통해 만든 인증 서명을 악성 업데이트에 사용해왔다.[27] 5장에서 다룰 공급망의 취약점의 상당 부분은 이처럼 그릇된 인증에서 비롯한다.

이들 수많은 통신 중 일부는 매우 중요할 것이다. 도로 위의 차량들은 자체 센터를 통해 무엇을 보는지, 어떤 의도를 가지고 있는지 서로 소통할 것이다. 의료 장비는 장비들끼리 그리고 의사들과 통신하면서 그 내용에 따라 작동 방식에 변화를 줄 것이다. 지역 전력 회사는 해당 지역의 모든 주요 가전제품과 통신할 것이다. 빌딩 시스템은 서로 데이터를 주고받을 것이다. 2장에서 배웠듯이 모든 장비는 인증된 보안 패치를 수신해야 할 것이다. 이 모든 일은 자동으로 일어나야 할 것이다. 그리고 항상, 하루에 수백만 번씩 일어날 것이다.

우리는 이처럼 급속한 확장에 어떻게 적절히 대응해야 하는지 알지 못한다. 인접 장비들끼리 인증하는 데 우리가 사용하는 프로토콜은 블루투스인데, 그것이 작동하는 이유는 인증 과정에 우리가 개입하기 때문이다. 예를 들면 전화기를 승용차와 연결할 때 우리는 각각을 다른 상대에 인증해줌으로써 그 다음부터는 따로 개입하지 않아도 알아서 서로 소통할 수 있게 한다. 그러나 이것은 짝을 지어야 할 장비가 몇 개 되지 않을 때나 가능하다. 서로 소통해야 할 장비가 수천 개라면 우리가 이들을 일일이 짝지어 주기는 불가능할 것이다. 그리고 모든 인증이 중앙 기관을 통하도록 하는 (스마트폰의 경우처럼) '바퀴축-바큇살' 모델은 이런 문제의 일부는 몰라도 전체를 해결하지는 못할 것이다.

공격이 성공하면 심각한 영향을 초래할 것이다. 만약 내가 당신으로 행세할 수 있다면 나는 당신의 모든 기기도 장악할 수 있다. 으스스하기 짝이 없는 미래의 신원 도용 양상이다. 만약 내가 당신의 장비에 그릇된 정보를 입력할 수 있다면, 그것들을 유해한 방식으로 조작할 수 있다. 만약 내가 당신의 장비들로 하여금 당신보다 더 신뢰할 만하다고 판단하게 속일 수 있다면, 나는 당신의 이름으로 명령을 내릴 수 있다. 이런 공격의 결과가 어떨지 우리는 아직 정확히 모른다. 해당 시스템의 범위 자체를 충분히 이해하지 못하기 때문이다.

여기에서 식별의 문제가 나온다. 우리는 인터넷에서 계정을 설정할 때 우리 자신의 신원을 밝힌다. 그 신원이 얼마나 확고한지는 계정에 따라 달라진다. 은행의 경우 은행 지점에서 가진 대면 접촉에 근거한 확고한 신원이다. 신용카드를 이용한 구매는 여러 개인정보를 알고 있는 한 사람에 근거한, 좀 더 허약한 인증이다. 때로 신원 확인은 전화번호, 주소, 국가 신원 카드national identity card, 또는 운전면허증과 연계된다. 페이스북은 '실명' 정책을 고수한다.[28] 이용자는 자신의 진짜 이름을 써야 한다는 요구지만 일종의 분쟁이 벌어지지 않는 한 실명에 대한 아무런 확인도 없다. 구글은 지메일 계정을 설정하는 데 전화번호를 요구하지만,[29] 익명의 '대포폰'을 이용할 수도 있다. 다른 경우 식별은 아무 근거조차 없는 경우도 있다. 내 레딧Reddit 계정은 고유한 이용자 이름ID에 불과하며, 유일한 신원은 ID 자체와, 내가 그 ID로 올린 모든 게시물뿐이다. 따라서 이 경우는 가명을 쓰는 셈이다.

무언가를 나의 신원과 연계한다는 것은 내가 나이고, 다른 누구도 나일 수 없음을 입증할 수 있는 믿을 만한 수단을 가지고 있다는 뜻이다. 여기에는 인증이 포함되지만, 그보다 더 강력하다. 나는 익명의 은행 계좌를 인증할 수 있고, 이는 내가 지난 주에 돈을 입금한 동일 인물임을 입증한다. 은행 계좌를 식별함으로써 나는 그 돈이 나의 소유라는 점을 입증한다.

그러나 식별은 결코 확고하지 않다. 처음 여권을 만들 때 나는 직접 정부기관을 방문해야 했다. 다른 누군가를 사칭하자면 나는 소위 '브리더breeder 문서'를 위조할 수 있어야 한다. 여권 사무소에서 새로운 신원 문서를 취득하는 데 요구되는 증빙 문서다. 어렵지만 불가능한 일은 아니다. 사람들은 위조한 브리더 문서를 이용해 가명으로 된 진짜 운전면허증을 취득하기도 한다. 정부가 해당 국민을 출생 순간부터 추적한다면 이것은 더 어려운 일이겠지만, 거기에는 또 다른 그만의 문제들이 도사리고 있다.

사칭은 항상 원격으로 진행될 때 더 쉽게 성사된다. 이것도 결국 보안과 편의성 간의 타협 문제다. 우리의 주의를 끌고 싶어 하는 대기업은 늘 편의성을 더 선호한다. 우리도 그렇다. 궁극적으로는 둘 다 보안 쪽으로 더 밀고 나갈 필요가 있을 것이다.

귀속은, 상황에 따라 더 어려워지기도 더 쉬워지기도 한다

귀속attribution은 신원이 밝혀지기를 원치 않는 누군가를 식별하는 일이다. 하지만 본인은 익명으로 남아 있기를 원하는 반면, 기관은 그의 신원을 밝히고 싶어 한다. 그는 사기 범죄를 저지르고 있거나 원자력발전소에 불법 접속하려 시도하는 중일 수도 있다. 혹은 정부를 비판하는 글을 발표하고 있거나 음란물을 내려받으려 시도하는 중일 수도 있다. 이 모든 경우들에서 경찰이나 검찰은 그러한 불법 행위를 식별 가능한 인물이나 그룹에 귀속시키고 싶어 한다.

대부분 귀속은 쉽다. 만약 그 사람이 자신의 신용카드 번호, 또는 실명, 또는 전화번호와 연계된 계정을 사용한다면, 해당 정보를 관련 서비스 제공사로부터 취득함으로써 귀속은 간단히 해결된다. 법 집행 기관의 경우 법원 영장을 받아야 한다거나 해당 정보가 다른 나라에 있어서 관할권 문제가 불거지는 등의 법적 제약이 따를 수 있지만 기술적인 장애물은 없다.

귀속이 어려운 경우도 있지만 여전히 가능하다. 의도적으로 애써 자신의 신원을 숨기는 사람들조차 때때로 실수를 저지른다.

로스 울브리히트Ross Ulbricht는 불법 상품과 서비스의 전자 상거래 사이트 실크로드의 배후 인물로 수배 중이던 드레드 파이어럿 로버츠Dread Pirate Roberts의 실제 정체로 드러났다. 그를 끈질기게 추적해온 FBI 요원은 몇 년 전의 채팅룸 게시물, 옛 이메일 주소 등을 짜 맞추고 마침 다른 사안을 수사 중이던 요원들과 우연한 인터뷰 결과 그의 정체를 밝혀냈다.[30]

소아성애자들은 미네소타주의 한 캠핑장, 운동복의 희미한 로고, 감자칩 포장지 같은 사진들의 배경 내용을 분석한 끝에 식별되고 체포되기도 했다.[31]

대규모 안드로메다 봇넷Andromeda botnet을 운영해온 한 벨라루스인은 자신의 실명과 연결된 인스턴트 메신저 계정을 무심코 재사용하는 바람에 그 정체가 들통나 체포됐다.[32] 텍사스 해커 히기뇨 O. 오초아 3세Higinio O. Ochoa III는 수사관들이 사진 속 위치 메타데이터로 그의 여자친구를 찾아내는 바람에 정체가 드러나 체포됐다.[33]

이런 유형의 귀속 과정은 많은 비용과 시간을 소요할 수 있다. 누군가가 인터넷에서 활동하면서도 자신의 정체를 숨길 수 있는지 여부는 그의 컴퓨터 기술과 신중성 그리고 그의 정체를 밝히려 시도하는 경찰의 기술과 예산, 양쪽에 좌우된다. 대부분의 경우 인터넷에서 벌어지는 개별 행위들을 당사자들의 신원으로 일일이 귀속시키는 것은 그럴 만한 가치가 없다.

인터넷 전반을 감시하고 추적할 만한 능력을 갖춘 국가 첩보 기관의 경우는 상황이 전혀 다르다. 그들에게 귀속 절차는 훨씬 더 쉽다.

2012년, 당시 미국방부장관 레온 파네타Leon Panetta는 미국—아마도 국가안보국—이 각종 사이버 공격의 "출처를 판별하는 데… 큰 진전을 이뤘다"[34]라고 공개적으로 밝혔다. 다른 미 정부 관료들은 소위 '귀속의 문제'를 해결했노라고 사적으로 주장해왔다.[35] 어디까지가 허풍인지는 알 도리가 없지만, 나는 상당 부분이 사실이라고 믿는다.

앞에 언급한 2016년의 연설에서 국가안보국 롭 조이스는 이렇게 말했다.

국토안보국, FBI 그리고 국가안보국이 얼마나 많은 변호사를 거느리고 있는지 놀라울 지경이다.[36] 만약 정부가 긍정적인 귀속 결과를 얻었다고 (누군가의 정체를 밝혀냈다고) 말하면, 이를 공표해야 한다. 귀속은 아주 어렵기 때문에 정부가 그 일을 해냈다고 말하면, 우리는 모든 해당 소스와 방법을 사용해 이를 공표하도록 지원해야 한다. (하지만) 지능적이고 주도면밀한 위협 요소들은 어디로 사라지는 것이 아니기 때문에 … 우리는 그 모든 정보를 전면에 내세워, 우리가 아는 모든 것과 어떻게 그 사실을 알게 됐는지 여부를 공개할 수는 없다.

이것은 국가 수준의 귀속이다. 그리고 국가안보국은 때로 개별 인물을 식별하기도 하지만─미국은 2014년 미국 기업들을 해킹한 혐의로 중국인 다섯 명을,[37] 2016년 미국 대선에 개입한 혐의로 러시아인 13명을 기소했다[38]─공격을 특정 국가로 귀속하는 편이 더 쉽다.

기본적으로 국가안보국은 대규모 감시망을 통해 익명성을 제거했다. 만약 모든 것을 지켜볼 수 있다면 여러 다른 단서들을 짜 맞춰 어떤 일이 벌어지는지 그리고 누가 누구인지 더 잘 파악할 수 있을 것이다. 어쩌면 이런 작업을 자동으로 수행할 수도 있다. 이것이 바로 중국과 러시아 같은 나라들이 자국 내 인터넷에 대한 광범위한 감시 활동으로 이루고자 하는 바다.

공개적인 귀속이 없다고 해서 귀속이 일어나지 않는다고 추정해서는 안 된다. 누구 책임인지 가려내는 귀속 행위attribution가 성공적으로 수행된 뒤에도 그에 상응하는 조치가 없으면 해당 국가는 허약하다고 비치기 때문에, 적절한 보복 행위를 취할 수 있는 경우가 아니라고 판단되는 경우 사이버 공격의 실체를 공식적으로 밝히지─귀속하지─않는 국가들이 많다.[39]

더욱이 국가안보국이 수집하는 증거 대부분은 기밀로 분류된다. 그리고 정보를 공개하는 것은 허용될지 몰라도, 그런 정보를 어떻게 수집했는지에 관한 세부 내용─그것이 바로 롭 조이스가 언급한 '소스와 방법들'이다─은 기밀로 분류된다. 이는 미국 정부가 왜 어떤 공격을 특정 국가나 그룹으로 귀속시키는지 설명할 수 없다는 뜻이며, 이는 그러한 귀속 판단을 독립적으로 검증할 아무런 방법이 없다는 뜻이기도 하다. 이것은, 특히 정부를 불신하는 사람들이 볼 때는 좋지 않다. 국가안보국이 그 출처와 공격 방식을 비밀에 부칠 필요가 있다는 점은 분명하지만, 만약 일반 국민이 정부의 귀속 주장을 믿고 정부가 취하려는 보복 행위를 지지하기를 기대한다면 정부 관료들로서는 그런 공격 사실을 공개할 필요가 있을 것이다.

주요 내용은 이렇다. (1) 귀속은 어려울 수 있다. 특히 폭넓은 인터넷 감시를 시행하지 않거나 자체 기관들 내에 포렌식 전문성이 없는 나라들은 어려움을 겪을 수 있다. (2) 귀속을 밝히는 데는 시간이 걸린다. 피해 국가 측에서 누가 공격했는지 밝혀내기까지 몇 주, 또는 몇 달이 걸릴 수 있다. (3) 온라인 공격의 특성과 출처 은폐의 용이성 때문에 공격 국가는 언제나 연루를 부인할 수 있다. (4) 귀속 규명이 기밀 증거에 의존하는 경우 그러한 부인을 반박하기가 어려울 수 있다. (5) 국가 차원이 아닌 해커들도 여러 동일한 침투 능력을 가져서 그러한 공격을 주도한 배후가 특정 국가인지 규명하기가 어려울 때가 많다.[40]

2014년 회사의 독점 정보와 미공개 영화들의 공개로 이어진 북한의 소니 SONY 영화사 해킹은 그러한 귀속 문제를 보여주는 좋은 사례다. 공격 직후 며칠 동안 해당 공격이 20조 이상의 국방 예산을 가진 국가의 소행인지, 아니면 어딘가 지하실에 은거한 해커 몇 명인지 논란이 벌어졌다(나는 이 논의의 틀린 쪽, 즉 해커 몇 명이 저지른 소행일 것이라는 쪽이었다).[41] 미국이 해당 공격의 출처를 북한이라고 명확히 귀속하기까지 3주가 걸렸다. 그리고 해당 귀속 판단의 증거가 비밀이었기 때문에 많은 컴퓨터 보안 전문가들은 그런 판단을 믿지 않았다. 「뉴욕타임스」가 국가안보국으로부터 일부 첩보 증거를 보

도한 다음에야 나는 정부의 귀속 판단을 믿게 됐다.[42]

이러한 귀속 판단을 내리는 능력 면에서 나라별로 그 차이가 크다. 중국 같은 국가들은 미국이 해킹 공격을 자국 책임으로 귀속시킬까 봐 우려하지만, 이들 나라는 미국처럼 다른 공격 국가들을 식별하고 망신을 줄 만한 능력이 없다. 에스토니아와 그루지야 같은 약소국들은 사이버 스페이스에서 누가 자국 시스템을 공격했는지 규명을 할 능력이 부족하다. 불가능한 것은 아니지만 — 안티바이러스 회사들은 정기적으로 공격의 출처가 어디인지 귀속 판단을 내린다 — 귀속을 판단하기는 어렵고, 많은 시간이 소요된다. 그리고 누구도 국가안보국의 수준에 미치지 못한다.

국가 수준에서 귀속 능력의 차이는 탐지와 탐지 회피 간의 치열한 경쟁으로 이어진다. 다가올 미래에는 탐지 회피가 더 쉬워질 것이다. 적어도 기술과 자원이 풍부한 공격자들에게는 그럴 것이다. 지금 현재 러시아는 공격 사실을 굳이 숨기려 하지 않는다.[43] 뾰족한 보복 수단이 없기 때문이기도 하고, 설령 러시아의 소행이라는 발표가 나와도 더 이상 신경을 쓰지 않기 때문이다. 귀속 규명 기술이 점점 더 정교해지고 우리가 보복을 시작하면 여러 국가들은 공격 사실을 은폐하는 데 혹은 다른 제삼자의 소행이라고 책임을 떠미는 데 더 많은 노력을 기울일 것이다.

개인 수준에서는 다른 성격의 군비 경쟁이 벌어질 전망이다. 사람들은 계속해서 실수를 저지를 것이고 법 집행 기관은 해킹 공격의 출처를 찾아내는 귀속 능력이 점점 더 개선될 것이다. 그러나 언제나 더 능숙하고 운 좋은, 또는 단지 중요하지 않아 익명으로 남는 사람들은 늘 존재할 것이다.

4

누구나 비보안을 선호한다

인터넷의 보안이 취약한 이유는 기술만의 오류 때문만은 아니다. 또 다른 중요한 이유, 어쩌면 더 중요한 이유는 인터넷의 가장 강력한 설계자들인 정부와 기업이 인터넷을 자기 자신들의 이익에 봉사하는 쪽으로 조작하기 때문이다.

누구나 당신이 튼튼한 보안을 갖추기를 원한다. 이들만 빼고. 구글은 당신을 감시하고, 당신에 대해 수집한 정보를 광고주들에게 팔 수 있는 한, 당신에게 보안을 제공할 용의가 있다. 페이스북도 비슷한 조건을 제시한다. 페이스북이 당신의 일거수일투족을 감시하고, 그로부터 얻은 정보를 마케팅 목적에 쓸 수 있는 한, 안전한 소셜네트워크를 약속하는 것이다. FBI도 당신이 보안 조치를 취하는 데 별 불만이 없다.[1] 필요할 때 FBI가 언제든 그 보안을 깰 수 있는 한. 국가안보국도 그렇고 영국, 프랑스, 독일, 중국, 이스라엘 그리고 다른 나라들의 동급 기관들도 마찬가지다.

이유들이 다르고 연루된 기관이나 기업들은 결코 이런 점을 인정하지 않지만 기본적으로 비보안insecurity은 기업과 정부기관들의 이익에 더 부합한다. 이들은 모두 보안상의 허점으로부터 혜택을 누리며, 그런 허점을 유지하려 시도한다. 기업들은 이윤을 이유로 비보안을 원한다. 정부는 법 집행, 사회통제, 국제 첩보전 그리고 사이버 공격 등의 이유로 비보안을 원한다. 이 모든 것의 상관 관계는 복잡하므로 차근차근 따져 볼 필요가 있다.

인터넷을 계속 추동하는 힘은 감시 자본주의다

......

기업들은 우리 개인 데이터를 원한다. 우리가 방문하는 웹사이트들은 우리가 누구이며 무엇을 원하는지 파악하려 시도하며, 그렇게 얻은 정보를 판매한다. 우리의 스마트폰에 설치된 앱들은 우리에 관한 데이터를 수집하고 판매한다. 우리가 빈번하게 드나드는 소셜네트워킹 사이트들은 우리 정보를 팔거나 그런 정보에 근거해 우리에 대한 접근권을 판다. 하버드비즈니스스쿨 쇼샤나 주보프Shoshana Zuboff 교수는 이것을 '감시 자본주의surveillance capitalism'라고 부른다.[2] 이것이야 말로 인터넷의 비즈니스 모델이다. 기업들은 서비스를 제공하는 대가로 사람들을 감시하는 시스템을 만든다.

이런 감시는 컴퓨터들이 자연스럽게 수행하기 때문에 용이하다. 데이터는 컴퓨터 처리의 부산물이다. 컴퓨터를 이용한 우리의 모든 행위는 일종의 거래 기록을 남긴다. 여기에는 인터넷 브라우징, 휴대전화 사용(단순히 휴대하는 것도 포함), 온라인이나 신용카드를 통한 구매, 컴퓨터화된 센서 곁을 지나가는 것, 또는 아마존의 알렉사가 있는 방에서 무엇이든 말하는 것 등이 포함된다. 데이터는 컴퓨터를 이용한 온갖 사교 활동의 부산물이기도 하다. 전화통화, 이메일, 문자 메시지 그리고 페이스북 대화 등은 모두 기록을 남긴다. 과거에도 말했듯이 지금 우리는 세상을 살면서 예외 없이 '디지털 배기가스'를 남긴다.

우리에 대한 데이터는 그 가치가 워낙 미미한 데다 이를 다른 용도로 사용하기가 어려워서 폐기되곤 했다. 그런 시대는 끝났다. 요즘은 데이터 저장 비용이 워낙 싸서 모든 데이터를 저장할 수 있다. 이것이 소위 '빅데이터'의 원재료다. 이것은 기본적으로 감시 데이터이고, 기업들에 의해 수집되고 사용된다. 주 목적은 인터넷 비즈니스의 기반을 이루는 광고 모델을 지원하기 위한 것이다.

지난 10년 동안 세계에서 가장 가치 있는 기업들의 목록을 들여다본다면, 감시 자본주의의 대표 기업들을 발견하게 될 것이다. 바로 알파벳Alphabet(구글의 모회사), 페이스북, 아마존, 마이크로소프트 등이다. 애플Apple은 예외다. 오직 하드웨어를 팔아 돈을 벌기 때문이고 애플 제품의 값이 다른 경쟁사들보다 더 높은 이유도 그 때문이다.

인터넷의 광고 모델은 점점 더 개인화되고 있다. 기업들은 우리의 감정이 어떤 상태인지 파악하려고 시도한다.[3] 우리가 어디에 주의를 기울이고, 어떻게 반응하는지 판단하려고 노력한다.[4] 우리가 어떤 이미지에 반응하는지, 정확히 어떻게 우리에게 아부할 수 있는지 알아내려고 시도한다.[5] 이렇게 하는 이유는 우리에게 더 정확히 효과적으로 광고해 우리에게 물건을 팔기 위함이다.

지금 미국에 얼마나 많은 온라인 데이터 브로커와 추적 기업이 있는지 아무도 모른다.[6] 2,500개에서 4,000개 사이로 추정된다는 내용을 읽은 적이 있다. 이들은 우리가 휴대하고 사용하는 기기들로부터 놀라운 양의 개인정보를 뽑아낸다. 휴대전화는 우리가 어디에 있는지, 어디에 살고 어디에서 일하며 누구와 함께 시간을 보내는지 보여준다. 이들은 우리가 언제 일어나고 언제 잠자리에 드는지도 안다. 휴대전화를 열어보는 일이 우리가 하루 중 가장 처음과 마지막에 하는 행동인 경우가 많기 때문이다. 그리고 누구나 휴대전화를 가지고 있기 때문에 우리가 누구와 함께 잠자리에 드는지도 안다.

내 스마트폰이 어디에 있는지, 따라서 내가 어디에 있는지를 다른 누가 알지 잠깐 생각해보자. 그 목록에는 내가 나의 위치를 추적하도록 허락한 앱들과,[7] 다른 수단을 통해 나의 위치를 추적하는 것들이다. 금방 떠오르는 것은 구글 지도와 애플 지도다. 언뜻 떠오르지 않는 것도 있다. 2013년 연구자들은 〈앵그리 버드〉, 〈판도라 인터넷 라디오〉, 〈브라이티스트 플래시라이트〉-그렇다. '플래시라이트' 앱이다-같은 앱도 이용자들의 위치를 추적한다는 사실을 발견했다.[8]

스마트폰은 여러 다른 센서들을 내장하고 있다. 내 전화기가 접속하는 모든 와이파이 네트워크는 나의 위치를 정확히 찾아낼 수 있다.[9] 설령 내 전화기가 단지 내가 걸어가는 주변의 와이파이 네트워크들과 연결하려 시도하는 경우도 마찬가지다. 내 전화기의 블루투스는 가까운 컴퓨터들에 내가 주변에 있음을 알려준다. 알폰소Alphonso라는 회사는 앱들이 전화기의 마이크를 사용해 사람들이 어떤 TV 프로그램을 시청하는지에 관한 데이터를 수집할 수 있는 기능을 제공한다.[10] 페이스북은 복수의 전화기들로부터 얻은 가속도계와 자이로스코프의 데이터를 사용해 사람들이 언제 서로 마주보거나 함께 걷는지 탐지할 수 있는 기술을 특허출원했다.[11] 이와 비슷한 에피소드는 수도 없이 많다.

우리의 위치를 파악하는 데는 다른 방법도 있다. 가게에서 신용카드를 사용했는가? 현금자동입출금기를 사용했는가? 어쩌면 도시에 설치된 수천 개의 감시 카메라들 중 하나를 지나쳤을 수도 있다(그리고 지금은 그 카메라가 당신을 식별하지 못했겠지만, 머지않아 자동 얼굴 인식 기술이 일상화되면 사정은 달라질 것이다). 자동으로 작동하는 자동차 번호판 스캐너가 차를 등록했는가?[12]

감시 회사들은 우리에 관한 많은 것을 알고 있다.[13] 구글은 아마도 가장 대표적인 사례일 것이다. 인터넷 검색은 놀라울 정도로 개인적이고 은밀하다. 우리는 검색엔진에 결코 거짓말을 하지 않는다.[14] 우리의 관심사와 호기심, 희망과 두려움, 욕망과 성적 취향이 우리의 이름과 연계돼 인터넷을 검색하는 회사들에 의해 수집되고 저장된다.

명확히 하자. 내가 '구글은 알고 있다'라거나 '페이스북은 알고 있다'고 말할 때, 나는 그 회사들이 지각이 있거나, 심지어 의식이 있다는 뜻이 아니다. 그보다는 두 가지 매우 구체적인 대목을 뜻한다. 하나는 구글의 컴퓨터들은 누구든 – 인가된 사람이든 인가되지 않은 사람이든 – 원하면 사실을 알 수 있도록 접근을 허용하는 데이터를 포함하고 있다는 뜻이다. 또 하나는 구글의 자동 알고리즘은 이 데이터를 사용해 우리에 관해 추론하고, 그런 추론에 근거해 자동화된 직무를 수행한다는 뜻이다.

미래에 우리가 사용하는 기기들은 우리가 누구이고, 무엇을 생각하며, 어디에 가고, 무엇을 하는지에 대해 놀라울 만큼 친밀한 모델을 재구축할 수 있게 될 것이다. 냉장고는 우리의 음식 소비를 기록하면서 우리의 건강을 모니터링할 것이다. 우리가 운전하는 차들은 언제 그리고 어떻게 우리가 도로교통법을 위반하는지 알고 어쩌면 경찰이나 보험사에 그런 사실을 알릴 수도 있다. 피트니스 트래커fitness tracker는 우리의 기분을 파악하려 시도할 것이다. 우리가 사용하는 침대는 우리가 얼마나 잠을 잘 잤는지 알 것이다. 토요타Toyota의 모든 신차들은 속도, 방향 전환, 가속, 브레이크 사용 등을 추적하며 심지어 운전대에 운전자의 손이 놓여 있는지까지 파악한다.[15]

감시 자본주의의 두 가지 매력은 '무료와 편의성'이다. 감시 자본주의는 지난 20여 년 동안 상업용 인터넷을 형성해왔다. 머지않아 과거 그 어느 때보다 훨씬 더 결정적인 영향을 끼칠 것이다. 감시 자본주의는 비보안 환경에서 가장 효율적으로 작동한다. 우리에 관한 데이터를 가능한 한 많이 그리고 어떻게든 자유롭게 수집할 수 있는 한, 기업들은 컴퓨터 시스템의 보안성을 충분히 보장하지 않을 것이다. 그 기업들이 우리에 관한 데이터를 사고 팔고 저장하는 한 데이터는 늘 도난당할 위험에 놓일 것이다. 그들이 우리 데이터를 사용하는 한 우리는 그 데이터가 우리에게 불리하게 사용될 위험성을 감수하고 있는 셈이다.

다음 단계는 고객과 이용자에 대한 기업의 통제다

컴퓨터는 과거에는 결코 가능하지 않았던 수준으로 우리를 감시할 뿐만 아니라 통제할 수 있다. 이것은 실제로 사용하는 기능에 대해 개별적으로 특정

한 액세서리만 사용하거나, 과거에는 구매가 일반적이었던 상품과 서비스를 '구독'하게 하는 새로운 비즈니스 모델이다. 이런 종류의 제어는 인터넷의 비보안 때문에 가능하다.

만약 농부인 당신이 존 디어John Deere사에서 방금 트랙터를 구입했다면 그 트랙터는 당신 소유라고 생각할지 모른다. 과거에는 그 점이 당연시됐지만 지금은 그렇지 않다. 트랙터에 포함된 소프트웨어 때문이다. 모든 것이 컴퓨터화되는 경향에서 트랙터도 예외가 아니다. 오늘날 트랙터는 엔진과 바퀴, 경작기를 부착한 컴퓨터라고 할 수 있다. 그런 변화에 맞춰 존 디어에서도 트랙터에 대한 비즈니스 방식을 소유 모델에서 면허 모델로 바꿨다. 2015년 존 디어사는 저작권 사무소에 농부들은 '해당 차량의 수명이 다할 때까지 그 차량을 운용할 수 있는 암묵적인 면허'를 받은 것이라고 입장을 밝혔다.[16] 그리고 그 면허는 온갖 종류의 규칙과 제약을 동반한다. 그중 하나에 따르면 농부들은 이제 자신들의 트랙터를 수리하거나 개조할 권리가 없다. 존 디어사가 독점적인 통제권을 가진 공인 진단 장비와 부품, 수리 시설만을 이용해야 한다.

애플은 앱스토어에서 어떤 앱을 팔 수 있는지 엄격히 규제한다.[17] 어떤 앱이든 아이폰 고객에게 팔리거나 공짜로 배포되기 전에 애플의 허가를 받아야 한다. 애플은 무엇을 허락하고 허락하지 않을지에 대해 엄격한 기준을 가지고 있다. 포르노는 당연히 안 되고 미성년 노동이나 인신매매에 관한 게임도 안 되며 정치성을 띤 앱도 금지다. 특히 후자의 규칙은 애플이 미국의 드론 공격을 추적하는 앱과 '공인을 조롱하는 내용'[18]을 담은 앱들을 검열했다는 뜻이다. 그러한 규제는 애플로 하여금 정부의 구체적인 검열 요구를 시행할 수 있는 위치에 놓이게 했다. 그리고 애플은 실제로 그렇게 했다. 2017년 중

국 앱스토어에서 보안 앱을 삭제한 것이 그 일례다.[19]

애플의 경우는 극단적인 사례지만 우리의 인터넷 사용을 검열하는 유일한 기업은 아니다. 페이스북은 정기적으로 포스팅, 이미지 그리고 전체 웹사이트를 검열한다. 유튜브Youtube는 비디오를 검열한다. 구글Google은 검색 결과를 검열한다. 구글은 또한 크롬 브라우저에서 무작위로 광고들을 클릭해 구글의 광고 비즈니스 모델을 교란하는 앱을 금지했다.[20]

보통은 한 기업이 어떤 제품을 판매할지 선택하는 데 대해 별 문제가 없다. 만약 월마트Wallmart가 미성년자에게 부적절하다는 경고가 붙은 음악 CD들을 팔지 않는다면, 다른 데서 사면 그만이다. 그러나 몇몇 인터넷 기업들은 물리적 상점들로 된 곳들, 심지어 월마트처럼 수많은 체인을 거느린 기업보다 더 강력한 영향력을 발휘할 수 있다. '네트워크 효과' 때문이다. 더 많은 사람들이 사용할수록 더 유용해진다는 것이다. 전화기 한 대는 무용지물이고 두 대는 미미하게 유용할 뿐이지만, 전화기들의 전체 네트워크는 매우 유용하다. 팩스, 이메일, 웹, 문자 메시지, 스냅챗SnapChat, 페이스북, 인스타그램Instagram, 페이팔 그리고 다른 모든 것도 마찬가지다. 더 많은 사람들이 그것들을 이용할수록, 그 유용성도 더 높아진다. 그리고 그것들을 제어하는 기업들이 더 강력해질수록, 그 회사들이 우리에게 미치는 통제력도 더욱 커진다.

스마트폰 기반 잠금 장치를 해제하는 소위 '제일브레이크jailbreak'로 애플의 규제를 제거하고, 애플의 승인을 받지 않은 외부 앱을 설치하고(이를 '사이드로드sideload'라고 한다), 웬만한 노력이 없으면 소프트웨어 업데이트도 받을 수 없는 무보증 기기로 버틸 용의가 없다면, 아이튠즈iTunes 스토어가 아이폰 앱을 구할 수 있는 유일한 장소다. 따라서 애플이 어떤 앱을 승인하지 않으면 일반 고객이 그 앱을 구할 방법은 달리 없다.

일반적으로 통제는 수익의 동의어다. 페이스북은 사람들의 뉴스 소비 방식을 장악함으로써 전통적인 신문과 잡지 들로부터 권력을―그리고 광고 수입을―빼앗아 간다. 아마존은 사람들의 구매 방식을 장악함으로 전통적인 소매점들로부터 권력을 빼앗는다. 구글은 사람들의 정보 검색 방식을 장악함으로 온갖 유형의 전통적인 정보 시스템로부터 권력을 앗아간다. 망 중립성을 둘러싼 전쟁은 우리의 인터넷 이용 방식을 지배하고 싶어 하는 전기통신 기업과의 전쟁이다.

이전에 쓴 글에서, 나는 봉건주의를 닮은 인터넷의 상황을 묘사한 바 있다. 우리는 서비스를 받는 대가로 우리 자신의 데이터와 자율성을 포기한다는 내용이다.

> 우리 가운데 일부는 구글에 충성을 맹세했다.[21] 이들은 지메일 계정이 있고, 구글 캘린더와 구글 독스를 사용하며, 안드로이드―아마도 픽셀―폰을 쓴다. 다른 이들은 애플에 충성을 맹세했다. 이들은 맥 랩톱, 아이폰 그리고 아이패드를 사용하며, 아이클라우드iCloud가 모든 것을 동기화하고 백업하게 한다. 또 다른 사람들은 마이크로소프트에 모든 일을 맡긴다. 혹은 음악과 전자책을 아마존에서 구입하고 아마존은 우리가 소유한 내용을 기록하며 킨들, 컴퓨터, 또는 스마트폰에 내려받는 것을 허용한다. 우리 중 일부는 사실상 이메일 자체를 버렸다 … 모든 소통을 페이스북에 맡긴 결과다.

이들 기업은 우리를 외부의 위협으로부터 보호해준다는 점과 우리가 무엇을 보거나 실행할 수 있는지에 대해 놀라우리 만치 완전한 통제력을 행사한다는 점에서 봉건시대 영주와 흡사하다.

기업은 인터넷 플러스도 그와 똑같은 방식으로 바라본다. 필립스Philips는 우리의 전구와 전자제품들의 허브가 되고 싶어 한다. 아마존은 알렉사가 우리의 전체 '스마트 홈'의 중심이기를 원한다. 애플과 구글 모두 자사의 전화기가 모든 IoT 장비들을 조종하는 단일 기기로 자리 잡기를 바란다. 모두 우리 세계를 장악하고 조종하는 구심점이 되기를 원한다.

그리고 기업은 그런 접근권을 따내기 위해 서비스를 공짜로 풀어놓을 것이다. 구글과 페이스북이 사용자들을 감시할 수 있는 능력을 얻는 대가로 서비스를 공짜로 제공하듯이, 기업은 IoT에 대해서도 동일한 접근법을 취할 것이다. 무료 IoT 장비들을 제공하는 대신 그것을 사용하는 사람들을 모니터한 데이터를 요구할 것이다. 자율 주행 차량을 소유한 기업들은 무료 승차 서비스의 대가로 승객들에게 광고를 보여주고, 그들의 연락 정보를 얻고, 행선지로 가는 도중 특정 상점과 레스토랑에 들르자고 요구할 것이다.[22]

고객과 이용자를 잡기 위한 전쟁은 앞으로 더욱 달아오를 것이다. 아마존, 구글, 페이스북, 컴캐스트Comcast 같은 기업들은 독점적 지위를 활용해 사용자에 대한 통제력을 더 높이려 시도할 것이고, 그보다 작고 덜 두드러진 기술 기반 기업-존 디어 같은-도 다양한 방식으로 비슷한 시도를 벌일 것이다.

기업들이 이처럼 권력을 발휘하는 것은 디지털밀레니엄저작권법DMCA을 남용할 수 있기 때문이다. 2장에서 언급한 바 있는 이 저작권법은 소프트웨어의 취약점 보완을 늦추거나 억압하는 결과를 낳는다. DMCA는 엔터테인먼트 업계가 저작권을 보호할 목적으로 만든 법이다. 이것은 기업들이 법규라는 명분 아래 자신들의 상업적 이익에 맞는 기능이나 조치를 강제할 권리를 허용한 유해한 법이다. 소프트웨어는 저작권에 해당되기 때문에 이를 '디지털 저작권 관리' 소프트웨어로 보호하는 것은 DMCA의 적용을 받는다. 해당 법은 소프트웨어의 복제 보호 장치를 제거하고 분석하는 행위를 범죄로 간주하기 때문에 소프트웨어를 분석하고 수정하는 행위도 마찬가지다. 존 디어사는 이런 조항을 이용해 자사의 트랙터를 소유한 농부들이 트랙터에 내장된 컴퓨터의 복제 보호를 우회해 스스로 수리하고 수정하는 행위를 막고 있다.

큐릭Keurig 커피 메이커는 K-컵 포드K-cup pod를 이용해 커피 한 잔 분량씩 만들도록 설계돼 있다. 경쟁사 커피 메이커들은 K-컵에 인쇄된 코드를 인증하는 소프트웨어를 사용하기 때문에 큐릭은 자사의 독점적 지위를 강화할 수 있고, 따라서 큐릭에 저작권료를 지불하는 기업들만 해당 커피 메이커용 포드를 생산할 수 있다.[23] HP 프린터는 더 이상 이용자가 인가받지 않은 잉크 카트리지를 사용하는 것을 허용하지 않는다.[24] 내일이면 HP는 우리에게 자사가 허가한 종이만 쓰도록 요구하고, 이를 듣지 않으면 우리가 미처 몰랐던 저작권 조항을 들먹이며 인쇄 자체를 거부할지도 모른다. 어쩌면 미래의 식기 세척기는 우리에게 특정 브랜드의 세제를 쓰라고 강요할지도 모른다.

인터넷 플러스가 모든 것을 컴퓨터화함에 따라, 거기에 설치된 모든 소프트웨어는 DMCA의 적용을 받을 것이다. 이 법을 이용한 또 다른 꼼수는 주변 기기를 제품과 연계시켜, 소비자들로 하여금 인가된 호환 부품만 사거나 인가된 딜러를 통해서만 수리 서비스를 받도록 강제하는 데도 이용된다. 이것은 스마트폰, 온도조절장치, 스마트 전구, 자동차 그리고 의료용 삽입물 등에 영향을 끼친다. 물론 일부 기업들은 DMCA의 적용 범위를 과장했다가 법정에서 패소하기도 했지만, 그러한 권력 독점 기법은 여전히 일반적인

전술이다.[25]

이용자에 대한 통제는 종종 감시와 병행된다. 고객과 이용자들에게 요구한 규제 조항이 제대로 준수되는지 확인하기 위해 기업은 고객과 이용자의 행태를 긴밀히 감시한다. 그리고는 그런 감시 데이터에 대한 고객의 접근을 거부한다. 당연히 고객은 그러한 행태에 반발하고 있다.

사람들은 점점 더 자신에 몸에 부착되거나 내장된 의료 장비들을 해킹하려 시도한다. 휴고 캄포스Hugo Campos도 그런 사람들 중 하나다. 여러 해 동안 그는 자신의 심장 상태를 제어할 뿐 아니라 심장에 관한 데이터를 지속적으로 수집하는 체내 심장 제세동기를 달고 있었다. 전기 쇼크 기능을 가진 핏빗Fitbit 같은 것이었다. 하지만 핏빗과 달리 캄포스의 몸에 내장된 장비는 특허 제품이어서 그조차 자신의 데이터에 접근할 수가 없었다. 그는 제조사를 고소했지만 결과는 현재까지는 성공적이지 못하다. 체내 삽입형 장비들을 만드는 메드트로닉Medtronic, 보스턴 사이언티픽Boston Scientific, 애보트 랩스Abbott Labs, 바이오트로닉Biotronik 같은 기업 중 어느 하나도 환자가 자기 자신의 데이터에 접근하는 것을 허용하지 않고 있지만, 누구도 그에 대해 어찌할 도리가 없다. 그 데이터는 해당 기업들의 소유다.[26]

그와 비슷하게 사람들은 2004년 이후 토요타 프리우스Toyota Prius를 해킹해 왔다.[27] 연비를 높이고, 짜증스러운 경고 기능을 제거하고, 더 나은 엔진 진단 정보를 얻으며 엔진 성능을 조절하고, 유럽과 일본 판매용에만 있고 미국 판매용에는 없는 기능들에 접근하기 위함이었다. 이런 해킹은 보증을 무효화할 수 있지만 자동차 제조사들은 그런 해킹을 막을 수 없다. 다른 여러 자동차 모델에 대한 해킹과 트릭 코드들도 존재한다.[28]

자동차의 블랙박스에 담긴 데이터도 다르지 않다.[29] 경찰과 보험사들은 충돌이나 추돌 사고 뒤에 해당 데이터를 사용하지만, 이용자들은 거기에 접근할 수 없다[30](그런 데이터 접근을 허용한 캘리포니아주의 한 법안은 자동차 제조사들의 반대로 계류 중이다).[31] 그리고 존 디어사가 만든 트랙터의 소유주들은 트랙터를 직접 수리하기 위해 우크라이나에서 만든 해적판 펌웨어를 구입하기도 한다.[32]

이것은 흑백 논리로 가릴 수 있는 사안이 아니다. 우리는 사람들이 마음대로 자신들이 소유한 기기를 해킹하기를 원치 않는다. 온도조절장치들은 의도적으로 폭넓은 통제 한계를 정해 놓았다. 온도를 유지하는 소프트웨어를 변경하면 지나치게 자주 켜고 끄도록 강제함으로써 난방 시스템을 손상시킬 수 있다. 마찬가지로 우크라이나에서 만든 해적판 트랙터 소프트웨어는 변속기를 보호하는 소프트웨어의 일부를 우발적, 혹은 의도적으로 제거함으로 더 잦은 에러를 유발할 수도 있다. 만약 존 디어사가 변속기 수리 책임이 있다면 문제가 될 수 있다.

마찬가지로 우리는 사람들이 자신들의 차를 해킹해 배기 가스 규제법을 위배하거나 의료 장비를 해킹해 장비 사용을 둘러싼 법적 규제 사항을 회피하기를 원치는 않는다. 어떤 사람들은 인위적인 췌장을 만들기 위해 신체 혈당 수준을 측정해 자동으로 적당량의 인슐린을 지속적으로 공급해주는 인슐린 펌프를 해킹하기도 한다.[33] 누구나 그렇게 할 수 있도록 허용하는 것이 바람직한가, 아니면 적정 규제를 받는 제조사들만이 그런 장비를 생산하고 판매할 수 있도록 하는 것이 나은가? 적정한 균형점이 어디에 있는지 나는 잘 모르겠다.

인터넷 플러스가 우리의 삶 속으로 더 확산됨에 따라 이런 유형의 갈등은 어디에서나 벌어질 수 있다. 사람들은 피트니스 트래커, 가전제품, 홈 센서 그리고 승용차에 기록된 자신들의 데이터에 접속하고 싶어 할 것이다. 자신들의 조건과 목적에 맞춰 사용할 수 있기를 바랄 것이다. 그런 장비를 수정해 다른 기능을 더하고 싶어 할 것이다. 장비 제조사들과 정부기관은 그처럼 보강된 능력이 더해지는 데 대해 때로는 이윤 문제로, 혹은 반경쟁적인 이유로, 혹은 규제 사유로 그리고 때로는 그런 데이터 접근이나 제어를 원치 않아서 막으려 시도할 것이다.

이 모든 것들은 보안성을 약화한다. 기업들은 그들이 원하는 방식으로 우리를 통제하기 위해 원격 제어가 가능한 시스템을 만들 것이다. 더 중요하게는 소비자를 통제가 필요한 공격자로 가정한 시스템을 만들 것이다. 이것은 외부 공격자들에게 접근 통로를 제공하는 셈이기 때문에, 바람직한 보안과는 배치되는 설계 요구다. 그와 동시에 해커들은 고객들이 임의로 수정한 부분을 통해 시스템을 장악함으로써 보안의 취약성을 더욱 악화시킬 수 있다.

정부기관도 인터넷을 감시와 통제에 사용한다

정부기관은 그들만의 목적을 위해 우리를 감시하고 통제하고 싶어 하며, 기업들이 우리에게 제공한 동일한 비보안 시스템을 그런 목적에 사용한다.

2017년 캐나다 토론토대학교 연구 센터 시티즌 랩^{Citizen Lab}은 멕시코 정부가 정치적 위협으로 간주한 대상들을 어떻게 감시하는지 고발하는 보고서를 발표했다. 보고서에 따르면 멕시코 정부는 감시 소프트웨어(스파이웨어)를 사이버 무기 제조사인 NSO 그룹으로부터 구매해 언론인,[34] 반정부 인사, 야당 정치인,[35] 국제 수사관,[36] 변호사,[37] 반부패 그룹[38] 그리고 청량음료에 대한 과세를 지지하는 인물들[39]을 감시하는 데 사용했다.

다른 많은 나라들도 스파이웨어를 사용해 자국 국민을 감시한다. 상업용 스파이웨어 회사인 핀피셔FinFisher의 제품들[40]은 보스니아, 이집트, 인도네시아, 요르단, 카자흐스탄, 레바논, 말레이시아, 몽골, 모로코, 나이지리아, 오만, 파라과이, 사우디아라비아, 세르비아, 슬로베니아, 남아프리카공화국, 터키 그리고 베네수엘라에서 사용된 것으로 2015년 밝혀졌다. 이 소프트웨어는 반정부 인사, 정치 활동가, 언론인 그리고 정부가 체포하거나 위협 또는 감시하고 싶어하는 인사 들에게 사용됐다.

정치적, 사회적 통제를 목적으로 한 정부 감시는 지금의 인터넷에서는 일상적이다. 우리에게 감시 자본주의를 안겨준 동일한 기술이 정부기관들의 감시 활동에도 활용되는 것이다. 그러한 감시의 수준과 정황은 근래 몇 년 사이에 비로소 주목을 받기 시작했고 추세가 둔화될 조짐은 전혀 없다. 오히려 인터넷 플러스는 거의 확실히 더 많은 정부의 감시를 불러올 것으로 보이며, 그중 일부는 바람직할 수도 있지만 더 많은 부분은 그렇지 않을 것이다.

현대의 정부 감시는 기존의 기업 감시에 편승한다. 국가안보국 인사들이 어느 날 아침 일어나서 "모두를 감시합시다"라고 선언하는 게 아니다. 그보다는 "미국 기업들은 이미 모두를 감시하고 있습니다. 그런 감시 내용의 복제본을 구합시다" 쪽에 더 가깝다는 말이다. 그리고 정부기관은—뇌물 수수,[41] 강요, 위협, 법률적 강제 그리고 노골적인 절도 등의 방식을 통해—휴대전화의 위치 데이터, 인터넷 쿠키, 이메일과 문자 메시지, 로그인 정보 등을 수집한다.[42] 다른 나라들도 그와 비슷한 방식으로 활동한다.

인터넷 감시는 종종 전기통신 서비스 회사의 협조를 수반한다. 이들은 자사의 스위치를 통과하는 모든 데이터의 복제본을 첩보 기관에 제공한다. 국가안보국은 이런 수법의 달인으로, 미국 국경을 통과하는 데이터는 물론 국제 데이터도 우방국들과의 합의서를 통해 수집한다. 우리는 국가안보국이 감시 장비를 미국 내 AT&T의 스위치들에 설치했고, 버라이즌과 다른 통신 회사들로부터 휴대전화 메타데이터를 수집한 사실을 알고 있다. 그와 비슷하게, 러시아는 그 국경 내 ISP에서 나온 데이터에 대량 접속한다.[43]

대다수 나라들은 이런 수준의 감시와 해킹 툴을 개발할 만한 예산이나 전문성이 없다.[44] 대신 이들은 사이버 무기 제조사들로부터 감시와 해킹 툴을 구매한다. 이들은 감마 그룹Gamma Group(독일과 영국), 해킹 팀HackingTeam(이탈리아), 배스테크VASTech(남아프리카공화국), 사이버비트Cyberbit(이스라엘) 같은 핀피셔 판매사들 그리고 NSO 그룹NSO Group(역시 이스라엘)이다. 이들은 내가 이 절 앞부분에 열거한 것과 같은 나라들이 컴퓨터, 전화기 그리고 다른 장비 들을 해킹할 수 있게 해준다. 이들 기업은 '도청자들의 무도회Wiretappers' Ball'라는 별칭을 가진 'ISS 월드'라는 이름의 콘퍼런스까지 개최하며,[45] 그들의 제품을 노골적으로 억압 정권들에 마케팅한다.

인터넷 감시는 또한 인터넷의 역사만큼이나 오랫동안 해외 스파이 행위 목적으로도 사용돼 왔다. 국가안보국이 그런 행위를 주도해왔을지 모르지만, 다른 나라들도 그리 멀리 뒤처져 있지 않다. 미국에 대한 초기 스파이 작전들은 1999년 '문라이트 메이즈Moonlight Maze(러시아 소행으로 추정)',[46] 2000년대 초반 '타이탄 레인Titan Rain(거의 확실히 중국 소행)'[47] 그리고 2008년 '벅샷 양키Buckshot Yankee(배후 세력 미확인)' 같은 것들이다.[48]

중국은 수십 년 동안 미국 정부에 대한 스파이 활동을 벌여 왔다. 그동안 F-35 전투기를 비롯한 여러 무기 시스템의 청사진과 설계도를 훔쳤다.[49]

2010년에는 대만 활동가들의 지메일 계정을 확보하기 위해 구글을 해킹하기도 했다.[50] 2015년에는 중국이 미 정부 고위 관료들의 이메일 계정에 접근해왔다는 사실이 드러났다.[51] 같은 해 중국은 미국 인사관리처를 해킹해 방대한 정보를 탈취했는데 그중에는 비밀 인가를 받은 모든 미국 시민의 상세한 인사 파일도 포함돼 있었다.[52]

지난 10년간 안티바이러스 회사들은 러시아,[53] 중국,[54] 미국,[55] 미국-이스라엘 연합,[56] 스페인 그리고 여러 미확인 국가들[57]에서 사용해온 정교한 해킹 및 감시 툴들을 폭로해왔다. 북한은 2017년 남한의 국방전산망을 해킹해 기밀로 분류된 전시 작전 계획을 탈취했다.[58]

이것은 단순한 정치적, 혹은 군사적 첩보 행위가 아니라 널리 확산된 해외 정부들이 기업들로부터 지적 재산을 훔치는 행위다. 중국은 미국으로부터 워낙 많은 상업용 지적 재산을 훔쳐낸 탓에, 중국의 스파이 행위가 2015년 당시 버락 오바마[Barack Obama] 대통령과 중국의 시진핑 주석 간의 주요 논의 현안 중 하나였고, 그런 행위를 중단하는 협의를 맺었을 정도였다[59](그 결과 중국은 경제적 스파이 행위의 강도를 낮춘 것으로 보인다).[60]

이 모든 것은 정상적인 일로 간주된다. 스파이 행위는 적법한 평시 활동이며, 당사국들은 들키지 않고 할 수 있는 무슨 일이든 실행할 수 있다. 국가안보국이 앙겔라 메르켈[Angela Merkel] 독일 총리의 스마트폰을 도청했듯이 다른 누군가는 백악관 수석 보좌관 존 켈리[John Kelly]의 스마트폰을 도청했다.[61] 비록 미국 인사관리처의 보안 침해 사고는 2,150만 미국인에 영향을 미쳤지만, 그런 행위를 저지른 중국을 비난하기는 어렵다. 우리도 똑같은 짓을 저지르고 있기 때문이다. 실제로 당시 미국 국가정보국 국장 제임스 클래퍼[James Clapper]는 이렇게 촌평했다. "우리는 어떤 면에서 중국이 그런 일을 해낸 데 경의를 표할 만하다."[62]

우리가 그 활동 양상을 가장 잘 아는 나라는 미국이다. 국가안보국은 여러 가지 이유로 독보적이다. 하나, 그 예산 규모가 지구상의 어떤 유사한 기관의 예산보다도 훨씬 더 크다.[63] 둘, 세계의 대규모 IT 기업들은 대부분 미국 내에―또는 그 우방국들 중 한곳에―위치해 있어서 데이터에 접근하기가 훨씬 더 용이하다. 셋, 지구상의 주요 인터넷 케이블의 물리적 위치 때문에 전 세계 통신의 많은 부분은 어느 순간 미국을 통과할 수밖에 없다.[64] 그리고 넷, 국가안보국은 다른 나라들과 비밀 협정을 맺어 지구상의 온갖 통신 네트워크들에 더욱 광범위하게 접근할 수 있다.

미국의 다른 법 집행 기관들도 감시를 진행하지만 국가안보국이 실행하는 내용과는 근본적으로 다르다. 법 집행 요원들은 더 제한적이고 다른 법률의 지배를 받는다. 따라서 압수와 수색에 관한 한 정해진 법 절차를 따라야 한다. 이런 법들이 얼마나 잘 짜여 있고 경찰은 그런 절차를 얼마나 충실히 따르는지는 논란의 여지가 있지만, 이를 준수하지 않는 경우 엄중한 결과로 이어질 수 있다. 법 집행은 그 감시 대상을 개별 용의자들로 압축해야 하지만, 국가안보국은 그럴 의무가 없다. 법 집행은 법정에서 인정될 수 있는 증거를 수집해야 하지만 국가안보국은 그럴 필요가 없다. 법 집행은 보통 범죄가 발생한 다음에 뛰어들지만 국가안보국은 진행 중인 활동에 대해 스파이 업무를 수행한다.

일부 나라들은 감시를 극한 수준까지 몰고 간다. 인터넷을 이용해 전체 국민을 감시 대상으로 삼는 경우다. 중국이 이런 방식을 주도한다.[65] 이 나라의 소셜미디어 플랫폼들은 모두 정부의 감시를 받으며, 불온하다고 평가되는 내용들은 검열돼 삭제된다(정부의 목표는 표현의 자유를 제한하기보다 사회 운동

을 일으키거나 시위를 조직하는 능력을 제한하는 데 있다고 보는 편이 옳다).[66]

감시 외에 많은 나라들은 그 시민들을 검열하고 통제하는 데 인터넷을 사용한다. 권위주의적인 정부들은 '아랍의 봄'과 2000년대 초기의 소위 '색채 혁명color revolutions'을 실질적 위협으로 봤다. 때문에 이런 유형의 통제는 체제 유지에 필수적이라고 믿는다. 러시아, 중국, 이란 같은 나라들은 특정 문건이나 정보를 발표하는 사람들을 직접 처벌하며, 기업들로 하여금 정부를 대신해 검열하거나 온라인 토론을 무해한 방향으로 유도하도록 강요한다. 여기에서도 중국은 단연 앞서 있다. 중국은 다른 어떤 나라보다도 더 광범위한 검열 시스템을 갖추고 있다. 만리장성에 빗댄 '중국의 만리방화벽Great Firewall of China'은 중국 내부에서 해외의 인터넷에 접속하는 것을 제한하도록 설계된 종합 시스템이다.[67] 2020년 중국 정부는 '사회 신용social credit' 시스템을 전국적으로 시행할 계획이다. 각 시민은 감시된 활동 내역에 근거한 점수를 부여받고, 그 점수는 다양한 권리와 특전을 누릴 수 있는 일종의 관문으로 사용될 것이다.[68] 중국은 그러한 사회 통제 기법을 다른 독재 국가들에 수출한다. 모든 검열이 불온한 것은 아니다. 프랑스와 독일은 나치 사상에 근거한 인종차별적 혐오 발언을 검열한다.[69] 수많은 나라들은 저작권 침해로 여겨지는 표현을 검열한다. 그리고 거의 모든 나라가 아동 포르노를 검열한다.

이 모든 스파이 활동, 감시 그리고 통제를 완수하기 위해 국가의 정부기관들은 인터넷의 비보안 허점을 활용한다. 이에 대해서는 9장에서 더 다룬다. 이런 행태는 앞으로도 사라지지 않을 것이고 국가 단위의 인터넷 플러스 보안 정책의 뒤에 도사린 추진력 중 하나로 계속 작용할 것이다.

사이버 전쟁은 새로운 일상이다

누군가는 사이버 전쟁이 오고 있다고 말한다.[70] 다른 누군가는 사이버 전쟁은 이미 와 있다고 말한다.[71] 또 다른 누군가는 사이버 전쟁은 어디에나 있다고 말한다.[72] 이렇듯 누구나 사이버 전쟁을 말하지만 실상은 아무도 동의하지 못하는 그리고 아무런 합의된 정의도 없는 용어다.[73] 그러나 그것을 무엇이라고 부르든, 국가들은 인터넷의 생래적인 비보안 허점을 활용해 서로를 공격한다. 방어 능력보다 공격 능력을 우선시하고, 이는 우리 모두에게 보안상 취약한 인터넷 상황을 지속시키는 주요 원인으로 작용한다.

2010년에 발견된 스턱스넷은 미국과 이스라엘이 이란의 나탄즈Natanz 핵무기 공장을 공격하기 위해 공동 개발한 정교한 무기였다.[74] 이것은 특히 지멘스Siemens의 프로그래밍 논리 제어기를 표적으로 삼고 있었다. 이 논리 제어기들은 핵무기 수준의 우라늄으로 농축하는 데 사용되는 원심분리기 등 공장 시설의 자동화에 필요한 툴이었다. 스턱스넷은 윈도우 운영체제를 가진 컴퓨터들을 통해 확산되면서 지멘스의 원심분리기 제어기들만을 찾는다. 일단 찾아내면, 원심분리기들의 속도를 반복해서 가속하거나 감속해 기능을 마비시키는 한편, 기기 운영자들은 눈치채지 못하도록 은폐했다.

인터넷 곳곳에서 암약하는 군부와 각국의 첩보 기관들은 해외 컴퓨터들에 침투하고, 때로는 가상뿐 아니라 물리적 피해를 초래하기도 한다. 무엇이 허용되고 무엇이 정당하며 상대의 공격에 대한 적절한 대응 수준은 무엇인지에 대한 국제 규약과 규범은 대체로 부재하다. 이 환경은, 인터넷 보안 기술이 공격을 방어보다 더 쉽게 만든 그대로, 방어보다 공격을 더 선호한다. 사이버 전쟁을 둘러싼 역학 관계는 재래식 전쟁과는 사뭇 다르다.

사이버 전쟁의 표적은 국방 사이트와 시스템에 국한되지 않는다.[75] 석유 생산, 화학 처리, 제조, 발전 등 이제는 인터넷을 통해 제어되는 주요 산업 사이트로도 확대된다.

사이버 공격은 더 커다란 작전의 일부일 수 있다. 2007년, 이스라엘은 시리아의 핵발전소를 공격했다.[76] 사이버 공격이 아니었다. 진짜 전투기가 그곳을 폭격했다. 하지만 여기에는 사이버 요소도 있었다. 전투기들이 출격하기 전에 이스라엘의 해커들은 사이버 공격을 감행해 시리아와 이웃 나라들의 레이더와 대공 시스템을 무력화했다. 이듬해 러시아는 그루지야를 공격할 때 재래식 작전과 사이버 작전을 배합했다.[77] 미국은 1990~1991년 이라크 전에서 일련의 사이버 작전을 실행했다.[78] 오바마 대통령은 ISIS에 대한 공격의 일환으로 사이버 작전도 수행하고 있다고 시인했다.[79]

때때로 공격은 탐사나 준비 목적을 띤다. 2017년, 미국은 러시아의 한 해커 그룹이 최소한 20개에 이르는 미국과 유럽의 전력 회사 네트워크를 해킹했고 시스템을 무력화할 수 있는 능력까지 얻었던 사실을 알게 됐다.[80] 2016년, 이란의 해커들도 뉴욕주 북부의 한 댐에 대해 똑같은 행위를 자행했다.[81] 전문가들은 이런 활동들이 미래의 잠재적인 공격을 위한 정찰 행위였을 것으로 추정한다.[82] 이것은 '전장을 준비하는'[83] 사전 행위로 알려져 있고, 여러 나라들은 서로에게 이런 시도를 벌이는 것으로 보인다.

우리 환경이 점점 더 컴퓨터화하고 네트워크로 더 촘촘히 연결되고 기술이 더 표준화하면서 위험 수위도 더 높아지고 있다. 냉전 시대만 해도 대다수 국방용 컴퓨터와 통신 시스템은 민간용 컴퓨터나 시스템과 뚜렷이 달랐지만 이제는 더 이상 아니다. 무기 시스템을 제어하는 컴퓨터를 비롯해 수백만 대에 이르는 국방부 컴퓨터들은 윈도우 운영체제를 사용한다. 우리가 가정과 사무실에서 사용하는 것과 똑같은 컴퓨터와 네트워크 들이 거의 모든 국가 기반 시설을 제어한다. 이것은 인터넷 그 자체를 잠재적 표적으로 만든다.

이것은 러시아가 2007년 에스토니아 그리고 2008년 우크라이나의 네트워크를 되풀이해서 공격한 경우처럼 강대국이 약소국을 공격하는 양상만이 아니다.[84] 전통적 기준에서 약소국으로 분류되는 나라도 사이버 스페이스에서는 반대로 막대한 피해를 끼칠 수 있다. 그런 이유는 1장에서 설명한 바 있다. 시리아의 '전자 군대'는 2013년 미국의 뉴스 사이트들을 공격했고, 이란은 2014년 라스베이거스의 샌즈 호텔을 공격했다.[85]

사이버 공격 역량은 나라마다 천차만별이다. 높은 수준의 나라들은 자체 공격 툴을 개발할 수 있는 군대 차원의 사이버사령부와 첩보 기관을 두고 있다. 미국, 영국, 러시아, 중국, 프랑스, 독일 그리고 이스라엘 같은 나라들이 여기에 든다.[86] 이들은 충분한 예산과 고도의 기술력을 갖추고 있으며 쉽게 저지되지 않는다. 이들은 소수의 엘리트라고 할 수 있다.[87] 비록 이들이 수행하는 사이버 작전들은 대부분 정교하지 않지만 상대 국가나 기관들의 보안 수준 자체가 대체로 허술하기 짝이 없기 때문에 그럴 필요가 없다. 이들보다 한 단계 낮은 나라들은 앞에 언급한 사이버 무기 제조사들로부터 상업용 툴과 서비스를 구입한다. 그리고 그보다 더 낮은 수준의 나라들은 인터넷에서 내려받은 범죄용 해킹 소프트웨어를 사용한다. 이 두 수준의 나라들은 공히 사이버 용병들을 고용할 수도 있다.[88] 해킹 능력과 수준이 높아지면서 단순히 우선순위를 정하는 것 이상의 작업이 요구된다. 만약 북한처럼 고립되고 엄중한 무역 제재를 받는 나라가 채 10년도 안되는 동안에 사이버 스페이스의 무명의 인지도를 지녔다가 심각한 위협으로 탈바꿈할 수 있다면, 누구나 그럴 수 있다는 뜻이다.[89]

국가 차원 사이버 공격의 위험은 높아지는 추세이며 정부기관도 이를 인지하고 있다. 매년 미국의 국가정보국 국장은 전 세계의 위협 수준을 평가한 보고서를 상하원 정보위원회에 제출한다. 이것은 우리가 우려하는 내용에 대한 훌륭한 지침서 구실을 한다. 2007년 문서는 사이버 위협을 아예 언급조차 하지 않았다.[90] 심지어 2009년 보고서에서도 '증가하는 사이버와 조직범죄 위협'은 문서 말미에 마치 나중에 생각난 것처럼 잠깐 다루고 있을 뿐이다.[91] 2010년에 이르러서야 사이버 위협은 연례 보고서에 첫 번째 위협으로 등재됐고,[92] 이후 점점 더 심각한 용어와 표현들로 묘사돼 왔다. 2017년 보고서의 일부를 인용하면 다음과 같다.

> 우리의 적들은 사이버 스페이스를 이용해 우리의 국익을 위협하고 자신들의 이익을 취하는 데 점점 더 치밀해져 가고 있습니다.[93] 그리고 사이버 방어 능력을 개선함에도 거의 모든 정보, 통신 네트워크 그리고 시스템들은 수년간 위험한 상황에 놓일 것입니다.
>
> 사이버 위협은 이미 국제 기구들, 정부부처 그리고 규범들에 대한 공공의 신뢰와 확신에 타격을 입히는 한편 미국과 세계 경제에 막대한 비용으로 작용하고 있습니다. 사이버 위협은 또한 공중 보건, 안전 그리고 번영에 점점 더 큰 위험으로 부각되고 있는데, 이는 사이버 기술이 주요 부문의 핵심 인프라와 통합되는 추세와 긴밀히 연관됩니다. 이러한 위험은 의사 결정, 감지, 인증 등의 역할이 잠재적으로 취약한 자동화 시스템으로 위임되면서 더욱 증폭되고 있습니다. 이런 역할 위임은 사이버 공격과 악용 사태가 실제로 발생할 경우 더욱 큰 물리적, 경제적, 심리적 타격을 초래할 것으로 우려됩니다.

그와 비슷하게 뮌헨 보안 콘퍼런스-세계에서 가장 중요한 국제 보안 정책 콘퍼런스-는 2011년까지 사이버 보안에 관한 패널이 없었다.[94] 지금은 사이버 보안이 그 자체의 별도 이벤트로 발전했다.

우리는 모두 폭발 반경에 속해 있다. 스틱스넷처럼 표적이 명확한 사이버 무기도 이란의 나탄즈 원자력발전소에서 멀리 떨어진 네트워크들에 손상을 입혔다.[95] 2017년, 국제 해운 회사 머스크Maersk는 러시아가 우크라이나를 공격하는 데 사용한 사이버 무기인 노트페트야NotPetya 때문에 운행을 중단해야 했다.[96] 머스크는 러시아와 우크라이나가 벌인 국제 사이버 공격의 십자포화에 뜻하지 않게 피해를 본 행인이었던 셈이다.

현재까지 대다수 사이버 공격은 전시에 일어나지 않았다. 2010년 미국과 이스라엘이 스틱스넷으로 이란을 공격했을 때나 2012년 이란이 사우디아라비아의 국영 석유 회사를 공격했을 당시, 전쟁은 없었다.[97] 2017년 북한이 '워너크라이'를 사용해 전 세계의 컴퓨터 시스템들을 잠갔을 때나.[98] 그보다 몇 해 전 미국이 북한의 핵 개발 프로그램을 방해하기 위한 시도로 사이버 작전을 수행할 때도 전쟁은 없었다. 2012년 러시아의 한 고위 장성은 훗날 '게라시모프 독트린Gerasimov Doctrine'으로 알려지게 된 논문을 발표했다.[99] 독트린의 핵심은 '특수 작전 전력과 내부의 저항 세력을 이용해 영구적으로 작동하는 전선(戰線)'을 만들고, '정보 활동, 장비 그리고 수단들'을 통해 '적에 대한 장거리, 무접촉 공격'을 지속적으로 전개하자는 제안이었다. 마치 2016년 미국 대통령 선거 과정에 대한 러시아의 해킹과 사뭇 유사하게 들린다. 오늘날의 세계에서 전쟁과 평화의 구분은 희미해졌고 4장에서 논의한 사이버 작전과 같은 비밀 전술은 더욱 더 중요해졌다. 다른 나라들도 동의하는 듯하다. 일각에서 우리가 이미 사이버 전쟁에 휘말려 있다고 말하는 것도 그 때문이다.

전쟁 행위로 간주될 사이버 공격들이 있다.[100] 그리고 미국은 그러한 공격들에 대한 어떤 대응도 사이버 스페이스에만 국한되지 않을 것이라고 천명했다. 그럼에도 사이버 스페이스에서 벌어지는 대다수 공격 행위는 전쟁과 평화 사이의 회색 지대-정치학자 루카스 켈로Lucas Kello는 이를 '비평화unpeace' 상태라고 불렀다[101]-에서 수행돼 왔고, 어떻게 대응할지 누구도 확신하지 못한다. 미국은 소니에 대한 북한의 공격에 대해 소규모 무역 제재로 대응했다.[102] 2016년 대통령 선거에 대한 러시아의 해킹에 대해서는 영사관들을 폐쇄하고 외교관들을 추방하는 것으로 대응했다.[103] 대다수 나라들은 공격에 대해 강경한 어조로 비난하는 식으로 대응한다.

제한적으로 대응하는 데는 여러 이유가 있다. 첫 번째는 전쟁 행위로 간주되는 지점과 그렇지 않은 지점 간의 뚜렷한 구분이 없다는 점 때문이다. 국제 스파이 행위는 일반적으로 유효한 평시 행위로 간주되며, 다수의 인명을 살상하는 행위는 보통 전쟁 행위로 간주된다. 다른 모든 것은 그 사이에 놓인다.

3장에서 언급했듯이 누가 저질렀는지를 밝히는 귀속은 어려울 수 있다. 특히 사이버 공격에는 정부 개입의 연속적인 스펙트럼이 존재한다. 사이버 정책 전문가 제이슨 힐리Jason Healey는 국가가 부추긴 공격부터 국가가 조정한 공격, 더 나아가 국가가 직접 실행한 공격 그리고 그들 사이에 놓인 다양한 수준과 양태의 정부 개입에 이르기까지 전체 스펙트럼을 정리했다.[104] 따라서 설령 어떤 공격의 지리적 출처를 알아낸다고 해도, 거기에 정부가 개입했고 어느 정도까지 책임이 있는지 파악하기는 어려울 수 있다.

공격들에 대한 반응이 미온적인 마지막 이유는 사이버 스파이 행위와 사이버 공격 간의 차이를 분별하기가 어렵고 시간이 걸리며, 이를 분별했을 때는 이미 너무 늦은 경우가 많기 때문이다. 거의 마지막 순간까지도, 인가되지 않은 침입자가 모든 것을 복제했든 파괴적인 악성 바이러스를 설치했든 모두 정확히 똑같아 보이기 때문이다.

군사적인 차원의 사이버 공격은 장기적으로 비효율적이었다. 우크라이나의 정전 사태처럼 유해하지만 단기적이고 일시적인 효과는 쉽다. 하지만 그 이상의 피해를 끼치기는 어렵다. 비록 스턱스넷이 성공적이기는 했지만 기껏해야 이란의 핵 개발 일정을 2년 정도 지연했을 뿐이고 국제 협상에는 거의 아무런 영향도 미치지 못했다. 미국은 북한에 대해서도 핵무기와 이동 시스템의 개발을 저지하기 위해 사이버 공격을 사용했다. 이 경우도 그 작전은 장기적으로 거의 아무런 영향도 주지 못했다.[105] 우크라이나 지역의 최근 무력 분쟁과 시리아 내전에도 사이버 무기가 사용됐지만, 역시 그 효과는 미미했다.[106]

몇 가지 주목할 만한 사안들은 왜 현대의 사이버 전쟁에서 방어보다 공격이 더 중시되고 더 자주 사용되는지 보여준다. 사이버 무기는 여러 무기 가운데서도 생래적으로 불안정하다는 점에서 차별화된다. 예컨대 당신이 특정 취약점을 활용해 악성 바이러스를 퍼뜨리거나 공격을 감행하는 사이버 무기를 가지고 있다고 해도, 나는 그 취약점을 찾아내 패치함으로써 해당 무기를 무력화할 수 있다. 이것은 일시적 우위를 가졌다고 판단한 나라는 선제 공격을 개시하는 데 따른 위험과, 자국이 보유한 무기가 지속적인 방어 연구에 의해 고갈될 위험 간의 경중을 따져야 한다는 뜻이다.[107] 이 불안정성은 사이버 무기의 사용을 더 매력적으로 비치게 한다. 누군가에 의해 독립적으로 발견되기 전에 지금 사용하자는 논리다.

그리고 사이버 무기는 탈취됐을 경우 재래식 무기와 전혀 다른 방식으로 이용될 수 있다. 2009년 중국은 록히드 마틴사와 다수의 하청업자들로부터 미 F-35 전투기의 청사진과 다른 데이터를 반출했다. 그러한 지적 재산의 절도 행위로 중국 정부는 미국이 해당 전투기 개발에 투자한 약 60조 원의 비용과 여러 해의 시간을 절약한 게 분명했지만, 중국 국방부로서는 여전히 실제 전투기를 설계하고 개발해야 할 일이 남았다.[108] 그와 대조적으로 국가안보국과 CIA로부터 사이버 무기를 훔친 공격자들은 아무런 추가 시간이나 비용을 들일 필요 없이 곧바로 사용할 수 있다. 그리고 그러한 해킹 툴이 일반에 공개되면 해외 정부와 범죄자 들은 즉시 그 툴을 자신들의 목적에 사용한다.

공격 방식도 점점 더 뻔뻔해지고 있다.[109] 미국을 겨냥한 러시아, 중국 그리고 북한-이따금씩 이란, 시리아 등 기타 나라-의 지속적인 공격은 다른 나라들도 처벌받지 않고 미국을 공격할 수 있음을 증명한다.

솔직히 상황이 이렇게 된 데는 미국의 책임이 크다. 방어보다 공격을 우선한 것은 미국이었다. 인터넷을 스파이 행위와 공격에 처음 사용한 것도 미국이었다. 국가안보국의 광범위한 감시 행태를 통해 미국은 미국 IT 회사들에 대한 일반인들의 신뢰를 약화시켰다. 미국은 용인되거나 용인되지 않는 공격의 기준을 높여 놓았다. 다른 나라들보다 우위에 있다고 판단했기 때문에 어떤 조약을 협상하거나 어떤 규범을 정착시키려 시도하지 않았다. 그와 동시에 인터넷을 보안은 제대로 고려되지도 않는 상업용 공간으로 개발했다. 미국의 행위는 근시안적이었고, 그런 행위들은 이제 미국에 불리한 상황으로 작용하고 있다.

그 결과는 국제 정책학자들이 쓰는 표현에 따르면 '보안의 딜레마'다. 공격은 방어보다 쉽기만 한 것이 아니라, 비용도 방어보다 덜 든다.[110] 따라서 한 나라가 사이버 스페이스에서 더 강력해지고 싶다면 공격에 투자하는 것이 현명하다. 이는 인터넷의 생래적인 비보안 허점을 사용한다는 뜻이다. 하지만 누구나 그렇게 한다면 세계는 더 불안정해지고 인터넷은 더 취약해질 것이다. 여러 나라들이 바로 지금 인식하고 있는 '사이버 무기 경쟁'의 양상이다.

서구 민주주의 국가는 지구상에서 가장 취약한 나라들이자 사이버 공격에 대한 준비가 가장 취약한 나라들이다. 다른 나라들은 우려하지 않는다는 뜻이 아니다. 2017년 영국 첩보기관 MI6의 전직 수장 존 소어즈 경Sir John Sawers은 이렇게 말했다. "중국과 미국은 모두-그리고 아마 러시아도-공격할 수 있는 능력에 대한 자신감보다는 공격에 취약하다는 불안감을 더 강하게 느끼고 있을 것이라고 생각한다."[111]

국가안보 전문 기자 프레드 카플란Fred Kaplan은 미국에 대해 이렇게 썼다. "우리는 다른 나라의 집들에 던질 수 있는 더 나은 '사이버 돌'들을 갖고 있지만, 우리 집은 다른 나라 집들보다 유리가 더 많다."[112] 이 부분은 9장에서 더 상세히 논의할 것이다.

결론적으로 세계의 여러 나라들이 바야흐로 교전 원칙도 없고 모든 것이 불균형에 낯설기만 한 '영구적인 비평화'라는 새로운 정치 환경에 내몰린 사실을 깨닫고 있다는 점이다. 주요 강대국들은 모두 저마다의 취약성을 인식하면서도, 그들의 사이버 무기를 내려놓을 용의는 없다. 물론 이 무기들은 모두 인터넷의 취약성에 기대고 있다. 이처럼 낯선 전쟁의 극장에서 자국의 공격 능력을 보존하고 강화하기 위해, 강대국들은 비보안성을 영구화하는 데 진력한다. 어떻게 그렇게 하는지, 왜 그런 논리는 명백히 틀렸는지 그리고 그런 방향을 역전하기 위해 이들이 해야 할 일은 무엇인지 9장과 10장에서 이야기할 것이다.

범죄자들도 비보안을 활용한다

물론 범죄자들은 취약한 인터넷을 선호한다. 그것이 그들에게 더 이익이다. 미국의 유명 강도였던 윌리 서튼^{Willie Sutton}의 "돈이 있는 곳이 거기"여서 은행을 털었노라는 일화는 유명하다. 지금, 돈은 온라인에 있고 그에 따라 점점 더 많은 범죄자들도 온라인으로 몰려든다. 범죄자들은 은행 계좌에서 돈을 빼낸다. 우리의 신용카드 데이터를 훔친 뒤 이를 이용해 사기를 치거나, 우리의 신원 정보를 훔쳐 이를 이용한다. 우리의 데이터를 잠근 뒤 이를 다시 풀어주는 대가로 돈을 지불하라고 요구한다. 그것이 '랜섬웨어 ransomware'다.

2018년 초 미국 인디애나주의 핸콕 헬스^{Hancock Health} 병원은 사이버 공격의 피해를 입었다.[113] 범죄자들ㅡ누구인지는 알 길이 없다ㅡ은 병원 내 컴퓨터들을 암호화한 뒤, 이를 해독하려거든 5만 5천 달러(약 6천만 원)를 비트코인으로 지불하라고 요구했다. 의료진은 컴퓨터에 저장된 의료 기록에 접근할 수가 없었다. 백업 자료가 있기는 했지만 해당 데이터를 복원하는 데 소요되는 시간이 환자들을 위험에 빠뜨릴 수도 있다고 판단했다. 병원 측은 돈을 지불했다.

랜섬웨어는 점점 더 일반화되고 수지가 맞는 범죄 행위로 떠올랐다.[114] 피해자들은 앞에 예로 든 것처럼 기관부터 개인에 이르기까지 다양하다. 안티바이러스 회사인 카스퍼스키 랩은 2016년 중 9개월 동안 기업을 노린 랜섬웨어 공격이 3배로 늘었고, 그 변종의 숫자도 11배나 증가했다고 밝혔다.[115] 시맨텍Symantec에 따르면 랜섬웨어의 공격자들이 요구하는 돈의 규모는 2015년 294달러에서 2016년 679달러 그리고 2017년 다시 1,077달러로 높아졌다.[116] 사이버 보안 회사 카본 블랙Carbon Black은 암시장에서 거래되는 랜섬웨어 소프트웨어의 총 매출액이 2016년부터 2017년까지 1년 사이에 25배나 증가해 650만 달러에 이르렀다고 발표했다.[117] 랜섬웨어는 이제 어떻게 지불하는지에 대한 상세한 설명을 동반하며, 랜섬웨어를 사용하는 일부 범죄자들은 심지어 전화 상담 서비스까지 개설해 피해자들의 비용 지불을 돕는다(전화 상담 서비스를 두는 것이 범죄자들에게 위험하지 않을까 생각한다면, 이런 범죄의 국제적 성격을 기억할 필요가 있다. 이 범죄자들은 자신들의 모국에서 처벌받은 위험에 대해서는 전혀 두려움이 없다). 몇 조원 규모의 비즈니스다.[118]

사이버 범죄는 누구의 분석을 믿느냐에 따라 연간 매출 규모가 550[119]~3,500조 원[120]에 이르는 초대형 국제 비즈니스다. 지적 재산 절도에 따른 추가 손실[121]도 연간 250~700조 원에 이를 것으로 추산된다.

사이버 범죄의 상당 부분은 남을 사칭하는 행위를 포함한다. 3장에서 논의한 바 있는 인증 시스템을 무력화하는 것이다. 은행에 들어가 다른 누군가를 사칭해서 돈을 타 내기는 어렵고 위험하지만, 그런 일을 은행의 웹사이트에서 자행하기는 훨씬 더 쉽고 덜 위험하다. 이때 범죄자에게 필요한 것은 피해자의 ID와 비밀번호뿐인 경우가 많다. 신용카드도 마찬가지다. 만약 범죄자가 피해자의 카드 번호와 다른 정보—이름, 주소 등—를 가지고 있다면 해당 카드를 사용해 원하는 무엇이든 할 수 있다. 이것이 신원 도용이다. 많은 변종이 있지만 모두 훔친 개인정보와 사칭에 기반한다는 점은 같다.

CEO 사기, 혹은 '업무용 이메일 사기'는 신원 도용의 한 사례다. 도둑은 한 회사의 CEO나 다른 고위 간부인 척 가장하고 이메일을 지불 계정 부서로 보내, 수표를 자신(범죄자)에게 보내라고 지시한다.[122] 혹은 모든 직원의 근로소득세 양식의 복사본을, 허위 세금 신고의 전조격으로 보내라고 지시한다. 또는 부동산 매도의 수입금을 전용하라고 지시한다.[123] 이 전략은 해당 범죄자가 사전 조사를 충분히 한 경우라면 매우 효과적일 수 있다. 우리는 누구나 상사로부터 온 이메일을 진짜로 그리고 중요한 것으로 취급하기 마련이기 때문이다.

또 있다. 많은 사이버 범죄는 이런 질문을 따라간다. 이 모든 컴퓨터들에 해킹해서 들어갔다. 이것들을 가지고 이제 무엇을 하지? 그에 대한 대답은 다양하다.[124] 범죄자들은 해킹한 컴퓨터들을 봇 네트워크, 혹은 좀비 네트워크로 만들었다. 봇넷은 스팸을 대량 발송한다거나 캡차CAPCHA를 푼다거나 비트코인을 마이닝하는 등 온갖 목적에 사용될 수 있다.[125] 해커들은 클릭 사기에도 봇을 사용할 수 있다.[126] 그들이 제어하는 사이트에 뜬 광고들을 반복적으로 클릭하게 함으로써 그런 광고를 설치한 회사들로부터 수수료를 챙기거나 경쟁사들이 배치한 광고들을 클릭함으로써 돈을 지불할 수밖에 없게 만드는 방식이다. 이들은 막대한 규모의 봇넷들을 동원해 다른 희생자들에게 디도스 공격DDoS을 가하기도 한다.

만약 당신이 수백만 개의 봇을 제어하고 있다면 이들을 이용해 개인은 물론 심지어 기업들의 인터넷 연결망을 마비시켜 그들을 인터넷에서 쫓아낼 수도 있다. 이런 공격들은 방어하기가 어렵고, 방어자의 데이터 파이프가 충분히 크다면 그런 대규모 트래픽도 감당할 수 있을 것이기 때문에 실상은 규모의 경연장이라고 할 수 있다. 때로 공격자는 표적 기업들을 위협하면서 돈을 갈취하기도 한다.

국제 범죄 조직들은 세계 여러 나라의 법률상의 허점이나 관할 공백을 악용한다. 공격 툴을 팔고, 심지어 범죄형 소프트웨어를 대리 서비스해주는 '크라임웨어 애즈 어 서비스$^{CaaS, Crimeware-as-a-Service}$'를 제시한다. 인터폴이 밝히는 추세는 다음과 같다.

> CaaS 모델은 초보 수준부터 최고 수준의 해커에 이르기까지 핵티비스트나 심지어 테러리스트들처럼 다른 동기를 가진 이들을 포함해 범죄의 총체적 스펙트럼에 걸친 툴과 서비스 들에 손쉬운 접근을 제공한다.[127] 이 모델은 심지어 초보 수준의 사이버 범죄자들조차 그들의 기술 능력과는 비교조차 할 수 없을 정도로 막대한 규모의 공격을 펼 수 있게 해준다.

범죄자들은 로그인 정보 절도, 지불 사기, 돈 세탁 같은 범죄에 특화돼 있다. 이들은 해킹 툴을 팔고 봇넷 서비스를 홍보한다.[128] 심지어 정부기관들조차 범죄 활동에 가담하거나 자국 내에서 국제 규모의 범죄 행각을 벌이는 사이버 범죄자들을 묵인하기도 한다. 북한은 특히 그 죄질이 나쁘다.[129] 정부 재원을 마련하기 위해 해커들을 고용하며[130] 2016년에는 방글라데시 은행에서 8,100만 달러를 훔쳤다.[131]

물론 이윤만이 유일한 범죄 동기는 아니다. 증오, 공포, 복수, 정치 등의 동기로 범죄를 저지르기도 한다. 전체 범죄의 몇 퍼센트가 금융 범죄가 아닌지 알려주는 데이터를 찾기는 어렵다. 사람들이 그런 범죄를 정기적으로 저지른다는 점은 분명하다. 그리고 점점 더 이들은 사이버 스토킹, 정치적 이유나 개인적인 악감정으로 개인정보를 훔쳐 공개하거나 정신적 피해를 안겨주는 등의 범죄를 인터넷에서 저지른다.

해킹해서 통제권을 확보할 만한 컴퓨터는 매일 더 늘고 있다. 훔칠 데이터도 점점 더 증가한다. 우리는 이런 현상을 이미 목도하고 있다. 웹캠, DVR,[132] 가정의 라우터 등이 해킹되거나 봇 네트워크의 일부로 전락해 디도스 공격에 동원되는 것을 봤다. 냉장고 같은 가전제품이 스팸 이메일을 보내는 데 악용되는 사례도 봤다.[133] 공격자들은 IoT 장비들을 마비시켜 영구적으로 제 기능을 못하게 만들기도 했다.[134]

인터넷을 통해 살인이 자행되는 사례를 경험하지는 못했지만 그럴 만한 능력은 이미 존재한다. 2007년 당시 부통령 딕 체니Dick Cheney의 심장 제세동기는 특별한 방식으로 수정 설계돼 그를 통한 암살이 더 어렵도록 만들었다.[135] 2017년, 한 남자는 간질 증상을 가진 수신자가 발작을 일으키도록 디자인된 트윗을 보냈다.[136] 같은 해 위키리크스WikiLeaks는 원격으로 차량을 해킹하는 CIA의 시도에 관한 정보를 공개했다.[137]

랜섬웨어도 IoT로 오고 있다. 내장된 컴퓨터들은 여느 랩톱에 비해 랜섬웨어에 대한 저항성이 높지 않으며, 범죄자들은 이미 컴퓨터 랜섬웨어에 대한 한 가지 자명한 방어책―백업으로부터 데이터를 복원하는 것―이 생명이 경각에 달린 상황에서는 통하지 않을 것임을 잘 알고 있다. 해커들은 스마트 온도조절장치에 대한 랜섬웨어 공격을 시연해 보였다.[138] 2017년, 호주의 한 호텔은 모든 방문의 전자 자물쇠가 해킹된 뒤 몸값 지불을 요구받았다.[139] 자동차, 의료 장비, 가전제품 그리고 다른 모든 컴퓨터화한 장비와 도구 들은 해커들의 잠재적인 표적이다. 그러한 범죄로부터 얻게 될 추가 매출 규모는 엄청나다.

심각한 피해의 잠재력 또한 마찬가지다. 200달러를 비트코인으로 지불하라는 딱지와 함께 작동이 멈춰버린 차는 값비싼 불편 수준에 머물지만, 차가 달리는 와중에 그런 해킹 피해를 입는다면 이는 생사가 걸린 사안이다. 의료 장비의 경우도 마찬가지다. 2017년 노트페트야 랜섬웨어는 미국과 영국의 여러 병원들을 마비시켰다.[140] 영국의 일부 병원들은 그 상황이 더욱 심각해서 수술을 지연하거나[141] 위급 환자들을 다른 병원으로 보내고 손상된 의료 장비를 대체해야 했다.[142] 앞으로 몇 년 동안 우리는 사이버 공격의 표적이 대부분 IoT 장비와 다른 내장형 컴퓨터들로 이전되는 현상을 보게 될 것이다. 그런 징후는 2016년의 미라이 봇넷에서 나타났다.[143] 이것은 온갖 다양한 IoT 장비들을 세계 최대 규모의 봇넷으로 만들었다. 아직 랜섬웨어를 퍼뜨리는 데 사용되지는 않았지만 의도했다면 쉽게 그럴 수 있었을 것이다.

5

위험은 재난 수준으로 확대된다

앞서 진행됐던 장에서 다룬 트렌드는 새로운 게 아니다. 기술 현실도 아니고 정치적, 경제적 트렌드도 아니다. 아무것도 새로운 게 없다. 달라진 것은 컴퓨터가 사회에서 이용되는 양상이다. 컴퓨터를 통해 내려지는 결정의 파장, 컴퓨터 작동의 자율성 그리고 컴퓨터가 물리적 세계와 갖는 상호작용의 밀도는 크게 달라졌다. 이것은 여러 차원에서 위협의 수준을 높인다.

무결성과 가용성에 대한 공격이 늘고 있다

정보 보안은 전통적으로 기밀성confidentiality, 무결성integrity, 가용성availability 이라는 세 요소로 축약된다. 세 단어의 두음자를 모아 'CIA 3요소CIA triad'라고 부르는데,[1] 국가 보안의 맥락에서는 혼동을 불러일으킬 수도 있다. 그러나 기본적으로 내가 당신의 데이터로 할 수 있는 세 가지는 그 복제본을 훔치거나, 변경하거나, 삭제하는 일이다.

지금까지 위협은 대체로 기밀성 쪽에 치우쳤다. 2014년 북한이 소니를 해킹했던 사례에서 보듯 기밀성을 깨는 공격은 꽤 심각한 피해를 낳을 수 있다. 2014년 애플의 아이클라우드iCloud에서 유명 연예인들의 사진이 도난당한 경우나,[2] 2015년 불륜 조장 사이트인 애슐리 매디슨Ashley Madison의 정보가 유출된 사례[3]에서 보듯 이런 공격은 퍽 민망한 결과로 이어질 수 있다. 러시아가 2016년 미국 민주당전국위원회의 서버를 해킹한 경우나,[4] 익명의 해커들이 2017년 에퀴팩스에서 1억 5천만 명의 개인 기록을 훔친 사례[5]처럼, 이런 공격은 치명적인 피해를 끼칠 수 있다. 2015년 미국 인사관리처의 해킹 사례[6]에서 보듯, 이런 공격은 국가 안보에 위협이 될 수도 있다. 이들은 모두 기밀성 침해다.

하지만 일단 컴퓨터의 능력이 높아져 사회에 실질적 영향을 미칠 수 있게 되면 무결성과 가용성에 대한 위협이 더 중요해진다. 시스템이 더 정교해지고 자동화하면서 정보 조작은 점점 더 큰 위협이 된다. 시스템의 중요성이 더 커지면서 서비스 거부는 더 큰 위협으로 작용한다. 시스템이 인명이나 재산과 직결되면서 해킹은 더욱 큰 위협으로 떠오른다. 내 차는 인터넷과 연결돼 있다. 누군가가 내 차를 해킹해 내가 블루투스 연결을 통해 주고받는 대화를 엿들을 수 있다는 점(기밀성 위협)도 염려되지만, 그보다는 해커들이 브레이크의 기능을 마비시키거나(가용성 위협), 중앙 차선과 앞 차와의 간격을 자동 인식하는 기능을 방해하는(무결성 위협) 상황이 더 걱정된다. 기밀성의 위협은 내 프라이버시를 침해하는 수준에 그치지만, 가용성과 무결성의 위협은 내 목숨을 앗아 갈 수도 있다.

데이터베이스도 마찬가지다. 나는 내 의료 기록의 프라이버시도 염려하지만, 누군가가 내 혈액형이나 알레르기를 일으키는 대상을 조작하거나(무결성 위협), 생명구조 장비를 마비시키는(가용성 위협) 상황을 더 걱정한다. 이를 바꿔 요약한다면[7] 기밀성에 대한 위협은 프라이버시 위협에 그치지만, 무결성과 가용성을 훼손하는 위협은 실질적인 안전의 문제로 발전할 수 있다는 뜻이다.

대형 시스템들도 취약하다. 2007년 아이다호 국립연구원은 산업용 터빈이 통제 불능으로 회전하다 결국 저절로 고장나 버리도록 하는 사이버 공격을 시연했다.[8] 2010년 스턱스넷은 이란의 핵 원심분리에 대해 기본적으로 동일한 일을 벌였다. 2015년에는 독일의 한 제철소를 해킹해 제어 시스템을 마비시키는 바람에 용광로가 제대로 꺼지지 않아 막대한 피해로 이어졌다.[9] 2016년에는 미 법무부가 뉴욕주에 있는 보우먼 댐에 대한 접근권을 얻어 낸 이란의 한 해커를 기소했다.[10] 기소 내용에 따르면 해커는 댐 수문을 원격 조정할 능력을 얻었다. 그는 그런 접근을 통해 아무런 짓도 하지 않았지만, 원한다면 얼마든지 할 수 있는 상황이었다.

이들은 'SCADA'로 알려진 산업형 제어 시스템이다. 댐, 발전소, 정유소, 화학 공장 그리고 그와 유사한 산업 시설은 인터넷과 연결돼 있고 따라서 취약하다. 그리고 그 모두가 세계에 직접적이고 물리적으로 영향을 미치기 때문에, 이들이 컴퓨터로 제어되는 상황이 되면서 위험 수준도 극적으로 높아진다.

이들 시스템은 실패하게 마련이고, 때로는 더 끔찍하게 실패할 수 있다. 이들은 우발적으로 실패할 수도 있고, 공격을 받아 실패할 수도 있다. 복잡성과 여러 사고 사례를 연구하는 사회학자 찰스 페로Charles Perrow는 1984년 다음과 같은 선견지명을 내놓았다.

치명적 위험성을 내포한, 복잡하고 긴밀하게 연결된 시스템에서 사고는, 따라서 잠재적 재난은 불가피하다.[11] 우리는 실패를 줄이기 위해 더 열심히 노력해야 하지만-그리고 그런 노력이 크게 도움이 되지만-어떤 시스템들에서는 충분하지 않을 것이다…우리는 그런 위험을 안은 채 살고 죽거나, 그런 시스템들을 폐쇄하거나, 혹은 근본적으로 다시 설계해야 할 것이다.

2015년, 18세의 한 학생은 과학 프로젝트로 드론[12]을 개조해 권총을 탑재하고, 원격으로 총을 쏘게 하는 장면을 유튜브에 올렸다.

그것은 누구든 인터넷 플러스를 이용해 살인을 저지를 수 있는 한 가지 방법일 뿐이다. 누군가는 달리는 피해자의 차를 해킹하거나[13] 병원의 약물 주입 펌프를 해킹해 환자에게 치사량의 약물을 주입하거나,[14] 또는 혹서기나 혹한기에 전기 시스템을 오작동하게 만들 수도 있다. 이것은 이론상으로만 가능한 우려가 아니다. 이들은 모두 보안 연구자들에 의해 시연된 사례들이다.

차량은 취약하다. 항공기,[15] 상업용 선박,[16] 전자 도로 표지판,[17] 태풍 사이렌[18] 등도 마찬가지다. 핵무기 시스템은 거의 확실히 사이버 공격에 취약하며,[19] 핵 위험을 경고해주는 전자 시스템도 그렇다. 위성도 마찬가지다.[20]

사회가 작동하기 위해서는 우리의 삶에 영향을 미치는 컴퓨터 처리 과정들을 신뢰할 수 있어야 한다. 데이터의 무결성을 훼손하는 공격은 이런 신뢰를 떨어뜨린다.[21] 많은 사례가 있다. 2016년, 러시아 정부의 해커들은 세계반도핑기구에 침투해 선수들의 약물 테스트 데이터를 조작했다.[22] 2017년 해커들은-아랍에미리트 정부의 사주를 받았을 가능성이 높다-카타르의 뉴스 배급사를 해킹해 이란과 하마스를 지원하는 선동적 인용문을 더한 뒤 이를 마치 카타르 국왕이 한 것처럼 왜곡해 카타르와 그 이웃나라들 간에 외교적 위기를 초래했다.[23]

러시아 해커들이 2016년 미국 대선 전날 21개 주의 투표자 데이터베이스에 접속했다는 증거도 있다.[24] 효과는 미미했지만 무결성이나 가용성을 침해하는 더 광범위한 공격이 벌어진다면 그 결과는 심각할 것이다. 미 국가정보국 국장은 2015년 세계 위협 평가 보고서에서 상황을 이렇게 표현했다.

사이버 위협에 관한 대다수 공론은 정보의 기밀성과 가용성에 초점을 맞춰왔다.[25] 사이버 스파이 활동은 기밀성을 약화하고, 서비스 거부 작전과 데이터 삭제 공격은 가용성을 훼손한다. 하지만 앞으로 우리는 정보를 삭제하거나 그에 대한 접근을 방해하기보다 무결성(즉 정확성과 신뢰성)을 훼손하기 위해 전자 정보를 변경하거나 조작하는 사이버 공격을 더 자주 보게 될 것으로 전망된다. 정부의 민군(民軍) 고위 관료들, 기업 경영진, 투자자들이 자신들이 받는 정보를 신뢰할 수 없다면, 이들의 의사 결정은 심각한 차질을 빚게 될 것이다.

2015년 미 상원과 하원 위원회가 주최한 별도의 청문회에서 제임스 클래퍼 James Clapper 당시 국가정보국장[26]과 마이크 로저스Mike Rogers 당시 국가안보국국장[27]은 이런 유형의 위협에 대해 증언했다. 이들은 그런 공격을 기밀성에 대한 위협보다 훨씬 더 심각한 것으로 간주하고, 미국은 그런 공격에 취약한 상태라고 평가했다. 2016년 세계 위협 평가 보고서는 그 위협을 이렇게 묘사한다.

미래의 사이버 작전은 거의 확실히, 데이터를 변경하거나 조작해 그 무결성 (즉 정확성과 신뢰성)을 훼손함으로써 의사 결정에 영향을 미치거나 시스템에 대한 신뢰를 훼손하거나 물리적 피해를 입히는 데 점점 더 초점을 맞출 것이다.[28] 상업용 웹사이트들에 허위 정보를 올리는 러시아의 사이버 요원들은 온라인 미디어를 여론 조작과 혼돈 조장의 수단으로 적극 활용하려는 것 같다. 중국의 군사 독트린은 사이버 기만 전술을 포함하고 있다. 이는 본래 의도를 숨기거나, 저장된 데이터를 조작하거나, 거짓 데이터를 전송하거나, 정보 흐름을 왜곡하거나, 여론에 영향을 미쳐 그릇된 판단과 의사 결정을 유도하기 위한 것이다.

범죄자들도 우려 대상이다. 2014년과 2016년 사이에.[29] 미 재무부는 은행들이 교역 관련 데이터의 조작 공격에 적절히 대응할 수 있도록 지원할 목적으로 일련의 모의 공격을 벌인 다음 은행들의 계정 복구를 돕는 프로그램을 만들었다.[30] 누구든 허위 데이터를 금융 시스템에 입력하면 큰 피해가 초래될 수 있다. 어떤 거래가 진짜인지 누구도 모르고, 이를 수동으로 바로잡는 데는 몇 주씩 걸리기 십상이다.

이것은 모두 보안의 중요성을 전례 없이 두드러지게 부각시킨다. 컴퓨터가 다운돼 스프레드시트의 데이터를 잃어버리는 것과, 내 몸의 심박조절기가 작동을 멈춰 목숨을 잃게 되는 것은 비록 둘 다 똑같은 컴퓨터 칩, 똑같은 운영체제, 똑같은 소프트웨어, 똑같은 취약성 그리고 똑같은 공격 소프트웨어가 연계됐다고 해도 근본적인 차이가 있다.

알고리즘은 자동화되고 더 강력해진다

......

그 바탕에서 컴퓨터는 소프트웨어 알고리즘을 돌린다. 1장에서 나는 버그와 취약점들에 대해 언급했고, 시스템이 복잡해짐에 따라 취약점도 더 높아지지만, 그런 문제점을 더욱 악화시키는 새로운 측면이 있다고 지적한 바 있다.

머신 러닝은 소프트웨어 알고리즘의 특정한 부류다. 그것은 기본적으로 컴퓨터에 방대한 양의 데이터를 입력하고, 그것이 잘하는지 잘못하는지 알려줌으로써 컴퓨터가 학습하도록 지시하는 한 방법이다. 머신 러닝 알고리즘은 정확도를 높이기 위해 더 자주 스스로를 수정한다.[31]

머신 러닝 알고리즘은 사람보다 더 빠르고 정확하게 문제를 처리하기 때문에 환영받고, 특히 방대한 양의 데이터가 연계된 경우 널리 적용된다. 이들은 우리의 검색 결과를 알려주고, 소셜네트워크의 뉴스피드에 무엇을 띄울지 결정하며, 우리의 신용등급을 매기고, 어떤 정부 서비스를 받을 자격이 있는지 결정한다. 이들은 우리가 무엇을 시청했고 읽었는지 이미 알고 있고,

그 정보를 활용해 우리가 좋아할 만한 책과 영화를 추천한다. 이들은 사진들을 분류하고, 문장을 한 언어에서 다른 언어로 번역한다.[32] 이들은 고수만큼 바둑을 잘 두며,[33] 엑스레이 사진을 읽고 암을 진단하며,[34] 사면, 선고, 가석방 결정을 판단해 통지한다.[35] 연설을 분석해 자살 위험도를 평가하고[36] 얼굴을 분석해 동성애자일 확률을 예측한다.[37] 머신 러닝 알고리즘은 고급 보르도 포도주의 품질을 예측하고,[38] 블루칼라 노동자를 고용하고,[39] 미식축구 경기에서 펀트punt를 할지 여부를 결정[40]하는 데 우리보다 더 뛰어나다. 머신 러닝은 스팸과 피싱 이메일을 탐지하는 데 사용되는가 하면,[41] 피싱 이메일을 수신 대상에 따라 그럴듯하게 위장하는 데도 사용된다.

이런 알고리즘은 기본적으로 그 자체가 프로그램이기 때문에 사람이 그 내용을 이해하기는 불가능할 수 있다. 딥 페이션트Deep Patient는 정신분열증, 당뇨병 그리고 일부 암을 예측하는 데 놀랍도록 뛰어난, 많은 경우 전문의보다 더 나은 성공률을 보여준 머신 러닝 시스템이다.[42] 하지만 그런 효능에도 어떻게 그런 성능을 보여줄 수 있는지는 아무도, 심지어 해당 머신 러닝 알고리즘과 그 결과를 분석한 뒤에도 이해하지 못하고 있다.[43]

대체로 우리는 인간 테크니션보다 더 정확한 머신 러닝 진단 시스템을 선호한다. 그 시스템이 진단 사유를 설명할 수 없다고 해도 그렇다. 그 때문에 머신 러닝 시스템은 사회의 여러 분야에 더욱 널리 적용된다. 자율성autonomy은 시스템이 사람의 감독이나 제어 없이 독자적으로 행동할 수 있는 능력이다. 자율 시스템들은 곧 어디에나 나타나게 될 것이다. 2014년 출간된 『Autonomous Technologies자율 기술』(SAE International)은 농업용 자율 주행 차량, 자동화 조경 장비 그리고 자동화 환경 감시 장치에 관한 장들을 포함하고 있다.[44] 승용차는 현재 차선을 준수하고 고정된 차간 거리를 유지하며 충돌 회피를 위해 사람의 개입 없이 브레이크를 작동하는 등의 자동화 기능을 갖추고 있다. 주가가 일정 수준 이하로 떨어지면 자동으로 주식을 매입하는 식으로 사람을 대신해 일정 직무를 수행하는 소프트웨어 프로그램인 '에이전트'는 이미 일반화된 상태다.

우리는 알고리즘이 물리적 능력도 갖출 수 있도록 허용한다. 이것은 인터넷 플러스가 현실 세계에 물리적으로 직접 영향을 끼칠 수 있다고 지적할 때 내가 염두에 둔 대목이다. 지금 주위를 둘러본다면 컴퓨터가 내장된 의료 장비부터 승용차, 원자력발전소에 이르기까지 물리적 영향력을 갖춘 컴퓨터가 어디에나 존재한다는 사실을 확인할 수 있을 것이다.

자동화되지 않은 것처럼 보이는 일부 알고리즘도 실상은 이미 자동화됐다. 인간 판사가 보석 결정을 내린다는 말은 기술적으로는 사실일지 모르지만, 만약 그 결정이 판사들이 중립적이고 객관적이라고 믿는 알고리즘의 권고 내용에 따른 것이라면, 그 판결은 사실상 자동화된 알고리즘이 내린 것이라고 봐도 무방할 것이다. 마찬가지로 만약 어떤 의사가 암 수술에 대한 알고리즘의 결정 내용을 무조건 따른다면—아마도 의료 과실 소송을 당할지 모른다는 두려움에서—또는 만약 군대 장교가 드론 공격의 목표를 정하는 알고리즘의 결정에 이의를 제기하지 않는다면, 이들 알고리즘은 사실상 자동화된 것이나 마찬가지다. 사람이 아무런 실질적 결정을 내리지 않는 한, 알고리즘의 작동 과정에 사람을 넣는 것은 별 의미가 없다.

이 모든 사례에서 초래될 수 있는 위험은 심각하다.

알고리즘은 해킹될 수 있다. 알고리즘은 소프트웨어를 이용해 실행되고—1장에서 논의했듯이—소프트웨어는 해킹될 수 있다. 앞선 장들에서 소개한 사례들은 모두 소프트웨어 해킹의 결과다.

알고리즘은 정확한 입력값을 요구한다. 알고리즘은 데이터─종종 실제 세계에 관한 데이터─가 있어야 적절히 기능한다. 우리는 알고리즘이 필요로 할 때 그에 부응할 수 있는 데이터를 확보하고 있어야 하며, 그런 데이터는 정확해야 한다. 때때로 데이터는 본성적으로 편향돼 있다. 그리고 알고리즘을 공격하는 한 가지 방법은 그에 대한 입력 데이터를 조작하는 것이다. 기본적으로 컴퓨터가 우리 대신 생각하도록 만들면서 거기에 틀리거나 왜곡된 입력 데이터를 먹인다면 컴퓨터는 잘못된 생각과 판단을 내릴 것이고, 그럼에도 우리는 그런 사실을 모를 수 있다.

이른바 '적대적인 머신 러닝' 상황에서, 공격자는 표적 시스템이 특정한 방식으로 실패하도록 유도하기 위해 어떤 구체적 데이터를 입력해야 할지 파악하려 시도한다. 이미지 분류 알고리즘에 초점을 맞춘 한 연구 프로젝트[45]는 사람의 눈으로는 결코 인식할 수 없지만 머신 러닝 네트워크에서는 높은 신뢰도로 분류되는 이미지를 만들 수 있다는 사실을 발견했다. 그와 관련된 한 프로젝트[46]는 사람의 눈과 두뇌로는 쉽게 분별할 수 있는 가짜 도로 표지판들로 승용차의 시각 센서를 기만할 수 있었다. 또 다른 프로젝트는 해당 알고리즘의 설계 내용을 전혀 모르는 상태임[47]에도 그 알고리즘이 소총을 헬리콥터로 분류하도록 속였다('이미지 분류 알고리즘을 속이'라는 주문은, 이제 대학 컴퓨터학과 강좌의 표준 과제다).

마이크로소프트의 챗봇 테이[Tay]가 의도적으로 입력한 데이터 때문에 인종차별과 여성혐오의 성향을 드러낸 것처럼,[48] 해커들은 온갖 유형의 머신 러닝 알고리즘을 통해 예기치 못한 일들을 저지를 수 있다. 스팸꾼들도 그와 비슷하게 안티스팸 머신 러닝 알고리즘을 기만하는 방법을 파악할 수 있다. 머신 알고리즘이 점점 더 일반화하고 더 강력해짐에 따라, 우리는 이런 유형의 공격이 더 늘어날 것이라고 봐야 한다.

알고리즘의 속도에도 새로운 위험이 도사리고 있다. 컴퓨터는 사람보다 훨씬 더 빠르게 결정하고 실행한다. 이들은 몇천 분의 1초 간격으로 주식을 거래하거나 수백만 가구의 전력을 동시에 끊을 수도 있다. 알고리즘은 다른 컴퓨터들에서 반복적으로 복제될 수 있으며, 그런 각각의 알고리즘은 초당 수백만 회의 결정을 내린다. 한편으로 이것은 좋은 일이다. 사람들이 할 수 없는—혹은 적어도 쉽게, 값싸게 그리고 일관되게 할 수 없는—규모와 범위로 알고리즘은 확장할 수 있기 때문이다. 하지만 그처럼 빠른 속도는 알고리즘의 행태를 제대로 점검하기 어렵게 만들 수도 있다.

종종 알고리즘의 실행 속도를 늦추는 유일한 변수는 사람과의 상호작용이다. 알고리즘끼리 컴퓨터의 속도로 상호작용하는 경우 그 결과는 순식간에 통제 불능의 상황으로 확대될 수 있다. 자동화 시스템을 더 위험하게 만드는 대목은 그것이 사람이 개입하기 전에 심각한 피해를 끼칠 수 있다는 점이다.

2017년 미국 금융 및 언론 서비스 업체 다우 존스Dow Jones는 구글이 애플을 매입하려 한다는 기사를 우발적으로 발행했다.[49] 그것은 명백히 오보였고 누구든 그것을 읽었다면 거짓말임을 깨달았겠지만, 자동화된 주식 거래 봇들은 속아넘어갔고 그 결과 주가는 해당 기사가 철회될 때까지 약 2분 동안 영향을 받았다.

그것은 사소한 문제에 불과했다. 2010년 자동화된 고속 금융 거래 시스템들이 예기치 않게 급속한 주가 폭락을 초래했다. 의도치 않은 시스템 간의 상호작용으로 1조 달러의 주식 시장 가치가 몇 분만에 증발해버렸고,[50] 문제를 초래했던 기업이 도산되는 것으로 사고는 종료됐다. 2013년 해커들은 AP

통신의 트위터 계정을 해킹한 뒤 백악관이 공격당했다는 오보를 날렸다.[51] 이 소식은 몇 초만에 주식 시장의 가치를 1% 떨어뜨렸다.

우리는 공격자들도 새로운 공격 기법을 고안하기 위해 사기 목적으로 개인 정보를 마이닝하기 위해 그리고 더 그럴듯한 피싱 이메일을 만들기 위해 자동화된 머신 러닝 시스템을 이용한다고 예상해야 한다.[52] 이들은 앞으로 더욱 정교해지고 높은 기술력을 갖게 될 것이다.

2016년에 열린 데프콘 콘퍼런스에서 미국의 방위고등연구계획국DARPA, Defense Advanced Research Projects Agency은 새로운 형태의 해킹 경연 대회를 후원했다. '깃발을 잡아라Capture the Flag'라는 인기 있는 해킹 경기다. 주최 측은 버그와 취약점이 널린 네트워크를 만들고, 참가 팀들은 네트워크상에서 자신들의 진영을 방어하면서 다른 팀들의 진영을 공격한다. '사이버 그랜드 챌린지Cyber Grand Challenge'도 비슷한 형식이었지만 참가 팀들이 그런 일을 자동으로 수행하려 시도하는 프로그램을 제출하는 것이 다르다.[53] 경연 결과는 인상적이었다. 한 프로그램은 이전에 탐지되지 않았던 취약점을 네트워크에서 찾아내 그에 대응하는 패치를 스스로에게 적용한 다음, 그 취약점을 이용해 다른 팀들을 공격했다.[54] 경연 대회 후반에는 사람들로 구성된 팀과 컴퓨터 팀이 함께 경쟁을 벌였는데, 일부 컴퓨터 팀은 인간으로 구성된 팀보다 더 나은 성적을 보여줬다.[55]

알고리즘은 앞으로 더 정교해지고 더 뛰어나 능력을 발휘하게 될 것이다. 공격자들은 소프트웨어를 사용해 방어 대책을 분석하고, 새로운 공격 기법을 개발해 공격에 나설 것이다.[56] 대다수 보안 전문가들은 머지않아 자동화된 공격 소프트웨어가 일반화할 것으로 예상한다.[57] 그러면 관련 기술이 향상되는 것은 시간 문제에 불과하다. 컴퓨터 공격자들은 인간 공격자들보다 훨씬 더 빠른 속도로 향상되고 강력해질 것이고, 앞으로 5~10년 뒤에는 자동화 프로그램이 인간으로 구성된 팀들을 예사로 능가할 것으로 예상된다.

미국 사이버사령부 수장이자 국가안보국 국장 마이크 로저스는 2016년 이렇게 말했다. "인공지능과 머신 러닝은…미래 사이버 보안의 기반이다…이것을 어떻게 다룰지 고심하고 대책을 세워야 한다. 이것은 가능성의 문제가 아니라 시기의 문제일 뿐이다."[58]

로봇은 물리적 능력이 조합된 소프트웨어 자동화의 가장 대표적인 사례다. 연구자들은 이미 로봇들의 취약점을 파악해 원격으로 제어하는가 하면[59] 원격 수술 로봇[60]과 산업용 로봇[61]에서도 취약점을 발견했다.

자동화된 군사용 시스템은 특별히 언급할 만한 가치가 있다.[62] 미 국방부는 자동화된 무기를 인간 운영자의 개입 없이 표적을 선택하고 발사하는 장비로 정의한다.[63] 모든 무기 시스템은 치명적이며, 모두 사고에 취약하다. 여기에 자동화의 요소를 더하면 사고사의 위험성은 더욱 더 증가한다.[64] 무기 시스템이 컴퓨터화함에 따라―이들이 실제 로봇 군인으로 발전하기 훨씬 이전에―이들 또한 해킹의 위협에 취약해질 것이다. 무기 시스템은 오작동의 우려가 있을 경우 중지시킬 수 있어야 한다. 자동화된다면 무기 시스템은 해킹돼 시스템들끼리 싸우거나 인간 우군을 공격할 수도 있다. 철회하거나 차단할 수 없는―그리고 컴퓨터의 빠른 속도로 작동하는―무기 시스템은 아군과 적군을 막론하고 온갖 치명적 문제를 초래할 수 있다.

이 모든 문제는 인공지능[AI, Artificial Intelligence]으로 수렴된다. 지난 수년 동안 우리는 AI의 위험성을 경고하는 여러 인사들의 글을 읽었다. 빌 게이츠[Bill Gates], 엘론 머스크[Elon Musk], 스티븐 호킹[Stephen Hawking] 그리고 철학자 닉 보스트롬[Nick Bostrom]은 모두 AI가, 다시 말해 지능형 로봇이나 그보다 덜 인간화된 무엇인가가 압도적으로 강력해져 세계를 장악하고 인간을 노예로 삼거나 몰살하거나 무시해버리는 미래를 경고했다.[65] 그런 위험성은 희박할 수도 있지만[66] 그것을 무시하는 것은 더 어리석은 태도라고 이들은 강조한다.

나는 AI에 대해 그들만큼 걱정하지는 않는다.[67] AI에 대한 공포는 미래의 조짐이라기보다 우리 자신의 사회를 비추는 거울에 더 가깝다고 생각한다. AI와 지능형 로봇은 머신 러닝 알고리즘, 자동화, 자율성 같은 여러 선도 기술의 정점이다. 이들 선도 기술이 가진 보안 위험은 이미 우리와 함께 있고, 이들 기술이 점점 더 강력해지고 널리 사용됨에 따라 위험성도 더 증가한다. 따라서 나는 앞으로 나올 지능형 장비와 무인 승용차들을 걱정하기는 하지만 실상 대다수 위협 요소들은 이미 인터넷과 연결된 승용차들에 도사리고 있다는 데 주목한다. 그리고 로봇 군인들을 두려워하기는 하지만, 실상 대다수 위협 요소들은 자동화된 무기 시스템들에 이미 내포돼 있다는 데 주목한다.

로봇공학자 로드니 브룩스Rodney Brooks의 이런 지적도 상기할 필요가 있다. "우리가 그처럼 영리한 기계나 로봇의 출현을 보기 훨씬 전에 그보다 얼마간 지능은 낮고 적대적인 기계나 로봇이 존재할 것이다.[68] 그 전에는 정말로 성질 나쁜 머신이 존재할 것이다. 다시 그 전에는 퍽이나 짜증 나는 머신이 존재할 것이다. 그리고 그 전에는 오만하고 불쾌한 머신이 존재할 것이다." 나는 그런 머신이 나오기 훨씬 전에 새로운 보안 위험들을 보게 될 것이라 생각한다.

우리의 공급망은 점점 더 취약해진다

우리가 지엽적으로만 다뤄 온 다른 부류의 공격이 있다. 바로 공급망에 대한 공격이다. 이것은 생산과 유통 그리고 컴퓨터 하드웨어와 소프트웨어, 네트워크 장비 등의 유지 관리 등 한마디로 인터넷 플러스의 모든 구성 요소를 표적으로 노린 공격이다.

예를 들어보자. 중국 화웨이가 만든 네트워크 제품들은 중국 정부가 제어하는 백도어를 포함하고 있고,[69] 카스퍼스키 랩의 컴퓨터 보안 제품들은 러시아 정부의 사주를 받고 있다는 의혹[70]이 널리 유포돼 있다. 2018년 미국 정보 관리들은 중국 화웨이와 ZTE에서 만든 스마트폰을 구매하지 말라고 경고했다.[71] 그보다 앞선 1997년, 이스라엘의 기업 체크 포인트Check Point는 이스라엘 정부가 그 회사의 제품들에 백도어를 더했다는 소문에 끈질기게 시달렸다.[72] 미국 국가안보국은 AT&T 시설에 도청 장비를 몰래 설치하고 그 회사의 네트워크를 이용한 휴대전화 통화로부터 정보를 수집했다.[73]

이 모든 해킹은 우리가 인터넷에서 사용하는 제품과 서비스 그리고 그들에 대한 우리의 신뢰를 표적으로 삼는다. 이들은 IT 제품들에 대한 국제 공급망 자체가 취약하다는 점을 드러낸다.[74]

이런 위험성은 인터넷의 진화 과정에서 진지하게 고려된 적이 전혀 없었고, 예상치 못한 성장과 성공에 따른 우발적 결과에 더 가깝다. 우리가 사용하는 하드웨어는 생산 원가가 낮은 아시아 지역에서 제조된다. 프로그래머의 출신은 전 세계에 걸쳐 있으며, 점점 더 많은 프로그래밍 작업이 인도와 필리핀처럼 미국보다 인건비가 낮은 나라들에서 수행된다. 그 결과 공급망의 재난이 초래된다. 컴퓨터 칩의 경우 제조국과 조립국이 다르고, 그 기반에서

돌리는 소프트웨어를 만든 곳도 다른 나라다. 이런 구성 요소들이 최종 시스템으로 조립되는 나라가 다르며, 그런 시스템의 품질을 테스트하는 곳 또한 다른 나라다. 최종 완제품은 또 다른 나라의 고객에게 판매된다. 최종 시스템의 보안 수준은 이런 공급망의 어느 단계에서든 훼손될 수 있다. 공급망에 연계된 나라들은 저마다 다른 동기와 명분을 가진 독립 정부가 있고, 이들 중 어떤 정부든 그 시민들이 자신들의 명령을 따르도록 강제할 수 있다. 제조 공정에서 컴퓨터 칩에 백도어를 추가하는 작업은 간단하며 대부분의 탐지 기법에도 걸리지 않는다.[75]

정부들이 이들 공격에 대응할 수 있는 한 가지 방법은 구매 소프트웨어의 소스코드를 요구하는 것이다. 중국은 소스코드를 보자고 요구한다.[76] 미국도 그렇다.[77] 카스퍼스키 랩은 러시아 정부가 삽입한 백도어가 있다고 비판받은 이후 어느 정부든 요구하면 자사의 소스코드를 공개하겠노라고 제안했다.[78] 물론 이것은 두 가지 상반된 효과가 있다. 제시된 소스코드를 분석한 뒤 취약점을 찾아 이를 악용할 수 있다. 2017년 HP 엔터프라이즈는 자사의 네트워크 보안 제품인 아크사이트 라인ArcSight line의 소스코드를 러시아에 제공했다가 비판에 직면했다.[79]

정부기관들은 자국 내 IT 제품과 서비스의 설계 및 생산 과정에 개입해 제품과 서비스의 보안성만 훼손하는 것이 아니다. 이들은 유통 과정도 혹은 개별적으로 혹은 대량으로 차단한다. 에드워드 스노든이 공개한 국가안보국 문건에 따르면 국가안보국은 화웨이의 장비에 그 자체의 백도어를 설치하려 시도했다.[80] 우리는 스노든의 폭로[81] 덕택에 국가안보국 직원들이 해외 고객들에게 배송되는 시스코Cisco의 네트워크 장비를 중간에 가로채 도청 장치를 설치한 사실을 알고 있다. 그것은 시스코 몰래 한 일이었고,[82] 그래서 시스코는 그런 사실을 알고 크게 분개했지만 그와 달리 정부에 더 협조적인 미국 기업들도 있다고 나는 확신한다. 백도어는 주니퍼Juniper의 방화벽[83]과 D-링크D-Link 라우터에서도 발견됐지만,[84] 도대체 누가 거기에 백도어를 설치했는지는 알 도리가 없다.

해커들은 구글 플레이 스토어에 가짜 앱을 올려 왔다. 이들은 진짜 앱처럼 작동하고 사람들이 속기 쉽게 유사한 이름을 달고 있지만 사용자의 개인정보를 수집해 악의적인 목적에 사용한다. 한 보고서에 따르면 2017년 사람들은 그런 줄 모른 채 420만 개의 가짜 앱[85]을 내려받았다. 이중에는 가짜 왓츠앱WhatsApp도 있었다.[86] 차라이 이 경우는 운이 좋았다. 그 가짜 앱은 광고 수입을 훔치는 게 목적이었지 사람들의 대화를 엿들으려는 게 아니었기 때문이다.

2017년에 벌어진 사례 몇 가지를 보자. 중국과 연계된 해커들은 윈도우 기반의 인기 툴인 'C클리너'의 다운로드 사이트를 해킹했고,[87] 그 바람에 수백만 이용자들은 아무런 의심 없이 멀웨어에 감염된 소프트웨어를 내려받았다. 정체가 밝혀지지 않은 해커들[88]은 우크라이나에서 만든 회계 소프트웨어의 업데이트 메커니즘을 해킹해 노트페트야 멀웨어를 그 나라에 유포하는 채널로 악용했다. 또 다른 그룹은 가짜 안티바이러스 업데이트로 멀웨어를 퍼뜨렸다.[89] 연구자들은 제3사의 교체 스크린을 감염시키는 방식으로 아이폰을 해킹할 수 있다는 사실을 입증했다.[90] 그리고 그와 비슷한 유형의 공격들이 워낙 많아서 일부는 이베이eBay 같은 사이트에서 중고 IoT 장비들을 구입하지 말라고 경고하기도 한다.[91]

더 큰 규모의 시스템들도 이런 공격에 취약하다. 2012년 중국이 자금을 대고, 중국 기업들이 참여해 에티오피아의 아디스아바바에 새로운 아프리카

연합 본부 건물을 지었다. 해당 건물의 전기통신 시스템도 마찬가지였다. 2018년 아프리카 연합[92]은 중국이 그 인프라를 이용해 연합 소속 컴퓨터들을 감시하고 있다는 사실을 발견했다. 나는 냉전 기간에 러시아의 계약업자들이 모스크바에 미국 대사관을 짓던 상황을 상기했다.[93] 물론 그 건물은 온갖 도청 장치들로 가득했다.

공급망의 취약성은 보안 문제의 심각성을 드러내고 있음에도 우리가 대체로 무시해왔다. 상거래는 워낙 글로벌 수준으로 발전해서, 어느 나라든 전체 공급망을 자국의 국경 안에 유지한다는 것은 현실적으로 가능하지가 않다. 사실상 미국의 모든 IT 기업은 하드웨어를 말레이시아, 인도네시아, 중국, 대만 같은 나라들에서 만든다. 그리고 미국 정부가 때때로 기업 인수나 합병을 봉쇄한다든지 또는 특정 하드웨어나 소프트웨어 제품을 금지하는 방식으로 이런 문제에 개입하기도 하지만 사안의 중대성에 비춰 볼 때 이것은 미약한 개입에 지나지 않는다.

점점 더 악화될 뿐이다

인터넷에 대한 우리의 위태로운 의존성은 말 그대로 위태로워지고 있다. 2012년 연설에서 당시 국방장관 레온 파네타Leon Panetta는 이렇게 경고했다.

> 침략국이나 극단주의자 그룹은 이런 종류의 사이버 툴을 사용해 매우 중요한 스위치들에 대한 통제권을 획득할 수 있습니다.[94] 이들은 여객 열차를 탈선시

킬 수 있고, 더 위험하게는 살인적 화학 물질을 적재한 열차를 이탈하게 만들 수도 있습니다. 주요 도시들의 식수원을 오염시키거나 국토의 많은 부분을 소화하는 전력망을 마비시킬 수도 있습니다.

이것은 2017년 세계 위험 평가 보고서에서 따온 내용이다.

사이버 기술이 주요 부문의 핵심 인프라와 통합됨에 따라 사이버 위협은 공중 보건, 안전 그리고 번영에도 점점 더 큰 위협이 되고 있다.[95] 이들 위협은 의사 결정, 감지 그리고 인증의 역할을 잠재적으로 취약한 자동화 시스템들에 지속적으로 이양함으로써 더욱 증폭된다.

이것은 2018년 보고서의 내용이다.

사이버 영역에서 사람들을 경악시킬 만한 잠재적 위험성은 해가 갈수록 더욱 높아질 것이다.[96] 수십억 디지털 장비들이 더 연결되는 한편 이들의 보안 기능은 상대적으로 더 취약한 탓에 다른 적성국과 악의적인 해커들은 광범위하게 유포돼 공유되는 사이버 툴킷을 사용하는 데 더욱 대담해지고 능숙해질 것이기 때문이다. 적성국이나 테러 그룹이 데이터 삭제나 주요 인프라에 대한 지역 차원의 일시적인 마비를 초래하는 사이버 공격을 미국에 감행해 전쟁에 가까운 위기를 초래할 위험성은 높아지고 있다.

이런 예측 중 일부는 분명히 과장된 것이다. 하지만 대부분은 그렇지 않다.

2015년, 유명 보험사 '런던의 로이드Lloyd's London'A는 미국의 전력망에 대한 대규모 사이버 공격 가상 시나리오를 만들었다.[97] 퍽 현실적인 그 공격 시나리오는 2015년 12월과 2017년 6월에 러시아가 우크라이나에 대해 수행했던 공격만큼 정교하지는 않았으며, 발전기에 대한 아이다호 국립연구원의 시범용 공격과 조합한 내용이었다. 로이드의 연구원들이 상정한 사이버 공격의 결과에 따르면 15개 주에 걸쳐 9,500만 명이 피해를 입고 최소 24시간부터 여러 주 동안 대규모 정전 사태가 벌어지며, 시나리오의 세부 내용에 따라 28~1,000조원의 재산 피해가 날 것으로 예상됐다.

나도 '낚시성'임을 인정하는 이 책의 제목은 현실적이기보다는 아직 과학 소설에서나 가능할 법한 시나리오다. 세계가 더없이 긴밀하게 연결되고 컴퓨터와 네트워크가 우리의 가장 중요한 기술적 인프라에 깊숙이 내장된 나머지 누군가가 잠재적으로 몇 번의 마우스 클릭으로 문명을 파괴할 수도 있는 상황을 지칭한다. 우리는 아직 그런 미래와 워낙 동떨어져 있고, 언젠가 그런 상황에 이르게 될지조차 나는 확신하지 못한다. 하지만 위험성은 점점 더 심각한 재난의 규모로 높아지고 있다.

일반적으로 통용되는 원칙이 하나 있다. 기술 진보는 공격의 규모와 수준을 높이고 더 나은 기술은 공격자의 숫자를 줄인다는 것이다. 총을 가진 사람은 칼을 가진 사람보다 더 큰 피해를 입힐 수 있고,[98] 만약 그것이 기관총이라면 그는 더욱 큰 피해를 끼칠 수 있다. 플라스틱으로 만든 다수의 폭발물로 무장한 사람은 다이너마이트 한 개를 가진 사람보다 더 많은 피해를 입힐 수 있고, 핵무기를 가진 사람은 그보다 더 큰 피해를 초래할 수 있다. 총기를 장

A   보통 '로이드'로 부른다. - 옮긴이

착한 드론은 앞으로 점점 더 낮은 비용으로 쉽게 만들 수 있을 것이고,[99] 언젠가는 3D 프린터로 쉽게 만드는 상황까지 갈 수도 있다. 설계가 복잡하고 엉성하기는 하지만 이미 유튜브에 데모가 올라와 있다.

우리는 이미 인터넷에서 이런 경향을 목도하고 있다. 사이버 범죄자들은 발로 뛰는 범죄자들보다 더 많은 돈을 더 많은 은행 계좌에서 더 빠르게 훔칠 수 있다. 디지털 저작권 침해자들은 VHS 테이프를 이용해야 했던 시절보다 더 많은 영화들을 더 빨리 복제해 클라우드 서버로 올릴 수 있다. 세계의 여러 정부들은 인터넷이 과거의 어떤 전화 네트워크보다도 더 효율적으로 도청을 가능케 해준다는 사실을 알게 됐다. 인터넷은 컴퓨터와 네트워크가 없었다면 불가능했을 수준으로 공격의 규모와 범위를 확장할 수 있게 해준다.

1장에서 거리는 문제가 되지 않는다는 점, 클래스 브레이크 그리고 기술을 소프트웨어로 구현하는 해커들의 능력에 대해 언급한 것을 기억하시는가? 이런 경향은 컴퓨터 시스템이 주요 인프라에 더 중요한 역할을 하게 됨에 따라 심지어 더 위험해진다. 그런 위험들은 이를테면 누군가가 모든 차량−더 정확하게는 동일한 소프트웨어를 사용하는 특정 메이커와 모델 연도의 모든 차량−을 마비시킨다든지, 모든 발전소를 다운시키는 경우다. 우리는 누군가가 모든 은행을 동시에 터는 상황을 우려한다. 누군가가 동일 제조사의 인슐린 펌프들을 장악해 다중 살인을 저지르는 상황을 우려한다. 이런 재난적 위험은 인터넷이 제공하는 상호 연결과 자동화, 자율성이 구현되기 전에는 결코 가능하지 않았던 시나리오였다.

컴퓨터가 우리 일상의 모든 층위에 스며드는 인터넷 플러스의 세계로 발전하면서 클래스 브레이크는 점점 더 위험해진다. 자동화와 원격 제어의 조합은 공격자들에게 사상 유례가 없는 힘과 영향력을 안겨줄 것이다. 미국은 항상 스스로를 위험을 감수하는 사회로 자처해왔고, 우리는 먼저 행동하고 다음에 문제를 정리하는 방식을 선호한다. 그러나 만약 위험성이 지나치게 큰 경우라면, 우리는 여전히 이런 식으로 행동할 수 있을까?

이것은 걱정에 밤잠을 설치게 만드는 그런 위험이다. 이것은 한 나라가 다른 나라에 기습 공격을 감행하는 식의 '사이버 진주만Cyber Pearl Harbor'이 아니다. 이것은 통제 불능으로 확대되는 범죄적 공격이다.

더욱이 나라들마다 다른 정치적 환경에 놓여 있다. 자유민주주의 국가는 전체주의 국가보다 더 취약하다.[100] 그중 한 이유는 우리가 중요한 시스템과 인프라에서 점점 더 인터넷 플러스에 깊이 의존하기 때문이고, 또 다른 이유는 중앙집권적 통제를 하지 않기 때문이다. 2016년 기자 회견에서 오바마 대통령은 이렇게 인정했다. "우리 경제는 더 광범위하게 디지털화돼 있고, 더 취약합니다. 그 이유는 부분적으로…우리가 더 열린 사회에 살고 있고, 인터넷에서 벌어지는 일에 대해 통제와 감시를 덜 하기 때문이죠."[101]

국가 간의 이런 비대칭성은 방어를 더 어렵게 만든다.[102] 사태 악화를 막기 더 어렵게 만든다. 그리고 그런 상황은 우리를 다른 나라들보다 더 위험한 위치에 놓이게 만든다.

점점 더 강력한 공격자들이 사회와 상호작용할 때, 흥미로운 일이 발생한다. 기술이 개별 공격자를 더 강력하게 만들면서 우리가 감내할 수 있는 공격자들의 숫자는 감소한다. 이것은 기본적으로 숫자 놀이로 보면 된다. 인간이 한 종으로서 그리고 한 사회의 일원으로서 표출하는 행태 때문에 모든 사회에는 일정 비율의 악당이 존재할 것이고, 이는 일정 수준의 범죄율로 나타날 것이라는 뜻이다. 그와 동시에 그 사회가 용인할 수 있는 일정 수준의 범죄율이 있을 것이다. 각 범죄자의 범죄 효과와 성공률이 높아질수록 한 사회가 용인할 수 있는 범죄자의 전체 숫자는 감소한다.

일종의 '사고 실험thought experiment'으로 평균적인 절도범은 한 주에 한 집 정도를 털 수 있으며, 10만 가구가 사는 한 도시는 1%의 절도율을 용인한다고 가정하자. 이는 그 도시가 절도범을 20명까지 용인할 수 있다는 뜻이다. 하지만 만약 기술이 갑자기 좋아져 각 절도범의 범행 수준이 한 주에 다섯 집을 털 수 있게 된다면, 그 도시는 4명의 절도범만을 용인할 수 있다. 동일한 1% 절도율을 유지하기 위해서는 나머지 16명을 감옥에 가둬야 한다.

사회는 실제로 이렇게 작동한다. 사람들이 그런 등식을 명시적으로 계산하지는 않지만 그렇다고 허위는 아니다. 만약 범죄율이 너무 높다면 우리는 경찰력이 부족하다고 불평하기 시작한다. 과거에는 범죄자들의 범행 효율성이 상대적으로 낮았으므로 우리는 주어진 비율의 범죄자 규모를 용인할 수 있었다. 기술이 발전해 각 범죄자의 범행 효율성이 높아지면서 우리가 용인할 수 있는 비율은 감소한다.

이것은 미래에 감당해야 할 테러리즘의 실제 위험이다. 테러리스트들은 첨단 기술을 이용해 잠재적으로 과거보다 훨씬 더 심각한 피해를 입힐 수 있으므로, 우리는 테러리스트들의 숫자를 줄이는 데 집중해야 한다. 대량 살상 무기를 가진 테러리스트에 대한 우려가 나오는 이유도 그 때문이다. 9·11 테러사건 이후 우리가 가장 두려워하는 기술은 핵, 화학 그리고 생물학 기술이었다.[103] 나중에 방사성 무기가 추가됐다. 사이버 무기는 기타 무기 중 하나로 운위되곤 했다.[104] 그것이 얼마나 치명적일 수 있는지 불확실하다는 점이 주된 이유였다. 전자기 펄스EMP 무기는 특별히 전자 시스템을 마비시키기 위해 설계됐다.[105] 미래의 기술 발전은 아직 상상하기 어려운 대량 살상 기술을 낳겠지만 현재는 이런 것들이 우리가 두려워하는 기술이다.[106]

인터넷 테러리즘이 현실화기까지는 아직 몇 년이 더 남았다. 심지어 2017년의 세계 위협 평가 보고서도 인터넷을 통해 조정되고 제어되는 테러리즘에 대한 우려는 그리 높지 않다.

ISIS를 포함한 테러리스트들도 계속해서 인터넷을 이용해 조직하고 테러범을 모집하고 선전물을 퍼뜨리고 자금을 모으고 첩보를 수집하고 추종자들의 테러 행위를 부추기고 테러 작전을 조정할 것이다.[107] 히즈볼라Hizballah와 하마스HAMAS는 지속적으로 중동의 안과 밖에 사이버 거점을 마련할 것이다. ISIS는 테러범들의 공격을 선동할 목적으로 미군의 정보를 공개했던 2015년의 작전과 유사하게 미국 시민들을 표적으로 삼고, 그들의 민감한 정보를 공개할 기회를 계속해서 모색할 것이다.

짐작컨대 인터넷을 통해 사람들을 잔인한 수법으로 살상할 수 있게 될 때까지 인터넷 테러리즘은 나타나지 않을 것이다. 100만 명의 전기를 끊는 것이 사람들을 공포에 떨게 하지는 않는다. 그런 사태는 우발적으로 자주 벌어지기도 하고 그로 인해 사람 몇 명이 죽는다고 해도 사고의 불가피한 피해 정도로 취급된다. 트럭을 몰아 군중 속으로 돌진하는 사태는 비록 기술적으로 낮은 수준이라도 저녁 뉴스의 첫 소식이 될 게 분명하다. 그러나 인터넷 공격자들은 해가 갈수록 더 공격적이고, 더 창의적이고, 더 집요해지고 있으며 언젠가는 항공기나 차량이 연계된 인터넷 테러리즘도 가능해질 것이다. 이런 공격이 기존 공격과 사뭇 다른 대목은 그런 공격이 초래할 수 있는 피해의 규모다. 그 잠재적 피해 규모는 워낙 막대해서, 단 한 번의 심각한 사고조차 우리가 감당할 수 없을 것으로 보인다. 앞의 사고 실험으로 돌아가서,

우리는 기술 진보가 개별 공격자를 너무 위력적으로 만들어 심지어 한 번의 성공적인 공격조차 수용할 수 없는 상황을 두려워한다.

2001년 11월, 딕 체니 당시 부통령은 언론인 론 서스킨드Ron Suskind가 묘사한 '1% 독트린One Percent Doctrine'을 이렇게 정리했다. "테러리스트가 대량 살상 무기를 취득할 확률이 1%만 돼도-그리고 그런 상황이 나타날 낮은 확률은 한동안 존재해왔다-미국은 그것이 확실한 상황인 것처럼 즉각 대응해야 한다."[108] 기본적으로 나는 체니의 독트린을 정당화하는 근거들을 방금 제시했다.

이 새로운 위험 중 일부는 적성국이나 테러리스트들의 공격과는 무관하다. 그보다는 거의 모든 것을 망라하고 연결함으로써 모든 것을 동시에 보안에 취약하게 만드는 인터넷 플러스의 속성에서 나온다. 대규모 전력 시스템이나 금융 시스템처럼, 인터넷 플러스는 실패해서는 안 되는 중요한 시스템이다. 적어도 보안 장치만은 결코 실패해서는 안 되는 시스템이다. 공격자들은 너무 위험해져서 그 결과는 상상하기도 어려울 만큼 막대할 것이기 때문이다.

이런 실패는 소규모 공격이나 심지어 사고로부터 초래돼 걷잡을 수 없이 증폭될 수 있다. 나는 2003년 미국 북동부와 캐나다 남동부 지역 대부분을 강타한 정전 사태가 사이버 공격의 결과라고 오랫동안 생각해왔다.[109] 그것은 어느 모로 보나 윈도우 웜인 블라스터가 급속히 퍼져 수많은 컴퓨터를 마비시킨 날에 발생했다.[110] 정전 사태에 관한 공식 보고서는 전력망을 직접 제어하는 컴퓨터 중 어느 것도 윈도우 운영체제를 쓰지 않았다고 적시했지만, 그 컴퓨터들을 모니터하는 컴퓨터 가운데 일부는 오프라인 상태였다.[111] 나는 문제의 바이러스가 초기의 미미한 정전 사태를 재난 수준의 결과로 증폭될 때까지 숨긴 주범이라고 생각한다. 비록 해당 바이러스의 제작자들은 그렇게 될 줄 몰랐고 그런 재난을 의도적으로 초래했을 수 없다고 판단하지만 말이다.

마찬가지로 미라이 봇넷의 제작자들은 도메인 네임 시스템DNS 서비스 제공사인 다인Dyn에 대한 자신들의 공격이 그렇게 많은 인기 웹사이트들을 다운시킬 줄은 예상하지 못했다.[112] 나는 이들이 어떤 회사가 다인의 DNS 서비스를 이용하는지, 그래서 그것이 아무런 백업 장치도 없는 단일 실패점이라는 사실을 알았다고 생각하지 않는다. 사실은 대학생 세 명이 〈마인크래프트Minecraft〉 게임에서 이점을 얻을 목적으로 해당 봇넷을 제작한 것이었다.[113]

물리적 시스템을 제어하는 컴퓨터가 공격을 당하면 외부로 그 피해가 노출된다. 2012년 사우디아라비아의 국영 석유회사에 대한 공격은 그 회사의 IT 네트워크에만 영향을 미쳤다. 하지만 3만 개 이상의 하드드라이브에 담긴 데이터를 모두 지워버리는 바람에 회사를 마비시켰고,[114] 몇 달 동안 석유 생산에 차질을 빚었다. 전 세계 석유 수급에도 영향을 미쳤다. 거대 해운 회사인 머스크는 노트페트야로 인해 워낙 큰 피해를 입은 나머지 전 세계 76개 항만 터미널에서 운영을 일시 중단해야 했다.[115]

중요한 인프라와 연계되지 않은 장비들도 재난을 초래할 수 있다. 나는 이미 자동차, 특히 무인 승용차 그리고 의료 장비 같은 시스템들에 대한 '클래스 브레이크'를 언급한 바 있다. 우리는 여기에 무기화한 드론 무리를 이용한 대량 살상,[116] 날로 더 규모가 커지는 봇넷들을 동원한 주요 시스템 공격, 바이오프린터를 사용한 치명적 병원균 생산, 인간을 노예로 만드는 악의적 AI들, 지구를 해킹하는 외계인으로부터 받은 악의적 코드[117] 그리고 우리가 아

직까지 생각하지 못한 모든 것들을 더할 수 있다.[118]

이쯤에서 잠시 멈추고 숨을 돌리자. 우리는 지나치게 미래를 두려워하는 경향이 있다. 역사상 언급됐지만 결코 실현되지 않은 온갖 종말 시나리오를 생각해보라. 냉전 시대, 많은 이들은 인류가 핵전쟁으로 스스로를 절멸할 것이라고 확신했다. 이들은 장기 저축에 돈을 투자하지 않았다.[119] 일부는 자녀를 낳지 않기로 결정하기도 했다.[120] 핵전쟁으로 멸망할 텐데 아이가 무슨 소용이랴? 돌이켜보면 미국이나 구소련이 제3차 세계대전을 일으키지 않은 데는 수많은 이유가 있었지만, 그중 어느 것도 당시에는 자명하지 않았다. 부분적으로 당시 지도자들은 사람들이 생각했던 것만큼 광적이지 않았다. 냉전 기간 동안 미국과 구소련 양쪽의 미사일 감지 시스템에 기술적 오류가 생긴 적이 많았지만[121] – 자국이 핵 공격을 받고 있음을 감지 장비가 명백히 보여주는 (그러나 사실은 그렇지 않은) 상황들이었다 – 어느 경우에도 양국은 섣부른 보복 공격에 나서지 않았다. 쿠바의 미사일 위기는 아마도 우리가 정치적으로 핵전쟁에 가장 근접했던 상황이었고,[122] 1983년의 거짓 경보가 그에 버금가는 위기 상황이었다. 그럼에도 실제 핵전쟁은 일어나지 않았다.[123]

9·11 테러 이후 우리가 느낀 집단적 공포는 그와 흡사했다. 3천여 명의 인명 피해와 100억 달러의 재산과 기간시설 피해를 초래한 그 사건은 인류 역사상 우리가 체험한 어떤 테러리스트 공격과도 사뭇 달랐다(비록 교통사고, 심장병, 혹은 말라리아로 인한 연간 사망자 숫자보다 훨씬 더 적기는 하지만).[124] 그것을 언젠가 곧 다시 재발할 가능성이 낮은 예외적 사건으로 간주하는 대신 사람들은 그것을 새로운 정상으로 봤다.[125] 사실은 전형적인 테러리스트 공격은 3명이 죽고 264명이 부상했지만 다른 부차적인 피해는 크지 않았던 보스턴 마라톤 폭탄 테러 쪽에 더 가깝다.[126] 욕조와 가전제품 그리고 사슴으로

해 매년 죽는 미국인이 테러리스트의 공격으로 죽는 경우보다 더 많다.[127] 그러나 우리는 9·11 사건에 대한 집단적 외상 후 스트레스 장애[PTSD]로부터 회복되는 것처럼 보이면서도, 여전히 테러리스트의 위협을 실질적인 위험보다 더 과장하고, 비이성적일 정도로 더 두려워한다.[128] 일반적으로 사람들은 위험을 평가하는 데 매우 부정확하다.[129]

오랫동안 나는 소위 '영화 플롯 같은 위협'들에 대해 써 왔다. 하도 허황해서 영화용 플롯으로는 그만이지만 현실성은 워낙 낮아서 그에 대해 걱정하며 시간을 낭비해서는 안 되는 그런 위협들이다. 나는 이 용어를 2005년 스쿠버[scuba] 장비를 갖춘 테러리스트라든가 농약 살포 비행기로 탄저균을 살포하는 테러리스트, 우유 공급 라인을 오염시키는 테러리스트처럼 언론이 퍼뜨리는 무서우면서도 지나치게 구체적인 온갖 테러리즘 시나리오들을 조롱하기 위해 사용했다.[130] 나의 논점은 두 가지였다. 하나, 우리는 이야기를 좋아하는 종(種)이며, 세부적인 이야기는 일반적인 테러리즘 논의는 불러일으키지 않는 공포심을 촉발한다.[131] 그리고 둘, 구체적인 플롯에 대해 방어하는 것은 논리에 맞지 않는다.[132] 그보다는 어떤 플롯에든 통하는 일반적인 보안 대책을 세우는 데 초점을 맞춰야 한다. 테러리즘의 경우 그것은 첩보, 수사 그리고 비상 대응이다. 스마트한 보안 대책은 위협의 양태에 따라 다를 것이다.

5장에서 언급한 몇몇 극단적인 시나리오들은 '영화 플롯 같은 위협'으로 치부하기 쉽다. 이들 중 일부는 아마도 그럴 것이다. 그러나 이들은 분명 전례가 있는 위협 형태이고 미래에는 더 흔해질 것이다. 이들 중 일부는 바로 지금 다양한 빈도로 벌어지고 있다. 그리고 세부 내용은 틀렸을지 모르지만 전체적인 윤곽은 정확하다고 믿는다. 테러리즘에 맞서 싸울 때, 우리의 목표는

두더지 잡기 게임을 하듯 특별히 두드러진 몇몇 위협을 막는 데 급급한 것이
아니라 처음부터 성공적으로 공격당할 확률이 더 낮은 시스템을 설계하는
것이다.

해법들

인터넷 플러스의 보안 전망은 퍽 암울하다. 위협은 증가하고 공격자들은 더 대담해지며 방어는 점점 더 역부족이다.

모든 잘못을 기술 탓으로 돌리는 것은 옳지 않다. 엔지니어들은 내가 언급한 문제 중 일부의 보안 문제를 어떻게 해결할지 알고 있다. 수백 개의 기업들 그리고 그보다 더 많은 학계의 연구자들은 새로운 위협들에 더 잘 대응할 수 있는 보안 기술의 개발에 전력을 다하고 있다. 그런 작업은 어렵지만 '인간을 달에 보내는' 차원의 어려움이지, '빛보다 더 빨리 여행하는' 차원의 어려움은 아니다. 만병통치약은 없지만, 어려운 문제에 대한 해법을 찾아내기 위한 엔지니어들의 창의성에는 그 어떤 한계도 존재하지 않는다.

그럼에도 나는 상황이 곧 좋아질 것으로 생각하지 않는다. 나의 비관주의는 주로 정책 수립의 어려움에서 기인한다. 인터넷 보안의 현재 상태는 기업들이 내린 비즈니스 결정과, 정부가 내린 군사/스파이 결정─내가 4장에서 쓴 모든 것─의 직접적인 결과다. 우리가 지난 수십 년의 경험에서 배운 것은 컴퓨터 보안은 기술 문제라기보다 사람의 문제라는 점이다. 중요한 것은 법과 경제 그리고 심리학과 사회학이며, 결정적으로 중요한 것은 정치학과 통치 구조다.

스팸을 생각해보자. 오랫동안 스팸은 우리의 컴퓨터에서−만약 인터넷 서비스 제공 회사[ISP]가 안티스팸 서비스를 제공하는 경우에는 그로부터 어느 정도 도움을 받아서−감당해야 할 문제였다. 스팸을 가려내고 삭제하는 가장 효율적인 방법은 네트워크에 있었지만 인터넷 백본 기업들은 그런 일에 관심이 없었던 데다 스팸 정리에 따른 비용을 이용자에게 청구할 방법이 없었기 때문에 어떤 기업도 스팸을 근절하려는 노력을 기울이지 않았다. 상황은 이메일의 경제적 지형이 바뀌면서야 비로소 달라졌다. 대다수 이용자들이 소수의 대형 이메일 회사로 집중되고, 대다수 이메일이 그들 사이를 통과하면서 모든 이용자들에게 자동으로 안티스팸 서비스를 제공하는 것이 돌연 이치에 맞게 됐다. 그 결과 스팸을 탐지하고 격리시키는 여러 기술이 나타났다. 지금도 스팸은 전체 이메일의 절반 이상을 차지하지만[1] 그중 99.99%는 차단된다.[2] 이것은 컴퓨터 보안의 성공 사례 중 하나다.

신용카드 사기를 생각해보자. 신용카드가 막 사용되기 시작하던 시절, 은행들은 사기로 인한 손해 비용의 대부분을 소비자에게 전가했다. 은행들로서는 사기를 예방하는 데 미온적이었다. 상황은 1974년 미국이 '신용카드 공정 비용 청구법'을 제정해 소비자의 책임을 최초 50달러로 제한하면서 달라졌다. 은행들이 사기에 따른 손해 비용을 부담하도록 강제함으로써, 미국 의회는 은행들에 사기 사건을 줄여야 할 동기를 부여한 셈이었다. 그 결과 지금 우리가 가진 것과 같은 여러 사기 예방 조처가 나왔다. 실시간 카드 승인, 사기 징후를 탐지하기 위한 백엔드 전문 시스템의 거래 흐름 검색, 수동 카드 등록, 칩 카드 등등. 이런 대책들은 모두 사기 사건을 줄이는 데 기여했고

166

무엇보다 개인 고객 차원에서는 구현할 수 없는 차원의 대책들이었다.

영국의 은행들은 사기로 인한 손해 비용을 소비자들에게 더 쉽게 전가할 수 있었고, 그 때문에 이러한 대책들을 적용하는 데 더뎠다. 유럽연합^{EU}의 '지불 서비스 지침'[3]은 미국 표준에 상응하는 수준의 소비자 보호를 목표로 삼았지만, 고객들이 지나치게 부주의했다고 은행 측에서 주장할 만한 여지를 남겨놓았다(놀랍게도 영국은 이 법을 더 개악했다[4]). 그와 비슷하게 미국의 경우 [5] 직불카드도 또 다른 법규로 은행들이 사기로 인한 손해 비용을 책임지도록 강제할 때까지 제대로 보안 대책이 적용되지 않았다. 은행들이 신용카드에 대해 취했던 태도와 닮은 꼴이었다.

위 사례에서 보듯이 보안 대책을 세워야 할 동기가 적절히 마련되면 그에 필요한 기술도 따라온다. 스팸의 경우 이메일 제공 회사들이 그에 대응하기까지 이메일 생태계의 변화라는 동기가 필요했다. 신용카드는 은행의 동기를 바꾸기 위해 법규가 필요했다. 그와 마찬가지로 인터넷 플러스의 보안은 실상 동기의 문제이고, 정책의 문제이다.

지금까지 우리는 시장과 정부가 비밀리에 운영될 수 있도록 방임했고, 그 결과 내가 1부에서 설명한 것과 같은 상황에 이르렀다. 그것은 우리가 현재 가진 정책으로 얻을 수 있는 불만족스러운 보안 상태다. 우리를 감시하고, 우리의 개인 데이터를 팔고, 세부 보안 내용은 소비자와 이용자들에게 비밀로 감추고, 보안 대책은 무시한 채 운에 맡기는 현재 상태로 더 큰 단기적 수익이 나오는 한 시장은 개선되지 않을 것이다. 기업 로비스트와 국가안보국, 법무부와 같이 보안보다 감시를 더 선호하는 기관들에 좌지우지되는 한 정부는 개선되지 않을 것이다.

만약 엉터리 보안으로 인한 손실과 보안 개선에 필요한 지출 간의 균형을 바꾸고 싶다면 우리는 동기부터 바꿔야 할 것이다. 그리고 상황 개선의 주역은 투명하게 일하고 우리를 대표하는 정부여야 할 것이다. 정부야말로 현재 인터넷 플러스 보안에서 빠진 조각이다. 정부가 적절히 개입해 문제를 개선하기까지는 온갖 문제가 불거지겠지만 나는 다른 대안을 찾지 못하겠다. 정부의 개입은 그것이 규제나 법적 책임의 형식이든, 또는 직접적인 기금 투입의 방식이든, 만병통치약은 아니지만, 개입하지 않는 경우도 마찬가지다. 최선의 경우 정부는 문제 해결에 적극 나서지 않는 사기업들에 압력을 행사할 수 있고, 단기적 수익은 없지만 장기적으로 중요하다고 여겨지는 프로젝트에 재정 지원을 할 수 있으며, 용인될 수 있는 활동 기준을 마련할 수도 있다. 최악의 경우 정부는 사기업의 이익에 휘둘리거나, 적절한 감독과 규제보다 스스로의 생존에 급급한 관료주의에 함몰될 수 있다. 현실은 아마도 그 둘 사이 어디쯤일 터이다.

나는 보안과 신뢰의 문제를 다룬 전작 『Liars and Outliers 거짓말쟁이들과 국외자들』 (Wiley, 2012)에서 '보안은 정직한 이들에게 물리는 세금'이라고 쓴 바 있다.[6] 지극히 일반화해 설명하자면, 우리가 내야 하는 추가 비용은 우리 중 누군가가 정직하지 않기 때문이다. 우리는 더 높은 가게 비용을 지불하는데, 이는 그 주인들이 절도를 막기 위해 경비를 고용하고 감시 카메라를 설치했기 때문이다.

보안 지출은 일종의 고정 중량 같은 것이다. 그것은 아무런 생산적인 기여도 하지 않고, 대신 좋지 않은 일이 벌어질 확률을 줄여준다. 만약 은행들이 보안에 돈을 지출할 필요가 없었다면, 이들의 서비스 비용은 더 낮았을 것이다. 만약 정부가 경찰이나 군대에 예산을 지출할 필요가 없었다면, 세금을 낮출 수 있었을 것이다. 만약 우리가 절도 걱정을 할 필요가 없었다면, 자물쇠, 도난 경보기 그리고 창문 빗장을 구입할 돈을 절약할 수 있었을 것이다. 일부 국가들의 경우 전체 노동력의 4분의 1 정도가 '경비 인력'으로 분류될 수 있을 정도다.[7]

인터넷 플러스의 보안도 그와 다르지 않다. 기술 분석 기업인 가트너Gartner는 2018년 전 세계의 인터넷 보안 지출 규모를 930억 달러(약 105조 원)로 추산했다.[8] 더 나은 보안을 원한다면 우리는 그를 위해 많은 돈을 지출해야 할 것이다.[9] 컴퓨터, 전화기, IoT 장비, 인터넷 서비스 그리고 다른 모든 것에 대해 더 높은 비용을 지불해야 할 것이다. 그 외에는 대안이 없다. 정책과 관련된 질문은 어떻게 지불할 것인지와 연관된다.

때로는 개별적으로 보안 비용을 지불하는 것이 타당하다. 가정의 보안 설비가 그런 식이다. 우리는 각자 현관문의 자물쇠를 구입하고, 어떤 이들은 도난 경보 시스템도 구매한다. 어떤 이들은 총기를 장만해 집 안에 두기도 한다. 부자들은 보디가드를 고용하거나 집 안에 패닉룸(재난 대피소)을 만들거나 혹은 당신이 〈007 시리즈〉 영화 속의 악당이라면 심복을 대동하는 데 돈을 쓸 것이다. 이것은 모두 비용이지만 개인적이다. 당신이 어떤 보안 조치를 취하든 나에게 아무런 영향도 미치지 않으며, 그 반대도 마찬가지다.

혹은 집단적으로 보안 비용을 지불하는 것이 타당하다. 경찰의 치안 유지 활동은 그렇게 작동한다. 우리는 "치안 유지를 원한다면 당신이 직접 돈을 내시오"라고 말하지 않는다. 대신 우리가 내는 세금의 일부가 공동체의 경찰 서비스 비용으로 들어간다. 우리가 이렇게 하는 것은 공동의 혜택은 집단적인 의사 결정과 기금을 통해 가장 효과적으로 제공될 수 있기 때문이다. 경찰은 특정 개인들이 보호를 원하든 원하지 않든 (적어도 이론적으로) 사회 전반을 보호한다.

개선된 인터넷 플러스의 보안은 궁극적으로 개인적인 지출과 집단적인 지출의 조합이 될 가능성이 높고, 그 모든 내용은 2부에서 논의할 것이다. 개인적 지출은 각자의 컴퓨터를 위한 보안 프로그램과 네트워크의 방화벽 같은 것들이다. 집단적 지출은 경찰의 사이버 범죄 수사, 국방부의 사이버 전쟁 부서 그리고 인터넷 인프라에 대한 투자 등에 적용될 것이다. 기업들은 혹은 시장의 요구로, 혹은 정부의 강제로, 자사 제품들에 보안 기능을 탑재할 것이다. 보안성이 결여된 비보안에 대한 소송과, 만약의 손실을 보전하기 위한 보험 등이 늘어날 것이고, 그 결과 소송을 막고 보험료를 낮추기 위해 보안을 강화하게 될 것이다. 그것은 실제 세계의 보안이 그렇듯이 단일한 형태가 아니라 여러 형태의 모자이크 양상을 띨 것이다.

보안 비용은 높을 것이다. 그럼에도 비용을 지불할 수밖에 없는 것은 분명하다. 인터넷의 비보안에 따른 손실 비용을 정확히 파악하기는 어렵지만, 개략적인 범위는 추산할 수 있다. 포네몬 연구원Ponemon Institute의 2017년 보고서에 따르면 기업 네 곳 중 한 곳 꼴로 해킹을 당했으며 그로 인한 손실 비용은 평균 360만 달러(약 40억 원)였다.[10] 시만텍의 한 보고서는 2017년 20개국 9억 7,800만 명이 사이버 범죄 피해를 입었으며 그로 인한 손실 비용은 1,720억 달러(약 200조 원)에 이른다고 추산했다.[11] 랜드 연구소RAND Corporation의 2018년 연구는 내가 본 것 중 가장 종합적인 분석을 제공하는데, 그 결과는 매우 커다란 편차를 보여준다.

우리는 결괏값이 입력변수들에 매우 민감하다는 점을 발견했다.[12] 예컨대 기존 연구와 우리 자체의 데이터 분석에서 얻은 세 개의 그럴듯한 변수 세트를 사용한 경우 사이버 범죄는 2,750억~6조 6,000억 달러에 이르는 국내총생산(GDP) 비용에 직접 영향을 미치며, 총 GDP 비용(직접 비용에 시스템 비용을 더한 것)은 7,990억~22조 5,000억 달러(GDP의 1.1~32.4%)에 달한다는 점을 발견했다.

어떤 예측치를 사용하든 그 비용의 규모는 막대하다. 그리고 그러한 비용은 모든 손실을 보전하거나 혹은 그중 일부 손실을 최소화하기 위한 보안 조치에 투자하든 경제의 발목을 잡을 것이다. 손실을 보전하기 위한 비용은 모두 낭비에 지나지 않는다. 그러나 보안 개선에 투자한 비용은 더 나은 보안 기술, 더 적은 범죄자, 더 안전한 기업 운영 방식 등으로 이어져 해가 갈수록 더 큰 혜택으로 돌아올 것이다.

공학자들은 자신들의 문제 해결을 위해 법규를 찾고, 변호사들은 자신들의 문제 해결을 위해 기술을 찾아본다는 농담이 있다. 실상은 기술과 법규를 조합해야 문제를 해결할 수 있다. 에드워드 스노든의 폭로 문건이 우리에게 준 가장 중요한 교훈이다. 우리는 기술이 언제나 법규를 전복시킬 수 있다는 사실을 알았다. 스노든은 우리에게 법규-특히 비밀 법규-도 기술을 전복시킬 수 있음을 보여줬다. 기술과 법규는 공조해야 한다. 그렇지 않으면 어느 한쪽으로도 문제를 해결할 수 없다.

어떻게 그렇게 할 수 있는지 2부에서 살펴보자.

6

보안이 확보된 인터넷 플러스는
이런 양상일 것이다

2016년 노르웨이 소비자위원회는 인터넷과 연결된 인형 세 개를 평가했다. 위원회는 해당 기업들의 이용 약관과 프라이버시 정책이 "기본적인 소비자 권리와 사생활권을 우려스러울 정도로 무시"하고 있으며,[1] "데이터 보유 조건이 대체로 모호"하고, 세 장난감 중 둘은 "개인정보를 다른 기업에 넘겼으며, 해당 기업은 그 정보를 인형 자체의 기능과는 무관한, 사실상 아무 목적에나 사용할 권리를 보유하고 있었다." 상황은 설상가상이었다.

세 장난감 중 둘은 사실상 아무런 보안 대책도 포함하고 있지 않다는 점이 밝혀졌다. 이는 누구든, 해당 제품들에 물리적으로 접근하지 않고도 장난감 안에 든 마이크와 스피커에 접근할 수 있다는 뜻이다….

그뿐 아니라 음성 데이터가 '음성지문' 같은 생체인식 데이터를 전문으로 수집하는 미국의 한 회사로 전송된다는 증거가 시험 결과 드러났다. 두 장난감 제품에 다른 시중 제품을 홍보하는 사전 프로그램 문구들이 발견됐는데, 장난감 제품들 안에 간접 광고를 심은 것이다.

나는 그 장난감들 중 하나인 '내 친구 케일라My Friend Cayla'를, 하버드대학교 케네디 스쿨에서 내가 가르치는 인터넷 보안 정책 강의에서 시범용으로 사용한다. 그 장난감 해킹은 기술적 지식이 없는 학생들조차 할 수 있을 정도로 너무나 쉽다. 필요한 작업이라고는 전화기의 블루투스 설정 패널을 열고 옆자리에 놓여 있는 인형과 연결하는 것뿐이다. 이들은 그 인형이 스피커를 통해 무엇을 듣고 어떤 메시지를 보내는지 도청할 수 있다. 시중 제품의 보안이 어느 수준까지 악화될 수 있는지 보여주는 끔찍한 사례다. 독일은 그것이 기록하는 음성이나 소리를 인터넷상에서 보호하지 않는 사실상의 도청 장치라는 이유로 '내 친구 케일라'의 판매를 금지했지만,[2] 다른 나라들에서는 여전히 판매되고 있다. 케일라만이 문제 있는 장난감이 아니다. 마텔의 '헬로 바비'도 비슷한 문제를 품고 있었다.[3]

2017년, 소비자 신용 보고 기관 에퀴팩스Equifax는 미국 인구의 절반에 약간 못 미치는 1억 5천만 명의 개인정보를 도난당했다고 발표했다.[4] 공격자들은 성명, 사회보장번호, 생년월일, 운전면허번호 등에 대한 접근권을 얻어냈다. 4장에서 말한 바와 같이 신원 도용 사기를 자행하는 데 정확히 필요한 정보들이다. 이것은 정교한 공격이 아니었지만, 우리는 여전히 누가 했는지 전혀 모르고 있다.[5] 공격자들은 아파치 웹사이트 소프트웨어에서 발견된 치명적인 취약점을 이용했다. 그에 대한 패치가 두 달 전에 나왔고, 에퀴팩스는 아파치와 US-CERT(미국 컴퓨터 침해 사고 대응반), 국토안보부로부터 해당 취약점에 관한 고지를 받았지만,[6] 공격자들이 그 취약점을 이용해 네트워크에 침투한 뒤로도 한 달간 패치를 설치하지 않았다.[7] 그 회사의 보안 불감증은 믿기 어려울 정도였다.[8] 나는 그 사건에 관해 미국 하원의 에너지와 무역 위원회에 증언할 때 "터무니없을 정도로 형편없는" 경우라고 규정했다.[9] 그리고 그것은 한 번의 예외적인 사고가 아니었다. 에퀴팩스는 숱한 보안 실패의 전력을 가지고 있었다.[10]

이것들이 예외적인 사례였으면 좋겠지만 그렇지 않다. 실상은 정말로 그렇게 나쁘다. 그리고 뭔가 심각한 개입이 없다면 사정은 나아지지 않을 것이다.

단적으로 말해 우리에게 필요한 것은 설계 단계에서부터 보안을 고려한 보안 중심 설계security by design다. 1장에서 논의한 여러 공학적 이유 그리고 4장에서 논의한 정치적 이유와 시장 논리 때문에 보안은 우선순위에서 개발 속도와 추가 기능에 밀리기 십상이다. 더 합리적으로 관리해야 마땅한 대기업조차 컴퓨터 보안에 대해 개발 속도를 늦추고 추가 비용을 요구하는 법규적 부담으로 치부한다. 보안은 개발 과정의 마지막에 억지로 구겨 넣듯, 급하고 비효율적으로 추가되기 일쑤였다. 이런 관행은 바뀌어야 한다. 보안은 모든 시스템과 모든 시스템의 모든 구성 요소에 개발 과정의 시작부터 전체 과정에 걸쳐 반영돼야 한다.

당연한 말처럼 들린다는 점은 인정하지만 인터넷이 처음 나왔을 때 보안은 그 설계 과정에 들어 있지 않았고, 시장에서 높이 평가해 보상하는 부분도 아니라는 사실을 기억할 필요가 있다. 그것은 어떤 점에서, 규제와 시장 압력을 통해 자동차 회사들로 하여금 '효율적인 연비 중심 설계' 개념을 수용하도록 만든 더딘 과정과 비슷하다.

항공 전자 장비와 의료 장비 같은 고강도 규제 산업은 이미 '보안 중심 설계'[11] 개념을 도입하고 있다. 은행 업무와 관련된 응용프로그램, 애플과 마이크로소프트 같은 운영체제 회사들에서도 그런 흐름이 나타나고 있다. 그러나 이런 흐름은 그처럼 제한된 사례들을 뛰어넘어 확산돼야 한다.

우리는 인터넷 플러스의 보안을 확고히 해야 한다. 소프트웨어, 데이터 그리고 알고리즘의 보안을 확고히 해야 한다. 주요 인프라와 컴퓨터 관련 공급망의 보안을 확고히 해야 한다. 그런 보안성 확보를 종합적으로 그리고 지금 당장 수행해야 한다. 6장은 그렇게 보안이 확보된 현실은 어떤 것인지 개략적으로 보여주려 한다. 나는 먼저 그런 미래상을 묘사하는 데 초점을 맞추고, 거기에 도달하기 위해 '어떻게' 그리고 '누가' 해야 하는지는 이후 두 장에서 다룰 것이다.

공정을 기하기 위해, 이것은 기초적인 내용일 뿐이며, 1부에서 논의한 위협들에는 여러 미묘한 맥락과 성격이 있지만 여기에서는 전혀 다루지 않을 것임을 밝혀 둔다. 6장에서 제시한 권고 사항들은 최종적인 것이 아니라, 논의를 위한 출발점이다. 여기에서 제안된 모든 원칙들은 확장돼 궁극적으로 자발적이거나 의무적인 산업 표준으로 자리 잡아야 할 것이다.

하지만 어디에서든 시작하지 않으면 우리는 난제들을 결코 해결할 수 없을 것이다.

기기의 보안을 확보하라

······

인터넷 초기에는 무엇이든 그에 연결되도록 허용하는 것이 타당했지만, 이제는 더 이상 유효하지 않다. 우리는 컴퓨터와 소프트웨어 그리고 기기들에 대해 일정한 보안 표준을 세울 필요가 있다. 말은 쉽지만 실상은 그렇지 않다. 소프트웨어는 이제 어디에나 탑재되기 때문에, 이것은 곧 모든 것을 아우르는 보안 표준을 뜻하고, 따라서 어떤 타당한 표준을 세우기에는 지나치게 광범위해져 버린다.

그러나 모든 것이 컴퓨터라면, 전체론적 설계 원칙을 고려해야 한다. 모든 기기들은 이용자들의 특별한 개입 없이도 보안성을 유지해야 한다. 그리고 서로 다른 위협들에 대응해 다른 수준의 보안 기능을 갖는 것은 무방하지만, 모든 것은 공통된 기반에서 시작해야 한다.

그런 목적에 맞도록 나는 우리가 사용하는 기기의 보안성과 프라이버시를 개선하기 위한 열 가지 설계 원칙을 제시하고자 한다. 표준이 될 수 있을 만큼 구체적이지는 않지만 표준을 개발하기 위한 기반은 될 수 있으리라 생각한다.

1. **투명하라.** 제조회사들은 자사의 보안이 어떻게 작동하는지, 어떤 위협에 대한 보안 기능인지, 어떤 위협은 고려하지 않았는지 등을 명확히 밝혀야 한다. 제조사가 특정 기간 이후에는 기기 지원을 하지 않는다면 고객이 충분한 업그레이드 계획을 세울 수 있도록 미리 고지해야 한다.

2. **패치가 가능한 소프트웨어를 만들어라.** 모든 기기는 소프트웨어와 펌웨

어 업데이트가 가능해야 하며, 그런 업데이트가 유효한 것임을 인증하는 기능을 갖추고 있어야 한다. 제조사들은 또 취약점이 발견되면 신속히 패치해야 하며, 제품들은 새로운 패치가 나왔는지 정기적으로 체크할 수 있어야 한다. 이것은 대단히 중요하다. 2장에서 나는 패치의 온갖 문제점들을 논의했지만, 패치 불가능한 소프트웨어는 그보다 더 문제가 심각하다.

3. **출시 전 테스트를 시행하라.** 모든 소프트웨어는 출시되기 전에 보안 테스트를 거쳐야 한다.

4. **보안 운영 모드를 디폴트로 설정하라.** 기기는 상자를 여는 순간부터 이용자가 따로 설정하지 않아도 보안 기능이 기본으로 설정돼 있어야 한다. 취약하거나 디폴트인 비밀번호를 가져서는 안 된다. 가능하면 이중 인증이 사용돼야 한다. 필요하지 않은 이상 원격 관리 기능은 꺼져 있어야 한다.

5. **예측 가능하게 그리고 안전하게 실패하라.** 기기가 인터넷과 끊기는 경우에도 정숙하게, 다른 어떤 피해도 끼치지 않는 방식으로 작동을 멈춰야 한다.

6. **표준 프로토콜과 구현 방식을 사용하라.** 표준 프로토콜은 대체로 더 안전하고 더 널리 시험된 반면, 맞춤형 프로토콜은 그 반대다. 기기들은 표준 통신 프로토콜과 구현 방식을 사용해야 하며, 다른 앱이나 기기 들과 호환될 수 있어야 한다. 제조사들은 다른 선택이 없는 경우가 아니라면 자체 프로토콜을 만들지 말아야 한다.

7. **알려진 취약점을 피하라.** 제조사들은 알려진 취약점을 가진 제품을 출하해서는 안 된다.

8. **오프라인 기능을 보존하라.** 이용자들은 모든 송수신 네트워크를 끈 상태에서도 해당 기기를 사용할 수 있어야 한다. 일례로 인터넷 연결 기능을 가진 냉장고는 인터넷과 연결되지 않았을 때도 여전히 제 기능을 수행해야 한다.

9. **데이터를 암호화하고 인증하라.** 데이터는 기기에 암호화된 상태로 저장돼야 하며 기기들 간의 통신 내용은 암호화와 인증 절차를 거쳐야 한다.

10. **공신력 있는 보안 연구를 지원하라.** 제조사들은 자사의 제품들에 대한 연구를 허용하고, 보고되는 취약점을 환영하며, 연구자들에게 부당한 압력을 행사하지 말아야 한다.

이 원칙들과, 다음 절에서 언급할 몇몇 항목은 휼렛 재단 Hewlett Foundation의 재정 지원을 받는 버크만 클라인 인터넷 및 사회 센터 Berkman Klein Center for Internet and Society가 꾸린 국가안보연구그룹에서 빌려온 것이다[12](나는 이 그룹 회원이다).

이들 원칙 중 어느 것도 새롭거나 급진적이지 않다. 이 책을 쓰기 위한 연구 과정에서 나는 IoT를 위한 보안 및 프라이버시 가이드라인만 19개나 수집했다.[13] IoT 보안 재단, 온라인 신뢰 동맹, 뉴욕 주정부 그리고 다른 여러 기관들에서 나온 것들이다. 이들은 모두 대동소이해서 보안 전문가들이 생각하는 보안 아이디어가 어떤 내용인지 잘 파악할 수 있다. 그러나 이들은 모두 자발적인 것이어서, 누구도 실제로 그를 준수하지는 않는다.

데이터의 보안을 확보하라

컴퓨터에 보안 설계 원칙이 필요하듯이, 데이터에도 보안 원칙이 필요하다. 과거에는 둘이 기본적으로 같았지만, 지금은 서로 별개이다. 우리는 더 이상 대부분의 개인 데이터를 물리적으로 가까운 개인 컴퓨터에 저장하지 않고, 클라우드에 저장한다. 다른 기업들이 소유하고 관리하는-그리고 아마도 해외에 위치한-대규모 서버다.

종종 우리 데이터도 다른 이가 소유하고 있다. 우리도 모르게 혹은 동의 없이 수집한 것이다. 이들 데이터베이스는 온갖 유형의 공격자들에게 매력적인 표적이다. 개인정보의 데이터베이스를 가진 모든 기관들에 적용될 수 있는, 데이터와 데이터베이스에 대한 보안 원칙이 필요하다.

1. **데이터 수집을 최소화하라.** 필요한 데이터만 수집하고 그 밖에는 수집하지 말아야 한다.

2. **데이터의 저장과 이동에 보안성을 확보하라.** 이동할 때와 저장 상태일 때 모두 보안이 확보돼야 한다.

3. **데이터 사용을 최소화하라.** 데이터는 필요한 경우에만 사용돼야 한다.

4. **데이터의 수집, 사용, 저장, 삭제를 투명하게 하라.** 기업들은 어떤 이용자 데이터를 수집하는지, 어떻게 저장하고 사용하는지 그리고 언제 삭제하는지 명확히 밝혀야 한다.

5. **가능한 한 데이터를 익명화하라.** 데이터에서 개인의 신원을 식별해야 할 필요가 없다면 익명화해야 한다.

6. **이용자들이 자신의 개인 데이터에 접근하고, 조사하고, 수정하고, 삭제할**

수 있도록 허용하라. 기업들은 보유한 데이터를 해당 데이터의 당사자들로부터 비밀로 유지해서는 안 된다.

7. **더 이상 필요하지 않을 때는 데이터를 삭제하라.** 데이터는 필요한 기간 동안만 보관돼야 한다.

개인정보에 관한 규칙에서 필수적인 부분은 무엇이 개인정보인지에 대한 정의일 것이다. 전통적으로 우리는 개인정보를 매우 좁게 규정해왔다. '개인을 식별할 수 있는 정보'라는 뜻의 PII ^{Personally Identifiable Information}라는 용어가 사용돼 왔다. 이것으로는 충분하지 않다. 우리는 온갖 유형의 정보가 조합돼 개인을 식별할 수 있으며, 데이터의 익명화는 생각보다 훨씬 더 어렵다는 사실을 안다.[14] 우리는 무엇을 개인정보로 판단할지에 대해 매우 폭넓은 정의가 필요하며─예를 들면 내 전화기에 설치된 앱에 담긴 데이터, 심지어 내 브라우저에 설치된 애드온^{add-on} 목록까지─그래서 개인정보로 보호돼야 한다.

이런 범주는 내가 2015년에 쓴 『당신은 데이터의 주인이 아니다^{Data and Goliath}』에 소개한 바 있다. 그런 범주들의 대부분은 유럽연합에서 최근 발효한 개인정보보호규정^{GDPR, General Data Protection Regulation}에 포함돼 있으며 10장에서 그에 대해 논의할 것이다. 다시 말하건대, 이들은 일반적인 설계 원칙이다. 그리고 아마도 6장에서 가장 설득하기 어려운 대목일 것이다. 기업들은 기기들의 보안 장치를 의무화하려는 움직임에 반대하겠지만 장기적으로는 기업들에도 이익이 될 것이다. 데이터 보안 규칙은 감시 자본주의를 위협할 잠재력을 가지고 있다. 기업들은 가까운 미래에 가능해질 분석 능력을 고려해 그리고 언젠가 가치 있는 정보가 될지도 모르기 때문에 머신 러닝 시스템을 훈련시키기 위해, 모든 데이터를 수집할 필요가 있다고 주장할 것이다. 그러나 개인정보의 데이터베이스들은 날로 더 커지고 더욱 많은 개인정보를 담을 것이기 때문에 그러한 규칙이 필요하다.[15]

이런 데이터의 대부분은 클라우드에 존재하게 될 것이다. 이런 트렌드는 단순한 경제 논리의 문제이고, 앞으로 당분간 컴퓨터의 기본 모델로 작동할 것이다. 여러 면에서 이것은 바람직한 일이다. 사실 나는 사람들이 자신들의 데이터와 처리를 클라우드로 옮기는 것이 가장 유익한 보안 개선 방법이라고 생각한다. 구글은 개인정보를 관리하는 데 대다수 개인이나 소규모 기업들보다 훨씬 더 견실한 보안을 유지하고 있다. 클라우드 서비스 회사들은 개인과 소규모 기업은 갖지 못한 보안 전문성과 규모의 경제를 모두 보유하고 있으며, 굳이 본인이 보안 전문가가 되지 않더라도 필요한 보안 기능을 제공한다.

그럼에도 위험은 존재한다. 여러 다른 이용자들이 동일한 네트워크를 이용함으로써 내부자 해킹의 기회가 늘어나며, 대규모 클라우드 회사들이 보유한 대규모 개인정보 데이터베이스는 강력한 공격자들에게 매력적인 표적이다. 클라우드 보안은 훨씬 더 많은 연구가 필요한 분야다. 이 절에서 내가 열거한 원칙들은 대부분 개인정보 데이터베이스를 운영하는 기업과 직결되지만, 그중 일부는 클라우드 컴퓨팅 회사들에게도 적용된다.

알고리즘 보안을 확보하라

우리는 알고리즘에서 많은 것을 기대한다. 그리고 알고리즘이 의사 결정 과정에서 사람을 대체하게 되면 그것을 절대적으로 신뢰해야 할 것이다. 우리는 사람이 지닌 정확성, 공정성, 재생산성, 존중성과 다른 권리들을 알고리즘에서 기대한다.[16] 나는 보안에 초점을 맞추고자 한다.

알고리즘은 잘못 프로그래밍되거나 혹은 데이터나 소프트웨어가 해킹을 당해 엉뚱하게 작동하는 경우 위협이 될 수 있다. 당연한 해법은 투명성이다. 알고리즘이 더 투명할수록 거기에 보안 기능이나 다른 중요한 특성이 반영됐는지 점검하고 감사하기가 더 쉽다.

문제는 알고리즘에서 늘 투명성을 확보할 수 있는 것은 아니며, 언제나 바람직한 것도 아니라는 점이다. 기업들은 기밀성을 유지해야 하는 기업 비밀이 있다. 투명성은 해당 시스템을 해킹하는 데 도움이 될 수 있는 정보를 공격자에게 노출할 수 있으므로 보안 위험이 될 수 있다. 예컨대 페이지 순위를 매기는 구글의 알고리즘을 알면 웹사이트를 그 알고리즘에 최적화하는 데 도움을 얻을 수 있고, 드론으로 사람들을 식별하는 군대의 알고리즘을 알면 은폐하는 데 도움을 받을 수 있다.

그렇다고 투명성이 늘 충분한 것만은 아니다. 현대의 알고리즘은 워낙 복잡해서 그것이 공정하거나 안전한지는 고사하고 정확한지조차 파악하기가 어려울 때가 많다. 일부 머신 러닝 알고리즘은 사람이 이해할 수 없는 모델들을 사용한다.[17]

위 마지막 사항은 중요하다. 투명성은 때로 불가능하다. 일부 머신 러닝 알고리즘은 아무도, 심지어 그 설계자들도 그 작동 방식을 모른다. 알고리즘은 근본적으로 사람들에게는 이해 불가한 것이다. 블랙박스로 생각하면 적절하다.[18] 데이터가 들어가면 결정 내용이 나온다. 그 사이에 무슨 일이 벌어졌는지는 일종의 미스터리다.

설령 알고리즘을 공개할 수 없다고 해도, 혹은 어떻게 그것이 작동하는지 이해할 길이 없다고 해도 우리는 설명을 요구할 수 있다.[19] 알고리즘들에 대해 판단의 근거를 요구할 수 있다는 말이다. 따라서, 예컨대 한 알고리즘이 의료 진단을 내리거나 구직자의 적합성 점수를 매긴다면 그러한 결정의 이유들을 제공하도록 알고리즘에 요구할 수 있다.[20]

이것이 완전한 해법은 아니다. 머신 러닝의 작동 방식[21] 때문에 설명은 가능하지 않을 수도 있고 또는 사람이 이해할 수 없는 형식이어서 이를 더 단순하게 만들기 위해 기반 알고리즘의 정확도를 감소시켜야 하는 상황[22]이 나올 수도 있다.

따라서 우리가 정말 원하는 것은 책임성accountability[23] 혹은 경합성contestability[24]인지도 모른다. 우리는 알고리즘을 검토하거나 샘플 데이터를 돌려 그 결과를 확인함으로써 실체를 파악할 수 있는 능력이 필요하다. 어쩌면 우리에게 가장 필요한 것은 감사 가능성auditability일수도 있다.[25]

적어도 우리는 알고리즘을 사람처럼 취급할 수 있다. 사람들은 자신의 논리를 설명하는 데 서투르고, 의사 결정은 무의식적인 편견들로 채워져 있다. 설명-어떤 결정을 내리는 데 사용된 일련의 논리적 단계들-은 실상 합리화에 지나지 않을 때가 많다. 우리 두뇌의 잠재의식은 결정을 내리고, 의식은 그것을 설명으로 합리화한다. 심리학 문헌은 이것을 증명하는 연구들로 가득하다.

그럼에도 우리는 사람들의 결정을 살펴봄으로써 거기에 영향을 미친 편견을 판단할 수 있다. 마찬가지로 우리는 출력 내용을 살펴봄으로써 알고리즘을 판단할 수 있다. 결국 우리가 알고 싶은 것은 구직자의 점수를 매기는 데 사용된 알고리즘이 성차별적인지, 혹은 가석방 결정을 내리는 데 사용된 알고리즘이 인종차별적인지의 여부다.[26] 그리고 어떤 애플리케이션의 경우에는 결정 과정에 사람이 더 많은 통제권을 행사하는 것이 바람직하다고, 따라서 머신 러닝 알고리즘은 부적절하다고 판단할 수도 있다.

알고리즘은 워낙 새로운 영역이기 때문에 나는 보안을 확보하는 데 필요한 구체적인 조언을 갖고 있지 못하다. 우리는 무엇이 실현 가능한지 이제 막 파악하기 시작했다. 지금 당장의 목표는 가능한 한 충분한 투명성과 설명성 그리고 감사 가능성을 확보하는 것이다.

네트워크 보안을 확보하라

······

우리 대다수는 하나나 그 이상의 ISP를 통해 인터넷에 접속한다. ISP는 AT&T, 컴캐스트, BT, 차이나 텔레콤 같은 곳들이다. 이들은 매우 큰 영향력을 발휘한다. 2011년의 한 보고서[27]는 전 세계의 상위 25개 전기통신 기업들이 모든 인터넷 트래픽의 80%를 감당한다고 밝혔다. 이러한 권력 집중은 소비자의 선택에 바람직하지 않지만[28] 적어도 잠재적인 보안 혜택을 하나 제공한다. ISP는 우리 가정과 인터넷 사이에 있기 때문에, 보안을 제공할 수 있는—특히 가정 이용자들에게—독특한 위치에 놓인다. 이들 ISP에 요구되는 몇 가지 보안 원칙은 다음과 같다.

1. **소비자에게 안전한 네트워크를 제공하라.** ISP는 소비자에게 단순한 인터넷 연결뿐 아니라 그 연결의 보안성도 제공해야 한다. 어느 정도까지는 이용자와 인터넷 사이에 방화벽도 제공할 수 있다. 그리고 이용자의 연결망이 암호화되지 않은 한, 멀웨어의 포함 여부를 스캔할 수 있다(일부 ISP들은 이미 아동 포르노물을 이런 방법으로 차단하고 있다).[29]

2. **이용자의 인터넷 기기 설정을 도와줘라.** ISP는 소비자의 라우터가 안전하게 설정되도록 도와줄 수 있는 최선의 위치에 있다.[30] 그 라우터에 접속된 모든 인터넷 기기들의 보안 관리도 도와줄 수 있다.

3. **소비자에게 인터넷의 위협을 가르쳐라.** ISP는 소비자를 인터넷에 연결시켜주는 기업이다. 때문에 이들은 인터넷의 여러 보안 위협에 관해 소비자를 교육시킬 수 있는 최선의 위치에 있다.

4. **네트워크 인프라의 감염 내용을 소비자에게 고지하라.** ISP는 소비자를 인터넷에 연결시켜주는 기업이기 때문에, 이들은 멀웨어와 다른 악성 프로그램의 징후를 모니터할 수 있다. 이들은 위협이 발견될 때마다 소비자에게 알려야 한다. 미래에는 ISP가 안전하지 않은 소비자 기기가 인터넷에 접속하는 것을 막을 책임을 지게 될 수도 있다.

5. **보안 침해 사고 통계를 공표하라.** ISP는 스팸의 양, 해킹되거나 감염된 컴퓨터의 숫자, 서비스 거부 공격의 세부 내용 등을 이미 알고 있다. ISP는 개별 고객의 익명성을 보존하기 위해 종합한 형태로 그 내용을 공개해야 한다.

6. **다른 ISP들과 임박한 위협에 관한 정보를 공유하고 비상 사태에는 협력하라.** ISP는 다양한 공격 양태를 알 수 있고 그 피해를 줄이기 위해 다

른 ISP와 공조할 수 있다.

위 목록은 조지 W. 부시^{George W. Bush}와 버락 오바마 대통령의 수석 정책 고
문을 지낸 사이버 보안 컨설턴트 멜리사 해서웨이^{Melissa Hathaway}의 논문에서
뽑은 것이다.[31]

이 원칙들은 ISP에 상당한 권력을 부여하며, 이는 상당한 위험을 동반한다.
만약 ISP가 이용자들의 보안 수준을 설정할 수 있다면 정부의 접근을 허용
하도록 설정할 수 있다. 그리고 만약 트래픽의 유형에 따라 차별 관리할 수
있다면, 이들은 온갖 경제적이거나 이념적인 이유들로 망 중립성을 침해할
수 있다. 이것은 충분히 타당한 우려이고, 이를 덜어주는 더 나은 정책이 필
요하다. 하지만 인터넷을 안전하게 사용하기 위해 이용자들이 보안 전문가가
돼야 할 필요는 없어야 하며, ISP가 첫 번째 방어선으로 나서야 할 것이다.

인터넷 보안을 확보하라

하트블리드^{Heartbleed}는 웹 브라우징을 보호하는 암호화 시스템 중 하나인 오
픈SSL의 심각한 취약점에 보안 연구자들이 붙여 준 '쿨한' 이름이다. 당신의
웹 브라우저와 방문한 웹사이트 간의 연결이 암호화돼 있다면, 그 암호화는
오픈SSL 기반일 가능성이 높다. 이 프로토콜은 공개돼 있고 코드는 오픈소
스다. 하트블리드는 2014년 우연히 소프트웨어에 끼어든지 2년 뒤에 발견
됐다. 그것은 서버부터 방화벽, 멀티탭에 이르기까지 이용자 기기는 물론 인

터넷 웹 서버의 17%에 영향을 미치는 심각한—나는 당시 '파국적'[32]이라는 표현을 썼다—취약점이었다.[33]

이 취약점을 통해 공격자들은 사용자명과 비밀번호, 계정 번호 등을 찾아낼 수 있었다. 하트블리드를 고치는 일은 전 세계의 웹사이트, 인증 기관 그리고 웹 브라우저 회사들 간의 조정과 협업을 요구하는 엄청난 작업이었다.

두 가지 변수가 하트블리드의 피해를 키웠다. 하나, 더없이 중요한 소프트웨어인 오픈SSL을 한 사람과 조수 몇 명이 무료로, 여가 시간을 이용해 관리하고 있었다. 둘, 아무도 오픈SSL에 대해 정식 보안 분석을 하지 않았다. 전형적인 집단 행동의 문제였다. 코드는 오픈소스이기 때문에 누구나 평가할 수 있지만 모두가 누군가 평가했을 것이라고 생각하고 아무도 실제로 평가하는 노력을 기울이지 않았다. 그 결과 문제의 취약점은 2년 이상 발견되지 않은 채 남아 있었다.[34]

하트블리드의 여파로[35] IT 업계는 '핵심 인프라 이니셔티브'라고 부르는 대응책을 만들었다. 대규모 IT 기업들이 모두 모여, 자기들이 사용하는 오픈소스 소프트웨어를 검토하는 테스트 프로그램이었다. 10년 전에 모색했다면 좋은 아이디어였겠지만 이제는 그것만으로는 충분하지 않았다.

1장에서 나는 인터넷이 애초부터 보안을 염두에 두고 설계되지 않았다고 설명한 바 있다. 인터넷이 주로 연구 기관들을 연결하고, 학술적인 교신 목적으로 사용되던 당시에는 괜찮았다.[36] 인터넷이 사실상 세계의 주요 인프라를 지원하게 된 지금은 괜찮지 않다.

ISP들은 소비자들을 인터넷과 연결시켜주는 데 그치지 않는다. '티어 1' ISP들은 인터넷 백본을 관리하며, 전 세계의 대규모, 대용량 네트워크들을 운영한다. 이들은 독자들이 들어본 적이 없는 기업들일 가능성이 큰데[37]—레

벨 3, 코전트^{Cogent}, GTT 커뮤니케이션즈 – 일반 개인 사용자들은 이들의 고객이 아니기 때문이다. 이들 기업은 다음과 같이 인터넷의 보안을 높이는 데 기여할 수 있다.

1. **진정하고 권위 있는 라우팅 정보를 제공하라.** 1장에서 내가 '경계 경로 프로토콜'을 언급하면서, 어떻게 일부 나라들이 도청을 위해 인터넷 트래픽을 악의적으로 변경할 수 있는지 설명한 것을 기억하는가? ISP는 이를 막을 수 있는 위치에 있다.
2. **도메인 네임 탈취를 줄일 수 있도록 진정하고 권위 있는 이름 정보를 제공하라.** 이 경우에도 ISP는 도메인 네임 서비스에 대한 악의적 공격을 막을 수 있는 주체들이다.
3. **모든 트래픽을 동등하게 취급하고, 데이터의 콘텐츠에 따른 차별적 서비스를 제공하지 않겠다고 서약하라.**

티어 1 ISP는 트래픽 감시와 공격 차단 외에도 다른 기여를 할 수 있다. 예를 들면 스팸, 아동 포르노, 인터넷 공격 등 온갖 종류의 범행을 차단할 수 있다. 하지만 이 모든 일은 인터넷 트래픽을 ISP가 대규모로 감시해야 가능하며, 만약 트래픽이 암호화돼 있다면 가능하지 않다. 따라서 인터넷 트래픽이 처음부터 끝까지 '종단 간 암호화'된다면 훨씬 더 안전하다. 이에 대해서는 9장에서 더 논의하겠다.

주요 인프라의 보안을 확보하라

2008년 신원 미상의 해커들이 터키에 있는 바쿠－트빌리시－세이한$^{Baku-}$
$^{Tbilisi-Ceyhan}$ 석유 파이프라인에 침투했다. 이들은 파이프라인의 제어 시스템
에 접근해 원유의 압력을 높임으로 폭발을 유도했다.[38] 이들은 센서와 파이
프라인을 감시하는 비디오 카메라들도 해킹해, 폭발이 일어난지 40분이 지
날 때까지 운영자들이 그런 사실을 모르게 했다(1장에서 상호연결성의 취약점을
다룬 사실을 기억하기 바란다. 공격자들은 그런 비디오 카메라의 통신 소프트웨어에
숨은 취약점을 통해 파이프라인의 제어 시스템에 접근했다).

2013년, 우리는 국가안보국이 브라질 국영 석유회사의 네트워크를 해킹한
사실을 알았다.[39] 국가안보국의 목적은 거의 확실히 첩보 수집이었지 공격
은 아니었다. 나는 앞에서 사우디아라비아의 국영 석유회사인 사우디 아람
코$^{Saudi Aramco}$에 대한 이란의 2012년 사이버 공격과, 우크라이나의 발전소에
대한 러시아의 2015년 공격을 언급했다. 2017년에는 누군가가 선박들이 항
해에 이용하는 GPS를 해킹해 배들의 위치를 엉터리로 조작했다.

사이버 군비 경쟁은 점점 격화되고 있고, 나라들마다 그 불균형도 더 커지고
있다. 특정 국가 소속이 아닌 비국가 테러리스트들 사이에서는 사이버 공격
능력의 불균형이 더 도드라진다. 사이버 스페이스에서 주요 인프라의 보안
성을 높여야 하는 이유다.

하지만 그렇게 하기 전에 '주요 인프라'가 무엇인지 먼저 파악할 필요가
있다. 그 용어는 복잡하고 모호해서 무엇을 주요 인프라로 잡아야 할지 여부
도 기술과 사회의 발전 양상에 따라 달라진다. 미국의 경우 백악관과 국토안
보부에서 내놓은 여러 문서를 통해 무엇이 주요 인프라로 분류되는지 가늠

할 수 있다.[40] 2013년에 나온 대통령 지침은 '주요 인프라 부문' 16개를 소개했다.[41] 여기에는 항공 운송, 석유 생산 및 저장, 식품 유통 등 대체로 익히 알 만한 내용들이 포함됐다. 대규모 쇼핑몰이나 대형 스포츠 스타디움처럼 언뜻 납득이 덜 가는 대목도 있다. 그렇다. 많은 사람들이 몰리는 장소들이다. 만약 이런 장소에서 폭탄이 터져 수백 혹은 수천 명이 목숨을 잃는다면 국가적 비극이 되겠지만, 발전소 같은 시설과는 그 맥락과 수준이 사뭇 다르다.

만약 모든 것이 우선순위라면 어느 것도 우선순위가 아닌 셈이 된다. 어려운 선택이지만 특정한 산업 분야를 다른 부문보다 더 중요하고 긴박하다고 지정할 필요가 있다. 2017년의 미국 국가안보전략 보고서는 핵심 분야를 여섯 곳으로 압축했다. '국가 안보, 에너지와 전력,[42] 은행과 금융, 의료와 안전, 통신 그리고 운송'. 어떤 이들은 선거 시스템을 더한다.[43] 나는 에너지, 금융 그리고 전기통신이 다른 모든 분야를 떠받치기 때문에 가장 중요한 세 분야라고 생각한다. 단기적으로 어떤 재난적 위험이 존재하는지 알고 싶다면 5장을 다시 참조하기 바란다. 거기에 잘 나와 있다. 그리고 이들이야말로 최고의 투자 대비 보안성을 확보할 수 있는 분야다.

왜 지금 우리는 주요 인프라의 보안에 더 집중하지 않는 것일까? 여러 이유가 있다.

하나, 비싸다. 우리가 방어해야 할 위협 모델은 보통 뛰어난 기술을 갖춘 프로 공격자들을 운용하는 해외의 정교한 군사 팀이다. 이것은 쉬운 작업이 아니며 소요되는 비용도 적지 않다.

둘, 일반 국민이나 정책 입안자들이나 미래의 '가상' 위험을 평가절하하기 쉽다. 미국의 주요 인프라에 대한 실제 사이버 공격으로 미국 시민들이 피해를 입을 때까지−소니에 대한 북한의 공격이나, 사우디아라비아와 에스토니아 같은 나라들에 대한 공격은 여기에 들지 않는다 — 이 분야는 우선순위가 되지 못할 것이다.

셋, 정치적 결정 과정은 복잡하다. 오바마 전 대통령은 모든 산업 분야가 적절히 고려됐음을 보여주기 위해 16개의 주요 인프라 분야를 지정했다. 우선순위를 정하는 어떤 시도도, 자신들의 중요성이 과소평가됐다는 반발을 피할 수 없다. 따라서 다른 모든 분야를 떠받치는 역할을 하기 때문에 발전소와 전기통신 인프라의 보안이 가장 먼저 확보돼야 한다고 내가 말하기는 쉬워도, 정부가 그렇게 말하기는 쉽지 않다.

넷, 정부는 대부분의 주요 인프라에 대해 아무런 직접 통제권도 갖고 있지 않다. 미국 주요 인프라의 85%는 기업의 손에 놓여 있다는 이야기를 종종 들을 것이다. 그 통계는 국토안보부가 2002년 발간한 문서에 근거한 것인데,[44] 퍽 개략적인 추산으로 보인다.[45] 그 수치는 어느 산업 분야를 가리키느냐에 따라 달라질 수 있다.[46] 앞서 설명했듯이 민간 기업들은 매년 돈을 아끼면서 위험을 감수하는 편이 더 이익이기 때문에 보안 분야 지출에 상대적으로 더 인색할 가능성이 높다.

다섯, 인프라에 대한 지출은 매력적이지 못하다. 한 나라가 인프라에 대한 투자를 공언할 때도, 그것은 낡고 오래된 다리를 보수하기보다는 멋진 새 다리를 건설한다는 뜻이기 십상이다. 오바마 전 대통령이나 트럼프 대통령이 인프라 투자를 공언하는 경우에도, 기존 시설을 유지 관리하는 데 투자하는 것은 우선순위가 아니다. 미국 곳곳에서 삐걱거리고 휘청거리는 국가 인프라를 보라. 이런 문제는 보안 분야에서 특히 더 심각하다. 이 분야에 대한 지출은 긴 안목을 요구하며, 아무 문제도 벌어지지 않은 데 대해 보안 대책을 잘 마련한 덕택이라고 공로를 주장하기도 어렵다. 보안 지출이 현명한 결정이었다고 명백히 인정될 즈음에는, 그것을 승인한 정치인들은 더 이상 그 자리에 있지 않을 수도 있다.

주요 인프라를 사이버 공격으로부터 대비해야 한다는 주장은 새로운 아이디어도 아니고 논란거리도 아니며 정부, 업계 그리고 학계는 이 사안에 대해 이미 많은 연구를 수행했다.[47] 하지만 넘어야 할 장벽은 많다. 이 책은 일반론을 다루기 때문에 구체적으로 파고들지는 않겠지만 어떤 방어든 역동적이고 종합적이며 다양한 분야의 인력, 조직, 데이터 그리고 기술적 능력을 필요로 한다. 그리고 우리의 인프라는 복잡하고 무수한 하부 시스템과 구성요소들이 딸린 복잡한 시스템이며, 이중 어떤 것은 수십 년째 가동되는 것도 있다. 이중 어느 것이든 보안 문제를 고치는 비용은 높을 수밖에 없지만, 불가능한 일은 아니다.

시스템을 끊어라

에드워드 스노든이 폭로한 국가안보국의 기밀 문서 중 하나는 당시 국가안보국 국장 키스 알렉산더Keith Alexander의 모토 '모조리 수집하라Collect it all'가 포함된 프레젠테이션이었다.[48] 지금의 인터넷 플러스에 비슷한 모토를 적용한다면 '모조리 연결하라'가 될 것이다. 썩 바람직한 아이디어는 아니다.

우리는 시스템들의 연결을 끊기 시작해야 한다. 복잡한 시스템들에 대해, 실제 환경에서 그것들이 발휘하는 능력에 상응하는 수준의 보안성을 제공할 수 없다면, 모든 것이 컴퓨터화되고 상호 연결되는 세계를 건설하지 말아야 한다. 6장을 시작하면서 언급한 '보안 중심 설계'도 그와 긴밀히 연결된다. 만약 새로 만든 시스템의 유일한 보안 해법이 그것을 연결하지 않는 것이라면, 그것을 유효한 옵션으로 간주해서는 안 된다.

모든 것을 네트워크와 연결하려 경쟁하는 요즘의 상황에서, 이것은 이단으로 간주될지도 모르지만, 중앙집중화된 대규모 시스템들은 결코 불가피한 것이 아니다. 기술 엘리트와 기업 엘리트들은 우리를 이런 방향으로 밀어붙이지만 이익의 극대화 외에는 그런 주장을 뒷받침할 만한 그럴듯한 명분을 갖고 있지 못하다.

단절은 여러 방식으로 일어날 수 있다. 이것은 인터넷이나 다른 취약한 네트워크와 물리적으로 분리하는 별도의 네트워크를 만드는 것일 수 있다(이것도 취약점을 지니며, 완전한 보안 해법은 못된다). 이것은 상호 호환성이 없는 시스템들로 회귀한다는 뜻일 수 있다. 그리고 이것은 처음부터 시스템에 연결 기능을 넣지 않는다는 뜻일 수 있다. 누적적인 방법으로 이를 구현할 수도 있다. 로컬 통신만 가능하게 할 수 있다. 모든 것을 범용 컴퓨터로 변모시키는 현재 흐름을 거슬러 전용 기기를 설계할 수 있다. 중앙집중화를 줄이고 분산형 시스템을 늘리는 방향으로 나갈 수 있다. 이것은 인터넷이 처음 의도한 방향이기도 하다.

여기에 대해서는 좀 더 부연할 필요가 있다. 인터넷이 나오기 전에는 전화 네트워크가 '스마트한' 네트워크였다. 복잡한 통화 경로 알고리즘은 네트워크 안에 자리 잡고 있었고, 그에 연결된 전화기들은 멍텅구리였다. 인터넷 이전에는 이것이 다른 컴퓨터화된 네트워크들의 모델이기도 했다. 인터넷은 이런 모델을 물구나무세웠다. 대부분의 '스마트' 기능은 네트워크의 말단에 놓인 컴퓨터들로 이전됐고, 네트워크는 멍텅구리가 됐다. 인터넷을 기술 혁신의 온상으로 만든 변화였다. 누구든 무엇인가 새로운 것, 가령 새로운 소프트웨어, 새로운 통신 모드, 새로운 하드웨어 장비 등을 발명할 수 있었고, 그것이 기본적인 인터넷 프로토콜을 만족시키기만 하면 인터넷에 연결될 수 있었다. 인증 절차도, 중앙집중화된 승인 시스템도, 아무것도 없었다. 스마트 기기, 멍텅구리 네트워크. 인터넷 아키텍처를 공부하는 학생들은 이것을 '종단 간 원칙end-to-end principle'이라고 부른다.[49] 그리고 이것은 망 중립성을 선호하는 이들이 모두 보존하고 싶어 하는 원칙이다.[50]

우리는 결국 컴퓨터화와 연결성의 최고 수위에 도달할 것으로 예상한다. 그에 대한 반발이 있을 것이다. 그것은 시장이 아니라, 사회의 안전과 복지를 개별 기업과 업계보다 우선시하는 규범과 법률과 정책 결정에 의해 주도될 것이다. 그것은 커다란 사회적 변화를 요구하며 많은 이들에게는 받아들이기 어렵겠지만 우리의 안전은 거기에 좌우될 것이다.

그런 이후 우리는 무엇을 그리고 어떻게 상호 연결할지에 대해 의식적인 결정을 내릴 것이다. 우리는 원자력에서 비슷한 시사점을 끌어낼 수 있다. 1980년대 초 원자력 사용은 핵 폐기물을 안전하게 처리하기가 너무나 어렵고 위험하다고 깨닫기 전까지 극적으로 증가했다. 지금 우리는 여전히 원자력 에너지를 이용하지만 언제 어디에 원자력발전소를 지을지 그리고 언제 여러 대체 에너지원 중 하나를 선택할지에 더 신중해졌다. 언젠가 컴퓨터화도 그런 방향으로 바뀔 것이다.

하지만 지금은 그렇지 않다. 우리는 아직 연결성과 밀월 단계에 있다. 정부와 기업들은 우리의 개인 데이터를 수집하고 끌어 모으는 데 정신을 못 차리는 상태이며, 더 큰 영향력과 시장 점유율을 차지할 욕망에 모든 것을 연결하려 서두르는 상황이다.

7

어떻게 인터넷 플러스의 보안을 확보할 것인가

대체로 6장에서 내가 언급한 원칙들을 모두 만족시킬 만한 기술은 이미 존재한다. 취약점은 여전히 존재한다. 일부 솔루션들은 가용성에서 여러 문제를 안고 있기도 하다. 하지만 대부분의 경우 이들은 상식에 기초한 보안 원칙들로 실제 상황에 적용할 수 있는 내용들이다. 기업들이 그렇게 하도록 부추길 만한 동기부여만 된다면 말이다.

우리는 강력한 공공 정책을 만들어 그런 동기를 창출해야 한다. 정책이 그 영향력을 사회에 발휘할 수 있는 방식은 기본적으로 네 종류다. 첫 번째는 사전ex ante 규제로, 바람직하지 않은 일들이 벌어지기 전에 이를 막으려는 규칙들이다. 제품과 제품군에 대한 규제, 전문 직종과 제품에 대한 허가, 시험과 증명 요구, 업계의 모범 관행 등이 여기에 든다. 요구 사항을 적절히 수행하는 데 따른 보조금과 세금 우대 등도 포함된다. 두 번째는 사후$^{ex\ post}$ 규제로, 사태가 벌어진 이후에 부당 행위를 처벌하는 규칙들이다. 문제가 생겼을 때 법적 책임과 허술한 보안에 대해 벌금을 물리는 경우가 여기에 든다. 세 번째는 공개를 의무화한 규제다. 제품 표시 법규와 다른 투명성 제고 조처, 시험과 평가 기관들, 정부와 업계 간 정보 공유 그리고 위반 공개 법규 등이 여기에 해당한다(이들 공개 중 어떤 것은 사전에, 어떤 것은 사후에 일어난다). 그리고 네 번째는 환경에 영향을 미치는 조처들로 넓게 범주화할 수 있는 것들이다. 의도적인 시장 설계, 연구와 교육 지원금, 조달 절차를 좀 더 폭넓은 제품 개선의 수단으로 이용하는 경우 등이 여기에 포함된다. 이것이 우리의 툴박스다. 보안 강화에 우리가 사용해야 할 수단들이다.

이런 정책들의 목표는 모든 것이 안전해야 한다고 요구하는 것이 아니라 안전한 행태를 유도하는 동기를 창출하는 것이다. 비유하면 저울에 우리의 손가락을 얹어 비보안(보안 결여)에 따른 비용을 높이거나 (그보다 드물게는) 보안 비용을 낮추는 것이다.

어떤 정책이든 중요한 것은 시행 과정이다. 표준은 정부나 전문가 조직, 업계 단체, 혹은 다른 제삼자에 의해 강제력이나 시장 압력을 통해 시행될 수 있다. 인터넷 플러스의 보안 정책을 시행하는 방법은 기본적으로 다음 네 가지다.[1] 하나, 모범 관행과 같은 규범을 통해서다. 규범은 소비자 옹호 단체, 미디어, 기업 주주들이 해당 기업에 책임을 물을 수 있는 기준을 제공한다. 둘, 자율규제를 통해서이다. 때로 산업계와 전문가 기관들은 자발적인 표준을 만들어 시행하고 싶어 한다. 이들은 소비자의 신뢰를 높이고 새로운 경쟁자들의 진입에 대한 보호 장벽으로 기능한다. 셋, 소송을 통해서다. 만약 소비자나 사업체가 피해 배상 소송을 제기할 수 있다면 기업들은 그러한 소송을 피하기 위해 보안 수준을 높일 것이다. 넷, 규제 기관을 통해서다. 벌금을 물리거나 리콜을 요구하거나 기업들에 대해 결함 시정을 명령할 수 있는 권한을 가진 정부기관들은 표준 시행을 강제할 수 있다.

특정한 범주의 정책 해법은 정치적 고려 때문에 불가피할 수 있다. 나는 개인적으로 정부가 이 모든 정책 이니셔티브에서 주요 역할을 수행할 필요가 있음을 입증하려는 쪽이다. 다른 이들은 시장 주도의 이니셔티브를 선호한다. 다른 선택 사항으로는 강제력이 없는 정부의 가이드라인, 자발적인 권장 관행 표준 그리고 다자 간 국제 협정 등이 있다. 하지만 이들은 8장의 몫이고, 7장에서는 누가 할 것인지는 제쳐 두고 '어떻게' 할 것인지에 초점을 맞출 것이다.

내가 7장에서 제시한 방식들은 어느 하나도 그 자체만으로는 충분하지 않다. 최소한의 보안 표준이 모든 것을 해결하지는 못한다. 소송이 모든 것을 해결하지는 않는다. 하지만 괜찮다. 어느 하나도 별개로 작동하지는 않을 것이기 때문이다. 7장에서 제안한 내용들은 모두 상호작용하면서 때로는 상호 보완적으로, 때로는 서로 모순되게 작동할 것이다. 우리가 인터넷 플러스의 보안을 확보한다면 그것은, 사회의 다른 모든 것이 그렇듯이 상호 보완되는 일련의 정책들을 통해서일 것이다.

표준을 만들라

가장 먼저 우리는 내가 6장에서 소개한 원칙들을 반영한 실제 표준을 만들 필요가 있다.

나는 '표준'이라는 용어를 의도적으로 그리고 정책의 맥락에서 사용한다. 법에는 엄격한 처방적 규칙[2]과, 더 유연한 원칙 기반의 표준 사이에 뚜렷한 구분이 있다. 표준은 선택이나 재량권을 허용하며, 여러 다른 변수들 간에 균형을 잡을 수 있는 틀을 제공하고 변화하는 환경에 적응할 수 있다. 따라서 규칙이 '눈이 내리는 경우 제한 속도는 시속 55㎞'라고 돼 있다면, 표준은 '눈이 내리는 경우 조심 운전하시오'라고 경고하는 식이다. 인터넷 플러스의 보안을 예로 들면, 엄격한 규칙은 '소비자가 자신의 개인정보를 검토할 수 있도록 보장해야 한다' 그리고 '보안 수칙에 따른 운영을 디폴트로 설정하라'고 돼 있을 수 있다. 그에 비해 표준은 데이터베이스의 운영자에게 '적절한 대책을 마련'해 개인정보를 보호하라고 요구하며, 이는 운영자에게 해석의 여지를 줄 뿐 아니라, 그런 요구의 의미 또한 기술 변화에 따라 변할 수 있음을 시사한다.

또 다른 인터넷 플러스의 표준은 IoT 제조사들이 '보안 대책이 마련되지 않은 제품은 팔지 않도록 최선의 노력을 기울여야 한다'는 내용을 포함할 수도 있다. 이것은 흐리멍덩하게 들릴지 모르지만 실제 법률 표준이다. 만약 어떤 IoT 기기가 해킹을 당한다면, 규제 기관 측에서 해당 제조사들이 안전하지 않은 프로토콜을 사용했고 데이터를 암호화하지 않았으며 디폴트 비밀번호를 쓸 수 있게 해 놓았음을 입증할 수 있다면, 이들은 명백히 '최선의 노력'을 기울이지 않은 것이다. 만약 제조사들이 이 모든 보안 조처와 그 이상의 대책을 마련했다면, 설령 해커가 제조사들이 미처 예측하거나 예방하지 못한 취약점을 찾아낸다고 해도 제조사들에 책임을 묻기는 어려울 수 있다.

현실적으로 우리는 규칙과 표준을 모두 필요로 할 가능성이 높다. 하지만 이들이 시행되는 방식은 더 유연한 표준에 기준을 맞춰야 할 것이다. 추측하건대, 인터넷 플러스 보안의 역동적인 환경에서 대다수 규제는 엄격한 규칙보다 원칙 기반의 표준에 더 가까운 형태일 것이다.

기기의 유형에 따라 다른 표준이 필요할 것이다. 예컨대 냉장고처럼 크고 값비싼 제품과, 전구처럼 값싼 일회용 제품을 동일한 방식으로 취급할 수는 없을 것이다. 만약 후자가 취약점을 가지고 있다면 타당한 대응은 그것을 버리고 새 전구를 구입하면서, 아마도 제조사 측에 그런 교환 비용을 지불하도록 강제하는 형태일 것이다. 냉장고는 그와 다른 대신 제조사의 숫자도 더 적을 것이다. 따라서 표준을 적용하기도 더 쉬울 것이다.

일반적으로 절차보다 결과에 초점을 맞추는 편이 더 효과적이다. 이른바 '결과 기반 규제'로,[3] 건축 조례부터 식품 안전, 배기가스 감축에 이르기까지 거의 모든 분야에 점점 더 널리 적용되고 있다. 표준은 소프트웨어 제품이 어떤 패치 방법을 써야 하는지 시시콜콜하게 처방하는 식이어서는 안 된다. 그러한 처방적 규제는 지나치게 구체적이며, 특히 빠르게 진화하는 기술 환경에서 정부가 능숙하게 대처하지 못하는 부분이다. 이를테면 IoT 제품은 안전한 배치 방식을 가져야 한다라는 식으로 구체적인 결과를 요구하되, 이를 성취하는 방법은 해당 업계에 맡기는 편이 더 낫다. 이런 규제 방식은 기술 혁신을 저해하는 대신 오히려 자극할 수 있다. 가전제품이 이듬해에 x% 더 나은 에너지 효율성을 가져야 한다고 요구하는 경우와, 구체적인 공학적 설계 방식을 지정하는 경우의 차이점을 생각해보라.[4]

인터넷 플러스 기기들을 사용하는 업체들이 따라야 하는 안전 수칙도 표준화할 필요가 있다. 미국 국립표준기술원NIST, National Institute of Standards and Technology의 '주요 인프라의 사이버 보안 개선을 위한 프레임워크'는 이러한 표준 유형의 좋은 사례다.[5] 민간 부문 기관들이 사이버 보안 위험을 앞서서 평가하고 최소화할 수 있도록 도와주는 종합 가이드다.

사이버 공격에 대한 예방 탐지 대응 방법과 같은 비즈니스 절차를 규제하는 표준들도 중요하다. 제대로 시행될 경우 기업들이 자체 인터넷 보안을 개선하고, 어떤 기술을 도입해 어떻게 사용할지에 관해 더 나은 결정을 내리도록 자극할 수 있다. 그보다 덜 명확하기는 하지만, 이런 유형의 비즈니스 절차를 표준화하면 기업 경영진은 아이디어를 공유하고, 하청 기업들에 요구 사항을 부과하고, 보안 표준을 보험과 연계하기가 더 쉬워진다. 이들 표준은 또한 소송에서 모범 관행의 모델로 정착돼, 법정 판결의 근거로 사용될 수 있다.

NIST의 사이버 보안 프레임워크는 지금 단계에서는 자발적 참여를 독려하는 수준이지만 점점 더 힘을 얻어가고 있다. 2017년 연방정부들에는 의무적인 요구 사항이 됐다. 모두가 의무적으로 준수하도록 만든다면 손쉬운 규제의 승리가 될 것이다.

그와 동일한 맥락으로, 미국 정부는 '페드램프FedRAMP'라고 부르는 클라우드 서비스용 보안 평가 및 승인 제도를 가지고 있다. 이것도 NIST의 표준을 사용하며,[6] 연방정부기관들은 페드램프의 인증을 받은 회사들의 서비스를 사용하도록 돼 있다.

어떤 표준이든 시간에 따라 진화하리라는 점은 분명하다. 위협이 변화함에 따라, 무엇이 효과적이고 무엇이 효과적이지 않은지 알게 됨에 따라, 기술이 발전함에 따라 그리고 인터넷에 연결된 장비들이 더 강력해지고 더 널리 이용됨에 따라, 표준도 변화할 것이다.

잘못된 동기부여 장치를 바로잡아라

——

다음과 같은 선택 앞에 놓인 최고경영자를 상상해보라. 예산의 5%를 사이버 보안 예산에 추가해 기업 네트워크, 제품, 또는 고객 데이터베이스의 보안을 강화할 것인가, 아니면 아무것도 잘못되지 않을 것이라 믿고 운에 맡겨 그 돈을 절약할 것인가. 이성적인 최고경영자라면 후자를 택하거나, 시장 경쟁력을 높일 만한 신기능을 더하는 데 예산을 지출하는 쪽을 선택할 것이다. 그리고 2016년 야후Yahoo나 2017년 에퀴팩스의 경우처럼 최악의 사태가 발생한다면 허술한 보안으로 인해 피해 비용의 대부분은 다른 이들이 떠안게 될 것이다. 에퀴팩스의 CEO는 사직했기 때문에 520만 달러(약 58억 원)의 퇴직금을 받지 못했지만 1,840만 달러(약 200억 원)에 달하는 연금과 스톡옵션은 챙겼을 것이다.[7] 그의 실패한 도박은 회사에 1억 3천만~2억 1천만 달러의 손해를 입혔지만, 그것은 당시에는 그의 책임으로 귀속되지 않았다.[8] 그것은 회사 측에 잘못된 장기적 결정이었다는 사실도 마찬가지였다.

이것은 전형적인 '죄수의 딜레마' 상황이다. 만약 모든 기업이 추가 예산을 보안에 지출한다면, 금융가는 그런 지출을 정상으로 받아들일 것이다. 하지만 모든 기업이 단기 수익을 올리는 쪽을 선택한다면 장기적 안목으로 보안에 비용을 지출하는 기업은, 수익이 낮아진다면 주주들에 의해, 제품이나 서비스의 비용이 높아진다면 고객들에 의해, 즉각 불이익을 당할 것이다. 우리는 기업들을 조정해 모두 함께 보안을 개선하도록 설득할 수 있는 모종의 방법이 필요하다.

경제적 고려가 미치는 영향은 퍽 깊다. 단기 수익보다 보안을 우선시하기로 결정한 다음에도, CEO는 해당 시스템의 보안을 기업의 가치에 부합하는 수준으로 올리는 데 필요한 만큼의 예산만 지출할 것이다. 이것은 중요하다. 재해 복구 모델은 해당 기업에 초래될 손실을 기준으로 설정되지, 그 기업이 있는 나라나 개별 시민들에 초래될 손실을 근거로 삼지 않는다. 그리고 그 회사의 최대 손실은 해당 기업이 가진 가치의 총합이지만, 재해의 진정한 비용은 그보다 훨씬 더 클 수 있다. 멕시코만의 석유 시추선 딥 워터 호라이즌 Deepwater Horizon 의 재난 사고는 BP에 약 600억 달러(약 68조 원)의 비용 손실을 초래했지만 생태 환경과 건강, 경제에 미친 비용은 그보다 훨씬 더 막대했다.[9] 그 회사가 더 작은 규모였다면 그 모든 비용을 갚기 훨씬 전에 파산했을 것이다. 회사가 부담하지 않은 모든 추가 비용은 외부 효과와 사회로 전가됐다.

이중 일부는 심리적이기도 하다. 우리는 위험한 대규모 수익보다 확실한 소규모 수익을 선호하며, 확실한 소규모 손실보다 위험한 대규모 손실을 더 선호한다.[10] 예방적 보안에 지출하는 것은 확실한 소규모 손실이다. 더 높은 보안을 위한 비용인 셈이다. 확실한 소규모 수익이다. 보안이 허술한 네트워크, 혹은 서비스, 혹은 제품을 유지하는 것은 대규모 손실의 위험을 감수하는 행위다. 이것은 아무도 보안에 돈을 쓰지 않는다는 뜻이 아니다.[11] 이러한 인지적 편견을 극복하기가 어렵다는 뜻이다. CEO들이 그토록 자주 회사를 운에 맡기는 이유이기도 하다. 물론 이것은 CEO들이 보안 위협을 인지하고 있다는 가정인데, 실제로는 거의 그렇지 못하다.

보안이 결여된 네트워크의 위험성을 기업들이 기꺼이 감수하는 데는 비보안 제품을 생산해도 그로 인한 명백한 법적 책임이 없다는 점도 일정 부분 작용한다. 이 부분은 다음 절에서 더 논의하겠다. 몇 년 전 이런 농담을 한 적이 있다. 어떤 소프트웨어 제품이 당신의 자녀를 불구로 만들어도 해당 소프트웨어 제조사가 그런 사실을 알고 있었지만 판매에 악영향이 미칠까 봐 당신에게 알리지 않기로 결정했다고 해도, 해당 기업은 여전히 책임이 없다고. 그런 농담은 당시만 해도 소프트웨어가 당신의 자녀가 장애를 갖게 할 가능성은 전혀 없었기 때문에 통했다.

보안을 강화할 만한 동기가 적절히 부여되지 않은 데는 다른 이유도 있다. 경쟁 상대가 거의 없는 대기업은 자사 제품의 보안을 개선할 동기가 별로 없다. 이용자로서는 별다른 대안이 없기 때문에 결함이 있든 말든 그 제품을 사거나 사지 않는 수밖에 없다. 소규모 회사들도 마찬가지다. 보안 개선으로 제품 개발 속도가 더뎌지고 제품의 기능에 제한이 초래되는 반면 보안 개선에 따른 시장의 보상은 기대할 수 없기 때문이다.

설상가상으로 기업들은 보안 문제를 PR 문제로 취급해 보안 취약점과 데이터 유출 사실을 공개하지 않으려는 강력한 동기를 가지고 있다. 에퀴팩스는 2017년의 해킹 사고를 7월에 인지했지만 그 사실을 9월까지 비밀로 유지했다.[12] 야후는 2014년에 해킹당한 사실을 2년 동안 숨겼다.[13] 우버Uber는 1년 동안 쉬쉬했다.[14]

이런 정보가 공개되는 경우에도 그것만으로는 충분하지 않다. 부정적인 언론 보도, 의회의 조사, 소셜미디어의 비판에도 기업들은 엉터리 보안 때문에 시장에서 불이익을 당하는 일은 대체로 없다. 한 연구에 따르면 보안 침해

사고는 해당 기업의 주가에 장기적으로 아무런 영향도 주지 않았다.[15]

동기부여가 잘못 설정된 경우 어떤 결과가 초래되는지 우리는 이미 목도한 바 있다. 2008년 금융 위기에 이르기까지 수년 동안 은행가들은 다른 사람들의 돈으로 사실상 도박을 벌이고 있었다. 단기적으로 가능한 한 최대 수익을 올리는 것은 은행가들의 이익과 부합했지만, 모든 예금을 위험한 금융 상품에 넣는 것이 해당 가족들에게 어떤 영향을 미칠지 배려해야 할 동기는 그들에게 없었다. 대다수 소비자들은 금융 전문가도 아니고 따라서 자신들의 위험을 평가할 만한 능력이 없었으므로, 거래 은행 직원들의 조언을 믿는 일 말고는 달리 선택의 여지가 없었다. 금융 위기 이후, 의회는 어긋난 동기부여 정책을 바로잡기 위해 도드-프랭크 법Dodd-Frank Act을 제정했다. 은행가들은 이제 더 높은 법적 의무를 지게 됐고(예를 들면 이들은 대출을 승인하기 전에 소비자가 이를 되갚을 능력이 있는지 먼저 고려해야 한다) 부당 행위에 따른 과징금도 높아졌다.

인터넷 인프라의 90% 정도는 민간 기업 소유다.[16] 이것은 인터넷 인프라가 이용자들의 이익이나 네트워크의 전체적 보안의 관점이 아니라, 해당 기업들의 단기적 금융 이익을 최적화하는 방향으로 경영된다는 뜻이다.

우리는 기업들이 자사 제품의 보안에 더 신경을 쓸 수밖에 없도록 동기의 설정 방향을 바꿀 필요가 있다.

이렇게 할 수 있는 한 가지 방법은 부당 행위를 저질렀을 때 해당 기업과 그 책임자들에게 벌금을 물리는 것이다. 이 과징금은 해당 기업이 위험 평가 방식을 바꿔야 할 만큼 충분히 큰 규모여야 한다. 적절한 보안 대책을 마련하지 않은 데 따른 비용은 보통 '위협 × 취약점 × 결과'로 계산된다. 만약 그것이 위험을 줄이는 데 드는 비용보다 적다면 합리적인 기업은 그 위험을 감수할 것이다. 보안 소홀에 따른 과징금이 사고 뒤에 실질적으로 산정된다면, 보안 경시(비보안)로 인한 비용은 그만큼 커질 수밖에 없고 기업들로서는 보안 강화에 투자하는 쪽이 재정적으로 더 매력적이라고 느낄 것이다.

과징금은 일부 기업을 파산으로 내몰 수도 있다. 가혹할 수도 있지만 이것은 다른 기업들에게 우리가 사이버 보안을 얼마나 중요하게 인식하는지 보여주는 유일한 방법이다. 만약 누군가가 당신의 배우자를 살해한다면, 그는 구속되고 심지어 사형 선고를 받을지도 모른다. 만약 한 기업이 당신의 배우자를 살해한다면, 그 경우 역시 동일한 처벌을 받아야 한다. 저자 존 그리어^{John Greer}는 유죄 판결을 받은 기업들을 '의사(擬似) 감옥^{pseudo-jail}'에 보내자고 제안했다.[17] 그것은 정부가 경영 전권을 떠맡고 모든 투자자들을 쫓아낸 다음 얼마 뒤에 기업을 팔아 치우는 것이다. 만약 우리가 기업들에게 사형 선고 내리기를 두려워한다면 기업들은 보안을 허술하게 취급해도 되며 혹시 잘못되더라도 여론의 관용에 호소하면 된다고 판단할 것이다.

이 사안을 바라보는 또 다른 방식은 만약 어떤 기업이 보안 비용을 외부로 떠넘기는 방식을 통해서만 생존할 수 있다면, 그 비즈니스를 하지 말아야 할 것이라는 점이다. 이들 기업은 대중에게 자사 직원들의 급여를 지불해달라고 묻지 않는데, 왜 우리는 그 회사들의 보안 실패에 따른 비용을 지불해야 하는가? 그것은 마치 불법 오염 행위를 저질러야만 비즈니스를 유지할 수 있는 공장과 같다. 그런 공장은 폐쇄하는 편이 우리 모두에게 더 유익할 것이다.

법무와 회계처럼 규제를 받는 직업군을 고려해보자. 이런 전문 서비스에 특화된 기업들은 자신들의 법적 책임을 심각하게 받아들인다. 부분적으로는 실수나 잘못에 따른 결과가 매우 심각하기 때문이다. 회계법인치고 아서 앤더슨^{Arthur Andersen}의 몰락에 충격을 받지 않은 곳은 드물다. 아서 앤더슨은 8만 5천 명 이상의 직원을 거느린 소위 '빅 5' 회계법인 중 하나였으나, 엔론 Enron의 재무 회계를 부적절하게 감사했다는 심각한 위반 사실이 드러나면서 하룻밤새 사실상 사라져버렸다.[18]

아서 앤더슨의 이런 실패는 또 다른 시사점을 제시한다. 아서 앤더슨의 여러 비즈니스 부문들은 조각조각 나뉘어 다른 기업들에 팔렸고, 직원들도 별 문제가 없었다. 허술한 보안 문제로 시장에서 퇴출된 다른 비슷한 한 회사도 부서 단위로 다른-바라건대 보안이 더 나은-기업들에 매각됐다.

그러나 이것조차도 충분하지 않다. 특히 신생 기업들은 의식적으로 보안을 무시해 과징금이나 심지어 '의사 감옥'의 위험을 감수한다. 이들은 이미 훨씬 더 많은 것을 훨씬 더 적은 것에 걸고 있고, 성공은 적어도 비즈니스 기술만큼이나 운에 달렸음을 알고 있다. 그들로서는 제한된 시간과 예산을 기업을 더 빨리 키우는 데 사용하고, 운에 맡기고, 보안 걱정은 나중에 하는 편이 '스마트'하다고 여겨진다. 이들의 투자자들과 이사회 위원들에게도 그렇게 조언할 것이다.

2015년 폭스바겐은 배기가스 제어 시험을 속인 사실이 들통났다.[19] 소프트웨어가 엔진 작동을 제어하기 때문에 프로그래머들은 배기가스 시험이 진행되는 경우를 감지해 그에 맞게 엔진의 작동 행태를 조정하는 알고리즘을 만들 수 있었다. 그 결과는? 2009년부터 2015년까지 전 세계 폭스바겐 차량 1,100만 대-미국의 경우 50만 대-가 해당 지역 법규의 허용 기준치보다 최고 40배나 더 많은 오염 물질을 배출했다. 그 회사는 거의 300억 달러에 이르는 과징금을 맞았고, 잘못에 걸맞은 규모였다.[20] 그러나 내가 우려하는 것은 폭스바겐의 교훈이 사기를 치는 기업들은 결국 덜미를 잡히게 된다는 것이 아니라, 사기를 치고도 6년씩이나 들키지 않을 수 있다고 인식되는 것이다. 이는 대다수 CEO들의 임기보다 긴 시간이어서 막대한 벌금이 부과되기 훨씬 전에 이미 두둑한 현금을 챙겨 빠져나갈 수 있다는 뜻이다(노트: 이 사태로 폭스바겐의 관리자 한 명과 엔지니어 한 명이 징역 판결을 받았다).[21]

명확히 하자면, 이것은 기업 내부에서 작동하는 잘못된 동기라는 더 큰 문제의 한 부분에 불과하다. 기업들에게 적절한 동기를 부여할 수 있는 유일한 길은 기업 경영진과 이사진(여기에는 자신들이 투자한 기업들의 이사회에 자리를 차지한 벤처 자본가들도 포함된다)에게 보안 실패의 개인적 책임을 묻는 것이다. 이렇게 하면 비보안의 개인적 비용이 높아지므로, 이들이 자기 이익을 위해 보안의 온당한 절차나 원칙을 무시하는 일도 줄어들 것이다.

그처럼 경영진에 책임을 묻는 상황은 곧 현실이 될 것이다. 미국의 현행 법과 EU의 개인정보보호규정GDPR, General Data Protection Regulation에 따라, 경영진과 이사진은 데이터 보호 위반에 대한 법적 책임에 직면할 수 있다.[22] 그리고 사회 일반의 기대와 압력도 이 방향으로 움직이고 있다. 에퀴팩스의 CEO, 최고정보책임자CIO 그리고 최고보안책임자CSO는 해킹 사고의 여파로 모두 조기 퇴진했다. 영국 토크토크TalkTalk의 CEO는 해당 기업이 고객의 개인정보 유출로 40만 파운드 (약 5억 7천만 원)의 벌금형을 받은 뒤 사임했다.[23] 경영진의 책임을 물은 선례가 있다. 사베인스-옥슬리 법Sarbanes-Oxley Act은 기업의 재무 행태와 회계 부정을 규제한다.[24] 엔론의 범죄와 회계 부정에 대한 대응으로 2002년 제정된 이 법의 취지는 기업법의 효율성을 저해하는 여러 이해 충돌을 바로잡자는 것이었다. 사베인스-옥슬리 법에 따르면 이사진은 회사의 행위에 대해 개인적으로 책임을 추궁당할 수 있기 때문에, 회사가 불법 행위를 하지 못하도록 감독할 강력한 동기가 있다. 법의 현실은 본래 취지에 훨씬 못 미칠 수도 있지만, 바람직한 발상이라는 점은 분명하다.[25] 우리는 이와 같은 유형의 조치를 소프트웨어 보안에 적용하는 것을 고려할 필요가 있다.[26]

법적 책임의 소재를 바꾸는 일은 분명 어렵고 힘든 싸움이 될 것이다. 지금 요구되고 있지 않은 부문에 법적 책임을 추가하기는 어려울 것이다. 그것은 업계로서는 급격한 변화이기 때문에 모든 수단을 동원해 반대할 것이다. 그렇다고 환경을 바꾸지 않는다면 사회에 미치는 악영향은 더욱 클 것이다.

마지막으로, 꼭 벌금을 물리는 방식으로만 기업에 동기를 부여할 필요는 없다. 기업들은 법적 책임을 어느 정도 경감해준다면 보안 침해에 관한 정보를 더 적극 공개할 가능성이 높다. 기업들은 자사의 민감한 지적 재산권이 안전하게 보호된다는 보장을 받는다면 경쟁사나 정부기관과 보안 취약점에 관한 정보를 더 적극 공유할 것이다. 세금 혜택도 좋은 동기가 될 수 있다.

법적 책임을 명확히 하라

정부기관이 부과하는 과징금이 인터넷 플러스의 보안을 강화하는 유일한 방법은 아니다. 정부는 법을 개정해 기업들의 보안 침해가 발생했을 때 이용자들이 더 쉽게 소송을 제기하도록 만들 수 있다.

스마트싱스SmartThings는 무료 전화 앱으로 제어되는 전구, 자물쇠, 온도조절 장치, 카메라, 초인종 등을 다루는 중앙 허브다. 2016년 한 보안 연구 그룹은 해당 시스템에서 수많은 보안 취약점을 찾아냈다. 이들은 문을 열고 가짜 화재 경보를 울리고 일부 보안 설정을 무력화할 수 있는 코드를 훔쳐냈다.[27] 만약 이런 취약점 중 하나로 인해 도둑이 가정집에 들어갈 수 있게 된다면 그것은 누구의 문제일까? 물론 우리의 문제다. 스마트싱스의 약관에 따르면 모든 이용자는 스스로 위험을 감수하고 그 회사의 제품을 사용하는 것이며, 스마트싱스는 어떤 상황에서도 기능 장애나 오작동으로 인한 피해에 책임을 지지 않으며 모든 클레임에 대해서도 면제된다는 데 동의해야 한다.[28]

개인용 컴퓨터가 사용되기 시작한 이래, 하드웨어와 소프트웨어 제조사들은 공히 제품이 잘못되는 경우에도 법적 책임을 부인해왔다. 이것은 컴퓨터가 대중화되던 시대 초기에는 어느 정도 납득되는 면이 있었다. 우리가 인터넷을 쓸 수 있는 것은 기업들이 버그투성이인 제품들을 팔 수 있었기 때문이다. 만약 컴퓨터가 사다리 같은 제품과 동일한 법적 책임을 져야 했다면, 지금 존재하지 않았을지도 모른다.

이런 불평등은 우리와 우리가 사용하는 소프트웨어 제조사 간의 책임 관계를 규정하는 약관에 의해 더욱 강화된다. 이것은 우리가 읽은—실상은 거의 아무도 읽지 않는—내용을 승인해야만 하는 '서비스 조건'이다.[29] 설령 실제로 읽었다고 해도 문제가 되지 않는다.[30] 기업들은 우리에게 알리지 않은 채 약관을 수정할 권리를 갖고 있기 때문이다.

기업들은 자사 프로그램이 우리 데이터를 잃어버리거나 범죄자에게 유출하거나, 그로 인해 우리가 피해를 입더라도 아무런 책임이 없다. 약관은 사실상 기업들의 제품과 서비스를 이용할 때 모든 위험을 이용자가 감수하라고 강요하며, 문제가 생겼을 때 그와 관련된 소송으로부터 기업을 보호하는 수단이다.

소프트웨어 제조사를 상대로 소송을 제기하는 데는 큰 비용이 든다. 대다수 이용자들은 개인적으로 나설 형편이 못되기 때문에 집단 소송을 제기해야 한다. 이를 미연에 방지하기 위해 많은 약관은 법적 구속력을 갖는 중재 협약을 포함하고 있다. 그러한 협약은 불만을 가진 이용자들로 하여금 중재 절차를 거치도록 하는데,[31] 이것은 보통 법원보다 기업에 훨씬 더 우호적이다. 집단 소송을 예방하는 수단도 기업 쪽에 훨씬 더 유리하다.

이 모든 상황은 소프트웨어를 일반적인 제조물책임법에서 면제함으로써 더욱 악화된다. 국제 표준으로 볼 때 미국은 퍽 엄격한 제조물책임법을 가지고 있지만, 유형의 제품인 경우에만 해당된다. 결함이 있는 유형 제품의 이용자들은 해당 제품을 만든 제조사부터 그것을 판매한 소매상에 이르기까지, 유통망에 연루된 누구에게든 소송을 제기할 수 있다. 소프트웨어는 이 모든 책임을 회피한다. 소프트웨어는 종종 구매되기보다 사용 허가(라이선스)를 받는 식으로 유통되고, 코드는 법적으로 제품이 아니라 서비스로 분류되기 때문이다. 그리고 그것이 제품인 경우에도 제조사는 최종 사용자 허가 계약을 통해 책임을 부인할 수 있다. 이는 법정 판례로 이미 인정받은 경우다.

그 밖에도 두 가지 큰 문제가 있다.

첫째, 결함이 있는 소프트웨어가 손실로 이어진 경우에도 법정은 해당 소프트웨어 회사가 피해를 '초래했다'고 인정하는 데 소극적이었다. 판사들은 애초에 보안 취약점을 만든 기업들을 비판하기보다는 그런 취약점을 악용하는 해커들을 공격하는 편이었다.[32] 증거의 필요성은 문제를 더욱 복잡하게 만든다. 만약 당신이 미국에 산다면 거의 확실히 에퀴팩스 보안 침해의 피해자일 것이다. 하지만 당신의 정보가 신원 도용과 사기에 이용됐다고 해도 그것이 에퀴팩스 해킹 때문임을 증명할 도리가 없다. 당신의 정보는 아마도 다수의 데이터베이스로부터 도난당했을 것이다. 에퀴팩스 같은 회사가 당신의 개인정보를 유출한 경우에도 소송을 제기하기가 어려운 이유다.[33] 에퀴팩스가 보안 침해로 유출한 모든 데이터는 이미 암시장에서 구할 수 있는 상황이기 때문에, 침해 사건이 하나 더 터졌다고 새로운 피해를 초래하지는 않을 것이다.

미라이 봇넷이 미국 역사상 최대 규모의 분산형 서비스 거부 공격을 초래한 이후 연방무역위원회FTC, Federal Trade Commission는 D-링크 라우터 제조사들에게 책임을 물으려 시도했지만 실패했다. FTC는 어떤 개별 라우터들이 미라이 봇넷의 일부로 사용됐음을 입증할 수 없었다.[34] D-링크 라우터들의 보안이 허술했으며 그중 일부가 사용된 사실을 발견했을 뿐이다.

둘째, 이용자들은 자신들이 법에서 규정한 용어에 부합하는 '피해'를 입었음을 입증하는 데 항상 어려움을 겪는다. 법정은 금전적 피해가 추정되는 경우에만 이런 유형의 소송을 청취하는데, 프라이버시 침해로 인한 금전적 피해를 입증하기는 매우 어렵다.

2016년, FTC는 랩MD^LabMD가 고객들의 민감 정보를 보호하는 데 실패함으로써 '부당 행위'에 연루됐다는 사실을 발견했다고 발표했다. FTC는 랩MD가 기본적인 데이터 보안 조치도 취하지 않은 채 민감한 의료 및 금융 정보를 거의 1년 동안 노출해왔다는 사실을 발견했다.[35] 랩MD는 FTC의 결정에 불복해 미국 항소법원에 제소했다. 그들은 노출된 데이터가 불법적인 목적에 사용됐다는 아무런 인지된 사례가 없고, 고객들은 허술한 보안으로 인해 피해를 입지 않았으며 무엇보다 FTC는 자사를 규제할 권한이 없다고 주장했다. 여러 징후로 판단하건대 법정은 랩MD의 손을 들어줄 것으로 보인다.[36] 그렇게 될 경우 고객의 프라이버시를 침해한 기관들에 대한 FTC의 처벌 권한은 심각한 타격을 입을 것이다.

1장에서 나는 전자자물쇠 회사 오니티Onity의 제품을 사용하는 주요 호텔 체인들의 자물쇠가 해킹을 당하는 바람에 절도 행위의 위험성이 커졌다고 언급한 바 있다. 해당 호텔 체인들은 2014년 집단 소송을 제기했지만 기각당했다.[37] 자물쇠들은 여전히 작동했으며 문제의 보안 취약성으로 인한 실제 절도 사건 사례들을 지목할 수 없었기 때문이다.

제조물책임법은 이런 식으로 작동해야 할 필요는 없다. 제조물에 대한 법적 책임의 역사만 돌이켜봐도 알 수 있다. 산업혁명 이후 법은 처음에는 매수자에게 구매 물품의 하자 유무를 확인할 책임이 있다는 '매수자 위험 부담 원칙caveat emptor'의 가혹한 원칙을 지속적으로 적용했다. 한마디로 "구매자가 조심해야 한다"는 것이었다. 그러나 제조 공정이 산업화하고, 제품이 더 복잡해지면서 법원과 입법자들은 소비자들이 자신들의 구매하는 제품들의 안전성을 평가할 수 있으리라 기대하는 것은 불합리하다는 점을 서서히 인식하기 시작했다. 1800년대 후반부터 제조물의 법적 책임을 묻는 법률이 서서히 나타났다. 그리고 20세기 중반부터 대다수 산업 경제는 '엄격한 법적 책임'이라는 기준으로 이동했다. 만약 어떤 제품이 신체적 상해를 초래하면 해당 제품의 제조사에 책임을 묻는다. 해당 제품의 결함에 아무런 고의가 없더라도 마찬가지다. 1940년대 캘리포니아 대법원은 왜 제조물에 엄격한 법적 책임을 묻는 것이 타당한지 설명한 것으로 유명하다. "공공 정책은 출시된 결함 제품에 내포된 생명과 건강에 대한 위험을 가장 효과적으로 줄일 수 있는 곳에 책임을 묻도록 요구한다."[38] 이 주장은 인터넷 플러스에도 적용된다.

그뿐 아니라 사람들은 예방 가능한 결함 제품들에 대해 해당 소프트웨어 제조사들의 책임을 묻기 위해 금전적 피해를 입증해야 할 필요는 없어야 한다. 법은 기업이 판매 제품, 서비스, 혹은 그들이 보관하는 데이터에 대해 효과적인 보안 조치를 취하지 않은 경우 법정 피해 보상을 적시할 수 있다. 법정 피해 보상은 허술한 보안 조치가 입증되는 한, 추가적인 금전적 피해 입증이 없더라도 성립된다. 도청 금지법은 이런 식으로 작동한다.[39] 경찰이 누군가를 불법적으로 도청한 사실이 입증되면, 경찰은 법정 피해 보상을 제공해야 한다. 저작권법도 이런 식으로 작동한다.[40] 저작권 침해자는 설령 경제적 피해가 전혀 없더라도 저작권 보유자에게 피해 보상을 해야 한다. 이런 방식은 인터넷 플러스의 모든 보안 분야에 통하지는 않겠지만, 일부 경우에는 적용될 수 있을 것이다.

이런 유형의 주장은 인터넷 플러스와 관련된 여러 부문에서 설득력을 얻어갈 것으로 나는 믿는다. 이미 여러 규제 기관들은 데이터 프라이버시와 컴퓨터 보안 문제를 심도 있게 검토하고 있다. 컴퓨터화하고 인터넷과 연결돼 가는 여러 제품들ㅡ승용차, 의료 장비, 가전제품, 장난감 등ㅡ도 이미 제조물 책임법의 적용을 받고 있다. 인터넷과 연결된 장비들이 사람을 죽이기 시작한다면 법정은 그에 상응하는 행동을 취할 것이고 대중은 법 개정을 요구할 것이다.[41]

그러나 현재 유통되는 소프트웨어는 여전히 제조물책임법의 사각지대나 다름없다. 무엇인가 잘못되면 그에 따른 손실은 사용자의 몫이고 제조 기업은 아무런 처벌도 받지 않는다.

법적 책임을 묻는다고 해서 기술 혁신이 꼭 타격을 받지는 않을 것이다. 정부가 개입하는 법적 책임은 흑과 백, 혹은 모 아니면 도로 확연히 구분되는 수단이 아니다. 법은 일정한 상황에서 법적 책임을 경감하거나 면제하기도 한다. 이런 일은 1980년대 법적 책임을 둘러싼 법정의 가혹한 판결 때문에 소형 항공기 업계가 거의 파산 지경에 이르렀을 때 벌어졌다.[42] 일정한 의료 과실 피해의 경우에 그렇듯이 배상 규모에 한도를 정할 수도 있다. 물론 이 경우 그 한도가 법적 책임의 기대 효과를 손상하지 않도록 신중해야 할 것이다. 그리고 소프트웨어 제조사들이 보안 사고로 인한 책임을 100% 떠안는 것은 타당하지 않지만, 0%가 타당하지 않다는 점도 분명하다.

법적 책임의 위험이 있는 곳에 보험 회사들이 따라오게 마련이다.[43] 적절하게 기능하는 보험 시장은 손해 배상 때문에 파산 위기에 놓인 기업들을 보호해줄 것이다. 기업들은 자사 제품이 이용자들에게 피해를 끼칠 수 있다는 위험성을 비즈니스의 정상적인 비용 속에 포함시키게 될 것이다.

보험은 기업들로 하여금 한편으로는 기술 혁신의 여지를 주면서도 스스로 보안과 안전성을 개선하게 만드는 일종의 자율 메커니즘이기도 하다. 보험 업계는 허술한 보안 조치에 대해 그에 상응하는 비용을 물린다. 제품과 서비스의 보안이 허술하다고 입증된 기업은 더 비싼 프리미엄을 내야 할 것이고, 이를 낮추기 위해 보안을 개선하는 데 투자하게 되는 동기로 작용할 것이다. 한편 타당한 표준을 준수했음에도 해킹을 당한 기업은 보험사가 그 비용을 지불할 것이기 때문에 대규모 소송에서도 일정 수준 보호를 받을 것이다.

보험은 개인 수준에서도 작동한다. 위험한 기술을 구매하는 사람들은 그에 따른 보험도 함께 구매하도록 의무화한다면 우리는 사실상 이런 기술에 대한 규제를 민영화하는 셈이다.[44] 시장은 해당 기술의 보안 수준에 따라 보험 비용을 결정할 것이다. 제조사들은 자사 제품에 추가 보안 조치를 더함으로써 보험료를 낮출 수 있다. 어느 경우든, 소비자들은 자신이 구매하는 제품에 내재한 위험 비용을 지불하게 될 것이다.

이와 같은 새 보험 상품을 만드는 데는 여러 난관이 있다. 보험에는 두 가지 기본 모델이 있다. 하나, 화재 모델이다. 개별 주택은 퍽 꾸준한 빈도로 화재가 발생하며 보험업계는 예견된 빈도에 근거해 프리미엄을 산정할 수 있다. 둘, 홍수 모델이다. 빈도가 낮고 규모가 큰 사건들은 많은 인명에 피해를 입히지만 역시 꾸준한 빈도로 발생한다. 인터넷 플러스의 보험은 이들 중 어느 모델도 따르지 않지만 양자의 성격을 다 지니고 있기 때문에 복잡하다. 즉, 개인들은 꾸준한 (비록 증가하는 추세지만) 빈도로 해킹을 당하는 한편 클래스 브레이크와 대규모 정보 유출은 수많은 인명에 즉시 영향을 미친다. 또한 끊임없이 변화하는 기술 지형은 프리미엄을 산정하는 데 필요한 역사적 자료를 수집하고 분석하기 어렵게 만든다.

아마 의료보험 모델을 사용하는 것이 더 정확할 것이다.[45] 질병은 불가피하고 널리 전염될 수 있으므로 보험사들은 단순 보상보다는 위험 예방과 사고 대응에 초점을 맞춰야 할 것이다. 그럼에도 보험 회사들은 사이버 보안 보험의 프리미엄을 어떻게 산정할지 파악하기 시작했고, 일부 경우는 보안 행태에 따라 기업들에 점수를 매긴다.[46] 법적 책임을 더 명확히 파악할 수 있게 되면 더 많은 진전이 있을 것이다.

정보의 비대칭성을 교정하라

......

최근 나는 아기 모니터를 연구할 기회가 있었다. 이들은 설계상 감시 장비이며,[47] 아기의 울음소리보다 훨씬 더 많은 정보를 수집한다. 물론 나는 물어보고 싶은 보안 질문이 많았다. 오디오와 비디오 전송 보안은 어떻게 확보되는가? 암호화 알고리즘은 무엇인가? 암호화 키는 어떻게 생성되며, 누가 그 복제본들을 갖는가? 만약 데이터가 클라우드에 저장된다면 얼마나 오래 유지되며 어떤 보안 조치들이 적용되는가? 만약 해당 아기 모니터가 스마트폰 앱을 사용한다면 그 앱은 클라우드 서버에 대해 어떻게 인증하는가? 많은 브랜드들이 해킹될 수 있지만,[48] 나는 안전한 것을 구입하고 싶었다.

제품 마케팅 자료는 한결같이 거의 아무런 정보도 담고 있지 않았다. 아날로그 모니터들은 보안을 언급조차 하지 않았다. 디지털 모니터들은 다음과 같은 식으로 모호하게 얼버무렸다. "(우리의) 기술은 안전하고, 암호화된 신호를 전송하므로 당신만이 아기의 소리를 듣는다고 안심하셔도 좋습니다."[49] 어떤 제품은 다양한 무선 표준들을 따르며, 일정 유형의 암호화를 통해 송신자와 수신자를 짝지었다고 주장한다. 다른 제품은 보안을 전적으로 송신 파워와 채널 스위칭에 의존한다고 설명한다. 모두 '보안상 안전하다'고 주장하지만 그것이 구체적으로 무슨 뜻인지에 대한 설명은 없다. 기본적으로 비교 쇼핑이 불가능하다. 어느 것이 좋거나 나쁜지 구별할 수 없고,[50] 평균적인 소비자로서는 선택의 여지가 없다.

보안은 복잡하며 대체로 모호하다. 지금 현재로서는 이용자들이 안전한 제품과 그렇지 못한 제품을 분별할 길이 없다. 아기 모니터는 퍽 단순하다. IoT 기기들의 문제는 기기들이―그리고 그들 간의 상호 연결망이―더 복잡해짐에 따라 더더욱 복잡해질 것이다. 정보 결여에 시스템의 복잡성이 더해지면 소비자들은 더욱 불리한 처지로 내몰릴 수밖에 없고, 기기들이 실제보다 더 안전하다고 가정해버리는 상황으로 귀결될 공산이 크다.

경제학에서 이것은 '레몬 시장Lemons Market'이라고 부른다. 판매자들은 구매자들이 인지할 수 있는 기능만을 놓고 경쟁을 벌이며, 구매자들이 인지할 수 없는 기능들―이를테면 보안―은 무시한다. 따라서 모호하고 그럴듯한 보안 주장들은 실제 보안 기능에 대한 상세한 설명보다는 판촉 목적으로 흐를 가능성이 높다.

그 결과 취약한 비보안 제품들이 진짜 보안 제품들을 시장에서 몰아내는 상황이다.[51] 보안 투자에 따른 수익이 없기 때문이다. 우리는 이런 현상을 컴퓨터와 인터넷 보안 시장에서 거듭 목격했고, 인터넷 플러스 환경에서도 보게 될 것이다. 보안은 소비자에게 유의미하고 생생하며 명백해야 한다. 일단 소비자들이 더 알게 되면 더 나은 선택을 내릴 수 있게 될 것이다.

많은 산업 분야는 표시 요건을 가지고 있다. 식품 영양 및 재료 표시, 의약품들에 딸린 세세한 주의 사항들, 신형 차량에 붙은 연비 스티커 등을 생각해보라. 그러한 표시제는 소비자들이 더 나은 구매 결정을 내리는 데 도움을 준다. 컴퓨터 보안 분야에는 이러한 제도가 전혀 없는 상황이다.[52]

컴퓨터화한 제품들에 요구되는 유익한 표시제 하나는 해당 기기가 어떤 공격에 대해 보안 조치를 취했는지를 보여주는 위협 모델이다. 아기 모니터를 다시 고려해보자. 무작위 채널 스위칭은 일반적인 도청꾼을 막을 수는 있겠지만 더 정교한 공격자는 아니다. 다른 보안 조치들은 채널 스위칭보다 더 강력해야 할 것이다. 만약 제조사가 그런 보안을 더 쉽게 설명한다면 소비자들은 더 효과적인 비교 쇼핑을 할 수 있다. 내가 생각하는 문구는 이런 식이다. "이 아기 모니터는 송신자와 수신자를 독특하게 짝짓습니다", "송신자와 수신자 간의 송신은 암호화돼 이웃이 엿들을 수 없습니다", "당신의 무선 네트워크를 통한 송신은 암호화돼 네트워크 도청자들로부터 보호됩니다," 혹은 "이 제품은 클라우드로 보내는 오디오와 비디오 파일을 암호화하기 때문에 인터넷 도청자들로부터 안전합니다." 이들 중 많은 내용은 보통 소비자에게는 여전히 수수께끼처럼 들릴지 모르지만 제품 평가 사이트는 그런 정보를 통해 더 나은 추천 결정을 내릴 수 있다.

삼성은 스마트 텔레비전에 대해 이와 비슷한 표시를 넣었지만 다른 정책 문구들에 묻혀버렸다.

> 당신의 말은 당신이 사용하는 음성 인식 기능을 통해 수집돼 다른 기업으로 전송되므로 개인정보나 민감 정보가 포함되지 않도록 유의하시기 바랍니다.[53]

제품 표시는 이용자의 보안 책임도 설명해줘야 한다. 아기 모니터들은 일상적으로 침실에 놓인다. 모니터를 늘 켜 놓는 편이 켰다 껐다 하기보다 훨씬 더 쉽고, 이는 사용자가 중계되기를 원치 않는 활동까지 수집돼 전송될 가능성이 높다는 뜻이다. 나는 그 제품에 이런 경고 표시가 달리기를 원한다. "전송기가 켜져 있을 때는 모든 소리를 수집하고 그 정보는 산호세의 본사로 전송됩니다"라거나 "이 제품은 정기적으로 업데이트돼야 합니다. 등록 사용자는 앞으로 최소 5년 동안 업데이트 정보를 받을 수 있을 것입니다"라는 식이다. 기본 개념은 사용자들이 제품의 보안 기능이 어디에서 시작해 어디에서 끝나는지, 어떻게 보안이 관리되는지 그리고 언제부터 사용자들은 스스로 보안을 책임져야 하는지 등에 대해 고지받을 필요가 있다는 것이다.

제품 표시에 대한 정보를 고객에게 전달할 수 있는 가장 유용한 방법은 등급 시스템이다. 보안 조치가 잘 적용된 제품과 서비스는 더 높은 등급이나 보안 보증 표시, 또는 고객의 구매 결정을 이끌 만한 간단한 표시를 받는다. 이것은 흥미로운 아이디어이고, 영국,[54] EU,[55] 오스트레일리아[56] 등 많은 정부기관들이 이를 고려하고 있다.

클라우드 서비스도 더 투명해져야 한다. 지금 당장은 가령 구글이 이용자의 이메일에 어떤 보안 조치를 취하는지 알 도리가 없다. 내 바람은 법적 책임을 강화해 이런 풍토를 바꾸는 것이다. 만약 소매 기업이 고객 데이터를 안전하게 관리해야 할 책임이 있다면 그 기업이 이용하는 클라우드 서비스 제공사들에도 책임을 물어야 마땅하다. 그리고 그런 서비스 제공사들은 제공사들 대로 그들의 클라우드 인프라 제공사들에 책임을 물어야 할 것이다. 이런 식의 연쇄 책임은 모든 연계 기업들에 대해 보험사들의 요구를 만족시키기 위해서라도 더 투명해질 수밖에 없도록 강제할 것이다.

만약 어떤 보안 표준이 있다면 정부기관이나 독립 기관은 그런 표준에 맞춰 제품과 서비스를 시험하고 등급을 매길 수 있다. 자율 보고제도 통할 수 있다. 2017년 미국의 두 상원의원은 상무부로 하여금 IoT 기기들의 보안 표준을 개발하도록 명시한 '사이버 방패법'을 입안했다. 기업들은 자사 제품이 보안 표준을 준수한다고 자랑할 수 있다.[57] 그 법안은 더 이상 진전되지 못했지만 업계 컨소시엄이나 다른 제삼자도 그와 같은 시도를 어렵지 않게 벌일 수 있다. 보안 표준을 보험과 연계할 수도 있다.

다른 대안으로 기업들은 자체 공정과 관행에 따라 6장에서 소개한 것과 같은 설계 원칙에 맞춰 등급을 매길 수도 있다. 그것은 미국 보험협회 안전시험소 UL, Underwriters Laboratories에서 하는 일과 비슷하다. 이 그룹은 1894년 전기 장비의 안전성을 시험할 목적으로 보험업계에서 만들었다. 제품의 안전을 입증하지는 않지만 제조사들이 일련의 안전 규칙을 따랐다고 확인하는 체크 리스트를 사용한다.

「컨슈머 리포트Consumer Reports」를 출간하는 소비자연맹은 지난 몇 년 동안 IoT 제품에 대한 보안 평가 방식을 검토해왔다.[58] 이 책이 출간될 무렵에는 실질적인 등급 시스템까지 만들었다. 하지만 자동차와 주요 가전제품의 등급을 매길 수 있을지는 몰라도 헤아리기 어려울 만큼 빠르고 다양하게 쏟아지는 값싼 소비자 기기들을 모두 다루기는 현실적으로 불가능하다.

컴퓨터 보안 분야에는 두 가지 주목할 만한 등급 프로그램이 있다. 전자프론티어재단^{EFF}의 '누가 당신을 보호해주는가?^{Who Has Your Back?}' 프로젝트는 정부가 개인 데이터를 청구하는 경우 어느 기업들이 더 이용자 보호에 노력을 기울이는지 평가한다.[59] 그리고 오픈 테크놀로지 인스티튜트^{Open Technology Institute}의 '디지털 권리 랭킹 이니셔티브^{Ranking Digital Rights initiative}'는 기업이 얼마나 표현의 자유와 프라이버시를 존중하는지 평가한다.[60]

하지만 제품들에 보안 등급 시스템을 적용하는 데는 여러 함정이 있다. 그중 하나는 간단히 결과만 알려주는 간이 테스트가 없다는 점이다. 현실적으로 우리는 어느 한 소프트웨어를 광범위하게 시험한 뒤 그것이 안전하다고 선언할 수가 없다. 그리고 어떤 보안 등급제든 시간에 따라 변한다. 지난해 안전하다고 검증된 내용이 올해는 보안 위험으로 평가될 수도 있다. 이것은 시간과 비용의 문제만이 아니다. 우리는 컴퓨터 과학 이론의 기술적 한계가 무색할 정도로 빠르게 변화하고 있다. 어떤 것이 '보안상 안전하다'라고 어떤 유의미한 방식으로도 선언할 수가 없다는 말이다.

그럼에도 우리가 할 수 있는 일은 여전히 많다. 한 제품을 이미 알려진 공격 기법에 대해 시험해보고 그것이 저항성이 있다고 선언할 수 있다. 보안 조치가 제대로 적용되지 않았음을 보여주는 행태가 있는지 시험하고 개발 절차에 편법이 끼어들었음을 입증할 수 있다. 6장에 소개한 여러 설계 원칙에 맞춰 시험할 수 있다. 그리고 해당 소프트웨어를 개발하고 판매하는 기업들의 동의 없이도 이런 작업의 많은 부분을 수행할 수 있다.[61]

우리는 관리 가능한 시험 요구 사항과 보안 간의 바른 균형을 찾아야 할 것이다. 식품의약국^{FDA}은 컴퓨터화된 의료 장비들의 시험을 요구한다. 처음에는 취약점을 고치기 위한 패치를 비롯해 소프트웨어의 작은 변화라도 생기면 완전한 재시험을 요구했다. 하지만 나중에 기능 변화를 초래하지 않는 업데이트는 재시험을 거치지 않아도 된다고 개정됐다. 가장 안전한 일 처리 방법은 아니지만 충분히 온당한 타협일 것이다.

등급, 순위, 설명, 인증 표시 등이 무엇을 뜻하는지 소비자들이 잘 이해할 수 있도록 교육하는 방법도 모색해야 할 것이다. IoT 장난감에 붙은 'A-1 산업 보안 표준에 부합한다'라고 로고에 표시된 내용이, 실상은 그 장난감의 보안을 보증한다는 뜻이 아니라 단지 특정 위협에 대해 최소한의 보안 표준을 만족시켰을 뿐이라는 사실을 어떻게 설명할까? 식품 분야에는 헤아릴 수 없이 많은 경쟁 등급과 평가 수치가 있다. 우리는 그런 상황이 인터넷 플러스 보안에서 벌어지는 것을 원치 않는다.

이런 문제들에도 일정한 유형의 보안 등급은 필수적이다. 그런 수단 없이 시장을 기반으로 한 보안 개선이 가능할 것이라고 상상하기 어렵다.

제품 표시와 보안 등급제 이외에, 소비자에게 더 많은 정보를 제공할 수 있는 좋은 방법이 두 가지 있다. 하나는 침해 공개 법률로, 기업들로 하여금 그들이 보유한 개인정보가 도난당하거나 유출되는 경우 각 개인들에게 그 사실을 고지하도록 의무화하는 것이다. 그러한 고지는 사람들에게 그들의 개인정보가 도난당했음을 알릴 뿐 아니라 개인정보 보유 기업의 보안 정보를 우리 모두에게 제공한다. 미국의 경우 48개 주가 이런 법률을 제정했다.[62] 하지만 어떤 정보를 개인정보로 간주할지, 기업이 공개를 지연할 수 있는 경우 얼마까지 가능한지 등 모두 조금씩 다르다.

연방 차원의 법률 제정 시도는 여러 번 실패했다.[63] 나는 이론적으로 연방 차원의 법률을 선호하지만 그것이 매사추세츠, 캘리포니아, 뉴욕 등 몇몇 주의 법률보다 더 불완전한 내용으로 통과돼 모든 주 법률에 우선하게 되는 상황을 우려한다. 지금 당장은 주 법률이 사실상의 연방법인 셈이다. 성공적인 기업은 대부분 50개 주 전체에 이용자가 있기 때문이다.

이들 주 법률은 확장될 필요가 있다. 개인정보 유출이 아닌 사고의 고지는 여전히 자발적인 차원으로 남아 있고, 부정적인 언론 보도나 법정 소송의 우려 때문에 기업들의 참여는 대체로 저조하다. 침해 공개 법들은 다른 유형의 침해도 포괄해야 한다. 예를 들어 핵심 인프라가 해킹을 당했다면 그 소유자는 이를 보고하도록 해야 한다.

두 번째 방법은 소비자들에게 더 많은 정보를 제공함으로써 취약점 공개를 개선하는 것이다. 2장에서 나는 어떻게 보안 연구자들이 컴퓨터 소프트웨어에서 취약점들을 발견하는지 그리고 그런 연구 결과들을 공개하는 것이 소프트웨어 제조기업들의 취약점 수정에 얼마나 중요한지 언급한 바 있다. 제조사들은 그런 과정을 끔찍하게 싫어한다. 자사의 이미지가 훼손된다고 보기 때문이다. 그리고 몇몇 경우에는 DMCA와 다른 법을 걸어 연구자들을 고소하기도 했다. 이런 상황은 바뀌어야 한다. 오히려 취약점을 발견해 이를 해당 소프트웨어 제조사에 책임 있게 고지한 다음, 적당한 시간이 지나면 일반에 공개하는 연구자들을 보호하는 법이 필요하다. 그처럼 취약점 공개를 활성화하면 기업들로서는 부정적인 여론을 피하기 위해 보안을 개선하려 노력할 것이고, 소비자들은 여러 다른 제품들의 보안 수준에 대한 주요 정보를 얻을 수 있을 것이다.[64]

공공 교육을 강화하라

공공 교육은 인터넷 플러스의 보안에 필수적이다. 시민들은 사이버 보안에서 자신들이 담당하는 역할을 이해할 필요가 있다. 개인 안전, 혹은 공공 안전의 모든 부문이 그렇듯이 개개인의 행동이 중요하다. 그뿐 아니라 교육받은 대중은, 혹은 보안이 취약한 제품이나 서비스의 이용을 거부하는 방식으로, 혹은 정부로 하여금 적절한 조치를 취하도록 압력을 가하는 방식으로 일선 기업들이 보안을 개선하도록 압력을 넣을 수 있을 것이다.

인터넷 보안에 대한 공공 계몽 캠페인은 이미 시도되고 있다. 국토안보부는 '멈추라. 생각하라. 연결하라Stop. Think. Connect' 캠페인을 2016년에 선보였다.[65] 그런 캠페인을 들어본 사람이 거의 없다는 사실은 그 효과가 얼마나 미미했는지 잘 시사한다.

교육은 어렵다. 모두가 굳이 보안 엔지니어가 될 필요는 없다고 해도 보안은 중요하며 어떤 것이 현명한 보안 선택인지 이해할 수 있도록 교육해야 한다. 이는 기술적인 문제지만, 그렇다고 기술 전문가들만 보안을 확보할 수 있는 사회는 바람직하지 않다. 우리가 랩톱과 홈 네트워크를 사용하는 지금 상황이 바로 그렇다. 이들 시스템은 보통 소비자들의 이해 수준을 넘을 만큼 복잡하다. 이들을 설정하자면 전문가 수준의 지식이 있어야 설정할 수 있기 때문에 대다수는 그럴 엄두조차 내지 않는다. 우리는 이런 현실을 개선해야 한다.

지금 우리가 이용자들에게 제공하는 보안 조언은 실상 엉성한 보안 설계를 가리기 위한 성격일 때가 많다.[66] 우리는 사람들에게 낯선 링크는 클릭하지 말라고 충고한다. 하지만 우리는 인터넷을 사용하고, 거기에 놓인 링크들은 클릭하라고 있는 것이다. 우리는 또 사람들에게 출처 불명의 USB는 컴퓨터에 꽂지 말라고 경고한다. 하지만 USB로 다른 무슨 일을 할 수 있다는 말인가? 우리는 이런 상황을 바꿔야 한다. 사람들이 어떤 링크를 클릭하든 그리고 어떤 USB 드라이브를 컴퓨터에 꽂든 여전히 보안이 유지되는 시스템을 만들어야 한다.

이를 자동차에 견줘보자. 자동차는 처음 나왔을 때 수리 매뉴얼, 툴킷과 함께 판매됐다. 차를 몰기 위해서는 어떻게 수리하는지도 알아야 했다. 자동차가 사용하기 쉬워지면서 서비스 센터는 더 흔해졌고, 기계 지식이 전혀 없는 사람도 구입할 수 있게 됐다. 컴퓨터는 이미 그런 단계에 이르렀지만 컴퓨터 보안은 아직 그에 미치지 못하고 있다.

공공 교육이 별로 도움이 되지 않을 분야들이 있다. 저가 장비들의 경우 그에 대한 위협은 주로 봇넷으로 악용되는 것이고, 구매자나 판매자 모두 이를 염려할 만큼 충분한 지식이 없기 때문에—나 같은 사람과, 아마도 몇몇 독자들을 제외하고—시장 압력을 통한 해결은 난망일 것이다. 웹캠이나 DVR을 가진 사람들은 그 제품이 서비스 거부 공격에 사용됐는지 모르며 대개는 그에 관심도 없다. 그럼에도 그 싸구려 장비들은 여전히 작동하고, 소유자들은 어떤 서비스 거부 공격의 피해를 입었는지도 모른다. 장비 판매자들도 관심이 없다. 이들은 이미 그보다 더 개선된 새 모델을 팔고 있으며, 고객들도 오직 가격과 기능에만 관심이 있을 뿐이다. 이것을 일종의 '보이지 않는 오염'이라고 보면 맞을 것이다.

더 값비싼 장비들은 안전 위험이 높아지면 시장은 그에 더 잘 대응한다. 자동차 운전자와 항공기 승객들은 자신들의 운송 장비가 안전하기를 원한다. 지금 자동차의 안전도에 사람들이 관심을 두듯이 이런 장비의 경우에도 사람들이 상대적으로 보안이 더 나은 제품을 구매할 수 있도록 교육의 초점을 맞추는 것이 바람직할 것이다.

어떤 지침이 간단하고 실천 가능하며 타당하다면 캠페인을 펼치듯 구체적인 행태를 가르칠 수 있다. 공중보건에서는 사람들에게 손을 씻어야 하고, 팔 부위에 입을 대고 재채기를 해야 하며, 매년 독감백신을 맞아야 한다고 가르친다. 이를 실제로 따르는 사람들은 우리의 바람보다 적지만, 그래야 한다는 점은 거의 누구나 안다.

전문직의 기준을 높여라

건물을 지을 땐 따라야 할 규칙이 많다. 건물 설계를 위해 건축가를 고용해야 한다. 건축가는 주정부의 인가를 받은 사람이어야 한다. 모든 복잡한 공학 기법은 인증된 공학자의 승인을 받아야 한다. 고용한 건축 회사는 인가를 받은 곳이어야 한다. 건축회사가 고용하는 전기 기술자와 그 도제들은 주 이사회의 승인을 받은 사람들이어야 한다. 이 모든 복잡한 사안을 헤쳐 나가기 위해서는 변호사와 회계사가 필요하다. 둘 다 주의 전문 인증 이사회가 주관하고 실시한 시험을 통과해 인증받은 사람들이어야 한다. 물론 당신의 대지 구입을 도와준 부동산업자 역시 면허가 있어야 한다.

전문직 인증의 기준은 직업 면허보다 더 높고 까다롭다. 하지만 현재 소프트웨어 설계자, 소프트웨어 아키텍트, 컴퓨터 공학자, 혹은 온갖 유형의 코드 제작자(코더) 들에 대한 인증이나 면허 시스템은 존재하지 않는다. 그런 시스템을 만들자는 제안은 새로운 아이디어는 아니다. 업계에서 지난 수십 년 동안 논의가 있어 왔다. 미국 컴퓨터학회와 IEEE 컴퓨터 소사이어티 등 기존의 소프트웨어 전문가 기관들은 이 문제를 오랫동안 연구했고,[67] 소프트웨어 공학자들을 위한 여러 다른 면허 제도와 전문 개발 범주를 제안하기도 했다. 국제표준화기구ISO, International Organization for Standardization도 몇몇 관련 표준을 가지고 있다.[68] 하지만 개발자들은 개인적인 이유로, 혹은 소프트웨어 공학은 전통적인 의미의 공학이 아니라는 이유로 늘 격렬하게 반발해왔다. 이것은 공학자들이 과학에 기반한 원칙을 적용해 무엇인가 새로운 것을 만드는 영역에 유효한 규율이 아니다. 이런 점은 그들에게 요구되는 핵심 역량이 무엇인지는 고사하고 전문 소프트웨어 공학자란 무엇인지조차 파악하기 어렵게 만든다.

설령 그렇다고 해도 이런 현실은 바뀔 것으로 믿는다. 정부 승인을 받은 전문 단체의 허가를 받는 일정 수준의 소프트웨어 공학자가 나오게 될 것이고, 그 공학자는 공인 건축사가 건축 계획을 최종 승인하듯 소프트웨어 설계를 승인하도록 요구될 것이다.

하지만 그런 단계에 이르기까지는 많은 노력이 필요할 것이다. 허공에서 금방 면허제 직업을 만들 수는 없는 노릇이다. 총체적인 교육 인프라가 마련돼야 한다. 따라서 그런 일이 벌어지기 전까지는 소프트웨어 공학자들을 신뢰성, 안전성, 보안성 그리고 다른 책임성과 관련해 일관되게 훈련시킬 필요가 있다. 대학과 직업 교육기관 들에 유경험 공학자들을 위한 재교육 커리큘럼을 개설할 필요가 있다. 전문직 단체와 기관이 적극 나서서 공인 절차는 어떠해야 하는지, 빠르게 변모하는 환경에서 어떤 재인가 절차가 필요한지 규정해야 할 것이다. 또 소프트웨어 개발의 국제적 특성을 어떻게 반영해야 할지도 결정해야 할 것이다.

이 가운데 어느 하나도 쉽지 않을 것이고, 모든 것이 제대로 작동하기까지는 수십 년이 소요될 공산이 크다. 의약이 후기 르네상스 유럽에서 직업이 되기까지 3세기가 걸렸다. 하지만 우리는 그렇게 오랫동안 기다릴 수 있는 형편이 결코 되지 못한다. 전문성을 높이기 위해 우리가 할 수 있는 어떤 일이든 장기적으로 이 분야에 도움이 될 것이다.

기술 간극을 좁혀라

......

전문직의 기준을 높임과 동시에 우리는 사이버 보안 전문가의 숫자를 대폭 늘려야 한다.

전문 인력의 부재는 '사이버 보안의 기술 간극'으로 부르며, 내가 근래 참석한 거의 모든 IT 보안 이벤트의 주요 논제였다. 한마디로 수요에 부응할 만큼 충분한 보안 공학자들이 없다는 뜻이다. 이것은 네트워크 관리자, 프로그래머, 보안 아키텍트, 관리자 그리고 최고 정보보안 책임자에 이르기까지 모든 수준에서 마찬가지다.

그 규모는 우려할 만한 수준이다. 다양한 보고서들은 향후 수년 동안 수요가 공급을 앞질러 전 세계적으로 150만,[69] 200만, 350만, 혹은 600만 개의 사이버 보안 일자리가 공석으로 남을 것이라고 전망한다. 어느 전망치가 맞든-내 예측은 더 높은 숫자 쪽에 가깝다-이는 재난적 상황이 될 수 있다. 이 책에서 논의한 모든 기술적 보안 솔루션들은 사람을 필요로 하는데, 만약 그 사람이 없다면 해당 솔루션들은 구현되지 못할 것이다.

이 문제를 추적해온 산업 분석가 존 올칙Jon Oltsik은 이렇게 진단한다. "사이버 보안 기술 인력 부족은 우리의 국가 안보에 존재론적 위협이다."[70] 현재 추세를 고려하면 이러한 평가를 반박하기 어렵다.

해법은 뻔해 보이지만 구현하기는 어렵다. 공급 측면에서 우리는 학생들을 어린 시절부터 사이버 보안에 노출시키고, 더 많은 사이버 보안 전공 소프트웨어 공학자들을 양성하고, 재교육 프로그램을 활성화해 현역 공학자들을 사이버 보안 전문가로 전환해야 한다. 더 많은 여성과 소수인종을 사이버 보안 분야로 편입시켜야 한다. 우리는 이 모든 일에 많은 예산을 신속히 투입해야 한다.

우리는 이 업종을 가능한 모든 분야에서 자동화할 필요가 있다. 우리는 이미 보안의 자동화가 주는 혜택을 목도하기 시작했고, 일단 머신 러닝과 인공지능 기술의 혜택이 궤도에 오르면 상황은 크게 개선될 것이다. 이것은 다음 권고 사항으로 직결된다.

연구를 늘려라

우리에게는 해결해야 할 몇 가지 심각한 기술적 보안 문제가 있다. 이미 수많은 연구와 개발이 진행 중이지만 우리는 더 전략적인 장기간, 고위험/고보상 연구를 공격자와 방어자 간의 균형을 극적으로 바꿀 수 있는 기술들에 투자해야 한다. 현재 이런 유형의 연구 개발에 집중하는 자원이 너무 없다.

대다수 영리 기관들은 이런 유형의 연구에 발을 담그려 하지 않을 것이다. 그에 따른 보상은 너무 멀고 광범위할 것이기 때문이다. 앞으로 수십 년 동안 대부분의 실질적인 개선은 정부의 지원을 받는 교육 기관의 연구에서 나올 것이다.

우리는 더 작은 규모의 단기간 응용 연구도 필요하다. 대학 기관들이 이 모든 연구를 수행할 수는 없으며, 일선 기업들도 뛰어들어야 한다. 연구에 따른 면세 혜택은 보안 제품과 서비스를 개발하는 데 적절한 동기부여가 될 수 있다.

연구는 1장에서 논의한 바 있는 인터넷 플러스의 보안에 관한 근본적인 가정의 일부를 변화시킬 만한 잠재력이 있다. 나는 사이버판 맨해튼 프로젝트cyber Manhattan Project,71 사이버판 달 탐사cyber moonshot72 그리고 그와 유사한 용어들이 제시되는 현상을 봐왔다. 우리가 이런 제안 중 어느 것이든 해낼 만한 준비가 돼 있는지는 알 수 없다. 그러한 유형의 프로젝트들은 구체적이고 실질적인 목표를 필요로 한다. '사이버 보안을 개선한다'는 포괄적 목표는 거기에 부응하지 않는다.

어떤 메커니즘이든 우리는 향후 수년 혹은 수십 년간 직면하게 될 폭넓고 다양한 위협들로부터 우리를 안전하게 지켜줄 수 있는 신기술을 개발하기 위한 단합되고 지속적인 연구 개발 프로젝트가 필요하다. 그것은 야심 찬 제안이지만 나는 다른 대안이 있다고 보지 않는다. 우리의 발목을 잡는 주요 걸림돌은 IT 업계가 정부를 믿지 못한다는 점이다.

여기에도 새로울 것은 없다. 이런 제안은 기후 변화, 식량 부족과 과잉 인구, 우주 탐사 그리고 우리가 함께 직면한 여러 다른 문제들에서도 제기된 바 있기 때문이다.

관리와 유지보수 비용을 제공하라

미국 정부가 도로, 교량, 상하수도 시스템, 학교와 기타 공공 빌딩 등 주요 인프라 관리에 실패하고 있으며, 이를 현대화하기 위해서는 막대한 투자가 필요하다는 이야기는 많이 나왔다. 인터넷 인프라 부문에 막대한 투자가 필요하다는 내용도 논의해야 한다. 다른 물리적 인프라만큼 오래되지는 않았지만 어떤 면에서는 그에 못지않게 노후됐다.

컴퓨터는 여느 물리적 인프라보다 더 빠르게 노쇠한다. 누구나 이것이 사실임을 안다. 우리는 자동차나 냉장고보다 훨씬 더 자주 랩톱과 휴대전화를 업그레이드할 가능성이 높다. 구모델은 새로운 기술 환경에서 제대로 작동하지 않기 때문이다. 마이크로소프트와 애플 같은 회사들은 자체 운영체제의 최근 몇 버전들만 관리한다. 십 년이 지난 뒤에도 옛 컴퓨터 하드웨어와 소프트웨어를 계속 사용하는 것은 위험할 수 있다.

우리는 인터넷을 다른 어떤 것으로 대체하지 않을 것이다. 그러기에는 현재 기술이 이미 구석구석 광범위하게 퍼져 있다. 대신 우리는 그 일부를, 한 번에 하나씩, 후방 호환성을 유지하면서 업그레이드해야 할 것이다. 누군가는 그것을 조정해줘야 한다. 누군가는 인터넷 인프라의 긴요한 부분들을 개발하고 관리하는 데 기금을 대야 한다. 누군가는 IT 기업들과 공조해 인프라의 공유된 부분들에 대한 보안을 확보하고, 취약점이 발견되는 경우 그에 재빨리 대응해야 한다. 나는 정부가 바로 그 '누군가'여야 한다고 믿는다.

인터넷의 핵심 인프라를 업그레이드한 다음에도, 우리는 계속해서 이를 발전시켜야 한다. 한번 시스템을 만들면 수십 년 동안 작동하던 시대는 (설령 그런 시대가 존재한 적이 있었다고 해도) 지나갔다. 컴퓨터 시스템은 끊임없이 업그레이드돼야 한다. 우리는 이 새로운, 미니멀리스트적인 생명 주기를 수용해야 한다. 어떻게 우리의 시스템을 현재 상태로 유지할지 파악해야 하고 그에 따른 비용을 지불할 준비가 돼 있어야 한다. 그 비용은 높을 것이다.

8

보안을 앞서
강화해야 할 주체는 정부다

항공기는 매우 위험하다. 당신은 시속 1,000㎞로 공중을 가르며 날아가는 로켓 안에 있는 것과 마찬가지다. 오늘날의 항공기는 600만여 개의 부품으로 구성되며, 이들 중 많은 부품은 완벽하게 작동해야 한다.[1] 무언가 잘못되면 그 항공기는 추락한다. 상식에 따른다면 말도 못하게 위험한 장비다.

항공사들은 거의 모든 부문에서 경쟁한다. 이들은 가격과 노선을 놓고 경쟁한다. 좌석 간의 거리와 다리를 뻗을 수 있는 공간을 놓고 경쟁한다. 프리미엄 객실의 편의 시설을 놓고 경쟁한다. 긍정적인 브랜드 이미지와 '기분 좋은' 감정을 놓고 경쟁한다. 하지만 안전을 놓고 경쟁하지는 않는다. 안전과 보안의 기준은 정부가 정한다. 항공사와 항공기 제조회사 들은 온갖 유형의 규제를 준수해야 한다. 하지만 그런 규제가 모두 소비자에게 보이는 것은 아니다. 어떤 항공사도 자사의 안전과 보안 기록을 광고하지는 않는다. 그러나 나는 항공기에 탑승할 때마다—2017년의 경우 182번[2]—비행이 안전할 것이라고 믿는다.

항상 이와 같았던 것은 아니다.[3] 항공기들은 믿기 어려울 정도로 위험하고 치명적 사고로 점철됐던 적이 있었다. 바뀐 것은 항공기에 대한 안전 규제였다. 지난 수십 년 동안 정부는 항공 회사들이 항공기 설계, 비행 절차, 파일럿 훈련 등의 분야에서 개선에 개선을 거듭하도록 압력을 넣었다. 상업용 항공기들이 현재 역사상 가장 안전한 여행 수단이 된 것은 그 때문이다.[4]

우리는 인터넷 보안에서도 그러한 노력이 필요하다. 6장에서 설명한 것과 같은 보안 표준을 설정하고 감독하는 방법으로 여러 모델을 고려해볼 만하다. 독자적인 테스트 기관이 제조사들의 표준 준수 여부를 판단할 수 있다. 잡지 구독료와 보조금으로 운영되는 비영리 소비자연맹CU, Consumers Union이 그중 한 모델일 수 있다. 시장 즉, 고객의 영향력에 기대어 더 보안성이 높은 제품과 서비스를 추천하는 방식으로 기업들의 보안 강화를 유도할 수 있다.

하지만 앞 장에서 논의한 모든 이유들 때문에 나는 이들 중 어느 아이디어에 대해서도 낙관적이지 않다. 정부가 우리의 전체적인 보안을 개선할 수 있는 가장 일반적인 방식이며, 거의 확실히 가장 효율적이다. 그것은 집단 행동의 문제를 해결하고 무임 승차를 방지하는 방법이기도 하다.

나는 지난 100년 동안 정부의 압력 없이 스스로 안전과 보안을 개선한 업계의 사례를 알지 못한다. 건설과 의약 산업은 정부의 적극적 개입으로 지금 수준의 안전과 보안을 확보할 수 있게 됐다. 식품과 사업장의 안전과 보안도 마찬가지다. 자동차, 항공기, 원자력발전소, 소비재, 레스토랑 그리고―미국의 경우 더 근래에―금융 상품의 경우도 그렇다. 정부 규제 전까지는 모두 공통적으로 위험하거나 유해한 제품을 계속 생산하고 허술한 시장에 내다 팔았다. 심지어 소비자들의 불만이 표출된 경우에도 정부가 개입한 다음에야 기업주들은 행태의 변화를 보였다. 제조회사의 시각에서는, 제품을 더 안전하게 만들기 위해 미리 돈을 들이기보다는 사고가 터지지 않기만을 바라며 현상 유지를 고집하는 쪽이 더 합리적이다. 현실적으로 소비자들은 무엇인가 잘못될 때까지는 제품의 차이를 모르기 십상이고, 생산자들은 장기적인 안전이나 보안의 혜택보다는 비용 절감이라는 당장의 혜택을 더 선호하게 마련이다.

업계는 이런 주제가 나올 때마다 어떤 표준이든 자발적인 것이어야 한다고 강조한다.[5] 이것은 그들만의 사익을 챙기는 발언이다. 한 표준이 제대로 발휘되기를 원한다면 의무적인 것이어야 한다. 그 외의 다른 어떤 방식도 동기 부여가 되지 않기 때문에 통하지 않을 것이다.

새로운 정부기관

정부기관들은 따로따로 선 곡식 저장고처럼 제각기 작동한다. 미국 식품의약국FDA, Federal Drug Administration은 의료 장비를 규제한다. 교통부DOT, Department of Transportaion는 지상 운송 수단을 규제한다. 연방항공국FAA, Federal Aviation Administration은 항공기를 규제하지만 그 직무의 일부인 드론에서 제기

되는 프라이버시 문제는 권한 밖이다.[6] 연방무역위원회[FTC]는 일정 수준 프라이버시 문제를 감독하지만 불공정하거나 기만적인 무역 관행의 경우로 한정한다. 법무부[DOJ, Department of Justice]는 연방 차원의 범죄가 자행된 경우에 개입한다.

데이터에 대한 관할권은 그 이용 맥락에 따라 변할 수 있다. 만약 데이터가 소비자에게 영향을 미치는 데 사용된다면 연방무역위원회가 관할권을 갖는다. 만약 데이터가 유권자에게 영향을 미치는 데 사용된다면 연방선거위원회[FEC]의 관할이다. 만약 동일한 데이터가 학교에서 학생에게 영향을 미치는 방식으로 사용된다면 교육부[DOE]가 개입한다. 미국에서는 어떤 기업이 소비자에게 허위 약속을 한 것으로 파악되지 않는 한 정보 유출이나 프라이버시 침해로 인한 피해를 관할하는 기관이 없다. 각 기관은 저마다 다른 접근법과 규칙을 가지고 있다. 의회 위원회는 관할권을 놓고 다툰다. 연방 부처와 위원회 들은 농업부터 국방, 운송, 에너지에 이르기까지 모든 분야에 걸쳐 그들만의 별도 영역이 있다. 때로는 주정부도 동일한 규제 권한을 갖기 때문에-예컨대 캘리포니아주는 오랫동안 인터넷 프라이버시 분야에서 선도적 역할을 담당했다-연방정부가 주정부에 앞서 조치를 내리기도 한다.

이것은 인터넷의 작동 방식이 아니다. 인터넷 그리고 이제 인터넷 플러스는 컴퓨터, 알고리즘 그리고 네트워크가 자유분방하게 결합된 시스템이다. 이 것은 사일로 형태와 정반대 양상이다. 수평으로 성장하면서 전통적인 장벽들을 허물어, 예전에는 존재하지 않았던 사람과 시스템 간의 통신을 가능케한다. 그것이 대규모 개인 데이터베이스든 알고리즘 기반의 의사 결정이든 혹은 IoT나 클라우드 저장 매체나 로봇공학이든, 모두 매우 심층적으로 상호 연계되는 기술이다. 지금 내가 쓰는 스마트폰만 해도 내 의료 정보에 로그인하는 앱, 나의 에너지 사용을 조절하는 앱, 내 자동차와 소통하는 앱 등을 가지고 있다. 내 전화기는 이미 미국 연방기관 네 곳－식품의약국, 교육부, 교통부, FCC^{Federal Communications Commission}의 관할권에 들어간 상황이지만 이는 시작에 불과하다.

이들 전자 플랫폼은 일반적이기 때문에, 정책에 관한 한 전체론적인 접근법이 필요하다. 이들은 모두 컴퓨터를 사용하므로 그에 대한 솔루션 역시 일반적이어야 할 것이다. 그렇다고 모든 응용프로그램에서 모든 컴퓨터를 커버하는 단일 규정이 나올 것이라는 뜻이 아니다. 그것이 자동차든 항공기든 전화기든 온도조절장치나 심박조절기든 모든 컴퓨터에 적용될 수 있는 공통 프레임워크가 필요할 것이라는 뜻이다.

나는 새로운 연방기관을 제안한다. 가칭 국가사이버국^{NCO, National Cyber Office}이다. 내가 구상하는 모델은 9·11 테러리스트 공격 직후 의회가 미국 정부 전체에 걸쳐 정보를 조정할 단일 기관으로 꾸린 국가정보국^{ODNI, Office of the Director of National Intelligence}이다. ODNI의 업무는 우선순위를 정하고, 활동 내용을 조정하고, 기금을 배정하고, 아이디어를 서로 교환하는 일이다. ODNI는 완벽한 모델은 아니다. 기관 간 조정이 비효율적이라는 비판도 있다. 하지만 이것은 인터넷 플러스에 필요한 모델로 판단된다.

이 신규 기관의 기본 목적은 규제가 아니라 인터넷 플러스의 이슈들에 관해 정부의 다른 부문들에 조언하자는 것이다. 그런 조언은 다른 연방기관 그리고 모든 정부 차원의 입법인들에게 절실히 필요하다. 이 기관은 또 필요한 분야에 연구를 지시하고, 다른 사안을 놓고 이해당사자들과 논의하는 한편, 전문 지식이 필요한 법정 소송 사건에 대해 법정 조언 의견서^{amicus curiae briefs}를 제출할 수도 있다. FTC나 FDA 같은 법 집행 기관보다 예산관리국

OMB, Office of Management and Budget 또는 상무부DOC, Department of Commerce 같은
전문 기구에 더 가까운 형태를 상상하면 된다.

국가사이버국 즉, NCO는 인터넷 플러스의 정책이 여러 기관들을 아우르지만, 각 기관의 고유 관할권은 계속 유지될 필요가 있다는 점을 인식할 것이다. 하지만 많은 솔루션들은 중앙에서 조정될 필요가 있고, 개별 기관에 마땅한 책임을 부여해야 한다. 사뭇 다른 애플리케이션들은 인터넷 플러스의 하드웨어, 소프트웨어, 프로토콜, 시스템 등의 많은 부분과 중첩된다.

이 새로운 기관은 정부 전체를 포괄하는 다른 보안 이니셔티브들도 관리할 수 있다. 이를테면 'NIST 사이버 보안 프레임워크'를 업데이트하거나 6장에서 열거한 여러 다른 보안 표준을 개발하거나 7장에서 언급한 학계의 기금 지원 및 연구에 대한 세금 공제 프로그램, 정부기관들의 조달 절차에 필요한 여러 보안 요구 사항 그리고 정부 전체에 걸친 모범 관행의 개발 같은 것들이다. 정부와 업계 간의 파트너십을 관리하고, 양자를 포괄하는 전략 개발을 지원할 수 있다. 이 공간에서 이미 정책을 세운 군부와 국가-안보 정부기관 사이에서 균형 추 구실을 할 수도 있다. 그중 일부는 현재 NIST와 국립과학재단NSF, National Science Foundation이 수행하고 있지만 둘 중 어느 기관도 새로운 역할을 감당할 수 있도록 쉽게 조정하기 어렵다. 따라서 이런 기능들을 새로운 전담 기관으로 옮기는 쪽이 더 타당할 것이다.

마지막으로 이 기관은 여러 정부 부처의 전문성을 통합하는 장소로 기능할 수 있다. 인터넷 플러스 전담 기관은 정책 사안을 다듬고 조언할 수 있는 인재들을 유인할 (그리고 경쟁력 있는 급여를 지급할) 수 있을 것이다. 이것은 새 기관이 법과 정책 전문가 그리고 그들과 긴밀히 협력하는 공학자와 컴퓨터 과학자로 구성된다는 뜻이다. 이것은 결론에서 다시 강조할 주제이기도

하다. 공학자와 정책 입안자의 공조가 중요하다는 사실 말이다.

일단 NCO가 설립되면, 다른 전문 센터들을 그 산하에 꾸릴 수 있다. 국립테러대응센터와 국립대량살상무기확산대응센터를 산하 기구로 거느린 ODNI는 그 좋은 모델이다. 나는 NCO가 국립인공지능센터와 국립로봇공학센터, 아마도 국립알고리즘센터까지 필요로 할 것이라고 전망한다. 기관 간 설비를 활용한 국립사이버국방아카데미를 설립해 다양한 학급, 인증 그리고 프로그램 트랙을 제공함으로써 모든 기관이 직원 훈련을 위탁할 수도 있다. 이 기관은 국토안보부 그리고 법무부와 긴밀한 조정을 거쳐야 할 것이다.

정부 규정은 결국 어떤 식으로든 인터넷 플러스의 여러 영역들을 포괄해야 할 것이다. 어쩌면 이 새로운 기관이 규제를 담당할 수도 있지만 그보다는 다양한 산업 분야를 관할해온 기존 기관들이 그런 기능을 유지하면서 거기에 인터넷 플러스의 보안 규제를 추가할 가능성이 더 크다. 이들의 폭넓은 권한은 해당 기관들이 의회보다 더 기민하게 움직일 수 있게 도와줄 것이다. 이들은 기술이나 시장 부문의 변화에 대응할 수 있다. 기업들이 행태를 바꾸도록 동기를 부여할 수도 있다.

FTC 모델이 유용할 수 있다. FTC는 특정한 규칙을 가지고 있지 않다. 대신 모호한 규칙과 미리 정해진 결과에 따라, 가장 노골적인 위반 기업이나 기관을 뒤쫓는다. 다른 모든 기업과 기관 들은 FTC의 활동과 과징금 부과 내용을 지켜보고, 그렇게 징계받은 기업들보다 조금 더 낫게 행동하려 애쓴다. FTC는 가이드도 발행하며 업계와 손잡고 기업들의 규정 준수를 독려하기도 한다. 때로 실권이나 실효가 없다고 절하되기도 하지만 그 결과 바람직한 기업 행태의 규범을 알리고, 규정을 위배한 기업들에 책임을 묻고, 업계 전반에 걸쳐 지속적인 개선을 꾀한다.

여기 한 사례가 있다. 2006년 넷플릭스Netflix는 콘테스트의 일환으로 1억 개에 이르는 익명의 영화평과 점수를 공개했다.[7] 연구자들은 그 데이터 중 일부를 비익명화de-anonymize,[8] 다시 말해 익명 정보에서 개인정보를 뽑아내 모두를 놀라게 했다.[9] FTC는 넷플릭스가 이듬해 두 번째 콘테스트를 열면서 고객 데이터를 보호하는 데 아무런 개선 노력도 기울이지 않았다는 점이 드러나서야 규제에 나섰다.[10]

현재 FCC와 증권거래위원회SEC, Securities and Exchange Commission는 상장 기업을 감사하고, 사이버 보안 인증을 받도록 요구할 권한이 있다.[11] 이들 기관은 현행 보안 프레임워크를 적용할 수도 있고, 그들만의 프레임워크를 새로 만들 수도 있다.

이같은 규제를 내가 처음 제안한 것은 아니다. 유럽위원회에 조언하는 한 연구 그룹은 유럽안전 및 보안공학기구European Safety and Security Engineering Agency의 구성을 제안했다.[12] FTC의 전직 최고기술공학자 아쉬칸 솔타니Ashkan Soltani는 새로운 '연방기술위원회'를 제안했다.[13] 워싱턴대학교 법학 교수 라이언 케일로Ryan Calo는 연방로봇공학위원회 구성을 제안했다. 조지메이슨대학교의 매튜 셰러Matthew Scherer는 인공지능 규제 기관 설립을 제안했다.[14]

다른 몇몇 나라도 이와 비슷한 구상을 하고 있다. 2011년 이스라엘은 사이버 스페이스에서의 방어 능력을 높이고 다른 정부기관들에 사이버 관련 조언을 제공할 목적으로 국립사이버국을 창설했다.[15] 영국은 2016년 "사이버 공격으로부터 핵심 서비스를 보호하고 주요 침해 사고를 관리하며, 기술 개선을 통해 영국 인터넷의 기반 보안을 향상시키기" 위해 국립사이버보안센터를 만들었다.[16] 내가 보기에는 두 기관 모두 군부와 지나치게 밀착돼 있고, 따라서 인터넷 보안의 취약점을 활용하는 정부 부처와 연계될 수 있지만 어쨌든 출발은 한 셈이다.

미국에서 이런 개념은 중요한 역사적 선례가 있다. 신기술은 자주 새로운 정부기관의 구성으로 이어진다. 기차가 그랬고, 자동차와 항공기가 그랬다. 라디오의 발명은 연방라디오위원회의 구성으로 이어졌다. 원자력의 발명은 원자력위원회의 구성으로 이어져 에너지부로 발전했다.

우리는 이 신규 기관의 구체적 성격과 적절한 한계를 논의할 수 있다. 기관의 구성도 논의할 수 있다. 하지만 어떤 형태나 형식이든 이 사안을 관장할 정부기관이 필요하다는 데는 의문의 여지가 없다.

나는 인터넷 플러스 시대의 규제는 산업화 시대의 규제와는 다를 것이라고 확신한다. 인터넷은 이미 복수의 이해당사자 모델에서 작동하며, 그 기능과 관련된 여러 문제들을 해결하기 위해서는 정부, 업계, 공학자 그리고 시민 사회가 협력해야 한다. 나는 이 모델이 다른 익숙한 모델들보다 인터넷 플러스의 규제에 훨씬 더 적합하다고 생각한다.

이 제안에 반대하는 의견도 있을 것이다. 정부기관은 비효율적이다. 필요한 전문성이 없는 경우가 많다. 관료주의의 병폐가 우려된다. 비전과 통찰이 없다. 속도, 범위, 효율성에서 문제가 많고, 규제의 틀에 묶일 공산이 크다. 거기에 더해 정부는 인터넷 비즈니스에 개입하지 말아야 한다는 의견도 무시하기 어렵다.

그러나 그러한 우려는 단일한 신규 정부기관을 만들든, 혹은 기존의 여러 정부기관들이 규제 권한을 분점하든 항상 존재한다. 단일 기관의 가치는 상당하다. 그 대안은 인터넷 플러스에 관한 정책을 단편적이고 임시변통으로 짜는 것인데, 이것은 사안을 더 복잡하게 만들 뿐 아니라 새롭게 떠오르는 위협에 제대로 대응하기 어렵게 만든다.

물론 중요한 것은 세부 내용이지만 나는 그에 대해 아무런 구체적 아이디어도 갖고 있지 못하다. 나의 NCO 제안은 통하지 않을 수도 있고, 그래도 상관없다. 내 바람은 그것이 최소한 논의의 출발점은 될 수 있으리라는 것이다.

정부의 규제

컴퓨터 업계는 대체로 규제로부터 자유로웠다. 컴퓨터 업계가 아직 초기 단계였기 때문이다. 또 초기만 해도 컴퓨터 업계가 비교적 무해했기 때문이며, 이후 진행된 큰 변화를 업계 지도자들이 애써 인정하지 않는 탓도 있다. 그리고 크게는 엄청난 부를 창출해온 업계의 성장을 가로막는 위험을 감수하지 않으려는 정부의 태도 때문이다. 나는 이런 시절은 막을 내리고 있으며 인터넷 플러스에 대한 규제는 불가피하다고 생각한다. 여기에는 여러 이유가 있다.

첫째, 정부는 전기통신과 운송 부문처럼 전체 경제의 요충 지점으로 작용하는 업계를 규제하는 경향이 있다.[17] 인터넷 플러스는 명확히 이런 지점 중 하나이고, 점점 더 경제적 핵심 부문으로 성장하고 있다. 둘째, 정부는 인명을 살상할 수 있는 소비재와 서비스를 규제하는데 인터넷 플러스는 급속히 이런 분야로 변화하고 있다. 셋째, 장난감부터 가전, 자동차, 원자력발전소에 이르기까지 컴퓨터가 깊숙이 통합된 여러 기존 산업계는 이미 규제되고 있다.

규제는 요구되거나 금지되는 내용의 목록 수준에 그치지 않는다는 점을 인식할 필요가 있다. 그것이 규제에 대한 가장 단순한 정의지만 대다수 경우는 훨씬 더 많은 뉘앙스를 담고 있다. 규제는 책임 소재는 명확히 하면서 그 세부 내용은 시장에 맡길 수 있다. 한 방향이나 다른 방향으로 몰 수도 있다. 인센티브를 바꿀 수 있다. 강압적인 대신 슬쩍 옆구리를 찌를 수도 있다. 테크놀로지와 사회의 기대 양쪽의 변화에 적응할 수 있을 만큼 유연할 수도 있다.

목표는 완벽주의가 아니다. 우리는 자동차 회사들에게 최상의 안전한 차를 만들라고 요구하지 않는다. 안전벨트와 에어백 같은 안전 기준을 의무화하고 충돌 테스트를 요구할 뿐 나머지는 시장에 맡긴다. 이런 접근법은 인터넷 플러스처럼 역동적인 환경에서 필수적이다.

유럽은 이미 인터넷 규제를 상당 부분 강화했고─EU의 개인정보보호규정을 10장에서 다룰 것이다─미국의 일부 주들도 비슷한 방향으로 움직이고 있다. 워싱턴 정가는 아직 어떤 종류의 규제도 새로 제정할 의도를 뚜렷이 보여주지 않지만, 그런 의도는 많은 인명 피해가 나거나 우리 경제의 일정 부분이 파괴되는 재난이 일어난다면 빠르게 바뀔 것이다.

미국은 연방 차원의 규제를 시작했지만, 특정 업계에 국한해 간헐적으로 전개되고 있을 뿐이다. 예를 들면 FDA는 의료 장비 제조회사들을 대상으로 인터넷과 연결된 기기들에 대한 규제 요건을 발표했다. FDA는 직접 테스팅을 하지 않는 대신 개발자들이 그 제품과 서비스를 특정 기준에 맞춰 테스트하고 그와 관련된 문서를 FDA에 제출해 승인을 요청하는 형식이다.[18] 이는 심각한 사안이다. FDA는 테스트에서 실패한 제품에 대한 승인을 거부하거나 유해한 제품들의 리콜을 요구하는 데 주저하지 않는다.

환자들의 의료 정보에 관한 프라이버시 규칙은 소비자 정보에 관한 프라이버시 규칙과는 사뭇 다르다.[19] 누구나 예상할 수 있듯 의료 정보에 관한 규칙이 훨씬 더 엄격하다. 새로운 건강 관련 제품과 서비스를 개발하는 기업이나 기관들은 FDA의 승인을 피하기 위해 자사 제품을 소비자 기기로 규정하려 애쓴다. 핏빗Fitbit 같은 피트니스 트래커의 경우처럼 이런 시도가 먹힐 때도 있다. 그리고 때로는 23andMe가 수집한 유전자 정보에 대해 그랬듯이 FDA가 반격에 나서기도 한다.[20]

자동차의 경우 교통부는 자발적인 보안 기준만 내놓는 데 그친다. 의무 기준만큼 효과적이지는 않지만 그래도 어느 정도 도움이 된다. 이를테면 소송에서 법원은 해당 제조회사의 직무 유기 여부를 판단하는 한 근거로 그 회사가 교통부 기준을 따랐는지 평가할 수 있을 것이다.

FAA는 다른 방식으로 드론을 규제한다. FAA는 신제품 드론에 디자인 인증을 요구하지 않는다. 대신 그것들이 어디에서 어떻게 사용될 수 있는지 제한하는 정책을 통해 드론들을 간접 규제한다.

몇몇 성공 사례도 있다. 2015년 FTC는 윈드햄 호텔을 컴퓨터 보안 문제로 고발했다.[21] 형편없는 보안 조치로 해커들이 네트워크에 반복 침입해 고객 정보를 훔쳐내는 것을 용인한 혐의였다. FTC는 윈드햄이 프라이버시 정책에 명시된 약속들을 지키지 않았기 때문에 고객을 기만한 셈이라고 주장했다.

법정 분쟁은 복잡했고, 사안과는 관련이 없는 권한의 문제가 분쟁과 연계됐다. 윈드햄의 변호 측 주장 중 흥미로운 것은 FTC가 처음부터 윈드햄 측에 "충분한 보안 조치secure enough"가 무엇인지 알려주지 않았기 때문에, 보안 불충분을 이유로 과징금을 물리는 것은 부당하다는 주장이었다. 연방항

소법원은 무엇이 "충분한 보안 조치"인지 파악하는 것은 윈드햄 측의 책임이며 그를 등한시함으로써 침해 사고를 유발했다며 FTC의 손을 들어줬다.[22]

규제의 어려움

인터넷은 현존하는 여러 환경 중 가장 역동적이다. 특히 비뚤어지거나 지나친 규제는 신기술과 새로운 혁신을 지연시킬 수 있다. 보안의 경우 잘못된 규제는 가변적인 위협에 대처하는 데 필요한 유연성과 기민성을 저하할 수 있다.

인터넷 플러스를 규제하려 할 때 떠오르는 문제는 다음 네 가지다. 속도, 범위, 효능 그리고 규제 대상 업계의 발전을 억압할 위험성이다.

먼저 속도. 정부 정책의 변화 속도는 기술 혁신 속도보다 느리다. 과거에는 그렇지 않았다. 알렉산더 그레이엄 벨^Alexander Graham Bell이 처음 상용화한 전화기가 흔한 아이템이 되기까지는 거의 40년이 걸렸다. 텔레비전은 30년이 넘게 걸렸다. 그런 시대는 이제 끝났다. 이메일, 휴대전화, 페이스북, 트위터 등은 수십 년 전의 기술보다 훨씬 더 빠른 속도로 사회에 파고들었다(페이스북이 전 세계 20억 정규 이용자를 모으는 데는 13년이 걸렸다).[23] 우리는 법규가 항상 기술에 뒤처지는 상황에 와 있다. 규제가 발효됐을 즈음에는 이미 놀림감이 될 정도로 기술 현실의 뒤편에 서 있는 경우가 많다. 웹사이트에서 쿠키에 대한 고지를 요구하는 EU의 규정이 좋은 사례다. 1995년이라면 이 규정은 사리에 맞겠지만, 실제 효력이 발생하기 시작한 2011년에는 웹 추적

기술이 훨씬 더 복잡해진 뒤였다. 마찬가지로 법원은 항상 철 지난 법규들을 더 최근 상황들에 적용하려 시도할 것이고, 설상가상으로 여러 기술 변화 탓에 법규들이 미처 의도하지 못한 결과로 이어지는 상황이 발생할 것이다.

다음은 범위다. 법률은 구체적인 기술에 초점을 맞춰 협소하게 제정되기 쉽다. 이런 법률은 기술이 변화하면 실패할 수밖에 없다. 대다수 프라이버시 법률은 1970년대에 제정됐고, 프라이버시에 대한 사람들의 우려는 변하지 않았지만 기술은 크게 변화했다. 일례를 들자. 전자통신프라이버시법ECPA, Electronic Communications Privacy Act은 1986년에 통과됐다. 그 법의 여러 취지 중 하나는 이메일의 프라이버시를 규제하는 것으로, 두 가지 유형의 이메일에 대해 다른 프라이버시 보호 방안을 명시했다. 정부가 새롭게 수신된 개인의 이메일에 접근하려면 법원 영장이 필요하다. 하지만 서버에 180일 이상 남아 있는 이메일에 대해서는 무제한 수색이 가능하다. 1986년만 해도 이런 규정은 타당했다. 당시만 해도 저장 비용은 비쌌다. 사람들은 이메일 클라이언트가 해당 메일을 서버로부터 자신들의 컴퓨터로 가져오도록 하는 방식으로 이메일에 접근했다. 서버에 6개월 이상 남아 있는 것은 무엇이든 유기된 것으로 간주됐다. 우리가 버린 소유물에 대해서는 아무런 프라이버시 권리도 주장할 수 없다. 지금은 누구나 자신의 이메일을 서버에 6개월, 심지어 6년씩 남겨 놓는다. 지메일, 핫메일 그리고 다른 모든 웹메일 시스템이 작동하는 방식이기도 하다. ECPA는 커뮤니케이션을 제공하는 서비스와 데이터를 처리하고 저장하는 서비스를 뚜렷이 구분해 놓았지만 이 구별도 더 이상 유효하지 않다.[24] 옛 법이 근거한 논리는 기술 변화로 완전히 역전됐지만 해당 법은 여전히 시행되고 있다.[25]

이런 상황은 우리가 기술 중립적인 법률을 제정하기 시작할 때까지 되풀이해서 발생할 것이다. 만약 우리가 법률의 기술적 측면보다 인간적 측면에 초점을 맞춘다면, 법을 속도와 범위의 문제로부터 보호할 수 있다. 예를 들면 우리는 그것이 음성이든 비디오든, 이메일, 텍스트, 사적인 메시지, 혹은 다음에 나타날 어떤 형태의 기술이든 상관없이 '커뮤니케이션' 문제를 다루는 법을 제정할 수 있다. 기술의 미래는 신기술의 새로운 기능과 특성들로 충만할 것이고, 따라서 우리는 자주 놀라게 될 것이 틀림없다.

또 그와는 현저히 다른 규제의 범위 문제가 있다. 대체 규제안을 어느 정도까지 일반화해서 제정해야 할까? 그것은 일견 뻔해 보이기도 한다. 장난감이나 다른 가전 제품과 자동차나 항공기에 대한 규제가 다른 기준을 가져야 한다는 점은 분명하다. 익명의 트래픽 데이터와 금융 데이터에 대한 규제가 사뭇 달라야 한다는 점도 마찬가지다. 그런 한편 모든 것들이 인터넷을 통해 연결되면서 겉보기에 무해해 보이는 장난감이나 도로상의 움푹 패인 포트홀에 대한 데이터가 전혀 엉뚱하거나 심지어 유해한 상황으로 바뀔 수도 있다. 규제의 범위를 정확히 어디까지 해야 할지도 파악하기 어렵다. 현실에 물리적 영향을 미치는 것들을 규제해야 한다는 점은 분명하지만 모든 것이 상호 연결된 데다 위협들이 서로 얽혀 있기 때문에 인터넷 플러스의 일정 부분만을 잘라내 그 부분은 문제가 되지 않는다고 명확히 말하기가 불가능하다. 일각에서는 저가 인터넷 장비까지 규제할 필요는 없다고 주장하지만, 이런 장비들이 가진 취약점이 핵심 인프라에 영향을 끼칠 수 있다. 혹자는 순수한 소프트웨어 시스템은 물리적 능력이 없으므로 면제하자고 제안하지만 이들도 현실에 실질적 영향을 끼칠 수 있다. 누구를 보석이나 가석방으로 풀어줄지 결정하는 소프트웨어를 생각해보라. 규제는 이들 시스템도 다뤄야 할 필요가 있다.

인터넷 플러스를 규제하는 데 따른 세 번째 문제는 효능이다. 대기업은 규제를 회피하는 데 매우 능숙하다. 대규모 기술 회사들은 막대한 자금을 들여 정계 로비에 열을 올린다.[26] 이들의 로비 지출 규모는 금융업계의 두 배에 이른다. 석유 회사, 방산업체 그리고 다른 어떤 업계보다 몇 배 이상 많은 수준이다. 구글만 해도 2017년 3개월 동안 600만 달러를 로비에 지출했다.[27] 그리고 로비 없이도, 이들 회사는 미국에서 막대한 부를 창출하는 동력으로 여겨지기 때문에 의회도 이를 가로막는 위험을 감수하려 하지 않는다.

우리는 이미 그런 사례를 목도하고 있다. 하나는 피트니스 장비 개발 회사들이 FDA를 설득해 자신들의 제품이 의료 장비가 아니므로 FDA 규칙이 적용되지 않는다고 결정하게 만든 사례다.[28] 데이터 브로커들은 자신들의 데이터베이스에 저장된 개인정보를 놓고 그와 비슷한 로비를 벌였다.[29] 프라이버시 법 전문가 줄리 코헨Julie Cohen 교수는 이렇게 말했다. "권력은 규제를 피해로 해석해 그 주위로 에둘러 피해 간다."[30]

우리는 공정하고도 잘 규제해야 한다. 이 두 가지 목표는 현실에서 달성하기 어렵다. 많은 규제들은 제대로 통하지 않는다. 우리는 이런 사례들을 인터넷 보안에서 확인했다. 스팸을 막지 못한 CAN-SPAM법,[31] 어린이들을 제대로 보호하지 못한 아동 온라인 보호법, 불법 복제를 막지 못한 DMCA 등. 우리는 더 비효율적이고 반생산적인 입법 제안들을 11장에서 보게 될 것이다.

그리고 규제는 실제로 시행되는 수준만큼만 효과가 있다. FTC는 컴퓨터를 이용한 마케팅 로보콜(자동 녹음 전화)을 거는 이들,[32] 마케팅 전화 수신 거부 목록에 등록했음에도 전화를 거는 위반자들,[33] 기만적인 전기통신 광고주들[34] 그리고 장난감[35]과 TV[36]를 통한 지나친 정보 수집 행위 등에 소송으로 대응해왔다. FTC는 수십만에서 수백만 달러에 이르는 과징금을 물린다. 그러나 사안을 조사하고 소송을 제기할 인력 부족에 발목이 잡힌 상황이어서 용의주도한 기업들은 FTC의 규제를 잠재적으로는 무기한 회피할 수도 있다. 범법 행위가 발각돼 기소될 확률이 워낙 낮아서 웬만한 기업은 운에 맡기는 쪽을 택할 공산이 더 크다.

규제는 한쪽에 더 유리한 쪽으로 계속 전개된다. 공익보다 특정 진영의 의제를 홍보하는 데 목적을 둔 경우가 많다. 이런 현상은 어디에서나 발견되지만 보안 분야와 직결된 사례는 저작권 규제 당국이다. 이들은 일반 대중의 목소리를 대변하지 않으며, 관련 규제안도 공정성을 촉진할 목적으로 입안되지 않았다. 대변하는 것은 디즈니Disney 같은 대규모 저작권 소유자들의 목소리이며 규제안도 대체로 그런 기업들의 이해를 도모하는 방향으로 작성됐다. 이런 정황은 많은 업계와, 그런 업계를 규제하도록 돼 있는 정부기관들에도 마찬가지다. 이것은 규제 기관이 도리어 규제 대상에 포획되는 소위 '규제 포획regulatory capture' 현상으로, 이 내용만으로도 전체 장을 할애할 수 있을 정도다. 이것은 매우 흔한 현상이며 그렇게 된 데는 여러 이유가 있다. 그리고 그러한 힘의 관계에서 인터넷이 예외라고 볼 근거는 전혀 없다. 규제 기관이 규제 대상의 이익을 대변하는 부서처럼 돼 버리면 그 결과는 아무것도 하지 않는 것보다 오히려 더 나쁠 수 있다.

규제와 관련된 네 번째 문제는 규제가 혁신을 질식시킬 수 있다는 점이다. 우리는 그런 점을 인정할 수밖에 없고 드문 경우 심지어 의도적으로 그렇게 하고 싶어 한다고 나는 생각한다. 무제한 혁신은 무해한 기술에서만 용인된다. 우리는 우리를 죽일 수도 있는 기술들에는 그를 막기 위한 안전과 보안이 필요하다고 믿기 때문에 일정한 제약을 둔다. 예방 차원의 원칙은 잠재적 해악이 크다면 보안 조치가 제대로 적용됐다는 증거가 없는 신기술은 사용하지 않거나 배치하지 않는 쪽을 택해야 한다는 것이다. 이런 원칙은 공격자가 모든 출입문 자물쇠를 열거나 모든 발전소를 해킹할 수 있는 상황에서는 더욱 중요하다.[37] 우리는 기술의 발전을 막고 싶지 않지만—그리고 막을 수도 없지만—어떤 기술의 발전은 북돋우고 어떤 기술의 진전은 지연시킬지 의도적으로 선택할 수 있어야 한다.[38]

앞으로는 컴퓨터와 관련 기기들의 새로운 기능이 과거처럼 급속하게 추가되지는 않을 것으로 보인다. 이는 새로운 기능이 해악을 끼칠 수도 있는 경우에는 도리어 혜택으로 작용할 것이다. 그러나 앞에서 몇 차례 언급했듯이, 규제는 혁신을 가로막기만 하는 것이 아니라 촉진할 수도 있다. 기업들에 적절한 동기부여로 보안 조치를 독려한다면 보안 수준은 더 개선될 가능성이 크다.

우리는 이 제도를 신중하게 활용해야 할 것이다. 규제는 기술 혁신의 주체인 소규모 기업들에게는 커다란 부담이 될 수 있다. 반면 자본력이 큰 대기업들에게는 혜택으로 작용해 신규 기업들의 진출을 막는 보호 장벽으로 작용할 수도 있다. 이러한 문제의 심각성을 과소평가할 생각은 없지만 다른 산업 분야에서 이미 경험하고 해소한 바 있기 때문에, 기술 분야에서도 적절한 중간 지점을 찾아낼 수 있으리라 확신한다.

규범, 조약 그리고 국제 규제 기관들

그렇다. 인정한다. 나는 지금까지 이것이 전 세계적 문제라는 사실을 애써 무시하면서 카드를 감추고 있었다. 나는 어떻게 시민들에게 본질적으로 국제 차원인 문제를 해결하기 위해 국내 차원의 규제안을 세워야 한다고 제안할 수 있을까? 설령 미국과 EU가 엄격한 IoT 보안 규제안을 동시에 통과시킨다고 해도, 보안에 취약한 싸구려 제품들이 아시아나 다른 지역에서 쏟아져 들어오는 것을 어떻게 막을 수 있을까?

온당한 비판이다. 각 나라는 자국 내에서 제조되거나 판매되는 물품을 규제할 수 있다. 이미 거의 모든 소비재에 대해 많은 나라들이 그렇게 하고 있다. 제품이나 제조사 블랙리스트를 만들어 아마존과 애플 같은 회사들의 온라인 스토어에서 팔지 못하도록 강제할 수도 있다. 하지만 그것도 한계가 있다. 철저하고 완벽한 검색이 가능하지 않은 한 서류가방, 우편 주문 소포, 혹은 인터넷 다운로드 등을 통해 국경을 넘는 것들까지 규제할 수는 없다. 해외 웹사이트를 통해 구매한 소프트웨어 서비스를 규제할 수는 없으며, 그런 활동을 검열하는 것은 애초에 고려 대상도 되지 않는다. 이것은 새로운 문제도 아니고 감수하지 않으면 안 될 사안이기도 하다.

그렇다고 해도 국내 규제는 전 세계적으로 강력한 영향을 끼칠 수 있다. 배기가스 규제법 같은 조건에 따라 각 판매국마다 다른 제품을 파는 자동차 제조사들과 달리 소프트웨어는 한 번 만들면 세계 어디에나 일률적으로 판매되는 유형의 비즈니스다. 만약 충분히 큰 규모의 시장이 소프트웨어 제품이나 서비스를 규제한다면 해당 제조회사는 나라마다 다른 복수의 제품을 만들기보다는 그런 시장에 맞춘 조정을 거친 뒤 전 세계에 동일한 제품을 판매하는 식으로 대응할 것이다. 인터넷은 글로벌한 성격이어서 사이버 보안 규제는 배기가스 기준을 부과하는 것과 어느 정도 비슷하다. 만약 한 나라가 자체 규제안을 만든다면 그를 위한 비용은 혼자 감당하는 셈이지만 그에 따른 혜택은 다른 모든 나라들이 공유하는 셈이 될 것이라는 뜻이다.

국제 공조는 점점 더 활성화될 것이다.[39] 법규의 조화를 꾀하는 것은 여러 나라의 관심사이기도 하다. 대다수 국가는 자국 경제와 인프라가 예기치 못한 타격이나 중단 사태를 빚지 않도록 보호하려 한다. 사이버 범죄에 공동 대응하는 데도 관심이 있다. 영악하고 조직화된 범죄 집단은 '법적 관할권' 판 차익 거래를 활용한다. 사이버 범죄 법규가 허술하고, 경찰을 매수하기가 쉽고, 아무런 범인 인도 조약이 없는 나라들에 범죄 활동의 기반을 두는 것이다. 러시아와 중국은 해외를 겨냥한 범죄들에 짐짓 모르쇠로 일관한다는 점을 우리는 알고 있다. 나이지리아, 베트남, 루마니아, 브라질 등에도 해커들의 도피처가 있다.[40] 가난한 나라들에는 조직적인 사이버 범죄가 실제로 부와 수익의 원천이 될 수 있다. 북한 같은 일부 나라들은 정권의 재원을 늘리기 위해 정부가 지원하는 사이버 범죄에 적극 가담하고 있다.[41]

이 분야에서 일부 유망한 진전도 나타나고 있다. 전 세계적으로 수백 개에 이르는 국가 차원의 대응 팀-CERT Computer Emergency Response Team 혹은 CSIRT Computer Security Incident Response Team -이 존재한다. 이들 그룹은 국경을 넘어 공조하며 사고 대응 팀들에 유용한 정보를 제공한다. 사이버 범죄에 관한 부다페스트 협정은 현재 52개국의 비준을 받았다. 하지만 러시아, 브라질, 중국, 인도 등 주요 국가들은 여기에서 빠져 있다. 이 협정은 사이버 범죄에 대한 국제 차원의 수사와 사법 공조를 위한 틀을 제공한다.[42]

우리는 정부가 인터넷을 관리하는 상황은 원치 않는다. 인터넷의 거의 모든 혁신은 미국 정부가 견지한 선의의 방임에서 기인한 바 크다. 지금은 많은 나라들이 자국의 인터넷 관리 방식에 더 깊이 개입하고자 한다. 극단적으로 러시아와 중국 같은 강대국들은 자국민들에 대한 감시와 검열, 통제를 강화하는 방식으로 국내 인터넷을 통제하려 한다.[43]

인터넷의 현재 운영 모델은 정부, 기업, 시민 단체 그리고 관심 있는 공학자들로 구성된 복수 운영 형태다. 때로는 제대로 기능하지 못하는 것처럼 느껴지기도 하지만 그러한 모델은 인터넷의 취약한 보안에 대한 최선의 방어였다. 전체주의 국가들이 자국의 이익을 관철하려 시도하는 바람에 초래될 수 있는 인터넷의 분열—'발칸화balkanization'라고 부른다—도 막아준다.

규범, 다시 말해 개인, 기업 그리고 국가 들이 온당한 행태라고 수용하는 비공식 규칙은 대다수 사람들이 생각하는 것보다 훨씬 더 광범위하게 우리 사회를 규제한다. 그러나 우리는 아직 사이버 무기의 사용을 규제하는 국제 규범을 정립하지 못했다. 그리고 사이버 스파이 행위에 관한 현재 규범은 '괜찮다'라는 것이다. 4장에서 봤듯이 세계 여러 국가들은 한창 사이버 군비 경쟁 중이다. 그리고 모든 나라는 사실상 그런 경쟁이 진행되는 가운데 무엇이든 새롭게 개발되거나 고안되면 그때그때 채워 넣는 양상이다.

정치학자 조지프 나이Joseph Nye는 국가들이 사이버 공격을 제한하는 규범을 발전시킬 수 있다고 믿는다.[44] 다양한 이유로 평시에 상대국의 인프라를 공격하지 않는다거나 전시에 민간인들에게 먼저 사이버 무기를 사용하지 않는다는 식의 원칙에 합의하는 것이 당사국의 이익에 부합한다는 것이다. 이러한 규범은 결국 조약과 다른 공식 합의서들에 반영될 것이다.

합의에 이르는 한 가지 걸림돌은 많은 나라가 사이버 보안을 단순히 적대적인 공격자들의 공격을 예방하는 차원으로만 보지 않는다는 점이다. 반체제적인 의견들이 국내 정치에 영향을 미치지 않도록 억압하는 성격도 있다는 점이다. 바이러스처럼 널리 확산되는 반체제 콘텐트는 바이러스 코드만큼이나 심각한 위협으로 여겨질 수 있다. 이것은 다자간 협상을 어렵게 만들지만 그렇다고 불가능한 수준은 아니다.

UN에는 GGE^{Group of Governmental Experts on Develop}라는 그룹이 있다.[45] 정보와 전기통신 분야의 발전 양상을 국제 보안의 맥락에서 검토하는 정부 전문가들의 그룹으로, 2013년 국제적으로 합의된 규범들의 목록을 작성한 바 있다. 이 목록은 그에 동의하지 않는 중국 같은 나라들에 의해 즉각 저지됐고,[46] 2017년 GGE 그룹은 해체됐다.

여전히 일정한 공통 기반은 존재할 것이다. 국가들이 사이버 무기를 비축하지 않아야 한다는 데는 동의하지 못하더라도 일정 수준의 사이버 무기 비확산 기준에는 동의할 수 있을 것이다. 대량 살상 무기 확산 방지 구상^{PSI, Proliferation Security Initiative}은 대량 살상 무기^{WMD, Weapons of Mass Destruction}의 불법 거래 문제를 해결하는 데 비교적 성공적이었다. 이 구상은 더 나은 안전 기준과 수출 규제를 통해 WMD 재료의 이동을 차단하고 더불어 정보 공유와 역량 배양 훈련을 통해 무기 확산을 막자는 것이었다.

어떤 합의든 거기에는 준수 문제가 따른다. 사이버 무기는 조약 검사관들의 눈을 피하기 쉽고,[47] 공격 역량은 방어 역량과 사뭇 흡사하다. 하지만 1960년대에 조인된 초기 핵 확산 조약들도 나름 문제가 있었지만, 돌이켜보면 성공적인 절차로 세계를 더 안전하게 만드는 데 기여했다.

국제 사이버 보안 합의문에 이르는 여정을 어떻게 시작할지에 대한 몇 가지 구상은 이미 협상 테이블에 올라와 있다. 2014년의 한 보고서에서 사이버 정책 전문가 제이슨 힐리^{Jason Healey}는 2008년 세계 금융 위기 뒤에 제정된 것과 비슷한 국제 규제 제도를 만들자고 제안했다.[48] 같은 해 마이크로소프트의 매트 톰린슨Matt Thomlinson은 세계 20개 정부와 20개 글로벌 정보통신 기술 기업들로 'G20+20 그룹'을 만들어 사이버 스페이스에서 용인되는 행동 원칙들의 목록을 작성하자고 제안했다.[49] 마이크로소프트 회장이자 최고법률책임자 브래드 스미스Brad Smith는 정부 간 간섭이 허용되지 않는 내용들을 정리한 사이버 스페이스의 '제네바 협약'을 제안했다.[50] 구글도 그 나름의 제안 내용을 가지고 있다.[51] 현재 단계에서 이런 구상들은 그저 바람일 뿐이다.

규범을 세우는 일은 장기적인 과정이다. 우리는 단번에 완벽하고 거창한 협상에 이르기보다는 조금씩 공조하고 합의하는 과정을 한층씩 쌓아 나갈 가능성이 더 크다. 그런 경우에도 아무런 규칙이나 기준, 가이드라인, 혹은 다른 어떤 합의 내용도 준수하지 않는 나라들이 있을 것이다. 이런 문제를 우리는 다른 국제법에서 하는 것과 동일한 방법으로 다뤄야 할 것이다. 완벽하지는 않겠지만 불완전한 대로 계속 작업하면서 조금씩 개선해 나갈 수밖에 없을 것이다.

안타깝게도 미국의 현실적 상황은 다른 나라들에 모범이 될 만한 규범을 보여주고 있지 못하다. 인터넷을 감시와 공격의 수단으로 활용함으로써 그런 행태가 용인될 만한 것이라고 세계의 다른 나라들에 시사한다. 방어보다 공격을 우선시함으로써 미국은 다른 모든 이들의 사이버 안전 수준에 부정적 영향을 끼치고 있다.

9

어떻게 정부는 방어를 공격보다 우선시할 수 있는가

앞에서 주장한 대로 정부가 인터넷 플러스의 보안을 개선하는 데 주도적인 역할을 떠맡는다면 먼저 우선순위를 조정해야 할 것이다. 4장에서 설명한 바와 같이 정부는 인터넷을 공격 목적에 사용할 수 있도록 역량을 유지하는 데 초점을 맞추고 있다. 하지만 보안 분야에서 어떤 식으로든 진전을 보려 한다면 우선순위를 방어에 두는 쪽으로 발상을 전환해야 한다. 제이슨 힐리의 주장처럼 정부는 '방어 우세' 전략을 지원해야 한다.[1]

공격은 방어에 필수적이라는 말은 맞다. 자유민주주의체제의 정보 및 법 집행 기관들은 적대적인 정부들을 모니터하고 테러리스트 조직을 감시하며 범죄자들을 수사해야 할 적법한 필요가 있다. 이들 정부는 그를 위해 인터넷의 보안 취약성을 활용하며, 그로부터 보안상의 혜택을 누린다고 자랑한다. 이들은 스스로를 '반(反)보안'적이라고 규정짓지 않는다. 사실 이들의 수사법은 매우 '친보안'적이다. 하지만 이들의 실제 행동은 인터넷의 보안성을 약화시킨다.

국가안보국은 두 가지 임무가 있다.[2] 해외 정부의 통신을 감시하고 미국 정부의 통신을 타국의 감시로부터 보호하는 일이다. 과거의 '두 지점 간 회선'에서 두 가지 임무는 해당 시스템들이 겹치지 않았기 때문에 어렵지 않았다. 국가안보국은 모스크바와 블라디보스토크 간의 해군 통신 연결망을 모니터하는 방법을 알아낼 수 있었고, 그런 전문성을 활용해 워싱턴 DC와 버지니아주 노포크 간의 해군 통신 연결망을 보호했다. 구소련과 바르샤바 협정국 간의 통신 시스템을 도청하는 행위는 무선 시스템이 달랐기 때문에 미국의 통신에 영향을 미치지 않았다. 중국의 군부 컴퓨터를 무력화하는 행위는 미국의 컴퓨터에 영향을 주지 않았다. 컴퓨터들이 달랐기 때문이다. 컴퓨터가 드물고, 네트워크는 그보다 더 드물었던 당시 환경에서 시스템 간의 호환성은 존재하지 않았고, 따라서 국가안보국의 해외 활동은 미국 내에 아무런 영향도 주지 않았다.

이제는 더는 사실이 아니다. 극소수 예외를 제외하면 우리는 모두 똑같은 컴퓨터와 전화기, 똑같은 운영체제, 똑같은 응용프로그램을 사용한다. 똑같은 하드웨어와 소프트웨어를 사용한다. 해외 네트워크들을 도청과 해킹에 방치한 채 미국 네트워크만 안전하게 유지하기는 불가능하다. 우리 전화기와 컴퓨터를 범죄자와 테러리스트 들로부터 안전하게 보호할 방법은, 그들의 전화기와 컴퓨터의 보안성도 확보하지 않고는 불가능하다. 인터넷이라는 전 세계에 걸친 네트워크에서는 그에 연결된 하드웨어와 소프트웨어에 대한 어떤 보안 조치든 전 세계 모든 하드웨어와 소프트웨어에도 적용된다. 그리고 인터넷의 비보안 상태를 유지하려는 모든 시도는 인터넷으로 연결된 세계 전체에 비슷하게 영향을 미친다.

이것은 우리에게 선택을 요구한다. 우리 것을 안전하게 함으로써 그 부작용으로 다른 이들의 것도 안전하게 하거나, 그들의 취약성을 그대로 유지함으로써 그 부작용으로 우리 자신의 것도 취약한 상태로 유지되도록 하거나. 이것은 실상 어려운 선택이 아니다. 한 가지 비유는 그 핵심을 잘 보여준다. 모든 집이 마스터 키 하나로 열릴 수 있고, 범죄자들도 이런 사실을 안다고 상상해보자. 이 자물쇠들을 고친다는 것은 범죄자들의 은신처도 더 안전해진다는 뜻이지만, 이런 단점은 모두의 집을 보호하기 위해 충분히 가치가 있는 타협이다. 인터넷 플러스가 비보안의 위험성을 극적으로 높임에 따라 선택은 더더욱 분명해졌다. 우리는 선출직 관료들이 사용하는 정보 시스템과 핵심 인프라 제공사들 그리고 우리의 비즈니스의 보안성을 높여야 한다.

보안을 강화하면 사이버 스페이스에서 적으로 간주되는 국가나 범죄자 들을 엿듣고 공격하기가 더 어려워질 것이다(그렇다고 법 집행 기관의 범죄 해결을 불가능하게 만들지는 않을 것이다. 이 부분은 뒤에 좀 더 논의하겠다). 그럼에도 보안 개선은 충분히 가치가 있다. 그리고 인터넷 플러스의 보안을 확보하려 한다면 우리는 모든 면에서 공격보다 방어를 우선시할 필요가 있다. 우리는 적보다 인터넷 플러스의 취약점을 통해서는 잃을 것이 더 많고, 보안 확보를 통해서는 얻을 것이 더 많다. 인터넷 플러스의 보안 혜택이 비보안 혜택보다 훨씬 더 크다는 점을 인식할 필요가 있다.

다음은 미국과 다른 민주주의 정부들이 방어를 공격보다 우선시하는 데 필요하다고 판단되는 내용이다. 이를 실천한다면 인터넷 플러스의 보안을 강화하는 데 큰 도움이 될 것이다. 더 중요한 것은 우선순위를 공격 대신 방어에 둠으로써 각국 정부도 인터넷 플러스의 보안을 지원하는 조력자 노릇을 할 수 있으리라는 점이다.

취약점을 공개하고 수정하라

소프트웨어의 취약점을 논의한 2장을 떠올려보자. 보안 취약점은 공격과 방어 양쪽에 활용될 수 있고, 누군가 취약점을 발견한다면 선택의 기로에 서게 될 것이다. 방어 쪽을 선택한다면 제조회사에 경고해 패치를 만들게 한다는 뜻이다. 공격 쪽을 선택한다면 해당 취약점을 숨겼다가 이후 공격에 활용한다는 뜻이다.

만약 취약점을 발견한 주체가 군대의 사이버 공격 팀이나 사이버 무기 제조회사라면 이들은 그 취약점을 공격에 써먹기 위해 발견 사실을 숨길 것이다. 그렇게 비밀리에 사용된다면 이 취약점은 오랫동안 비밀로 유지될 것이다. 설령 사용되지 않는다고 해도 다른 누군가가 그것을 발견할 때까지 비밀로 남아 있을 것이다. 국가안보국이 도청에 활용하는 취약점이나, 미국 사이버 사령부가 공격용 무기류에 활용하는 취약점이 이에 해당한다. 문제의 취약점이 언제 그리고 얼마나 광범위하게 사용되느냐에 따라 다르기는 하지만 결국 해당 소프트웨어의 제조회사는 그런 취약점을 알게 되고, 이를 수정한 패치를 내놓을 것이다.

발견자들은 취약점들을 팔 수도 있다. 공격 대상의 '제로 데이' 취약점을 찾는 암시장의 범죄자[3]와 정부 요원[4]은 많다. 애지머스^Azimuth 같은 회사는 민주주의 국가에만 취약점과 해킹 툴을 팔지만,[5] 다른 많은 회사들은 그렇게 윤리적이지 않다. 그리고 소프트웨어 제조사들은 취약점 공개를 유도하기 위해 취약점을 발견하면 상금을 주겠다고 제안[6]하기도 하지만 범죄집단이나 정부, 사이버 무기 제조사들이 제시하는 보상금에는 상대가 되지 않는다. 한 가지 사례를 들자. 비영리로 운영되는 토르^Tor 프로젝트[7]는 익명으로 인터넷을 사용할 수 있게 해주는 토르 브라우저의 취약점을 발견해 알려주는 이에게 4천 달러를 제시하고 있지만, 사이버 무기 제조사 제로디엄^Zerodium [8]은 토르의 취약점을 찾아내 신고하는 이에게 최고 25만 달러까지 제시한다.

국가안보국의 두 가지 임무로 돌아가자. 국가안보국은 방어나 공격 어느 쪽이든 가능하다. 취약점을 찾아내면 해당 소프트웨어 회사에 알려, 아직 비밀인 상황에서 수정을 도와줄 수 있다. 혹은 이를 숨긴 채 해외 컴퓨터 시스템의 감시에 활용할 수 있다. 취약점을 수정하면 모든 공격자들, 가령 다른 나라와 범죄자나 해커에 대항해 인터넷의 보안을 강화할 수 있다. 취약점을 그대로 두면 국가안보국은 다른 이들을 더 효과적으로 공격할 수 있다. 그러나 그 취약점을 이용할 때마다 표적이 된 정부가 해당 취약점을 알고 역이용할-혹은 해당 취약점이 공개돼 범죄자들이 이용하기 시작할-위험이 따른다. 하버드대학교 법학교수 잭 골드스미스^Jack Goldsmith가 썼듯이, "모든 공격 무기는 우리의 방어에 (잠재적인) 약점이고 그 역도 마찬가지다."[9]

많은 사람들이 이 논의에 참여했다.[10] 활동가이자 작가인 코리 독토로우^Cory Doctorow는 이를 '공중 보건의 문제'라고 불렀다.[11] 나도 비슷하게 말한 적이 있다.[12] 컴퓨터 보안 전문가 댄 기어^Dan Geer는 미국 정부가 취약성 기반의 시장을 장악해 모든 취약성을 고쳐야 한다고 주장한다.[13] 마이크로소프트의 브래드 스미스[14]와 모질라[15] 측도 취약성 공개에 정부가 더 적극 나서야 한다고 강조했다.

오바마 대통령에게 직접 보고하는 '첩보 및 통신 기술 리뷰 그룹'은 에드워드 스노든의 고발 직후 가진 논의에서 취약성은 특별한 경우에 그리고 일시적으로만 비밀리에 수집돼야 한다고 결론지었다.

우리는 일찍이 알려지지 않은 컴퓨터 애플리케이션이나 시스템의 보안 취약성을 활용한 미국 정부의 공격 활동을 정기적으로 검토하는 기관 간 절차를 국가보안위원회가 주도적으로 관리하는 것이 타당하다고 판단한다.[16] … 미국의 정책 원칙은 '제로 데이'가 신속히 차단돼 미국 정부와 다른 네트워크들의 취약성이 수정돼야 한다는 것이다. 드문 경우 미국 정책은 제로 데이를 활용한 기밀 첩보 수집을 단기간 승인할 수 있으며, 이 경우 모든 관련 부처를 포함한 고위급, 기관 간 리뷰가 뒤따라야 한다.

이 주장이 별로 미덥지 않은 이유는 내가 4장에서 언급한 사이버 군비 경쟁 때문이다. 만약 우리가 인터넷을 더 안전하게 만들기 위해 공격 역량을 포기한다면, 이는 일방적 군비 축소나 다름없을 것이기 때문이다.[17] 국가안보국의 전직 부국장 릭 레지트Rick Ledgett는 2017년 이렇게 말했다.

미국 정부가 자체 보유한 모든 취약점 정보를 공개함으로써 이런 문제가 해결될 것이라는 발상은 안이할 뿐만 아니라 매우 위험할 수 있다.[18] 그런 공개는 미국이 무장 해제해서는 결코 안 되는 분야에서 일방적으로 군비를 축소하는 것이나 다름없다…그리고 이것은 미국이 앞장선다고 해서 다른 나라들이 그에 상응하는 변화를 보일 분야도 아니다. 우리의 동맹국도 적대국도 자신들이 가진 취약점 정보를 공개하지는 않을 것이다.

더욱이 모든 취약점이 다 같은 것은 아니다. 그중 일부는 국가안보국이 '노버스NOBUS'라고 부르는 것이다.[19] '우리 외에는 다른 누구도 불가능하다'라는 뜻의 'nobody but us'를 줄인 말로, 미국이 발견했고 따라서 미국은 활용할 수 있지만 다른 누구도 활용이 불가능하다고 판단되는 취약점이다. 다른 나라들이 감당할 수 있는 것보다 더 많은 자원을 요구하거나, 해당 취약점의 발견이 다른 누구도 갖지 못한 특수 지식에 기반한 것이거나, 그 취약점을 사용하기 위해서는 다른 누구도 갖지 못한 독특한 기술이 필요한 경우다. 만약 어떤 취약점이 노버스라면 다른 누구도 그것을 미국을 상대로 사용할 수 없으므로, 미국은 이 취약점을 공격용으로 안전하게 보존할 수 있다.[20]

이 접근법은 겉보기엔 그럴듯해 보이지만 그 세부 내용은 금방 헤어나올 수 없는 늪이 돼 버린다. 미국의 경우 취약점을 공개할지, 혹은 숨긴 채 사용할지의 여부는 소위 '취약점의 지분 평가 과정VEP, Vulnerabilities Equities Process'에서 결정된다. 이것은 기관 간 비밀 절차로 다양한 '지분equities', 즉 해당 취약점을 비밀로 유지해야 할 이유들을 검토한다. 2014년 당시 백악관 사이버 보안 조정관 마이클 대니얼Michael Daniel은 VEP를 공개적으로 설명하는 글을 썼다.[21] 실질적인 세부 내용은 들어 있지 않았다. 2016년에는 해당 정책을 뒷받침하는 백악관의 공식 문건이 상당 부분이 삭제된 채 공개됐다.[22] 2017년 신임 사이버 보안 조정관 로브 조이스Rob Joyce는 약간의 세부 내용을 추가한 개정판 VEP 정책을 공개했다.[23] 그래서 우리는 어느 정도 단서는 갖고 있지만 해당 정책을 충분히 평가할 만한 정보는 아직 없다.

어떻게 정부가 공개나 비밀 유지를 결정하는지는 여전히 불분명하다. 우리가 알고 있는 것은 다음 정도다. 첫째, 특정한 취약점에 대해 구체적 이해를 가진 기관들만이 해당 취약점을 공개하거나 비밀로 유지할지 판단할 수 있다. 둘째, VEP에서 공개를 통해 보안을 강화할 수 있다고 주장할 수 있는 사람은 아무도 없다. 셋째, 주어진 취약점으로부터 데이터를 안전하게 보호할 방안을 염려하는 일반 시민의 참여는 배제돼 있다.

강력한 공격 잠재력을 가진 취약점에 대해 그것이 얼마나 심각한 위험을 안고 있든 VEP가 비공개를 결정하는 것은 불가피하다. 예를 들면 러시아의 해커들이 국가안보국에서 훔쳐 2017년 공개한 윈도우 운영체제의 치명적 취약점인 이터널블루ETERNALBLUE는 공개하지 않고 비밀로 보존해도 적합한 것으로 평가됐었다.[24] 이것은 말도 안 되는 것 같다. 그처럼 널리 사용되는 시스템에서 발견된 심각한 취약점이 5년 이상 패치되지 않은 상태로 있었다는 사실은 결코 바람직한 보안 관리로 볼 수가 없다.[25]

이는 VEP가 취약점의 공개와 수정보다 비밀 수집을 더 부추길 것이라는 우려를 제기한다. 보안 취약점들은 무작위적인 우연보다는 의도적이고 독립적인 연구 결과로 발견되는 경우가 훨씬 더 많다.[26] 특정한 유형의 연구는 유행을 타게 마련이고, 따라서 복수의 연구 그룹이 동일한 분야를 조사할 때가 많기 때문으로 보인다. 만약 미국 정부가 취약점을 발견한다면 그와는 별개로 다른 누군가도 이를 발견할 가능성이 높다는 뜻이다.[27] 더욱이 노버스는 이터널블루의 경우처럼 나라들끼리 서로 취약점을 훔치는 경우를 고려하지 않았다.[28] 국가안보국과 CIA는 모두 사이버 공격 툴을 가지고 있고, 여기에는 훔치거나 서로 공유한 제로 데이 취약점들이 포함된다. 이 가운데는 국가안보국이 여러 해 동안 활용해온, 꽤 위험한 윈도우 취약점들도 있다.[29] 다른 누구도 그런 취약점들을 독립적으로 발견하지 못했을지 모르지만, 일단 도 난당하거나 공개되면 그런 점은 더 이상 문제가 되지 않는다.[30]

우리는 얼마나 많은 취약점들이 VEP 절차를 거치는지조차 모른다. 2015년 미국 정부는 발견된 취약점의 91%를 공개했다고 밝혔지만[31] 이 수치가 실제 로 악용될 수 있는 취약점인지 아니면 대체로 무해한 전체 취약점 숫자에 의 해 부풀려진 것인지는 분명하지 않다. 기준을 모르면 통계는 무의미하다.

내 짐작은 제이슨 힐리가 쓴 다음 내용과 흡사하다.

> 매년 정부는 극소수만, 아마도 한 자릿수의 제로 데이만 유지한다.[32] 더 나아 가 우리는 정부가 그와 같은 제로 데이 취약점들의 사이버 무기를 십여 개 정 도 관리하는 것으로 추정한다. 많은 전문가들이 추정한 수십만 개보다 훨씬 더 적은 규모다. 미국 정부는 하나 둘씩, 아마도 매년 한자릿수 수준으로 사이 버 무기를 추가하는 것으로 보인다.

마지막으로 우리는 어떤 등급의 취약점들이 VEP 절차를 거치거나 거치지 않는지조차 모르고 있다. 마치 정부-아마 거의 대부분은 국가안보국-에 의해 발견된 모든 취약점은 해당 절차를 거치는 것처럼 보이지만, 제3기관 으로부터 구입한 취약점이나 디폴트 비밀번호처럼 허술한 설계에 기반한 취 약점들은 아니다. 국가안보국이 해외 네트워크들에 침투해 그들의 사이버 무기를 훔친 다음 발견한 취약점들은 어떨까? 우리는 알 수 없다.

우리가 아는 것은 취약점들이 매년 재평가된다는 점이다. 이는 바람직한 일 이다. 그리고 미국의 VEP 절차는 개선의 여지가 많지만, 최소한 그런 절차 가 있다는 점은 높이 사 줄 만하다. 다른 어떤 나라도 그와 비슷한 절차가 없다. 적어도 공개적으로는 그렇다. 많은 나라들은 세계의 사이버 보안을 개선하기 위해 취약점을 공개한 전례가 없다. 유럽 나라들에 대해 우리는 아무 것도 아는 것이 없다. 독일이 일종의 공개 정책을 개발하려 한다는 내용 정도다.

VEP 절차에 부정적 영향을 미치는 것들이 더 있다. 사이버 무기는 폭발력(해당 무기가 끼치는 피해)과 전송 메커니즘(폭발력을 적의 네트워크에 접근시키는 데 사용되는 취약점)의 조합이다. 중국이 한 취약점을 알고, 그것을 아직 활성화하지 않은 사이버 무기에 사용하고 있는데, 국가안보국이 스파이 활동을 통해 이 사실을 알아냈다고 가정하자. 국가안보국은 해당 취약점을 공개해 패치되도록 해야 할까, 아니면 공격용으로 수집하고 숨겨야 할까? 만약 공개한다면 중국의 무기를 무력화하겠지만, 중국은 국가안보국이 모르는 대체 취약점을 발견할 수 있을 것이다. 만약 숨긴다면, 국가안보국은 의도적으로 미국을 사이버 공격에 취약한 상태로 남겨두는 셈이 된다. 언젠가 우리는 적이 취약점을 미처 공격에 사용할 틈도 없을 만큼 신속히 패치할 수 있는 수준에 다다를 수도 있겠지만 아직은 먼 미래의 희망 사항일 뿐이다.

패치되지 않은 취약점은 모두를 위험에 빠뜨리지만 모두에게 균등한 것은 아니다. 미국과 다른 서구 국가들은 매우 중요한 전자 인프라, 지적 재산 그리고 개인적 부 때문에 위험성이 더 높다. 북한 같은 나라들은 위험도가 훨씬 더 낮기 때문에 취약점을 고쳐야 할 동기가 별로 없다. 취약점을 고치는 것은 군비 축소가 아니라 우리 자신의 나라를 더 안전하게 만드는 일이다. 또한 전 세계적으로 광범위하게 사이버 무기를 줄이는 논의에서 윤리적 권위를 회복하고, 설령 다른 나라들이 사용하더라도 이를 사용하지 않겠다고 결정할 수 있다.

많은 이들이 볼 때 VEP 절차가 제 기능을 못한다는 점은 분명하다.[33] 투명성을 제고하려는 조이스의 시도에도 불구하고, 일반이 그 효과를 제대로 평가할 방법은 없다. 결과들을 통해 우리가 알 수 있는 것은, 그 비밀 과정이 다양한 지분들 간의 균형을 맞추지 못하고 있다는 점이다. 오히려 그 과정은 우리의 보안 상황을 훨씬 더 취약하게 만든다.[34]

적들은 우리가 어떤 선택을 하든 상관없이 계속해서 취약점들을 비축할 것이라는 릭 레지트Rick Ledgett의 말은 맞다. 그러나 우리가 공개를 선택한다면, 네 가지 결과가 나타날 것이다. 하나, 우리가 공개하는 취약점들은 결국 수정돼 이를 활용하려는 이들을 무력화할 것이다. 둘, 발견돼 공개된 취약점을 모두가 알게 되므로 보안은 개선될 것이다. 셋, 우리는 다른 나라들에 모범이 되고, 그로부터 글로벌 규범을 변화시킬 수 있을 것이다. 그리고 넷, 국가안보국과 CIA 같은 기관이 자진해서 이런 공격 툴을 포기한다면 이들 기관은 확고하게 공격보다 방어에 집중하는 쪽으로 방향을 바꿀 것이다. 그리고 이 네 가지 현상이 나타난다면 우리는 인터넷 플러스의 전체적인 보안을 개선하는 데 실질적인 진전을 이룰 수 있을 것이다.

감시가 아닌 보안 중심으로 설계하라

기존 소프트웨어 시스템에서 보안 취약점을 찾아내는 일은 반드시 필요한 작업이 아니다. 너무 자주, 정부기관들은 보안 규약을 정하는 작업에 개입한다. 그런 규약이 충분히 강력한지 확인하기 위해서가 아니라 도리어 약화

하기 위해서다. 다시 말해 이들은 방어보다 공격을 우선시한다.

첫 번째 사례. 인터넷 프로토콜 보안^{IPsec, IP security protocol}은 인터넷의 데이터 패킷들을 위한 암호화와 인증 규약이다. 나는 1990년대 다자간 공공 기술 그룹인 인터넷 기술 표준화 기구^{IETF, Internet Engineering Task Force}의 규약 개발과 방어 설계 논의에 참여했다. 국가안보국은 이 과정에 개입해 의도적으로 인터넷 프로토콜의 보안성을 약화하려고 시도했다.[35] 특히 보안을 약화시키는 자잘한 변화를 꾀했다. 당시에도 허약하다고 평가된 암호화 표준을 밀어 부쳤으며 비암호화 옵션을 요구했고 온갖 방법으로 규약 개발 과정을 지연시키는가 하면 규약을 복잡하게 만들어 이를 시행하기가 어려우면서도 보안은 여전히 취약하도록 유도했다. 1999년 나는 해당 규약을 평가하고, 그 규약의 불필요한 복잡성이 보안에 '치명적 효과'를 초래한다고 결론지었다.[36] 이후 보안은 점점 더 나아지고 있지만 종단 간 암호화는 아직도 인터넷 전체에 적용되지 않고 있다.

두 번째 사례. 정부에만 적용되는 디지털 셀룰러 암호화의 비밀 규약[37]에서, 국가안보국은 단말기와 기지국 간의 음성 트래픽을 암호화하는 데 이용되는 알고리즘을 취약하게 만드는 한편, 두 통신 당사자들 간에 종단 간 암호화가 적용되지 않도록 설정했다고 많은 이들은 믿고 있다. 그 때문에 휴대전화를 통한 대화는 쉽게 도청될 수 있다.

이런 설정은 국가안보국이 공공 보안 규약을 약화할 목적으로 운영한 불런^{BULLRUN} 프로그램의 일부일 것이다[38](그와 비슷한 영국의 프로그램은 에지힐^{Edgehill}이라고 불렀다). 그리고 두 경우 모두 취약한 통신 프로토콜로 이어졌고, 때문에 해외 정부와 범죄자 모두 일반 시민들의 통신을 더 쉽게 엿들을 수 있게 됐다.

때로 정부는 법률로 보안을 약화한다. 1994년 제정된 감청통신지원법^{CALEA,} Communications Assistance for Law Enforcement Act은 전화 회사들로 하여금 전화기 스위치들에 감청 장치 설치를 의무화함으로써 FBI가 전화 사용자의 통화 내용을 도청할 수 있도록 했다.[39] 통신 환경이 한층 더 복잡해진 지금도 FBI-그리고 다른 여러 나라의 수사 기관들-는 그와 유사한 백도어를 컴퓨터와 전화기, 통신 시스템에 설치하라고 요구하고 있다(이에 대해 11장에서 더 깊이 있게 다룬다).

그리고 미국 정부는 보안 기준을 의도적으로 약화할 필요가 없을 때도 있다. 이들 기준은 종종 다른 이유로 보안이 취약하도록 설계돼 있으며, 정부는 그러한 비보안을 이용하면서 그 내용을 숨겨, 그런 시스템의 보안을 강화하려는 시도를 지연시킨다.

'스팅레이^{Stingray}'는 이제 국제 이동국 식별 번호^{IMSI, International Mobile Subscriber Identity}를 포집하는 장비의 대명사처럼 쓰인다. 이것은 기본적으로 해리스 코퍼레이션^{Harris Corporation}이 ('스팅레이'라는 이름으로) 여러 법 집행 기관들에 팔던 위장 휴대전화 기지국을 가리킨다(이것은 실상 생선 이름을 가진 일련의 장비들 중 하나에 불과하지만-'앰버잭^{AmberJack}'도 그중 하나다[40]-언론을 통해 가장 널리 알려졌다). 기본적으로 스팅레이는 근처 휴대전화들을 그에 접속하도록 기만한다. 이 기술이 통하는 것은 우리 주머니 속의 휴대전화가 접속 범위에 있는 모든 기지국을 자동으로 신뢰하도록 설정돼 있기 때문이다. 전화기와 기지국 간의 접속 프로토콜에 아무런 인증 절차도 없다. 새로운 기지국이 나타나면 우리의 전화기는 자동으로 고유한 국제 이동국 식별 번호를 전송해 그 위치를 알린다. 그 결과 수사 기관은 근처에 있는 전화기의 식별 및 위치 정보를 수집하는 것은 물론 통화 내용, 문자 메시지 웹 브라우징 정보를 엿듣

거나 감시할 수 있다.[41]

미국에서 FBI와 다른 법 집행 기관들이 IMSI 포집기를 이용하는 것은 한때 큰 비밀이었다. 불과 몇 년 전만 해도 FBI는 이런 능력을 공개적으로 설명하는 것을 무척 두려워했다.[42] 해당 기술을 사용하기 전에 지역 경찰에 기밀 유지 협약에 서명할 것을 요구하고 법정에서도 그런 기술의 사용에 대해 위증하라고 지시할 정도였다. 플로리다주 사라소타의 경찰이 자신들에 대한 시민권 소송에서 원고 측에 IMSI 포집기 관련 문서를 공개할 가능성이 커지자, 연방 보안관들은 해당 문서를 압류했다.[43] 심지어 해당 기술이 세간에 널리 알려지고 〈더 와이어The Wire〉 같은 TV 범죄 드라마의 핵심 플롯이 된 다음에도, FBI는 계속해서 그것이 큰 비밀이라도 되는 것처럼 가장했다. 그리 오래지 않은 2015년에도 세인트루이스 경찰은 해당 기술에 관해 법정에서 증언하는 대신 소송을 취하하는 쪽을 택했다.[44]

휴대전화 회사들이 스스로 자사 표준에 암호화와 인증 기능을 더할 수도 있다. 하지만 대부분의 사람들이 자기 전화기가 가진 보안 취약성을 모르고, 휴대전화의 표준이 정부 주도로 구성된 위원회에 의해 설정되는 한 그럴 가능성은 거의 없다.

이것은 기본적으로 노버스 주장과 같은 맥락이다. 휴대전화 네트워크를 설계할 당시만 해도 기지국을 세우는 일은 기술적으로 대단히 어려웠고, 적법한 휴대전화 서비스 회사들만 가능한 일이라고 보는 것이 온당했다. 시간이 지나면서 해당 기술은 점점 더 값싸지고 쉬워졌다. 한때 국가안보국의 기밀 감청 프로그램이자 FBI의 비밀 수사 툴이었던 것이 그보다 기술 수준이 떨어지는 정부,[45] 사이버 범죄자 그리고 심지어 취미성 해커 들의 장비로 변했다. 2010년, 해커들은 가정에서 만든 IMSI 포집기를 콘퍼런스에서 시연해 보였다.[46] 2014년에는 워싱턴 DC 지역에만 10여 개의 IMSI 포집기가 설치돼 다양한 정보를 수집한다는 사실이 밝혀졌다.[47] 지금은 중국 전자상거래 웹사이트 알리바바(Alibaba.com)에서 IMSI 포집기를 2천 달러 이하에 살 수 있다. 적당한 주변기기만 갖추면 당신의 랩톱 컴퓨터를 IMSI 포집기로 변신시켜주는 공개 소프트웨어도 내려받을 수 있다.[48]

또 한 가지 사례. IP 포집 시스템들이 사람들의 인터넷 활동을 감청하는 데 이용된다. 당신이 방문하는 사이트들에서 벌어지는 페이스북과 구글 같은 회사들의 감시와 달리, 혹은 인터넷 백본에서 벌어지는 감시와 달리, 이 일은 당신의 컴퓨터가 인터넷에 접속하는 지점 근처에서 벌어진다. 여기에서 그 누군가는 당신이 하는 모든 일을 엿들을 수 있다.

IP 포집 시스템은 또한 인터넷 통신 프로토콜에 포함된 기존의 취약점을 악용한다. 우리 컴퓨터와 인터넷 간의 트래픽은 대부분 암호화되지 않은 상태이며, 암호화된 경우에도 인터넷 프로토콜과 이를 보호하는 암호화 프로토콜의 비보안성 때문에 중간자 공격에 취약한 경우가 많다.

스노든이 폭로한 문서들은 국가안보국이 인터넷 백본에서 방대한 데이터 수집 작업을 벌이고 있으며, 인터넷상의 암호화되지 않은 통신을 적극 이용한다는 점을 보여준다.[49] 그러나 다른 나라, 사이버 범죄자 그리고 해커 들도 마찬가지다.

인터넷 프로토콜이 처음 설계될 당시에 암호화를 더했다면 초기 컴퓨터들의 속도를 상당히 떨어뜨렸을 것이고 자원 낭비로 느껴졌을 것이다. 컴퓨터가 값싸지고 소프트웨어가 빨라진 지금 몇십 년 전만 해도 어렵거나 불가능했던 일들이 이제는 쉬워졌다. 그와 동시에 한때 국가안보국만 가능했던 인터넷 감시 기능은 이제 워낙 접근이 쉬워져서 범죄자와 해커 그리고 어느 나라의 정보 기관이나 그런 기능을 쓸 수 있게 됐다.

휴대전화 암호화나 CALEA법이 의무화한 도청 시스템의 경우도 다르지 않다. 2000년대 초반 10개월 이상에 걸쳐 1백 명이 넘는 그리스 정부의 고위 관계자를 도청한 신원 불명의 공격자들도 전화 회사의 전화기 스위치를 이용한 도청 기능을 활용했다.[50] CALEA법은 의도하지 않게 시스코 인터넷 스위치들에 취약점을 초래했다.[51] 그리고 국가안보국에서 정보 보안을 담당했던 리처드 조지Richard George 기술국장에 따르면 "미 국방부 시스템들에서 사용하기 전에 제공된, CALEA 요건에 부응한 스위치들을 국가안보국이 테스트한 결과 테스트 용도로 제공된 모든 스위치에서 예외 없이 보안 문제를 발견했다."[52]

위의 사례에서 얻을 수 있는 교훈은 다음과 같다. 노버스는 오래 가지 않는다. 심지어 국가안보국과 CIA에서 국장을 지냈고 노버스라는 용어를 언론에 소개한 마이클 헤이든Michael Hayden[53]조차 2017년 "노버스의 안전 지대는 과거보다 훨씬 더 작아졌다"[54]라고 썼다. 누구나 똑같은 컴퓨터와 통신 시스템을 쓰는 환경에서 우리가 의도적으로 끼워 넣는-혹은 우리가 찾아내 편리하게 사용하는-어떤 보안 취약점도 우리에게 불리하게 사용될 수 있고 사용될 것이다. 그리고 취약점 수정과 마찬가지로, 처음부터 우리 시스템을 안전하게 설계한다면 우리는 훨씬 더 안전할 것이다.

가능한 한 모두 암호화하라

정부는 가능한 한 인터넷 플러스의 모든 것을 암호화한다는 목표를 세워야 한다. 여기에는 많은 구성 요소가 있다.

하나, 통신을 종단 암호화해야 한다. 모든 통신을 즉, 송신자의 장비부터 수신자의 장비까지 암호화함으로써 그 사이에 있는 어느 누구도 통신 내용을 읽을 수 없어야 한다. 아이메시지^{iMessage}, 왓츠앱^{WhatsApp}, 시그널^{Signal} 같은 여러 메신저 앱에서 이용되는 암호화 방식이다. 우리가 사용하는 브라우저의 암호화 방식이기도 하다. 일부 경우는 진정한 종단 간 암호화가 바람직하지 않을 수도 있다. 우리 대다수는 구글이 우리 이메일을 스캔하기를 원한다. 그것이 이메일을 폴더별로 정리하고 스팸을 삭제하는 방법이기 때문이다. 이런 경우는 통신을 지정 (그리고 신뢰하는) 통신 처리 회사에 닿을 때까지 암호화해야 한다.

둘, 우리가 사용하는 기기들을 암호화해야 한다. 암호화는 최종 이용자가 쓰는 모든 기기의 보안을 크게 높이지만, 컴퓨터와 전화기 같은 일반 용도의 기기에서 특히 더 중요하다. 이들은 우리의 인터넷 플러스 환경에서 핵심 접속점이기도 하기 때문에 가능한 한 보안이 확고해야 한다.

셋, 우리는 인터넷을 암호화할 필요가 있다. 데이터는 인터넷에서 이동하는 동안 가능한 한 언제나 암호화돼야 한다. 불행히 우리는 모두 암호화되지 않은 인터넷에 익숙해졌고, 그런 사실을 입증하는 여러 프로토콜들이 있다. 당신이 낯선 와이파이에 로그온하면 대체로 벌어지는 일은 당신의 서핑은 해당 라우터에 의해 차단되고, 당신이 원하는 페이지는 로그인 화면으로 대체된다. 그런 일이 벌어지는 것은 당신의 데이터가 암호화되지 않기 때문이다.

이런 기능은 암호화되지 않은 통신 상태를 활용한 것이지만 어쨌든 우리는 암호화할 필요가 있고, 다른 로그인 방식을 개발해야 할 것이다.

그리고 넷, 우리는 어딘가에 자리 잡은 개인정보의 대규모 데이터베이스를 암호화할 필요가 있다.

암호화가 만병통치약은 아니다. 인증 공격은 인가된 사용자의 비밀번호를 훔쳐 사용함으로써 종종 암호화를 우회한다. 암호화는 정부 간의 스파이 활동을 막지는 못할 것이다. 1장에서 배운 모든 교훈은 여전히 유효하다. 컴퓨터 보안을 확보하기는 매우 어렵다. 우리는 국가안보국이 기반 소프트웨어를 공격함으로써 대다수 암호화를 우회할 수 있다는 사실을 안다. 하지만 그런 공격은 표적이 더 분명한 경우다.

통신 시스템이나 컴퓨터가 암호화됐다고 해서 뚫기가 불가능할 만큼 보안이 확고하지는 않으며, 암호화되지 않은 컴퓨터라고 해서 속절없이 취약한 것은 아니다. 그러나 암호화는 핵심 보안 기술이다. 우리 정보와 기기를 해커와 범죄자들 그리고 해외 정부들로부터 보호한다. 선출직 공무원들의 언행이 도청되거나 여러 IoT 장비를 해킹으로부터 막아준다. 그리고 핵심 인프라를 보호해준다. 인증 절차와 결합된 암호화는 인터넷 플러스에서 가장 필수적인 보안 기능일 것이다. 많은 보안 침해의 원인은 암호화의 결여 때문이다.

모든 기기와 통신에 암호화를 적용하면 공격자는 자신의 목표를 구체적으로 정할 수밖에 없다. 그 때문에 암호화는 대규모 감시를 불가능하게 만든다. 이것은 정부 대 정부의 스파이 활동보다 국민에 대한 정부의 감시에 영향을 미친다. 그리고 민주주의보다는 억압 정부에 더 타격을 입힌다. 암호화는 사회 전반에 혜택을 준다. 비록 범죄자들도 다른 모든 사람들과 마찬가지로 통신과 장비의 기밀성을 유지하는 데 암호화를 사용할 수 있지만 사회 전체로 볼 때는 더 이익이다.

이것은 보편적으로 합의된 견해는 아니다. 암호화를 약화하려는 압력도 크다. 이는 시민들을 감시하려는 전체주의 정부뿐 아니라 민주주의 체제의 정치인과 법 집행 관계자들도 마찬가지다. 이들은 암호화를 범죄자, 테러리스트 그리고-암호 화폐의 등장과 더불어-마약 거래와 돈 세탁을 일삼는 이들의 수단으로 여긴다.

나와 많은 보안 공학자들은 백도어를 설치해야 한다는 FBI의 요구가 너무나 위험하다고 반박해왔다.[55] 물론 범죄자와 테러리스트들은 자신들의 음모를 정부기관들로부터 숨기기 위해 암호화를 사용해왔고 사용하고 있으며 앞으로도 계속 사용할 것이다. 이것은 그들이 사회의 여러 다른 서비스와 인프라를 자신들의 목적에 활용해온 것과 마찬가지다. 우리는 일반적으로 차량과 레스토랑, 전기통신 서비스에 대해서는 정직한 사람과 부정직한 사람 모두 사용할 수 있다는 점을 인식한다. 백도어를 의무화하는 개념을 모든 자동차의 엔진에 조속기governor(調速機)를 달아 누구도 과속할 수 없게 하는 정책과 비교해보자. 그것은 범죄자들이 자동차를 도주용 수단으로 쓸 수 없도록 하면서도, 정직한 시민들에게 부담이 전가되는 것은 결코 용납하지 않겠다고 하는 꼴이다. 그런 상황은 불가능하다. 암호화 기술을 약화하는 것은 설령 그 효과는 금방 명확하지 않더라도 그와 똑같이 모두에게 해악을 끼친다. 이에 대해서는 11장에서 더 논의하겠다.

보안과 스파이 활동을 구별하라

......

국가안보국의 두 가지 임무—공격과 방어—는 그 자체와만 갈등을 빚는 것이 아니다. 조직 차원에서도 말이 되지 않는다. 공격이 예산을 받고, 주의를 끌고, 우선순위에 놓인다. 국가안보국이 공격과 방어 양쪽을 모두 책임지는 한, 진정으로 인터넷 플러스의 보안을 지원한다는 신뢰를 결코 얻을 수 없을 것이다. 이것은 현재와 같은 임무와 권한이 유지되는 한 국가안보국은 사이버 보안에 유해하다는 뜻이다.

우리는 보안 분야에 강력한 정부기관이 필요하다. 이는 국가안보국을 분리하고 방어 이니셔티브에 상당한 예산을 할당해야 한다는 뜻이다. 『당신은 데이터의 주인이 아니다Data and Goliath』에서, 나는 국가안보국을 세 조직으로 분리하라고 권고했다. 국제적으로 전자 첩보 활동을 수행하는 조직, 사이버 스페이스에서 국가 안보를 제공하는 조직 그리고 FBI에 통합돼 합법적인 국내 감시 활동을 수행하는 조직. 만약 안보 기관이 내가 8장에서 제시한 인터넷 플러스 규제 기관과 긴밀히 공조하거나 심지어 그런 기관의 일부가 된다면 세상을 더 안전하게 만들기는 요원할 것이다.

다른 나라도 마찬가지다. 영국의 국가사이버보안센터가 정보통신본부 산하로 존재하는 한, 결코 완전한 신뢰를 얻지 못할 것이다.[56] 더 나은 모델은 독일이다. 독일의 연방정보보안국은 공격 중심 기관인 연방정보서비스와는 다른 부처의 장관을 통해 수상에게 보고한다.

보안과 스파이 활동(그리고 공격)을 분리하면 다른 혜택도 기대할 수 있다. 취약점을 공격에 활용하고 싶어 하는 기관이 해당 취약점을 공개하기는 매우 어렵다. 물론 공격과 방어를 각각 전담하는 두 기관에 할당되는 예산 규모는 다르겠지만 적어도 그 절차는 일반에 공개돼 여론의 평가를 받을 수 있다. 일반적으로 두 기능의 분리는 사이버 스페이스에서 벌이는 정부의 보안 비밀주의를 상당 부분 줄일 수 있을 것으로 보인다. 그런 비밀주의는 주로 공격 역량과 임무에서 비롯하기 때문이다.

비밀을 줄인다는 것은 감독 기능을 더 강화한다는 뜻으로, 이는 국가안보국 같은 기관들에서 핵심 쟁점이다. 그런 기관들의 권한, 역량, 운영 프로그램을 더 공개적으로 논의할수록 이를 남용할 가능성도 적어진다.

불행한 것은 2016년 국가안보국이 대규모 조직 개편을 통해 공격 부서와 방어 부서를 단일 운영 부서로 통합했다는 점이다.[57] 둘 다 동일한 기술과 전문성이 요구된다는 점에서 기술적으로는 퍽 타당해 보이는 개편이지만, 정치적으로 우리가 필요로 하는 내용과는 정반대 양상이다. 만약 국가안보국이 인터넷 플러스를 공격하기보다 그 보안을 높이는 데 기여한다는 신뢰를 얻고자 한다면 방어는 공격과 혼합돼서는 안 된다.[58] 현재 첩보 기능과 공격 역량이 각각 국가안보국과 미국 사이버사령부로 분리된 것처럼, 기술과 전문성은 같더라도 방어와 공격은 별개 기관으로 분리될 필요가 있다.

법을 더 스마트하게 집행하라

방어를 공격보다 우선순위에 두려 한다면, 그런 변화가 법 집행 과정에 초래할 여러 문제도 인식해야 할 것이다. FBI는 21세기에 걸맞은 수사 역량이 필요하다.

2016년 FBI는 사망한 샌 버나디노^{San Bernardino}의 테러리스트 사예드 리즈완 파루크^{Syed Rizwan Farook}가 소지했던 아이폰의 잠금 장치를 풀어 달라고 애플에 요구했다. 애플 전화기들이 디폴트로 암호화된 탓에 FBI는 전화기의 데이터에 접근할 수 없었다. 해당 제품은 아이폰 5C로 애플은 문제의 데이터에 접근할 수 있었다[59](애플은 이후의 아이폰 모델들에 대한 보안을 향상시켰다). 애플은 이 사안을 수사 기관이 어디까지 자사-그리고 모든 IT 회사들-의 시스템과 장비에 적용된 보안을 우회할 수 있도록 강제할 수 있는지 가늠하는 시험대로 인식했기 때문에 FBI의 요구에 저항했다.[60]

그것은 지난 수십 년간 FBI로부터 들어온 백도어 요구의 일환이었고, 그에 대해서는 11장에서 더 다룰 것이다. FBI 입장에서 이것은 좋은 시험 케이스로, 법정에서 쉽게 승소할 것으로 생각했다. 애플은 거의 모든 사이버 보안 전문가들과 더불어 힘껏 반격했다. 결국 FBI는 신원 미상의 '제삼자'[61]—이스라엘 기업인 셀레브라이트^{Cellebrite}로 추정-를 기용해 애플의 도움 없이 해당 전화기의 보안을 뚫었다.[62] 법원은 아직 아무런 판결도 내리기 전이었고 사태 변화로 무의미해졌다.

사안이 마무리된 다음, 나와 학계의 동료들은 「당황하지 마시오^{Don't Panic}[63]라는 제목의 논문으로 이 문제를 다뤘다. 그 제목은 문자 그대로 해석되기를 의도한 것이었다. FBI와 다른 법 집행 기관들은 암호화에 당황하지 말아야 한다는 충고였다. 범죄는 단지 FBI가 데이터를 컴퓨터에서 추출할 수 없다거나 디지털 통신을 감청할 수 없다는 이유만으로 갑자기 해결 불능이 되지는 않는다. 컴퓨터와 디지털 통신 시대 이전에도 해결할 수 없는 범죄는 늘 존재했다. 우리는 당황하지 말아야 할 이유로 다음 세 가지를 들었다.

1. 메타데이터는 네트워크에 있는 동안 사용 가능해야 하기 때문에 암호화될 수 없다. 법 집행 기관은 누가 누구와 언제 어디에서 교신했는지 (설령 정확히 어떤 내용인지는 모르더라도) 항상 알 수 있다.

2. 사람들이 데이터 저장과 처리를 위해 제삼자를 이용할 때 그 데이터는 암호화될 수 없다. 심지어 암호화된 데이터 저장 서비스를 제공하는 회사들도 파일 복원을 허용한다. 그것이 대다수 이용자가 요구하는 내용이기 때문이다. 그 모든 데이터는 법원 영장이 있으면 그리고 어떤 경우는 영장이 없이도 항상 취득할 수 있을 것이다.

3. 모든 것이 컴퓨터화한다면 모든 것이 잠재적인 감시 장비로 기능할 수 있다. 특히 IoT를 가능케 하는 온갖 새로운 센서들은 종단 간 암호화가 적용되지 않은 방대한 규모의 새로운 데이터 스트림을 법 집행 기관에 제공함으로써 실시간 감시와 사후 접근 및 복원을 가능케 해줄 것이다.

실상 심각한 대목은 FBI가 기술적 전문성을 상당 부분 잃어버렸다는 점이다. 휴대전화가 나타나기 전 사람들의 대화가 발설되자마자 돌이킬 수 없이 증발해버리던 시절, FBI는 미제 범죄를 다루는 온갖 첨단 수사 기법을 보유하고 있었다. 1990년대 중반부터 FBI의 작업은 더 쉬워졌다. 휴대전화에서 데이터를 추출할 수 있게 된 것이다. 그로부터 20여 년이 지난 지금 그런 시대는 막을 내리고 옛 시절을 기억하는 FBI 요원들은 모두 은퇴했다. FBI의 현재 직원들은 스마트폰에 중요한 데이터가 있다는 사실밖에 모르는 사람들이다.[64]

이런 현실은 바뀌어야 한다. 일을 타당하게 하고 아무런 백도어도 없는 진정한 보안 시스템을 적용하려 한다면 FBI는 인터넷 플러스 시대에 맞게 수사를 진행할 수 있는 새로운 전문성이 필요하다. 수학자이자 사이버 보안 정책 전문가 수전 랜다우Susan Landau는 미국 하원법사위 증언에서 이렇게 말했다.

> FBI는 현대 전기통신 기술을 잘 이해하는 요원들로 구성된 수사 센터를 갖춰야 할 것입니다.[65] 이는 요원들이 전기통신 기술의 모든 측면을 충분히 이해해야 한다는 뜻입니다. 모든 전화기가 곧 컴퓨터나 다름없는 현 상황에서, 이 센터는 컴퓨터 과학에서도 동일한 차원의 깊은 전문성을 갖춰야 할 것입니다. 더 나아가 다양한 유형의 IT 장비들을 이해하는 연구자들의 팀이 필요할 것입니다. 이것은 기술이 지금 어디에 있는지 그리고 6개월 안에 어떻게 바뀔지 뿐만 아니라, 향후 2~5년 사이에 어떻게 변할지 예측하는 내용도 포함됩니다. 이 센터는 신기술의 방향에 따라 어떤 새로운 감시 기술이 개발돼야 할지에 대한 연구도 수행해야 할 것입니다. 제가 여기서 말씀드리는 것은 깊은 전문성과 강한 역량이지, 가벼운 전문성이 아닙니다.

여기에는 많은 시사점이 있다. FBI는 더 나은 컴퓨터 포렌식 기술뿐 아니라, 예외적인 상황에서 사용할 수 있는 합법적 해킹 능력도 필요하다.[66] 또한 주와 지역 단위의 수사 기관들에 기술적 지원도 제공해야 한다. 이들 역시 IT 포렌식 기술과 증거 수집 면에서 FBI와 동일한 문제에 직면하고 있기 때문이다. 이 문제는 사라지는 게 아니라, 시간이 지나면서 달라질 뿐이다. FBI는 끊임없이 그러한 변화에 적응해야 한다.
이런 일이 가능하려면 FBI는 IT 수사관이 될 수 있는 직업적 진로를 제공해야 한다. 지금은 그런 진로가 전무하며, 법 집행 분야의 커리어를 꿈꾸는 우수한 컴퓨터 과학과 졸업생을 찾기도 매우 어렵다. FBI의 컴퓨터 포렌식 전문가들이 보통 외부에서 영입되는 이유도 그 때문이다. FBI가 우수한 인재를 끌어들여 유지하려면 민간 부문과 대등한 경쟁력을 갖춰야 할 것이다.[67] 그 비용은 낮지 않을 것이다. 수전 랜다우는 매년 수억 달러가 소요될 것으로 추산한다. 하지만 인터넷 플러스의 보안 취약성이 초래할 수십억 달러의 사회적 비용보다는 훨씬 더 저렴하며 사실상 유일한 해법일 것이다.

정부와 업계의 관계를 재고하라

......

정부는 이것을 혼자 할 수 없다. 민간 부문 역시 혼자 할 수 없다. 어떤 해법이든 정부와 업계의 공조를 필요로 한다.

앞에서 제시한 여러 권고 사항들은 파트너십의 등고선을 기술한 것이기도 했다. 그들이 소프트웨어 제조회사든 인터넷 회사든 IoT 제조사든 혹은 중요한 인프라 제공사든 각자의 책임을 이해할 필요가 있다.

이는 정부와 민간 부문이 더 많은 정보를 공유해야 한다는 뜻이다. 이것은 새로운 개념이 아니다. 과거 미국 대통령 네 명이 이를 시도해왔다. 핵심 산업 부문들은 대부분 그들만의 정보 공유 및 분석 센터들이 있고, 여기에서 정부와 기업들이 첩보 정보를 공유한다. 다른 몇몇 나라들도 비슷한 조직들이 있다. 영국의 국가 기간시설 보호센터, EU의 유럽 에너지-정보 공유 및 분석 센터, 스페인의 그루포 트라발로 세구리다드Grupo Trabalho Seguridad 그리고 오스트레일리아의 핵심 인프라의 복원탄력성 재고를 위한 신뢰 정보 공유 네트워크 등이 그런 경우다.

실상은 늘 미흡하다.[68] 정부와 업계 모두 정보를 주는 쪽보다 받는 쪽에 더 가치를 두기 때문이다. 그럴 만하다.[69] 현재의 비용과 장벽은 정보 공유의 이점보다 더 큰 경우가 많다.

국가안보국과 FBI가 가진 정보는 대부분 기밀로 분류돼 있고, 그런 데이터를 기밀 정보 취급 허가를 가진 인력이 없는 기업들과 어떻게 공유할지 이들 기관은 아직 파악하지 못했다. 업계로서는 많은 데이터가 지적재산권이 걸린 독점 정보이거나 해당 기업 측에 민망한 정보여서, 외부로 유출되지 않을 것이라는 보장 없이는 공유하지 않을 것이다. 정부의 사이버 보안 프로그램이 비밀주의를 줄이고 정보 공유를 활성화하기까지는 많은 노력이 필요할 것이고, 마찬가지로 정보 공유에 참여하는 기업들은 기밀 유지 보장 그리고 아마도 일정 수준의 배상 약속을 요구할 것이다.

이것은 핵심 인프라 부문에서는 비교적 더 쉽다. 정부는 오랫동안 이런 산업 분야를 규제하는 데 관여해왔고, 이런 분야에 대한 위협을 다룬 경험이 있다. 그러나 정보 공유는 전통적으로 중요하다고 여겨진 인프라의 범위를 넘어 확대돼야 한다.

한 가지 선택지는 국가 차원의 사이버 사고 데이터 저장소를 만들어 기업들이 익명으로 침해 정보를 데이터베이스에 보고할 수 있게 하는 것이다. FAA는 실제 사고로 이어질 뻔한 항공기 위험 사례를 익명의 데이터베이스로 관리한다.[70] 보고는 자발적이지만 권장되며, 엔지니어들은 더 안전한 항공기, 더 안전한 활주로 그리고 더 안전한 관리 절차의 개발에 도움이 될 만한 내용을 해당 데이터베이스에서 찾을 수 있다.

또 다른 발상은 인터넷 관련 재난들을 다루는 국가사이버보안안전위원회

NCSB, National Cybersecurity Safety Bond를 설치하는 것[71]으로, 그 모델은 교통 관련 사고를 독자적으로 수사하는 기구인 국가교통안전위원회[NTSB]다. NCSB는 가장 심각한 사고들을 수사하고, 오류를 찾아내어 고지하며, 어떤 보안 조치들이 실제로 작동하는지 (그리고 어떤 것이 제대로 작동하지 않는지) 그 정보를 공개할 것이다.[72] 또한 NTSB가 더 이상의 사고를 막는 데 필요한 가장 중요한 변화들을 해마다 목록으로 공개하는 '지명수배 명단'[73]과 비슷한 것도 만들 수 있다.[74]

무엇을 하든, 그것은 인터넷 플러스에 맞게 확장성을 가져야 할 것이다. 예를 들면 교통 사고가 날 때마다 교통 경찰, 해당 보험사, 자동차 제조사, 지역의 교통 안전 기관 등 모든 관련자가 데이터를 원한다.

신뢰할 만한 정보 공유의 창구가 없다는 커다란 문제점을 해소하기 위해 사이버위협대응연맹Cyber Threat Alliance 같은 비정부 네트워크들[75]이 생겨났다. 미국의 5개 보안 회사들이 2014년 결성한 사이버위협대응연맹은 국제적으로 빠르게 확장됐다. 이들의 취지는 공격 방법과 동기에 관한 정보를 공유함으로써 방어자들이 공격자들보다 앞서갈 수 있도록 (1장에서 언급한 바 있는 정보 취득의 불균형 문제도 해소할 수 있도록) 돕자는 것이다. 이처럼 비공식적인 정보 공유는 더없이 중요하지만 문서화된 보안 실패 정보까지 포함하는 모델을 대체하기는 역부족이다. 기업들은 이런 정보를 서로 공유하는 데 소극적일 수밖에 없고, 정부가 중재자로 개입해 더 많은 정보 공유를 독려해야─혹은 심지어 의무화해야─하는 부분이다.

우리는 또한 공공─민간 부문의 파트너십이 가진 한계를 인식하고, 인터넷에서 민간인들이 정부의 공격을 받는 경우 어떻게 해야 할지 파악할 필요가 있다. 북한군이 미국의 미디어 회사를 물리적으로 공격했다고 상상해보라.

혹은 이란군이 미국의 한 카지노를 급습했다고 상상해보라. 우리는 이들 회사가 스스로를 방어할 것이라고 기대할 수 없다. 해외에서 미국 시민에 대한 공격을 미군이 방어해주기를 기대하듯, 우리는 이들 회사들도 미군이 방어해줄 것이라 기대할 것이다.

만약 두 나라가 실제로 미국의 기업들을 사이버 스페이스에서 공격한다면 어떻게 될까? 정부가 이들 기업과 얼마나 많은 정보를 공유했든 상관없이 우리는 정말로 소니가 북한에 대해 스스로를 방어할 것이라고, 혹은 샌즈 카지노가 이란의 공격에 방어할 것이라 기대할 수 있을까? 심지어 민간 기업들이 외국 군대의 공격에 대응하기를 원할까? 나는 그렇게 생각하지 않는다.

우리는 또한 웨스팅하우스 전기Westinghouse Electric와 US 스틸 같은 기업들이 중국군의 해킹에 맞서 스스로를 방어할 것이라고 기대할 수 없다.[76] 우리는 민주당과 공화당의 전국 위원회들이—그리고 당연히 주나 지역 수준의 정치조직들이—러시아 정부의 해킹에 맞서 스스로를 방어할 것이라고 기대해서는 안 된다.[77] 이들 중 어떤 경우도 공정한 싸움이 아니다.

이 책의 핵심 주장 중 하나는 기업들이 자사의 장비, 데이터, 네트워크들에 대한 보안을 더 강화해야 한다는 것이다. 그렇게 되면 해외 정부들의 해킹 공격에 맞서 스스로를 방어하기가 더 수월해지고, 반대로 성공적으로 공격하기는 그만큼 더 어려워질 것이다. 위협이 존재하지 않는 것처럼 가장하고 행동하는 것으로는 더 이상 충분하지 않다. 하지만 결국에는 군대가 항상 민간인 방어자들보다 더 나은 해킹 수법과 더 많은 예산을 갖게 마련이다. 민간인 방어자들이 저항할 수 있는 수준을 넘어선 공격들도 늘 나타날 것이다. 그리고 사이버 스페이스에서 그처럼 국가 차원의 대규모 공격에 대응할 수 있는 권한과 역량을 가진 유일한 기관은 항상 정부일 것이다. 그러한 대응은 민간 부문과 조정해야 하고 그들의 지원이 필요하겠지만, 그것이 민간 부문의 책임으로 전가돼서는 안 된다.

그렇다면 어떤 모델이 필요할까? 사이버 국가 경호대?[78] 사이버 공학자 부대? 미국 사이버사령부가 자국 내 민간 네트워크를 방어해줄 것으로 기대할 수 있을까? 아니면 그것은 국토보안부의 임무여야 할까? 에스토니아는 비정부 전문가들로 구성된 자발적 '사이버 방어 팀'을 가지고 있다.[79] 이들 전문가는 국가 위기 상황에서 언제든 소집될 수 있다. 그것이 지금 우리에게 필요한 것인지는 모르지만, 무엇인가 필요하다는 점은 분명하다.

하지만 민간 기업들에 대한 국가 차원의 공격을 방어해줄 조직화된 정부 기구는 아직 요원하다. 그때까지는 개인과 조직이 각자의 보안을 확보하는 데 더 큰 책임을 떠안아야 할 것이다. 이는 1890년 미국 개척지와 미개척지의 경계선(프론티어)이 사라진 이래 그 어느 때보다도 개인과 조직의 개별 책임이 더 위중해진 상황이다.

10

플랜 B: 어떤 일이 벌어질까?

사례 하나: 2017년 에퀴팩스 해킹 이후, 의회에서는 초당적 분노가 터져 나왔고 데이터 브로커를 비롯해 개인 데이터를 수집하고 판매하는 업체 전반에 대한 규제 논의가 활발해졌다. 하지만 몇몇 강경한 비판 발언과 수많은 의회 청문회 그리고 여러 제안에도 정작 현실화된 것은 아무것도 없었다.[1] 신용 조사 및 평가 기관들에 대한, 지극히 사소한 규제 법안조차 물거품이 돼 버렸다.[2] 의회가 한 일이라곤 소비자들이 에퀴팩스를 고발할 수 없게 만든 법을 통과시킨 일뿐이었다.[3]

사례 둘: 2017년 제정한 사물인터넷사이버보안개선법은 온건한 법제였다.[4] 어떤 기업에 대해서도 아무런 처방도, 규제도, 강제도 하지 않았다. 그것은

미국 정부에서 구매하는 IoT 장비들에 최소한의 보안 기준을 부과한 것이었다. 내가 6장에서 논의한 요구 사항들과 유사한 이 기준은 합리적이었고, 지나치게 부담스럽지도 않았다. 그러나 이 법안 역시 더 이상 진전되지 않았다. 청문회도 없었다. 위원회 투표도 없었다. 법안으로 제출된 이후 겨우 공문서의 형태를 갖추는 데 그쳤다.

사례 셋: 2016년 오바마 대통령은 '국가사이버보안강화위원회'를 만들었다.[5] 그 임무는 폭넓었다.

> 위원회는 공공 및 민간 부문의 사이버 보안 강화를 위한 세부 권고안을 제출
> 할 것이다. 그를 통해 프라이버시를 보호하는 한편 공공의 안전과 경제 및 국
> 가 안보를 공고히 하고, 새로운 기술 솔루션의 발견과 개발을 지원하며, 사이
> 버 보안 기술과 정책, 모범 관행의 개발, 장려, 이용 과정에서 연방, 주, 지역
> 정부와 민간 부문의 파트너십을 강화할 것이다. 위원회의 권고안은 이런 목표
> 들을 다음 10년에 걸려 달성하기 위해 필요한 실천 사항들을 담을 것이다.

그해 말 위원회는 보고서를 냈다.[6] 공고한 연구를 바탕으로 한 훌륭한 문서였다. 오바마 행정부가 인터넷 보안을 향상시키는 데 필요한 16개 권고안과 53개 실천 사항을 담고 있었다. 자잘하게 시비를 걸 만한 내용들이 없진 않았지만 즉각적인 실천 사항과 장기적인 정책안을 위한 로드맵으로 손색이 없었다. 그로부터 거의 2년이 지난 지금, 16개 권고안 중 'NIST 사이버 보안 프레임워크'를 정부기관들에 의무화한다는 내용 하나만이 정책으로 현실화됐다.[7] 그 정책을 따른 기관은 아직 하나도 없다.[8] 해당 보고서의 나머지 내용은 무시됐다.[9]

미국은 당분간 무대응으로 일관할 것이다

······

앞 네 장을 읽는 동안 독자는 내가 현실을 지나치게 비관적으로 그리면서 백일몽 같은 대응책을 내놓는다고 비판할지도 모르겠다. 내가 제시한 권고안들은 우리가 실천해야 할 바람직한 목록일 수 있지만 우리가 실제로 하게 될 내용과는 전혀 유사성이 없기 때문이다.

부분적으로 동의한다. 나는 의회가 컴퓨터 및 인터넷 업계에 대해 의무적인 보안 기준을 강력하게 강제할 수 있을 것으로 보지 않는다. 사이버 스페이스 인프라에 대한 예산 증액이 있을 것으로 예상하지 않는다. 연방 차원의 새로운 규제 기관이 곧 꾸려질 것으로 전망하지 않는다. 군부나 경찰이 방어 능력을 개선하기 위해 사이버 스페이스에 대한 공세적 이용을 포기할 것으로 생각하지 않는다.

이런 점의 심리적 측면에 대해 잠깐 짚고 넘어가자. 기업 CEO들이 보안 분야에 필요보다 미흡하게 지출하는 경향이 있듯이, 정치인들은 당장 눈에 띄지 않는 위협은 경시하는 경향이 있다. 가상적이고 장기적이며 전략적인 위험을 줄이는 데 막대한 예산을 편성하려는 정치인을 상상해보라. 그 정치인은 그런 목적에 예산을 편성하거나, 더 즉각적인 정치적 사안을 우선시할 수 있다. 만약 후자를 택한다면 그 정치인은 자신의 지역구에서, 적어도 그 정치인이 소속된 정당에서 영웅 대접을 받을 것이다. 보안에 대한 예산 편성을 고집한다면 정적들로부터 예산을 낭비한다거나 당장 시급한 사안을 무시한다는 비판을 각오해야 할 것이다. 보안 위협이 현실화하지 않는다면 (설령 그것이 보안 투자 덕택이라고 해도) 그런 비판은 더욱 거셀 것이다. 만약 다른 당이 집권했을 때 보안 위험이 현실로 나타난다면 상황은 더 나쁠 수 있다. 집권당이 성공적인 보안 조치의 공로를 가로챌 것이기 때문이다.

나는 이런 사안들에 대해 오랫동안 글을 써 왔지만 눈에 띌 만한 정책상의 개선은 거의 보지 못했다. 내가 본 것은 자신들의 비즈니스 행태를 제한하려는 정부의 시도에 요지부동으로 반대하며 날로 더 영향력을 키워 온 IT 업계와, 그에 대응할 배짱조차 없는 국회의원들이었다. 보안을 약화시키는 기술적 변화를 제안하면서, 그에 반대하는 이들에게는 범죄와 테러리즘에 미온적이라고 공격하는 여러 나라의 법 집행 기관들이었다. 나는 동시에 과다 규제와 과소 규제를 한다고 비난받는 정부를 목도해왔다. 그리고 보안이나 규제에 관한 아무런 고려도 없이 주류가 되는 신기술들을 지켜봤다.

한편 위험은 더 심각해졌고, 그에 따른 잠재적 결과는 재난 수준으로 증폭됐으며 정책 이슈들은 다루기가 더 어려워졌다. 인터넷은 필수 인프라가 됐고 이제는 물리적인 것이 되고 있다. 우리의 데이터는 다른 기업들이 관리하는 컴퓨터들로 옮겨 갔다. 네트워크들은 글로벌화됐다.

정부들은 인명을 살상하는 것들을 규제한다. 따라서 인터넷이 사람들을 살상하기 시작하면 규제되기 시작할 것이다. 공포가 강력한 동기라는 점은 사실이며, 아무 간섭도 하지 않는 것이 현명하다는 심리적 편견과 더 작은 정부가 낫다는 정치적 편견을 극복할 수 있다.

그처럼 인명 피해로 이어지는 사건은 어떤 양상일까?

시간 간격에 달려 있다. 혹자는 현재의 인터넷 플러스와 1970년대 이전의 자동차 산업 사이에 유사점이 있다고 지적한다.[10] 아무런 규제가 없던 상황에서 제조회사들은 안전하지 못한 차량을 만들고 팔았으며, 그 때문에 사람들이 죽거나 다쳤다. 정부가 규제로 압박하기 시작한 것은 1965년 출간된 랠프 네이더Ralph Nader의 『Unsafe at Any Speed어떤 속도에서도 안전하지 않다』

(Grossman Publishers)였다.[11] 정부는 안전벨트, 머리받침 등을 의무화한 여러 안전 법률을 제정했다. 인터넷 플러스와 관련된 다수의 인명 피해는 비슷한 법규 제정으로 이어질 수 있다.

다른 한편 기업들은 수십 년간 환경 오염을 통해 인명을 살상해왔다. 레이철 카슨Rachel Carson은 1962년 『침묵의 봄Silent Spring』을 출간했다. 1970년 EPA Environmental Protection Agency가 설치되기 전이었다. 그리고 거의 50년이 지난 지금도 EPA의 규제는 환경 위협에 제대로 대응하기는 역부족이다. 다른 모든 이들을 희생해서라도 업계의 이익을 대변하고 관철하는 로비 그룹의 영향력을 결코 과소평가해서는 안 된다.

즉각적인 반응을 촉발하는 사건과 지지부진한 반응으로 그치는 사건의 차이는 치명적 피해와 그것을 초래한 비보안을 얼마나 긴밀하게 연결 짓느냐에 있는 것 같다. 환경 오염의 치명성은 구체적인 원인과 연결 짓기가 자동차 사고로 인한 사망보다 훨씬 더 어렵다. 인터넷도 마찬가지다. 당신이 신원 도용의 피해를 입은 경우 어느 특정한 해킹 사건이 그 원인인지 적시하기가 매우 어렵다. 발전소가 해킹돼 한 도시가 어둠 속에 빠지는 경우에도 정확히 어떤 취약점 때문인지 파악하기가 어려울 수 있다.

단기적으로 나는 낙관적이지 않다. 사회적으로 우리는 중요한 개념과 가치에 대한 합의를 보지 못했다. 우리는 실제 문제보다 비보안의 징후들을 더 잘 이해하며, 이는 해법에 대한 논의를 더 어렵게 만든다. 목적을 알지 못하기 때문에 어떤 정책을 세워야 할지 모른다. 설상가상으로 이런 중요한 사안에 대해 논의조차 하지 않고 있다. 법 집행을 명분으로 IT 기업들에 암호화를 해제하라고 강요하는 것 외에, 인터넷 플러스의 보안은 대다수 정책 입안자들이 우려하는—이따금씩 그럴듯한 말잔치를 늘어놓는 것 말고는—사안이 아니다. 언론에서도 논의되지 않는다. 내가 아는 한 어느 나라의 선거 이슈도 아니다. 이런 사안을 논의하는 데 필요한 용어조차 합의된 바가 없다.

이것을 돈 세탁, 아동 포르노, 또는 뇌물 수수에 견줘보자. 이들은 모두 복잡한 지정학적 특성과 미묘한 뉘앙스의 정책 해법을 가진 커다란 국제 문제다. 그러나 이들 사안에 관한 한 우리는 모두 어떤 방향으로 나아가고자 하는지는 합의한 상태다. 인터넷 플러스의 보안은 그 근처에도 가지 못한 상황이다.

더욱이 위협들은 어지럽게 뒤섞여 있다. '사이버'는 사이버불링cyberbullying부터 사이버 테러리즘까지 모든 것을 아우르는 포괄적 용어다. 기술적 관점에서는 타당해 보일지 몰라도—인터넷 플러스는 이들의 공통분모다—정책의 관점에서는 그렇지 못하다. 사이버불링, 사이버 범죄, 사이버 테러리즘, 사이버 전쟁은 모두 같지 않으며, 사이버 스파이 행위와 감시 자본주의와도 다르다. 어떤 위협은 경찰이, 또 어떤 위협은 군대가 적절히 대응할 수 있다. 다른 위협들은 정부가 관여할 문제가 전혀 아니며, 직접 영향을 받은 당사자가 대응할 사안이다. 어떤 것은 입법화로 대응해야 한다. 도로의 교통 상황에서 운전자가 느끼는 분노와 승용차에 설치된 폭탄 문제를 둘 다 차량이 연관됐다는 공통점이 있음에도 동일하게 평가하지 않는 것처럼 모든 사이버 위협들을 똑같이 취급할 수는 없다. 나는 아직 미국의 정책 입안자들이 이런 점을 알고 있다고 생각하지 않지만 합리적이고 책임감 있게 행동하기 위해서는 이해할 필요가 있다.

내 예측은 단기적으로 미국에서 아무런 입법화의 움직임도 나타나지 않으리라는 것이다. 규제 기관들, 특히 FTC는 계속해서 가장 악질적인 위반자들만 수사하고 과징금을 물릴 것이다. 그리고 정부의 감시나 감시 자본주의를 규제하는 사안에는 아무런 변화도 없을 것이다. 어떤 인명 피해가 나더라도 특정 개인과 제품을 탓하지 그런 사태를 초래한 시스템을 비판하지는 않을 것이다. 위협은 임박해 있지만 더 젊은 세대가 권력을 잡을 때까지는 아무런 실질적인 변화도 미국에 나타나지 않을 것이다.

다른 나라들은 규제에 나설 것이다

유럽에는 희망이 있다. EU는 세계에서 가장 큰 시장이며 규제의 초강대국으로 변하고 있다. EU는 데이터, 컴퓨터 그리고 인터넷을 규제해왔다. 일반개인정보보호규정GDPR은 프라이버시법의 혁신이다.[12] EU 회원국을 아우르며 EU 시민들의 개인정보를 다루는 세계 어느 곳의 기업이든 준수해야 하는 법이다. 이 복잡한 법은 주로 데이터와 프라이버시에 초점을 맞추지만 컴퓨터와 네트워크에 대한 보안 기준도 담고 있다. 뿐만 아니라 EU가 인터넷 플러스의 보안과 안전을 위해 궁극적으로 시행할 내용의 합리적인 청사진이다.

GDPR은 기업과 기관들에 대해 '구체적이고, 명시적이며, 적법한 목적'을 위해 그리고 이용자의 명시적 동의를 통해서만 개인정보를 수집하고 저장할 수 있다고 규정하고 있다.[13] 동의는 약관 속에 묻혀 있어서는 안 되며, 이용자가 사전 동의(옵트-인)를 하지 않은 한 묵시적 동의로 추정할 수 없다. 이용자들은 본인의 개인정보에 접근하고, 틀린 정보를 수정하고, 특정 용도의 이용에 반대할 권리가 있다. 이용자들은 본인에 대한 정보를 내려받아 다른 데 사용할 권리가 있고, 개인정보를 삭제하라고 요구할 수 있다. 개인정보보호조항은 이런 식으로 계속 전개된다.

GDPR의 규제 사항들은 유럽 이용자와 고객들에게만 적용되지만 그 파장은 전 세계에 미칠 것으로 보인다.[14] 사실상 모든 인터넷 기업들에 유럽의 이용자가 포함돼 있으므로, 이들이 개인정보 침해 사고를 당할 경우 신속하게 그 사실을 공지해야 한다. 만약 기업들이 유럽의 이용자들에게 개인정보 수집과 이용 방식을 설명해야 한다면, 비유럽인인 우리도 모두 그 내용을 알게 될 것이다.[15] 더욱이 EU가 자유무역협정을 상대국의 프라이버시 법규와 연계함에 따라 아르헨티나, 콜롬비아, 한국 등 세계 여러 나라의 의회들은 자국의 프라이버시법이 EU의 기준을 충족할 수 있도록 그 내용을 검토하고 있다.[16]

GDPR은 2016년 제정돼 2018년 5월 발효됐으며 2019년부터 본격 시행될 것으로 예상된다. 기관들은 이미 해당 법의 기준에 맞도록 작업을 벌이고 있지만, 많은 경우 실제로 어떻게 구현되고 시행될지 두고 보자는 반응을 보이기도 한다.[17]

나는 EU의 법 집행이 가혹할 것으로 전망한다. 과징금은 침해 기업의 전체 매출 규모의 4%에 이를 수 있다.[18] 그리고 2017년, 우리는 EU가 인터넷의 대규모 기업들을 처벌하는 데 아무런 우려나 두려움도 없음을 보여주는 여러 사례를 목격했다. EU는 구글에 대해 쇼핑 서비스 검색 결과의 게시 방식을 문제 삼아 24억 유로(약 3조 원)의 과징금을 물렸다[19](그리고 일일 매출액의 5%에 이르는 추가 벌금을 물릴 수도 있다고 위협했다). 그와 별도로 EU는 페이스북에 대해 페이스북과 왓츠앱의 연결성을 놓고 규제 기관을 오도했다는 이유로 1억 1천만 유로(약 1,441억 원)의 과징금을 부과했다.[20]

디지털 비보안에 따른 미국과 EU의 잠재적 벌금 규모를 비교해보자. 2017

년 뉴욕주는 힐튼 호텔 측에 대해 35만여 고객의 개인정보—신용카드 번호 포함—가 유출된 2015년의 보안 사고 두 건의 책임을 물어 벌금 70만 달러(약 8억 원)를 부과했다. 이는 1인당 2달러 꼴이고, 연간 매출액이 4,100억 달러에 이르는 힐튼 측에서 볼 때는 반올림 오차 정도에 지나지 않는 무의미한 액수다. GDPR이 적용됐다면 힐튼 측의 과징금은 4억 2천만 달러(약 4,918억 원)였을 것이다.[21]

EU는 다른 방식으로도 컴퓨터 보안을 규제하고 있다. 유럽에서 포장되는 상품을 본다면—그리고 종종 미국을 제외한 다른 나라들에서도—'ce'라는 소문자 표시를 발견할 수 있을 것이다. 이것은 해당 제품이 책임 있는 취약점 공개를 비롯해 유럽의 모든 관련 기준을 충족했다는 뜻이다. GDPR과 마찬가지로, 'ce' 표시는 유럽에서 판매되는 제품들에만 적용된다. 그럼에도 이런 기준들은 GATT 같은 국제무역협정에 통합될 것이고, 전 세계 제품에 영향을 미칠 것이다.

나는 EU가 보안과 IoT 그리고 좀 더 보편적으로는 사이버 물리 시스템에 곧 주목할 것으로 전망한다. 케임브리지대학교의 로스 앤더슨$^{Ross\ Anderson}$ 교수와 동료들은 내가 5장에서 언급한 유형의 치명적 공격들에 대비한 보안을 '안전'의 문제라고 규정하면서 이렇게 썼다. "EU는 이미 세계의 핵심 프라이버시 규제 기관이다.[22] 워싱턴 정가는 무관심하고, 그 외에는 누구도 실질적 규제 권한을 발휘할 수 있을 만큼 크지 않기 때문이다. EU는 이제 핵심 안전 규제 기관도 자처해야 한다. 그렇지 않으면 진작에 가진 안전 임무를 유지할 수 없을 것이기 때문이다." EU가 프라이버시처럼 안전과 보안 분야에서도 규제력을 발휘하기 시작한다면 일선 기업들에 실질적인 영향을 미칠 것이다.

문제는 이것이 나머지 나라들에 어떻게 영향을 미칠 것인가이다. 여러 가능한 시나리오가 있다.

자동차는 흔히 지역 시장에 맞춰 설계된다. 같은 모델이라도 미국에서 팔리는 차는 멕시코에서 팔리는 차와 다르다. 환경 법규가 달라 제조회사들이 엔진을 그 지역 법률에 맞춰 최적화했기 때문이다. 자동차 제조와 판매의 경제 시스템은 이런 차별화에 쉽게 대응할 수 있다. 소프트웨어는 다르다. 한 가지 소프트웨어 버전을 유지하면서 전 세계에 판매하는 것이, 특히 그것이 제품에 내장된 경우 훨씬 더 쉽다. 만약 유럽의 규제가 라우터나 인터넷과 연결된 온도조절기에 최소한의 보안 기준을 강제한다면, 그런 제품들이 전 세계에 공통으로 팔릴 가능성이 크다[23](캘리포니아의 배기 가스 배출 기준은 미국 전역에 판매되는 자동차들에 영향을 미친다). 그리고 만약 기업들이 어차피 그런 기준을 맞춰야 한다면 포장에서 그렇게 자랑하는 편을 택할 가능성이 높다.

이것은 감시로 돈을 버는 제품과 서비스에도 비슷하게 적용될 수 있다. 2018년 4월, 페이스북은 GDPR 제정을 계기로 전 세계 이용자들에 대한 개인정보 수집과 사용, 보유 관행을 바꿀 것이라고 발표했다.[24] 다른 기업들이 어떻게 대응할지는 두고 볼 일이다.

나는 EU 지역만큼 크고 영향력 있는 시장이 달리 있다고 생각하지 않는다. 싱가포르와 한국은 개인정보보호법이 있고,[25] 홍콩은 개인정보(프라이버시)법령이 있지만 이들 법이 국제적으로 특별한 영향력이 있다고 보기는 어렵다. 이들 프라이버시법이 시행된다고 해도, 그 영향을 받는 기업들은 전 세계에 걸쳐 비즈니스 관행을 그에 맞춰 바꾸기보다는 차라리 시장을 철수하는 쪽을 선택할 공산이 더 크다. 시장이 더 큰 경우나-어쩌면 한국은 그런 범주에 들 것이다-값비싼 인터넷 연결 장비들은 예외일 수도 있지만, 그런 경우는 드물 것이다. 주요 자동차 제조회사들이 정부의 규정을 무시하고 할 테면 해보라는 식으로 맞서 도리어 정부 쪽에서 한발 물러서는 상황을 나는 쉽게 상상할 수 있다.

다른 몇몇 나라들도 규제에 나서기 시작했다. 2017년 인도 대법원은 그 나라의 역사상 처음으로 프라이버시의 권리를 인정했다.[26] 이런 결정은 궁극적으로 강력한 프라이버시 보호법으로 현실화될 것이다. 싱가포르는 2018년에 새로운 사이버보안법Cybersecurity Act을 통과시켜 최소한의 기준을 공식화하고 핵심 인프라 제공사들에 고지 의무를 부과하는 한편, 사이버보안위원회를 만들어 폭넓은 수사와 법 집행 권한을 부여했다.[27] 데이터베이스 관리 기관들에 영향을 미치는 이스라엘의 신규 보안 규제도 2018년부터 시행됐다.[28] 이 규제는 암호화, 직원들에 대한 보안 훈련, 보안 테스팅, 데이터 백업과 복원 절차 등에 대한 구체적인 요구 사항을 담고 있다.

심지어 유엔도 규제를 시작했다. 유엔유럽경제위원회UNECE, United Nations Economic Commission for Europe는 자동차들에 대한 기준을 마련했다. 이 규제는 EU 회원국뿐 아니라 유럽, 아프리카 그리고 아시아의 다른 자동차 제조국에도 영향을 미친다. 이 규제는 자동차에 탑재되는 미래의 자동화 컴퓨터에도 영향을 미칠 것이 분명하다.

미국의 경우 몇몇 주들은 보안이 취약한 기업들을 기소함으로써 연방정부의 손길이 미치지 않는 규제의 허점을 메우려 시도하고 있다. 뉴욕, 캘리포니아, 매사추세츠는 이런 흐름을 주도한다. 2016년 뉴욕주는 개인정보 침해 사고를 이유로 트럼프 호텔에 과징금을 물렸고,[29] 캘리포니아주는 학생들의 개인정보를 오남용한 기업들을 수사했다.[30] 매사추세츠주는 에퀴팩스를 기소했고,[31] 미주리주는 구글의 데이터 취급 관행을 수사하기 시작했다.[32]

32개 주의 법무장관들은 스파이웨어를 자사의 랩톱에 설치한 레노버를 처벌하는 FTC의 결정에 동참했다.[33] 샌디에이고도 2013년에 벌어진 데이터 침해 사고의 책임을 물어 익스피리언Experian에 소송을 제기했다.[34]

2017년 뉴욕의 금융서비스 부처는 은행, 보험사 그리고 다른 투자 서비스 기업들에 대한 보안 규제안을 발표했다. 해당 규제안은 이들 기업에 대해 최고정보보안책임자를 두고 정기적인 보안 테스팅을 수행하며, 직원들에게 보안 의식 고취 훈련을 실시하고, 시스템에 2중 인증 방식을 적용하라는 요구사항을 담고 있다. 2019년부터 이들 요건은 금융 기업들의 하청업체와 계약사에도 적용될 것이다.[35]

2017년 캘리포니아주는 IoT 제조회사들로 하여금 그 고객과 이용자 들에 대해 수집하는 데이터의 공개를 의무화한 법안을 임시 상정했다.[36] 연방정부가 IoT의 프라이버시 문제에 아무런 대응도 하지 않는 동안 다른 10개 주도 IoT 프라이버시에 관한 입법 논의를 벌였다.[37] 앞으로 시간이 갈수록 이와 비슷한 논의와 움직임이 더 활발해질 것으로 전망된다.

2018년 1월, 캘리포니아주 상원은 제조회사들로 하여금 주에서 판매되는 모든 인터넷 연결 장비에 적절한 보안 기능을 갖추도록 의무화한 소위 '테디 베어와 토스터 법안The Teddy Bears & Toasters Act'을 인준했다.[38] 이 책이 출간되던 시점에 그 법안은 의회로 상정됐다.[39] 캘리포니아 의회는 또한 GDPR로부터 영감을 받아 캘리포니아개인정보보호청California Data Protection Authority의 설치를 고려하고 있다.[40]

우리가 할 수 있는 일

......

그러니 얼마 정도의 진전은 있는 셈이다. 하지만 의미 있는 규제가 빠진 상황에서 우리는 어떻게 해야 할까?

보안 수준에 대한 비교 쇼핑을 시도할 수 있지만 어려운 작업이다. 기업들은 자사의 보안 관행을 공개하지 않는다. 소비자들의 구매 결정이나 장래의 법정 소송에 중요한 변수가 되는 것을 원치 않기 때문이다. 그것이 봇넷의 일부로 전락할까 봐 더 나은 보안 기능을 갖춘 DVR을 사고 싶어도 살 수가 없다. 누군가 해킹할 것이 두려워 더 나은 보안 기능을 갖춘 온도조절기나 초인종을 사고 싶어도 그럴 수가 없다. 당신은 페이스북이나 구글의 프라이버시와 보안에 관한 정확한 수준과 관행을 검토할 수가 없다. 그들의 모호한 약속이나 볼 수 있을 뿐이다. 기업들이 보안과 프라이버시를 시장에서 경쟁 우위의 마케팅 수단으로 사용하지 않는 한, 당신은 그것을 구매 결정의 근거로 삼을 수가 없다. 그리고 미국 소비자연맹 같은 기관이 도움을 줄 수도 있겠지만 이 또한 더 큰 해법의 일부일 뿐이다.

그래도 소비자 차원에서 할 수 있는 일들이 있다.[41] 다른 IoT 제품들을 연구해 어떤 것이 보안을 더 중시했는지 판단할 수 있고, 보안을 등한시한 제품은 불매할 수도 있다. 스마트폰 앱들이 어떤 종류의 허가를 요구하는지 살펴볼 수 있고, 어떤 데이터가 수집돼 어떤 용도로 사용되는지 연구해 그 용도와는 무관하거나 지나친 정보 접근을 요구하는 앱을 설치하지 않을 수도 있다. 나는 이것이 퍽 어려운 주문이고, 대다수 이용자들은 신경조차 쓰지 않는다는 사실을 인정한다.

어떤 경우는 참여 거부(옵트-아웃) 의사를 표현할 수 있지만 이런 선택의 여지는 점점 더 줄고 있다. 조만간 이메일 주소, 신용 점수, 혹은 신용카드 없이는 정상적인 현대 생활이 사실상 불가능한 것처럼, IoT에 연결되지 않기는 불가능해질 것이다. 이들은 21세기의 정상적인 생활에 필요한 툴이다.

우리는 우리 각자의 개인적 사이버 보안을 강화할 수 있고 그래야만 한다. 인터넷에는 데이터 프라이버시와 관련된 훌륭한 조언이 많다.[42] 하지만 결국 사이버 보안의 상당 부분은 우리 손을 떠났다. 우리의 개인정보가 남의 손에 놓여 있기 때문이다.

기관들은 큰 규모와 예산 덕택에 선택의 폭이 더 넓다. 순수한 자기 이익 때문에라도-경제적 이익과 평판 관리를 위해-이들은 사이버 보안을 이사회 수준의 관심사로 격상시킬 필요가 있다. 그렇다. 이것은 기술적 위험이지만 공격은 이미 기업에 치명적 피해를 입힐 수 있다. 나는 IBM 리질리언트 Resilient의 최고기술책임자와 IBM 시큐리티 특별고문을 지내면서 고위 경영진이 개입할 때 더 현명한 보안 결정이 내려지는 것을 되풀이해서 목격했다. 기관들은 자신들이 클라우드와 네트워크에서 사용하는 장비와 서비스의 보안 수준을 알 필요가 있다. 인터넷 플러스와 관련된 결정을 신중히 내려야 하며, 새로운 장비 도입이 뜻하지 않게 그들의 네트워크에 부정적 영향을 끼치지 않도록 유의해야 한다. 이것은 힘든 싸움이 될 것이다. 기관들은 인터넷 플러스가 자신들이 예상하지 못한 방식으로, 혹은 자신들도 모르게 네트워크 안으로 편입되는 현상을 보게 될 것이다. 누군가 인터넷과 연결된 커피 메이커나 냉장고를 구입할 것이다. 스마트 조명 시스템이나 엘리베이터, 또는 전체 빌딩 제어 시스템이 기업 내부의 네트워크에 연결될 것이다.

기관들은 자신들의 데이터가 어디에 있는지 알아야 한다. 기관 네트워크에 있는 데이터를 제대로 통제하는 작업조차 이미 힘든 싸움이 됐다. 클라우드의 유혹은 크다. 잠재적인 파장이나 의미를 제대로 이해하지 못한 채 당신의 데이터를 다른 사람의 컴퓨터에 저장해 두기는 쉽다. 좋은 시사점이 될 법한 사례는 2017년 스웨덴에서 나왔다. 스웨덴 교통부는 모든 데이터를 클라우드로 옮겼다.[43] 여기에는 정부의 내부 네트워크에 남겨졌어야 할 기밀도 포함돼 있었다. 짐작하건대 그런 결정을 내린 사람은 그에 따른 보안상의 문제를 제대로 고려하지 않았을 것이다.

기관들은 자신들의 구매력을 이용해 인터넷 플러스의 보안을 높여야 한다. 자신들과 다른 모든 사람들을 위해. 자체 구매 결정을 통해 그리고 업계 협회를 통해 제조회사들이 보안을 향상시키도록 압력을 행사해야 한다. 정책 입안자들의 참여를 유도하고, 정부가 보안 향상에 필요한 규제를 만들도록 로비를 벌여야 한다. 기업은 거의 병적으로 규제를 반대하지만 이 한 분야만은 영리한 규제를 통해 전체 보안 비용과 보안 실패의 비용을 실제로 낮추는 새로운 인센티브를 만들 수 있는 영역이다.

우리는 우리가 희망하는 정부가 아니라 현실에 존재하는 정부와 어쨌든 지지고 볶을 수밖에 없다는 점을 인정해야 한다. 그리고 우리가 정부의 선도자 역할을 기대할 수 없다면, 몇몇 기업들이 앞장서서 인터넷 플러스의 보안을 높일 수 있기를 바라는 수밖에 없다. 큰 기대를 걸기 어렵지만 그것이 우리가 당면한 현실이다.

12장에서 다룰 신뢰의 문제는 아마도 기억해야 할 가장 중요한 대목일 것이다. 우리는 우리가 사용하는 제품과 서비스를 제공하는 모든 기업을 신뢰할 수밖에 없다. 당신이 누구를 얼마나 신뢰하는지 잘 따져보고 가능한 한 현명하게 그러한 신뢰 결정을 내리기 바란다. 클라우드, IoT 그리고 다른 모든 것들에 관한 결정을 내릴 때 당신이 가진 모든 지식과 통찰을 동원하기 바란다.

이것은 몇몇 선택은 어려울 수도 있다는 뜻이다. 당신은 어떤 서비스를 받는 대가로 누구에게 얼마만큼 당신의 프라이버시와 보안에 대한 침해를 용인할 것인가? 구글이나 애플에 당신의 이메일 접근권을 내줄 것인가? 플리커Flickr 나 페이스북에 당신의 사진들을 주는 쪽을 선호할 것인가? 문자 메시지를 주고받는 데 애플의 아이메시지나 페이스북의 왓츠앱—혹은 독립 회사인 시 그널이나 텔레그램Telegram—을 더 선호하는가?[44]

이는 당신 자신이 어느 나라의 규칙이나 법률에 노출되도록 할지 결정해야 한다는 뜻이기도 하다. 미국 기업들은 미국 법률의 적용을 받고, 법원 명령이 있을 경우 거의 확실히 해당 데이터에 대한 소유권을 포기해야 한다는 뜻이다. 당신의 데이터를 다른 나라에 저장하는 경우 미국 법률로부터 벗어나는 대신 해당 국가의 법규 아래 놓이게 될 것이다. 그리고 국가안보국의 글로벌 감시 역량은 세계적으로 타의 추종을 불허하며, 미국 법률은 국가안보국을 다른 나라들에서 규제되는 유사 기관들보다 훨씬 더 강력하게 규제한다. 그리고 당신은 당신의 데이터가 다른 어느 곳보다 미국에 저장돼 있을 때 더 많은 법적 보호를 받을 수 있다.

이런 결정을 내리기는 때로 불가능할 수 있고—솔직히 말하면—대다수 사람들은 아무런 신경도 쓰지 않는다. 페이스북은 캘리포니아에 본사가 있지만 세계 여러 곳에 데이터센터를 두고 관리한다. 당신의 개인정보는 이들 여러 나라 중 어느 한곳에 저장돼 있을 가능성이 높다. 당신이 이용하는 많은 기업들은 클라우드 서비스를 사용하며 따라서 데이터는 세계 곳곳에 산재돼 있다. 당신이 어떤 서비스 제공 회사를 사용하기로 결정하든 대체 어느 나라의 법률이 당신의 데이터에 적용되는지 모를 가능성이 크다. 그러나 일부 기업들은 고객의 위치에 따라 데이터 청구에 불응하기도 한다. 마이크로소프트는 아일랜드에 저장돼 있는 아일랜드 고객의 데이터를 FBI에 넘기라는 미국 법무부의 요구를 거절하며 법정 다툼을 벌이고 있다.[45]

나는 이 사안을 두 가지 방식으로 보라고 권한다. 첫째, 당신은 이미 모국 법률의 적용을 받고 있으므로 가장 합리적인 방향은 당신의 데이터에 법률을 적용할 수 있는 추가 국가의 숫자를 최소화하라는 것이다. 반대로, 당신이 어떤 수상쩍은 데이터를 보유하고 있다면 모국에서 곤경에 처할 위험이 크므로 국내 법 집행 기관의 해당 데이터 접근을 가능한 한 어렵게 만드는 것이 바람직하다는 것이다. 나는 첫 번째 옵션을 택하고 있다. 선택이 주어진다면 나는 내 데이터를 지구상의 거의 어떤 다른 정부보다 미국 정부의 관할권 아래 두는 쪽을 택할 것이다.[46] 그런 선택 때문에 적잖은 공격을 받기도 했지만, 그래도 나는 그것이 옳다고 생각한다.

11

정책이 산으로 가는 경우

앞 장에서 나는 정부가 인명 살상의 위험이 있는 것들을 규제한다고 말했다. 인터넷 플러스는 바야흐로 이 범주에 들어갈 참이다. 정책 입안자들이 이런 사실을 깨닫는다면 우리는 더 이상 정부 규제냐 아니냐의 사이에서 선택해야 할 필요가 없다. 이제 정부의 규제는 불가피해 보이고 결국 중요한 것은 그러한 규제 대책을 얼마나 영리하게, 혹은 어리석게 내놓느냐에 달려 있을 것이다.

내가 걱정하는 것은 후자다. 정부에 공포보다 더 강력한 동기는 없다. 특히 공격당할지 모른다는 공포와 나약해 보일지 모른다는 공포가 그렇다. 9·11 테러 이후 벌어진 몇 달 간의 상황을 기억하는가? 소위 '애국자법PATRIOT ACT'

이 사실상 아무런 논의도 거치지 않은 채 거의 만장일치로 제정됐고, 공화당 행정부는 '작은 정부' 철학이 무색하게 '국토안보부'라는 완전히 새로운 정부 기관을 만들어 예산을 투입하면서 거의 25만 명에 이르는 조직으로 그 규모를 급속히 불렸다. 두 대응 모두 현명하지 못한 결정이었고, 미국인들은 앞으로 수십 년에 걸쳐 그런 결정의 대가를 치러야 할 것이다.

인터넷 플러스의 보안과 관련된 재난이 터지는 경우 의회가 어떤 식으로 대응하든 언론의 헤드라인을 장식하겠지만 실질적으로 보안을 개선하지는 못할 것이다. 의회는 법규와 정책을 제정하겠지만 본질적인 위협을 제대로 짚지 못한 채 도리어 문제를 악화시킬 공산이 크다.

불충분한 법제화의 한 사례는 1998년 제정된 '어린이온라인보호법'이다. 이법의 목적은 미성년자들을 인터넷 포르노로부터 보호하자는 것이었다. 실제 조항들은 지나치게 광범위하고 실행 불가능했을 뿐 아니라 인터넷 구석구석까지 감시의 눈길이 미치는 아키텍처를 내장하도록 요구하고 있었다. 다행히 법원은 해당 법의 발효를 막았다.[1] 또 다른 사례는 2장에서 처음 논의한 바 있는 디지털밀레니엄저작권법이다. 이 법은 디지털 저작권에 대한 해적질을 막지 못할 뿐 아니라 우리의 보안 전반에 해악을 끼친다.[2]

11장은 단기적으로 어떤 일이 벌어질 수 있는지 그리고 어떤 유해한 정책안이 현재 논의 중인지 살펴본다. 보안 재난이 터진다면 이들 중 어느 것이든 금방 법으로 탈바꿈할 수 있다.

백도어 요구

9장에서 나는 감시보다 보안이 우선시돼야 함에도 어떻게 정부는 종종 그런 원칙을 뒤집는지 설명했다. 국가안보국은 은밀하게 암호화 기법을 약화하는 방식으로 그렇게 했다. FBI는 공개적으로 기업들로 하여금 암호화 시스템에 백도어를 설치하라고 강요했다.

이것은 새로운 요구가 아니다. 1990년대 이후 지속적으로 미국의 법 집행 기관들은 암호화 기술이 범죄 수사에서 넘을 수 없는 벽이 됐다고 주장해 왔다. 1990년대 암호화된 전화 통화들에 대한 우려가 제기됐다. 2000년대 FBI의 대표자들은 암호화에 관한 토론에서 해당 기술을 '암흑 속에 빠질' 위험에 견주면서, 암호화 기능을 제공하는 메신저 앱들에 우려를 표명했다. 2010년대에는 암호화된 스마트폰들이 새로운 위기로 떠올랐다.

수사법은 하나같이 급박하고 심각했다.

1997년 미 하원 정보상임위원회에서 증언한 루이스 프리치[Louis Freeh] 당시 FBI 국장은 이렇게 겁박했다. "강력하고 뚫을 수 없는 암호화 기법의 광범위한 사용은 궁극적으로 범죄를 소탕하고 테러를 예방하는 우리의 능력을 무력화할 것입니다."[3]

2011년 하원 법사위원회에서 증언한 발레리 카프로니[Valerie Caproni] 당시 FBI 국장은 이런 위협을 하기도 했다. "권한과 이를 구현할 능력 간의 간극이 커지면서 정부는 점점 더 아동 학대와 포르노, 조직 범죄와 마약 매매, 테러리즘과 스파이 활동에 이르는 여러 범죄 활동의 귀중한 증거를 수집하지 못하고 있습니다.[4] 정부가 수집할 수 있도록 법원에서 허가한 증거들입니다. 이런 간극은 공공의 안전에 날로 더 큰 위협으로 부상하고 있습니다."

2015년 상원 법사위원회에 출석한 제임스 코미James Comey 당시 FBI 국장은 이렇게 공포 분위기를 조성했다. "우리는 소셜미디어를 사용해 테러리스트를 모집하고 미국에 대한 테러 공격을 획책하는 테러리스트들을 찾아내고 막아낼 수 없을지도 모릅니다.5 인터넷의 그늘에 숨은 아동학대 범죄자들을 근절하거나 우리 이웃을 표적으로 삼은 폭력 범죄자들을 색출하고 체포할 수 없을지도 모릅니다. 피해자의 기기에서 가능한 한 빨리 정보를 추출해야 함에도 해당 피해자가 비밀번호를 알려줄 수 없으면 우리는 그 정보를 적시에 취득할 수 없을지도 모릅니다."

로드 로젠스타인Rod Rosenstein 법무부 차관은 2017년 케임브리지 사이버 서미트Cambridge Cyber Summit 콘퍼런스에서 이렇게 경고했다. "하지만 '수색영장도 무력한warrant-proof' 암호화 기술의 등장은 심각한 문제입니다.6 2세기 이상 존재해온 프라이버시와 안보 사이의 헌법적 균형을 허물어뜨릴 수도 있습니다. 우리 사회는 법원이 허가한 영장을 가지고도, 범행의 증거를 전혀 탐지하거나 취득할 수 없는 시스템을 가져본 적이 없습니다. 하지만 그것이 바로 IT 기업들이 만들어내는 세계입니다."

인터넷 종말의 징후인 네 기사Knight—테러리스트, 마약상, 소아성애병자 그리고 조직범죄자—는 항상 사람들에게 공포감을 준다. '수색영장이 무력한'이라는 표현은 특히 더 섬뜩한 표현이지만, 실상은 영장이 정보를 가져다주지 않는다는 뜻일 뿐이다. 벽난로에 던져 넣어 불타버린 증거 문서도 '수색영장이 무력한' 경우다.

탐지 불가능한 기술은 전례가 없다는 주장은 터무니없다. 인터넷이 나오기 전에도 FBI는 많은 통신 내용을 영영 취득할 수 없었다. 모든 대화는 발설된 이후 돌이킬 수 없이 사라져버린다. 아무도 법적 권한과는 무관하게 시간을 거슬러 지나간 대화를 추출하거나 과거의 움직임을 추적할 수 없다. 두 사람은 외딴곳으로 산보를 나가 주위에 아무도 없는 것을 확인하고 확실한 프라이버시를 보장받을 수 있다. 이제는 영원히 잃어버리고 만 가치다. 지금 우리는 감시의 황금기를 살고 있다.[7] 9장에서 말했듯이 FBI에게 필요한 것은 기술적 전문성이지 백도어가 아니다.

수십 년 동안 미국 정부는 다양한 백도어를 제안해왔다. 1990년대 FBI는 소프트웨어 개발자들은 모든 암호화 키의 복제본을 당국에 제공해야 한다고 제안했다. 그 개념은 '키 위탁key escrow'으로, 모두가 경찰에게 자기 집 열쇠의 복사본을 내주는 것에 비유할 만했다.[8] 2000년대 초 FBI는 소프트웨어 제조사들이 컴퓨터 시스템에 의도적으로 취약점을 삽입해 법 집행 기관이 필요한 경우에 이용할 수 있어야 한다고 주장했다.[9] 그로부터 10년 뒤 요구 내용은 좀 더 막연하게 (법 집행 기관이 접근할 수 있도록) '방법을 강구하라'는 식으로 바뀌었다.[10] 최근의 FBI는 IT 기업들이 업데이트 절차를 사용해 특정 이용자에게 허위 업데이트를 밀어 넣어 개별 주문형 소프트웨어 패키지에 백도어를 설치해야 한다고 주장했다. 로젠스타인은 이처럼 보안에 적대적인 제안에 대해, '책임감 있는 암호화'라는 친근하게 들리는 이름을 붙였다.[11] 독자가 이 책을 읽을 때쯤에는 또 다른 솔루션이 제시될 수도 있다.

이것은 미국에서만 벌어지는 상황이 아니다. 영국의 정책 입안자들은 2016년에 제정한 '수사 권한법Investigatory Powers Act'에서 수사상 필요한 경우 기업들로 하여금 자체 암호화를 해제하도록 강제하는 권한을 이미 암시하고 있다.[12] 2016년 크로아티아, 프랑스, 독일, 헝가리, 이태리, 라트비아, 폴란드 등은 EU가 기업들에 백도어를 추가하도록 요구해야 한다고 주장했다.[13] 그와는 별개로 EU는 백도어를 금지하는 입법을 고려 중이다.[14] 오스트레일리아도 접근 허용을 의무화하려 시도하고 있다.[15] 2016년 브라질에서는 지역 경찰이 암호화된 메시지에 접근할 수 없다는 이유로 법원에서 왓츠앱을 세 번에 걸쳐 임시 폐쇄하기도 했다.[16] 이집트는 암호화 메시지 앱인 시그널 Signal의 사용을 차단했다.[17] 많은 나라들은 블랙베리Blackberry가 정부의 도청을 허용할 때까지 기기 사용을 금지했다. 러시아[18]와 중국[19]은 자신들이 감시할 수 없는 앱들은 예사로 차단한다.

무엇이라 부르든 혹은 어떻게 하든, 법 집행기관을 위해 컴퓨터와 통신 시스템들에 백도어를 추가하자는 것은 끔찍한 발상이다. 백도어는 감시보다 보안을 우선시해야 할 필요성과 배치된다. 경찰이 범죄 용의자들의 통신 내용을 엿듣거나 포렌식 증거를 수집하거나 범죄를 제대로 수사할 수 있다는 점은―적절한 정책과 법원 영장이 제공된다는 전제에서―이론상으로는 그럴듯해 보일지 몰라도 보안상 안전하도록 설계할 방법은 존재하지 않는다. 법원 영장이 제시되거나 법 집행 관계자들이 적법한 목적에 사용하려 하는 경우에만 작동하는 백도어 메커니즘을 만드는 것은 불가능하다. 백도어는 누구에게나 통하거나 아무에게도 통하지 않을 뿐이다.

이것은 어떤 백도어든 우리의 보안을 약화할 것이라는 뜻이다. 외국 정부와 범죄자 들도 그것을 사용해 우리의 정치 지도자들을 공격하고, 중요한 인프라와 주요 기업들, 더 나아가 모든 사람들을 공격할 수 있다는 사실이다. 해외에 나가 있는 외교관과 스파이 그리고 국내의 법 집행 요원 들을 공격하는 데도 사용될 것이다. 범죄를 저지르고 정부에 대한 스파이 활동과 그리고 사이버 공격에 사용될 것이다. 그것은 계속해서 제안되는 믿을 수 없을 만큼 어리석은 발상이다.

만약 미국 정부가 미국 기업들에 대해 백도어 설치를 의무화하는 데 성공한다면, 다른 나라 정부들도 동일한 요구를 하리라는 것은 분명하다. 러시아와 중국부터 카자흐스탄과 사우디아라비아에 이르기까지 온갖 억압체제 국가들은 동일한 수준의 '합법적 접근lawful access'을 요구할 것이다. 이들 나라에서 '합법'이란 집권자들에 반대하는 정적들을 억압하는 방향으로 전개될 수 있음에도 불구하고 말이다.

업데이트 절차를 이용한다는 로젠스타인의 발상은 특히 더 위험하다. 업데이트 과정에 이미 여러 취약점이 도사리고 있다. 모두가 업데이트 파일을 가능한 한 빨리 설치할 때 우리 모두 더 안전하다. 점점 더 일반화되는 한 가지 보안 조치는 업데이트 내용을 더 투명하게 함으로써 개별 시스템들은 그들이 받는 업데이트 파일이 인증된 것이고 모든 이용자에게 적용되는 것임을 알 수 있다. 이것은 보안에서 중요한 대목이다. 5장에서 언급한 공격자들이 업데이트 절차를 악용해 멀웨어를 퍼뜨리는 경우를 상기해보라. FBI의 요구는 기업들이 업데이트 절차에 그러한 투명성과 다른 보안 조치를 더하지 못하게 할 것이다.

만약 업데이트 메커니즘이 경찰이 누군가의 컴퓨터와 장비를 해킹하는 한 방법이라는 사실이 알려지면 모든 사람들은 자동 업데이트 기능을 꺼 버릴 것이다. 이렇게 신뢰를 잃으면 회복하는 데 몇 년이 걸릴 것이고, 전체 보안에 미치는 영향도 치명적일 것이다. 이것은 전투 병력을 적십자사 차량 안에 숨기는 것과 비슷하다. 설령 그것이 효과적인 전술이라고 해도 우리는 그렇게 하지 않는다.

마지막으로 멀웨어를 심는 데 업데이트 절차를 이용하면 그 절차는 더욱 보안에 취약해진다. 만약 업데이트가 비정기적으로 이루어진다면 해당 기업은 인증 절차에 강력한 보안 조치를 취할 수 있다. 만약 애플 같은 기업이 아이폰의 잠금 장치를 해제하라는 요청을 하루에도 수십 번씩 받는다면 – 2017년 FBI는 해제하지 못한 전화기가 7천 대에 이른다고 주장한 바 있다 – 그에 부응하기 위해 일상적인 처리 절차를 세워야 할 것이고, 이는 공격에 훨씬 더 취약해질 것이다.[20]

보안을 이해하는 사람들은 백도어가 위험하다는 사실을 안다. 2016년 열린 한 의회 워킹 그룹은 이렇게 결론지었다. "암호화 기술을 약화하는 모든 조치는 국익에 반한다."[21] 영국 국내 파트 담당 정보기관 MI5의 수장 존 에반스 경Sir John Evans은 이렇게 말했다. "내 개인적인 견해는 우리가 사이버 시장 전반에 걸쳐 암호화 기술을 약화시키는 행동을 해서는 안 된다는 것이다. 그에 따른 비용이 위중할 것이기 때문이다."[22]

이 모든 내용보다 더 중요한 대목은, FBI의 요구에 응한다고 해도 문제는 해결되지 않을 것이라는 점이다.

설령 FBI가 애플, 구글, 페이스북 같은 대규모 회사들에게 그들이 생산하는 기기와 통신 시스템들의 보안 수준을 낮추게 한다고 해도 수많은 소규모 경쟁사들은 보안성이 높은 제품들을 제시할 것이다. 만약 페이스북이 왓츠앱에 백도어를 더한다면 악당들은 왓츠앱 대신 시그널을 쓸 것이다. 애플이 아이폰 암호화 기술에 백도어를 더한다면, 악당들은 다른 암호화 음성 앱들 중 하나로 옮겨 갈 것이다.[23]

심지어 FBI조차 사석에서는 이런 요구에 덜 적극적이다. 개인적으로 만난 자리에서 FBI의 관계자들은 이용자가 암호화를 적용하거나 적용하지 않을 수 있는 선택형 암호화 기법에 별 불만이 없다고 언급했다. 이런 경우 대다수 범죄자들은 보통 암호화를 적용하지 않기 때문이다. FBI 관계자들이 반대하는 것은 디폴트로 암호화가 적용되는 방식이다.

그리고 그것이 정확히 디폴트 암호화가 필요한 이유다. 디폴트는 강력하다. 우리 대다수는 제대로 모르거나 혹은 알아도 번거로워서 우리 컴퓨터와 전화기, 웹 서비스, IoT 장비, 혹은 다른 기기들에 포함된 선택형 보안 기능을 켜지 않는다. 그리고 평균적인 범죄자는 선택형 암호화 기능을 켜지 않는다는 FBI의 주장이 일정 부분 맞기는 하지만, 디폴트 암호화를 쓰더라도 평균적인 범죄자는 다른 실수를 저질러 수사에 취약한 부분을 남길 것이다. 특히 FBI가 디지털 수사 기법을 향상시킨다면 그런 취약점을 더 잘 찾아낼 수 있을 것이다. FBI가 우려해야 할 대상은 영리한 범죄자들이다. 이들은 백도어의 존재를 알면 다른 더 안전한 대안을 사용할 것이다.

백도어는 평균적인 인터넷 이용자들에게 해를 끼친다. FBI는 근시안적으로, 그리고 과장되게 나쁜 사람들에게 초점을 맞춘다. 하지만 인터넷에는 나쁜 사람들보다 좋은 사람들이 훨씬 더 많다는 점을 깨닫고 나면 어디에서나 강력한 암호화를 적용함으로써 얻는 혜택이 범죄자들도 그러한 암호화 기술을 사용하는 데 따른 불리점보다 더 크다는 점은 분명하다.

암호화 제한

암호화 기술은 미국에서 1990년대 중반 전까지 군수품으로 규제받았다. 암호화 기술을 사용하는 소프트웨어와 하드웨어 제품은 수류탄이나 소총과 동일한 수출 규제를 받았다. 강력한 암호화 기술은 수출할 수 없었고, 수출용 제품의 보안은 국가안보국이 쉽게 깰 수 있을 정도로 취약해야 했다. 이런

통제는 인터넷이-그리고 전 세계에 걸친 기술 커뮤니티가-소프트웨어의 '수출'이라는 개념 자체를 무력화하면서 규제 시도도 막을 내렸다.[24]

암호화 기술에 대한 통제를 다시 시행해야 한다는 논의도 없지 않다. 2015년 데이비드 캐머런David Cameron 당시 영국 수상은 강력한 암호화 기술을 영국 전역에서 금지하자고 제안했다.[25] 테레사 메이Theresa May 현 수상도 2017년 런던교에 대한 테러리스트 공격 직후 이에 동조하는 발언을 했다.[26]

이것은 왓츠앱과 아이폰처럼 널리 쓰이는 암호화 시스템에 대한 백도어 설치를 의무화하자는 발상보다 한발 더 나아간 것이다. 이는 강력한 암호화 기술을 채용한 컴퓨터 시스템과 소프트웨어, 서비스는 모두 불법이라는 뜻이다. 문제는 법은 그 나라에 국한되지만 소프트웨어는 국제적이라는 점이다. 2016년 나는 암호화 기술 시장을 조사한 적이 있다.[27] 55개국에서 만든 865개 암호화 소프트웨어 중 811개가 영국이 아닌 국가에서 제조돼 영국의 규제권 밖이었다. 만약 미국이 그와 비슷한 금지법을 통과시킨다면 546개 제품이 해당 법으로부터 면제될 것이다.

그와 같은 외국산 제품들의 국내 반입을 막기는 불가능할 것이다.[28] 그러자면 검색엔진이 해외 암호화 제품들을 찾아내지 못하도록 막아야 할 것이다. 아무도 해외 암호화 제품을 웹사이트에서 내려받지 못하도록 모든 통신 내용을 감시해야 할 것이다. 국경에서 개인적으로 반입하든 혹은 우편을 통하든 국내로 유입되는 모든 컴퓨터, 전화기 그리고 IoT 기기들을 스캔해야 할 것이다. 오픈소스 소프트웨어와 온라인 코드의 저장 장소들을 금지해야 할 것이다. 암호화 알고리즘과 코드 정보를 담은 책들의 반입을 금지하고 국경에서 차단해야 할 것이다. 한마디로 사실상 불가능하다는 뜻이다.

만약 시행된다면 그런 금지 조치의 결과는 심지어 백도어를 의무화하는 것보다도 더 심각할 것이다. 그로 인해 우리 모두는 온갖 위협에 대해 훨씬 더 취약해질 것이다. 국내 기업들은 그런 규제를 준수할 의무 때문에 그렇지 않은 해외 기업들보다 불리한 처지에 놓일 것이다. 그에 비해 범죄자들과 해외 정부들은 막대한 경쟁 우위를 얻게 될 것이다.

나는 이런 규제가 현실화할 것으로 보지 않지만 가능한 일이다. 근래 나는 암호화를 둘러싼 표현들이 변화하는 것을 감지했다. 백도어를 요구하려 시도하면서, 법무부 관료들은 암호화 기술을 범죄 수단으로 재빨리 채색했다.[29] 그와 함께 인터넷 종말의 네 기사와 토르 같은 익명화 서비스를 환기시켰다. 완전히 다른 전선에서는 '크립토'가 비트코인 같은 암호화폐 cryptocurrency의 준말로 사용되기 시작하면서, '다크넷'이라는 섬뜩한 이름의 공간에서 불법 제품을 사고 싶어 하는 이들의 지불 수단으로 채색됐다. 그 결과 암호학의 긍정적 용도와 보안상의 여러 보호 방식들은 논의의 장에서 밀려났다. 이런 트렌드가 계속된다면 강력한 암호화 기술을 금지하자는 심각한 제안이 나올지도 모를 일이다.

마이크 매코넬Mike McConnell, 마이클 처토프Michael Chertoff, 윌리엄 린William Lynn은 이런 사안에 풍부한 경험을 가진 전직 고위 정부 관료들로, 2015년 컴퓨터와 인터넷 보안이 국가 안보에서 갖는 중요성을 이렇게 강조했다.

> 우리는 기기, 서버 그리고 기업 수준에서 따로 정부의 감시 수단을 더하지 않은 채 어디에서나 동일한 암호화 기술로 보호되는 보안 통신 인프라를 마련하는 것이 공익에 더 부합한다고 믿는다.[30]

이런 정서는 이들이 과거에 몸담았던 기관들의 공식 입장과 배치되지만, 안전하게 은퇴했고 널리 존경받는 상황에서 이들은 부담없이 자신들의 속내를 털어놓을 수 있었을 것이다. 우리는 정부의 공식 입장을 변화시켜서 모두에게 더 나은 보안이 보장되는 방향으로 노력을 경주해야 할 것이다.

익명화 금지

······

인터넷에서 익명성을 금지하자는 요구가 많다. 인종 차별, 여성 혐오 등의 표현을 통제하고 싶어 하는 사람들이 그중 하나다. 악성 발언을 일삼는 트롤을 찾기만 한다면 제거할 수 있다고, 더 바람직하게는 수치심을 느낀 나머지 트롤 행위를 멈추게 할 수 있을 것이라고 믿는다. 누구인지 식별할 수 있다면 잡아내기도 쉬울 것이라는 전제로, 사이버 범죄를 막으려는 사람들이 이렇게 요구한다. 스팸꾼, 스토커, 마약상, 테러리스트 등을 잡고 싶어 하는 이들이 이렇게 요구한다.

익명을 금지하는 데는 여러 방식이 가능하지만 기본적으로 모두에게 인터넷판 운전면허증을 발급하는 것으로 생각할 수 있다. 우리는 모두 그 면허증을 사용해 컴퓨터를 설정하고, 이메일 계정 같은 여러 인터넷 서비스들에 등록하며, 그것 없이는 어디에도 접속할 수 없다.

이것은 다음 네 가지 이유로 작동하지 않을 것이다.

하나, 우리는 여권, 국가 신분증, 운전면허증 등 다른 식별 시스템을 근거로 인터넷 이용자의 신원을 제공하는 실제 현실의 인프라가 없다. 식별 및 브리

더 문서에 관해 언급한 3장을 기억하기 바란다. 둘, 이런 시스템은 신원 도용의 빈도는 줄이겠지만, 각 신원 도용의 수익 규모는 훨씬 더 커질 것이다. 이 두 가지 이유만으로도 왜 인터넷 의무 실명제가 바람직하지 못한 발상인지 설명된다. 지금 단계에도 충분히 많은 식별 및 인증 시스템들이 있다. 은행들은 고객의 온라인 송금을 허용할 만큼 충분히 잘 관리하고 있고, 구글과 페이스북 같은 기업들은 다른 이들의 시스템 사용을 허용할 정도로 충분히 잘 경영하고 있다. 시중에는 여러 스마트폰 지불 앱들이 서로 경쟁을 벌인다. 내 휴대전화번호는 이중 인증 같은 목적에 활용될 수 있는 고유 식별번호로 탈바꿈한다.

그러나 의무적인 신원 확인 시스템을 만들 때, 우리는 먼저 그런 시스템을 무력화하고 싶어 하는 사람들을 정확히 잡아내야 한다. 기존의 모든 신원 확인 시스템은 직접 얼굴을 맞댄 거래에서 주류를 구입하려 시도하는 십대들에 의해 이미 무력화됐다. 인터넷에서 의무 신원 확인 시스템의 보안을 확보하기는 그보다 훨씬 더 어려울 것이다.

셋, 그런 시스템은 글로벌 환경에서 작동해야 한다. 하지만 누구든 자신의 출신 국가를 속일 수 있다는 점을 감안하자. 만약 미국이 익명화를 불법으로 하고 모든 시민은 운전면허증을 이용해 이메일 계정을 등록하도록 의무화한다면, 누구든 신분증을 요구하지 않는 다른 나라에서 익명의 이메일 계정을 만들면 그만이다. 따라서 우리는 누구든 익명의 이메일 주소를 취득할 수 있음을 인정하거나, 세계의 나머지 나라들과의 통신을 금지해야 한다.

네 번째이자 가장 중요한 점은 식별된 통신 시스템상에서 익명의 통신 시스템을 설정하는 것이 항상 가능하다는 사실이다. 토르는 익명의 웹 브라우징을 위한 시스템으로, 전 세계의 정치적 반체제 인사와 범죄자들이 이용한다.

이것이 어떻게 작동하는지는 설명하지 않겠지만, 시스템에서 모두의 신분이 식별된 경우에도 익명성을 제공할 수 있다는 점을 밝혀둔다.

위에 언급한 내용들이 익명성 금지가 통하지 않을 것이라고 보는 이유다. 그것은 사회적으로도 부정적이기 때문에 더욱 끔찍하다. 익명의 의사 표현은 중요하며 어떤 나라에서는 생명을 구해주는 수단일 수 있다.[31] 개인들이 그들 삶의 여러 다른 부문에서 복수의 퍼스낼리티를 유지하는 일은 매우 중요하다. 익명성을 금지하는 것은 안전하다는 일시적 환상을 위해 우리 모두에게 필수적인 자유를 희생하는 꼴이 될 것이다.

이것은 모두가 모든 분야에서 익명을 유지할 자격이 있다는 뜻은 아니다. 많은 부문은 이미 사회적으로 익명성이 금지돼 있다. 공용 도로에서 익명의 차량을 운전하는 것은 허용되지 않는다. 모든 차량은 번호판이 있어야 한다. 비슷한 규칙은 드론에도 적용된다. 익명이 허용되는 곳과 금지되는 곳 사이의 경계는 누군가가 물리적으로나 경제적으로 상당한 피해를 끼칠 수 있는 지점으로 보인다. 인터넷 플러스는 그러한 경계를 허물기 때문에 익명성을 허용하는 공간도 더 줄어들 것으로 예상된다.

대규모 감시

대규모 감시는 전체주의 국가들에 국한되지 않는다. 미국 정부는 2015년까지 대다수 미국인들의 전화 통화 메타데이터를 수집했고, 필요한 경우 여전히 이 정보에 접근할 수 있다.[32] 많은 지방 정부들은 사람들의 움직임에 관한

종합적인 데이터를 거리 전봇대와 이동용 밴에 설치된 번호판 스캐너를 통해 수집해 관리한다.[33] 물론 많은 기업들은 다양한 메커니즘을 통해 우리 모두를 감시한다. 정부는 그런 데이터에 대한 접근을 소환영장이나 국가 보안 서신처럼 법원 영장이 필요하지 않은 방식으로 요구한다.[34]

나는 5장에서 언급한 재난적 위협을 이유로 정책 입안자들이 백도어와 약화시킨 암호화 기술을 넘어 국내 전반에 대한 감시를 공식 승인하게 되는 상황을 우려한다. 조지 오웰의 『1984년』과 같은 상황에서 표면상 끔찍한 발상이라고 여겨지는 부분을 제외하고 나면 전방위적인 감시의 효율성은 매우 제한적이다. 그것은 새로운 감시 기술이 가능해지는 순간과 그것이 용이해지는 순간 사이에서만 유용할 뿐이다.

이런 상황이 어떻게 벌어질지 이해하기 위해 어떤 특정한 파괴적 기술의 발전 곡선을 생각해보자. 기술 개발의 초기 단계에서는 대규모 피해의 시나리오가 가능하지 않다. 지금 당장은 텔레비전이나 영화에 자주 등장하는 것처럼 수백만 명을 살상할 수 있는 슈퍼바이러스를 제조하는 데 필요한 기술적 지식이 없다.

생물 과학이 발전하면서 재난적 시나리오는 가능해지지만 그에 요구되는 비용은 막대하다. 그것을 현실화하자면 제2차 세계대전의 맨해튼 프로젝트 규모의 일치된 노력이나 그와 비슷한 군사적 노력이 있어야 생물학 무기를 개발하고 제조할 수 있다.[35]

기술이 계속 향상되면서 피해를 끼칠 수 있는 역량도 점점 더 값싸지고, 더 작거나 덜 조직화된 그룹도 감당할 수 있게 발전하고 있다. 어느 단계에서는 재난적 사태를 모의하는 것이 가능해진다. 돈과 전문 기술이 요구되겠지만 둘 다 쉽게 취득할 수 있다. 주식시장의 IT 시스템이나 발전소, 항공사의 운항 시스템 같은 핵심 인프라에 대한 협조 공격으로 글로벌 경제를 마비시키는 대규모 작전을 상정할 수도 있다.

전방위 감시가 보안 대책이 될 수 있는 것은 이런 지점이다. 계획 단계에서 음모를 탐지하고, 단편적 사실들을 모아 충분한 증거를 수집함으로써 테러 계획을 사전에 차단할 수 있기를 기대한다. 이것은 국가안보국이 현재 벌이는 전방위적 반테러 감시 활동의 주요 명분이다.

그러나 전방위 감시는 기술적으로 덜 정교한 공격자들에 대해서는 대부분 성공할 수 있겠지만, 강력한 동기를 가지고 전문 기술과 풍부한 자금력으로 공격을 감행하는 세력에 대해서는 실패할 것이다. 기술이 향상되면서 공모자의 숫자와 혼란을 초래하는 데 필요한 계획의 부담은 더욱 축소돼 감시에 의존한 탐지의 효율성은 더욱 더 낮아진다. 티모시 맥베이Timothy McVeigh의 비료 폭탄 그리고 그가 알프레드 P. 머라 연방정부빌딩Alfred P. Murrah Federal Building을 공격하는 데 협조했던 공범들을 생각해보라. 전방위 감시는 그들의 음모를 계획과 구매 단계에서 탐지했을 수도 있지만, 실상은 아마 그렇지 못했을 것이다. 단서를 좇는 구식 수사 기법에 근거한 표적 감시가 미국 정부의 무력 전복을 옹호하며 폭탄 부품을 조립하는 사람들을 더 효과적으로 식별할 수도 있다.

기술이 계속 진전되고 재난적 시나리오가 겨우 한두 사람만으로 가능해지는 상황으로 발전함에 따라 전방위 감시는 무용해진다. 우리는 이런 사건들을 이미 알고 있다. 어떤 규모의 감시로도 포트후드(2009년), 샌버나디노(2015년), 혹은 라스베이거스(2017)에서 벌어진 것과 같은 대규모 총기살상 사건을 막을 수 없다.[36] 어떤 규모의 감시로도 다인Dyn에 대한 디도스 공격을 막을 수 없었을 것이다. 보스턴 마라톤 테러 공격을 예상하지 못한 것은—그것을 실패라고 본다면—대규모 감시에 실패했기 때문이라기보다는 수사상의 단서를 따라잡지 못한 탓이 더 컸다.[37]

대규모 감시는 기껏해야 사회에 시간을 벌어줄 수 있을 뿐이다. 그런 경우조차 그리 효과적이지 못할 것이다. 감시는 범죄 예방보다는 사회적 통제에 더 효과적이며, 전체주의 정부에서 그처럼 애용되는 것도 그 때문이다.

이것은 대규모 국내 감시가 벌어지지 않을 것이라는 뜻은 아니다. 특히 또 다른 재난적 테러리스트 공격이 벌어진다면 우리는 재난적 위협이라고 감지하는 것들로부터 방어하는 데 서투른 만큼이나, 이런 위협들이 포함된 구체적 시나리오들에 공포심을 갖는 데는 매우 능숙하다. 그리고 역사적으로 공포는 실제 위협 자체보다 자유에 훨씬 더 위험하다. 그뿐 아니라 신기술의 위협은 기술 발전의 곡선을 따라 여러 다른 지점들에서 항상 나타날 것이고, 각 지점은 잠재적으로 대규모 감시를 합리화하는 계기로 작용할 수 있다.

역습 해킹

......

역습 해킹은 그 추한 머리를 빈번하게 쳐드는 또 다른 끔찍한 발상이다. 기본적으로, 이것은 사적인 역습이다. 이것은 범죄자를 추적하거나, 증거를 취득하거나, 도난당한 데이터를 복구하는 과정에서 공격자들에 복수하기 위해 공격을 감행하는 조직이다. 때로 '적극적인 사이버 방어'라는 완곡 표현을 쓰기도 하지만,[38] 단지 '서버 대 서버server-to-server 간 전투'라는 그 실체를 숨기기 위한 것일 뿐이다. 이것은 현재 모든 나라에서 불법이지만 합법화하자는 논의가 꾸준히 나온다.

합법화 지지자들은 역습 해킹을 합리화할 수 있는 두 가지 시나리오를 자주 언급한다. 첫째는 피해자가 도난당한 데이터의 위치를 아는 경우로, 이들은 그 컴퓨터를 해킹해 그 데이터를 삭제할 수 있다. 두 번째 시나리오는 지속적인 공격으로, 공격자의 컴퓨터를 해킹해 해당 공격을 실시간으로 막을 수 있다.

이것으로 표면적으로 그럴듯해 보일지 모르지만, 급속히 재난으로 귀결될 수 있다.[39] 첫째, 내가 3장에서 쓴 바 있는 '귀속^{attribution}'의 어려움이 있다. 누가 공격하는지 어떻게 확신할 수 있으며, 보복한다며 무고한 애먼 네트워크에 잘못 침투한다면 어떻게 될까? 공격의 출처를 위장하거나 무고한 중간 네트워크를 거쳐 공격하기는 쉽다.

둘째, 만약 '역습 해커^{hackbacker}'가 외국에 있는 네트워크에 침투한다면 어떤 일이 벌어질까? 더 나쁘게는 그 나라의 군대 네트워크라면? 거의 확실히 범죄로 간주될 것이고 국제 분쟁을 초래할 수 있다. 수많은 나라들은 대리인, 유령 회사, 범죄자 들을 앞세워 인터넷에서 추잡한 작업을 벌이기 때문에 실수, 오산, 혹은 오해의 위험성은 이미 높다. 인가된 역습 해킹은 이런 혼란을 더욱 부추길 것이고, 우리는 일부 사기업이 우발적으로 사이버 전쟁을 촉발하는 상황을 원치 않는다.

셋째, 역습 해킹은 오남용의 위험이 크다. 어느 조직이든 자체 서버에 대한 공격을 연출하거나 경쟁사의 네트워크에 민감 파일을 심어 경쟁자를 추적한 다음 역습 해킹에 들어갈 수 있다.

넷째, 적대감은 쉽사리 증폭된다. 기업들을 상대로 한 전문 해커는 두 조직 간에 서로 해킹을 시도한 것처럼 꾸며 싸움을 조장할 수 있다.

마지막으로 다섯째, 이것이 효과적인 전술인지 불분명하다. 보복은 만족감을 주지만 역습 해킹이 보안을 향상시킨다거나 억지 효과를 갖는다는 증거는 없다.[40]

하지만 이것이 끔찍한 발상이라고 보는 진짜 이유는 '자경주의[vigilantism]'를 용인하기 때문이다. 설령 한 이웃이 내 물건을 훔쳤음을 알더라도 내가 직접 그 집에 침입하는 것이 불법인 데는 이유가 있다. 인가된 민간 상선들이 다른 배들을 공격해 포획하는 것을 허용하는 '상선 포획 면장'이 더 이상 발행되지 않는 데도 이유가 있다. 이런 유형의 역량은 오롯이 정부만 보유한 권한이다.

거의 모두가 여기에 동의한다.[41] FBI와 법무부 모두 역습 해킹을 하지 말라고 경고한다.[42] 2017년 일부 역습 해킹 전술을 합법화한 한 법안은 거의 아무런 지원을 받지 못한 채 사라졌다.[43] 주목할 만한 예외는 변호사이자 국가안보국과 국토안보부에서 고위 관료를 지낸 스튜어트 베이커[Stewart Baker]로, 역습 해킹을 빈번히 권장한다.[44] 그리고 해외의 일부 사이버 보안 기업들은 역습 해킹 서비스를 기업 고객들에게 제안하려는 의도로 법적 승인을 밀어 부친다. 이스라엘은 역습 해킹 산업의 메카가 되고 싶어 하는 것 같다.

그 불법성에도 역습 해킹은 이미 벌어지고 있다. 역습 해킹을 제공하는 기업들은 대놓고 공고하지 않으며 중개 기업을 통해 뒤에 부인 가능한 계약을 거쳐 고용될 가능성이 높다. 기업의 뇌물 수수처럼 이것은 존재하며 일부 기업들은 이런 관행에 연루됨으로써 국제법을 위반하고 있다.

예측하건대 이것은 늘 그런 형식으로 진행될 것이다. 미국과 그 우방국들이 어떻게 행동하든, 다른 나라들은 이런 관행의 도피처 노릇을 할 것이다. 이것은 역습 해킹을 뇌물 수수처럼 취급할 필요가 있다는 뜻이다. 우리는 그것이 세계 어디에서나 불법이라고 선언하고, 그런 행위에 연루된 미국 기업들은 기소해야 한다. 우리는 역습 해킹에 반대하는 국제 조약과 규범을 추진할 필요가 있다. 그리고 모든 노력을 기울여 반대자들을 최소화해야 한다. 지금 현재는 역습 해킹에 대한 미국의 공식 입장이 없지만, 조만간 나올 것으로 기대한다.

소프트웨어의 가용성 제한

‥‥‥

역사적으로 우리는 희소성에 보안을 의존한 적이 많았다. 쉽게 말해 어떤 도구나 수단의 악의적 이용을 최소화하기 위해 그런 도구나 수단을 구하기 어렵게 만드는 것이다. 이런 방식은 방사성 동위원소인 폴로늄-210, 천연두 바이러스, 대전차 미사일 등 몇몇 경우에 효과적으로 작동했다. 반면 알코올, 마약, 권총 등 다른 경우는 제대로 먹히지 않았다. 인터넷 플러스는 그러한 모델을 무력화한다.

무선 주파수대는 긴밀히 규제되며, 누가 어떤 주파수로 신호를 전송할 수 있는지에 관해 여러 규칙이 존재한다. 일부 주파수 대역은 군용으로, 다른 대역은 경찰용으로 그리고 또 다른 대역은 항공기와 지상 관제탑 간의 통신용으로 독점 지정돼 있다. 면허를 가진 경우에만 방송할 수 있는 주파수 대역이 있고, 특정한 통신 장비가 있어야만 방송할 수 있는 대역도 있다.

컴퓨터가 나오기 전까지 이것은 상업용으로 허가된 주파수 대역을 제한하는 방식으로 규제됐다. 일반 라디오는 법이 허용하는 주파수만 잡아 들려주었다. 이 해법은 완벽하지는 않았지만—다른 채널을 전송하거나 수신하는 라디오를 구입하거나 만드는 일은 항상 가능했다—특별한 지식(또는 적어도 특별한 장치에 대한 접근)을 필요로 하는 복잡한 해법이었다. 완벽한 보안 해법은 아니었지만 대다수 목적에는 충분히 부합하는 해법이었다. 현재 라디오는 안테나가 부착된 컴퓨터에 불과하며, 소프트웨어 수준에서 설정된 라디오 카드를 사서 설치하면 PC를 통해 어떤 주파수에서든 방송할 수 있다.

4장에서 나는 사람들이 일반적이고 합리적인 법망을 회피하려 자신의 컴퓨터를 해킹하는 데 따른 위험을 언급한 바 있다. 사람들이 배기가스규제법을 어기고 자동차 소프트웨어를 조작하거나 저작권법을 위반한 물건을 만들기 위해 3D 프린터를 수정하거나 인명을 살상하기 위해 법을 어기고 생체 프린터를 변경하는 사람들이 어떤 잠재적 위험성을 갖는지 지적했다.

이러한 각각의 신기술에서 우리는 사용자가 해당 장비로 무엇을 할 수 있는지에 대해 분별 있는 규율을 정해야 할 것이다. 예를 들면 마텔Mattel, 디즈니Disney, 검열자들 그리고 총기 규제 옹호자들이 원하는 것은 금지된 품목 리스트에 있는 내용을 제외하곤 무엇이든 인쇄, 제조할 수 있는 3D 프린터일 것이다.[45]

이는 저작권 문제에서도 정확히 동일한 사안이다. 디지털 저작권 관리DRM는 실패한 기술 해법이었고, DMCA는 그 다음에 나온 법이었다. 이것은 취미를 가진 사람들이 디지털 음악과 영화의 복제본을 만들지 못하게 하는 데만 효과적이었다. 프로들이 그와 같은 일을 하는 것을 막지는 못했고, DRM 보호 장치가 제거된, 저작권이 걸린 작품들이 유포되는 것도 막지 못했다.

자율 주행 차의 소프트웨어가 해킹되거나 살상 바이러스가 생체 프린터로 유포되는 상황에 대한 공포는 불법 복제된 노래들에 대한 두려움보다 훨씬 더 클 것이다. 그로 인해 타격을 받을 산업계는 엔터테인먼트 업계보다 훨씬 더 강력할 것이다. 정부와 민간 부문은 엔터테인먼트 업계의 DRM 시도가 왜 실패했는지 분석하고, 그 이유는 컴퓨터가 본질적으로 확장 가능하기 때문이라고 정확히 결론지을 것이다. 이들은 DMCA를 검토하고 해당 법이 충분히 위중하고 제한적이지 못했다고 결론을 내릴 것이다. 나는 3D 프린터나 생체 프린터, 자동차 등에 대한 유사 법들이 정부와 기업의 이익만 대변하고 사용자들에게는 불리한 방향으로 제정될 수 있다고 우려한다.[46]

IoT 컴퓨터를 수정할 수 있는 소프트웨어에 대한 일반의 접근을 제한하는 법들은 당분간은 통할지 몰라도, 궁극적으로는 비효율적일 것이다. 인터넷을 통해 소프트웨어와 정보가 전 세계적으로 흐르고 공유될 것이고, 국내에 국한된 법은 결코 컴퓨터들을 그 나라 밖에 영영 묶어 둘 수 없을 것이기 때문이다. 이것은 단순히 대체로 효과적인 해법을 수용하면서 예외 사항들을 인정하는 차원의 문제가 아니다. 노래와 다른 디지털 콘텐트의 경우 저작권 관리 실패에 따른 비용은 미미하다. 지금 우리가 논의하는 신기술들의 경우 실패에 따른 비용은 훨씬 더 높을 것이다.

우리는 이 문제들을 직접, 기술이나 컴퓨터 이용을 제한하는 법을 통해서가 아니라, 대응 역량의 개발을 통해 해결해야 한다.

라디오의 경우 한 가지 해법은 모든 라디오가 스스로를 감시할 수 있도록 하는 것이다.[47] 라디오들은 악성이나 부적절하게 설정된 송신기의 위치를 찾아내는 탐지 그리드로 탈바꿈할 수 있다. 그리고 그런 정보는 경찰에 넘겨져 위반 혐의에 대한 수사로 이어질 수 있다. 라디오 시스템은 도청과 전파 방해 등의 시도에 견딜 수 있도록 설계돼 범죄용 송신기들이 끼어들 수 없게 할 수 있다. 물론 이런 작업이 통하자면 세부 계획이 나와야 한다. 내 목표는 기술적 문제를 해결하는 것이 아니라, 해법이 가능하다는 점을 웅변하는 것이다.

이것은 3D 프린터와 생체 프린터로부터 자동화 알고리즘과 인공지능에 이르기까지, 인터넷 플러스의 여러 부문들에 적용될 일반적인 교훈이다. 앞으로 우리가 살아갈 세계가 개개인이 방대한 피해를 초래할 수도 있는 세계라면, 우리는 각각의 시스템에 내재한 위협을 어떻게 관리해야 할지 궁극적으로 파악하지 않으면 안 될 것이다. DMCA와 같은 규제는 우리에게 얼마 동안 시간은 벌어주겠지만 우리의 보안 문제를 해결하지는 못할 것이다.

12

신뢰와 복원력을 갖춘 평화 지향의 인터넷 플러스를 향해

사람은 신뢰를 바탕으로 살아간다. 어느 곳에 사는 다른 어떤 종도 우리가 가진 신뢰 수준에는 전혀 미치지 못한다. 신뢰가 없다면 사회는 붕괴할 것이다. 신뢰가 없었다면 애초에 사회는 형성되지도 못했을 것이다. 우리는 생활하는 내내 끊임없이 신뢰한다. 그렇다고 우리에게 다른 선택이 있는 것도 아니다. 우리는 슈퍼마켓에서 사는 음식이 우리를 병 나게 하지 않을 것이라고 믿는다. 우리는 거리에서 지나치는 사람들이 우리를 공격하지 않을 것이라고 믿는다. 우리는 은행이 우리의 돈을 훔치지 않을 것이라고 믿는다. 물론 이 글을 읽으면서 경고와 예외를 떠올리겠지만, 우리가 그에 대해 생각하는 이유는 그것이 그만큼 드물기 때문이다. 지구상의 무법 지대에 살지 않는 한 우리는 매일 수백만에 이르는 사람, 기관, 기구 들을 맹목적으로 신뢰한다. 그에 대해 거의 생각조차 하지 않는다는 것은 그러한 신뢰의 시스템이 얼마나 잘 작동하는지 보여주는 증거다.

사용하자면 신뢰할 수밖에 없는 우리의 컴퓨터와, 그에 관계된 모든 기업들을 생각해보자. 우리는 그 안에 탑재된 칩 설계자와 제조사를 믿는다. 사실 우리는 제조사부터 우리에게 그것을 판매한 기업에 이르기까지 전체 공급망을 굳게 의지한다. 우리는 운영체제를 만든 기업−아마 마이크로소프트나 애플−을 신뢰하며, 소프트웨어 제조 기업들을 신뢰한다. 웹 브라우저와 워드프로세서 그리고 안티바이러스 프로그램 같은 보안 소프트웨어도 포함된다. 우리는 우리가 사용하는 인터넷 서비스들을 신뢰한다. 이메일 제공사, 소셜네트워킹 플랫폼 그리고 데이터를 다루는 클라우드 서비스. 우리는 우리의 인터넷 서비스 제공 회사와 우리의 홈 라우터를 설계하고 설정한 기업 들을 믿는다. 신뢰하는 수밖에 달리 선택이 없는 기업들과 그 기업들이 소재한 나라의 정부들은 수십 개에 이른다. 이들 중 어느 기업이든 우리의 보안을 무력화해 우리의 개인정보와 재산에 피해를 입힐 능력이 있다. 이들 중 어느 기업이든 다른 기업이나 세력이 악용할 수 있는 취약점을 가졌을 수 있다.

우리는 이 모든 기업과 기관 들을 신뢰한다. 신뢰할 만해서가 아니라 달리 선택지가 없기 때문이다. 인터넷에서 신뢰할 만한 조직과 기관의 규모는 눈에 띄게 축소되고 있다.[1] 2017년 한 여론조사 결과 미국인의 70%는 자신의 전화 통화와 이메일이 정부로부터 감시될 가능성이 어느 정도 있다고 응답했다.[2] 전 세계 사람들은 국가안보국과 미국을 전반적으로 불신한다.

10장에서 언급한 바 있는 오바마 행정부의 2016년 「사이버 보안 보고서」는 이렇게 적고 있다.

> 디지털 경제의 성공은 궁극적으로 컴퓨팅 기술을 신뢰하고, 상품을 제공하
> 는 기관과 데이터를 수집하고 관리하는 서비스를 신뢰하는 개인에게 달려
> 있다.[3] 그 신뢰는 여러 사고와 침해 사태로 기업과 개인 데이터가 오남용되고
> 있다는 두려움이 커진 탓에 수년 전보다 덜 견고하다. 데이터의 조작을 막을
> 수 있는 정보 시스템의 능력에 대한 우려도 커지고 있다. 2016년 미국 대통령
> 선거는 이런 문제에 대한 일반의 경각심을 높였다. 데이터 조작은 데이터 절
> 도보다 더 위험한 위협이다.

지금 현재 이 불신은 우려할 정도로 크지는 않다. 대체로 우리는 여전히 그
런 위험은 무시하면서 정부와 기업들을 신뢰할 수 있다. 또는 적어도 그런
것처럼 행동할 수 없다. 달리 선택의 여지가 없기 때문이다. 페이스북 피드
feed는 유료 광고들이 사적인 커뮤니케이션으로 끼어든 것이 아니라 친구들
의 포스팅으로 채워져 있다고 가장한다. 검색엔진들은 은밀히 상품들을 홍
보하는 알고리즘에 의해 조작되지 않고 있다고 가장한다. 데이터를 믿고 맡
긴 기업들이 그 데이터를 우리의 이해를 해치는 방향으로 사용하지 않는다
고 가장한다. 우리가 이렇게 수용하는 것은 정말로 달리 선택의 여지가 없기
때문이다. 우리가 모든 비밀주의를 무시하는 것은 비밀주의는 의심을 낳기
때문이다.

지금까지 그런 속임수는 통했다. 우리는 우리의 컴퓨터와 전화기를 사용
한다. 우리의 데이터를 클라우드에 저장한다. 페이스북과 이메일로 사적인
대화를 나눈다. 인터넷으로 물건을 구매한다. 인터넷에 연결된 기기들을 사

고 쓴다. 그리고 우리는 거기에 대해 지나치게 깊이 생각하지 않는다.

신뢰는 언제든 뒤집힐 수 있다. 그리고 그렇게 되면 상황은 나쁠 것이다. 신뢰가 낮은 사회에서 사는 데 따른 부작용은 심각하다. 경제가 고통받는다. 사람들이 고통받는다. 모든 것이 고통받는다.

2011년에 펴낸『Liars and Outliers $^{거짓말쟁이들과 국외자들}$』에서 나는 신뢰의 렌즈로 보안 문제를 들여다봤다.[4] 보안 시스템은 신뢰를 통해 사람들이 서로 협동하고 정해진 기능을 수행하도록 구현한 메커니즘이다. 비공식적으로 우리는 내부적으로는 우리 자신의 도덕률로, 외부적으로는 다른 이들의 평판을 알고 기억함으로써 그런 메커니즘을 강화한다. 더 공식적으로는 규칙, 법률 그리고 처벌을 통해 이를 강화한다. 그리고 담장, 자물쇠, 보안 카메라, 감사, 수사 등의 보안 기술로 이를 더 탄탄하게 한다.

4장에서 나는 당신이 적절한 보안 조치를 갖고 있기를 바라지만 나에 대해서만은 예외이기를 바란다고 언급한 바 있다. 그런 식의 보안은 오래가지 않는다. 정부의 대규모 감시는 장기적으로 볼 때 지속 가능하지 않다. 신뢰할 만한 인터넷, 더 나아가 신뢰할 만한 사회를 원한다면 감시 활동을 제한해야 한다.

감시 자본주의는 지속 가능하지 않다.[5] 우리는 이것도 제한해야 한다. 감시가 인터넷의 비즈니스 모델인 한, 우리가 데이터와 서비스를 맡기는 기업들은 그에 대한 보안 조치를 결코 충분히 하지 않을 것이다. 이들은 범죄자와 정부와 대한 보안을 약화시키는 쪽으로 디자인 결정을 내릴 것이다. 우리는 인터넷의 구조를 바꿔, 그것이 정부들이 전체주의 체제로 갈 수 있는 툴을 제공하지 않도록 해야 한다. 이것은 쉽지 않은 일이고 향후 십년 내에 달성되지도 않을 것이다. 어떻게 그런 일이 벌어질지조차 분명하지 않다. 표현의 자유 문제는 상업용 감시를 제한하려는 의회의 어떤 시도도 방해할 것이다. 설령 그렇더라도 나는 그것이 결국 실현될 것으로 믿는다. 어쩌면 변화는 규범을 바꿈으로써 나타날 수도 있다. 우리는 우리 삶의 안팎을 보여주는 데이터의 끊임없는 추출에 짜증과 피로감을 느끼기 시작했다. 더욱 그 데이터는 우리가 아닌 정부와 기업들에만 제공된다. 감시 자본주의는 사회 전반에 해악을 끼친다. 머지않아 사회는 개혁을 요구할 것이다.

기업과 정부가 신뢰를 받으려면 그럴 만한 자격을 갖춰야 한다. 이것은 내가 9장에 쓴 내용의 많은 부분을 뒷받침한다. 정부가 공격보다 방어를 우선시하는 것으로는 충분하지 않다. 정부의 우선순위는 명확해야 한다. 정부의 비밀주의와 이중성은 신뢰를 훼손한다.

기업들이 자체 시스템의 보안을 유지하는 것으로는 충분하지 않다. 투명한 보안 조치로 공중의 이익에 봉사하며, 기업의 권력을 남용하지 않을 것임을 강조해야 한다. 이 책의 모든 제안들은 공개적으로 구현되고 집행돼야 한다. 법적 강제와 과징금도 공개돼야 한다. 취약한 인터넷 플러스는 신뢰를 잃겠지만, 보안이 확고한 인터넷 플러스는 공개되고 신뢰받아야 한다.

 이 책의 모든 제안은 근본적으로 신뢰할 만한 인터넷, 정부와 기업처럼 압도적으로 강력한 주체가 순진한 일반 이용자들을 갈취하는 것이 차단된 인터넷을 만들기 위한 것이다. 그를 위해서는 해야 할 일이 워낙 많고, 따라서 목표 자체만으로는 유토피아처럼 보일 수도 있다. 하지만 내친 김에 우리가 추구하는 이상적인 인터넷의 다른 두 가지 주요 특성을 살펴보자. 복원력과 마지막으로 평화다.

복원력이 강한 인터넷

사회학자 찰스 페로의 복잡성 이론에 따르면 복잡한 시스템은 단순한 시스템보다 덜 안전하며, 그 결과 복잡한 시스템이 연계된 공격과 사고가 더 빈번하며 피해도 더 크다. 그러나 페로는 모든 복잡성이 다 같은 것은 아니라는 점을 증명해 보인다. 특히 비선형적이고 긴밀히 연결된 복잡 시스템이 더 취약하다.[6]

예를 들면 항공 관제 시스템은 느슨하게 연계된 시스템이다. 개별 항공 관제탑과 항공기들 모두 자주 에러나 고장이 나지만 시스템의 다른 부분들은 미미한 영향만을 초래하기 때문에 그런 에러가 참혹한 재난으로 이어지는 경우는 드물다. 컴퓨터 문제로 이 공항이나 저 공항이 혼란에 빠졌다는 뉴스는 종종 보이지만 항공기가 빌딩숲이나 산맥으로 추락했다거나 항공기끼리 충돌했다는 소식은 매우 드물다.

한 줄로 죽 늘어선 도미노는 선형적인 시스템이다. 하나가 넘어지면 다음 도미노를 치고, 다시 그 다음 도미노로 이어진다. 이 체인은 길지만 순서대로 질서 있게 넘어진다.

인터넷은 도미노와 반대다. 부분들이 서로 매우 증폭된 영향을 끼칠 수 있다는 점과 이 부분들이 긴밀히 연계돼 그 효과가 즉각 증폭된다는 점에서 비선형적이다. 재난의 위험성이 훨씬 더 높은 특성이다. 워낙 복잡해서 어떻게 작동하는지 모든 것을 이해하는 사람은 아무도 없으며 워낙 까다로운 나머지 가까스로 작동한다. 워낙 복잡다단해서 앞으로 어떻게 작동할지 예측할 수가 없다.

대규모 사회 기술 시스템은 더 나은 보안 체계를 필요로 하지만 무엇보다 회복 탄력성이 더 높은 보안이 요구된다.

나는 오랫동안 '복원력resilience'이라는 용어를 좋아했다. 잘 보면 그 단어가 심리학, 조직 이론, 재해 복구, 생태계, 재료과학 그리고 시스템 공학에 사용되는 것을 인식할 수 있을 것이다. 1991년 애런 윌다브스키Aaron Wildavsky가 쓴 『Searching for Safety안전을 찾아서』(Routledge)는 이 단어를 이렇게 정의한다. "복원력은 예기치 못한 위험들이 현실화한 이후 그에 대처하고, 다시 원상태로 회복할 수 있는 역량이다."[7]

나는 지난 15년 이상 IT 보안의 복원력을 강조해왔다.[8] 2003년 출간한 『Beyond Fear공포를 넘어서』(Springer Science & Business Media)에서 나는 여러 페이지를 복원력에 할애했다. 당시 나는 이렇게 썼다.

> 훌륭한 보안 시스템은 복원력이 강하다.[9] 실패에 견딜 수 있다. 단일한 실패는 다른 실패들로 확장되지 않는다. 이들은 기만형 공격자를 포함한 여러 공격들에 견딜 수 있다. 기술의 새로운 진전에도 견딜 수 있다. 이들은 실패할 수 있지만 그 실패로부터 회복될 수 있다.

2012년, 세계경제포럼은 사이버 복원력을 물리적 안전, 경제 안보 그리고 비즈니스의 경쟁 우위 등을 제공하는 동력으로 설명했다.[10]

2017년 미국 국가정보장실 산하 국가정보위원회는 장기적인 보안 트렌드를 종합 정리한 문서를 출간했다. 여기에서 복원력은 이렇게 설명된다.

> 복원력이 강한 사회는 모든 개인—그것이 여성과 소수 인종이든 또는 최근의 경제적, 기술적 흐름에 밀려 소외된 사람이든—의 전체 잠재력을 발현하고 포

용하는 사회일 가능성이 높다.[11] 이런 사회는 역사의 흐름을 거스르기보다 흐름을 따라 움직이면서, 날로 확장되는 인류의 기술을 활용해 미래를 형성해 간다. 모든 사회에는, 심지어 더없이 암울한 상황에서도, 다른 이들의 복지와 행복, 안전을 향상하기 위해 혁신적인 기술을 폭넓고 유연하게 적용하는 사람들이 존재할 것이다. 파괴적인 세력도 사상 유례 없이 강력한 툴을 갖게 될 것이라는 그 반대의 경향도 엄연한 사실이지만 정부와 사회 앞에 놓인 핵심 퍼즐은 어떻게 개인과 집단 그리고 국가 차원의 자질과 자원을 지속 가능한 안보, 번영 그리고 희망을 창출하는 방향으로 조합하느냐다.

복원력은 전술적으로도 기술적으로도 여러 겹의 방어, 격리, 중복 등 여러 다른 것들을 의미한다. 우리가 사는 사회도 강한 복원력을 가져야 한다. 사이버 공격이 초래하는 피해의 많은 부분은 심리적인 것이다. 러시아는 우크라이나의 전력 시설을 두 번 마비시켰고, 이제 우크라이나 국민은 그들의 전력 기반이 취약하다는 사실을 인식하고 살아야 한다.

우리는 일부 공격은 예방할 수 있지만, 그 나머지는 공격이 벌어진 이후에 탐지하고 대응하는 수밖에 없다. 그런 과정에서 우리는 복원력을 키운다. 이 것은 15년 전에 사실이었고, 지금은 그때보다 더욱 절실하게 적용되는 사실이다.

338

비무장화된 인터넷

4장에서 나는 우리가 사이버 전쟁 군비 경쟁의 와중에 있다고 썼다. 군비 경쟁은 항상 큰 비용이 든다. 그것은 무지와 공포를 연료로 삼는다. 적의 역량에 대한 무지 그리고 그들의 무력이 우리보다 더 강하다는 공포다. 사이버 스페이스에서 그런 무지와 공포는 증폭된다. 미국이 이라크의 핵무기와 화학무기 역량을 파악하기가 얼마나 어려웠는지 기억하는가? 사이버 역량을 숨기기는 그보다 더 쉽다.

이 군비 경쟁은 우리의 보안에 두 가지 방식으로 피해를 끼친다. 첫째, 인터넷 플러스가 취약한 상태로 유지함으로써 보안 수준을 직접적으로 떨어뜨린다. 사이버 무기용으로 취약점을 원하는 나라가 있는 한 그리고 취약점들을 직접 찾아내거나 다른 이들로부터 구입하려는 나라가 있는 한, 패치되지 않은 취약점은 계속 존재할 것이다.

둘째, 군비 경쟁은 사이버 전쟁의 위험성을 높인다. 무기가 있으면 사용하고 싶은 유혹이 생긴다. 세계적으로 무기가 더 증가할수록 이것이 사용될 위험성도 더 커진다. 4장에서 언급한 대로 사이버 무기들은 사용하고 나면 감쪽같이 사라져버리기 때문에 더욱 사용하고픈 유혹이 크다. 또 전장의 공격적 특성은 보복의 위험성을 높인다. 설령 그 보복이 오해에서 비롯된 것이라고 해도. 그리고 공격의 실제 출처를 찾아내는 '귀속attribution'이 사이버 스페이스에서는 어렵기 때문에 특히 미국의 정보 역량에 의존할 수 없는 나라들은 오해—그리고 의도적인 기만—에 빠지기 쉽다.

우리는 인터넷의 비무장화를 꾀할 필요가 있다. 불가능해 보일지 모르지만 그리고 현재의 지정학적 분위기에서는 더욱 그렇게 보이지만, 장기적으로는 분명히 가능한 목표다. 지속 가능한 미래를 위해서는 그것만이 유일한 해법이다.

시작은 인터넷 보안에 만연한 군사적 비유부터 넘어서는 일이다. 예컨대 그것을 공중 위생이나 공해 문제로 개념화한다면 다른 유형의 해법으로 이어질 것이다. 2017년 뉴욕 사이버 태스크포스 팀이 낸 보고서는 정부가 ISP들이 내놓는 유해한 '배출가스'-멀웨어, 디도스 트래픽 등-에 세금을 물릴 수 있을 것이라면서, 일종의 '탄소 배출권 거래제' 형식을 제시했다.[12] 공해에 관한 국제법도 인터넷 플러스를 둘러싼 국제적 보안 문제와 씨름하는 데 유용한 단서를 제공할 수 있다.[13]

이들 두 가지 비유를 넘어, 우리는 평화로운 인터넷 플러스를 적극 만들어갈 필요가 있다. 사이버 스페이스를 둘러싸고 날로 호전적이 되는 수사의 대안으로 '사이버 평화'라는 용어가 점점 더 힘을 얻고 있다. 인디애나대학교 사이버 보안법 교수 스코트 섀클포드Scott Shackelford는 이 포괄적 용어를 다음과 같이 정의하려 시도한다.

> 사이버 평화는 '부정적 사이버 평화'라고 부를 수 있는 사이버 공격이나 착취의 부재가 아니다.[14] 그보다는 기업과 정부의 규범을 명확히 함으로써 사이버 스페이스에서의 갈등, 범죄, 스파이 활동의 위험을 다른 비즈니스와 국가 안보의 위험과 비슷한 수준으로 낮추고, 글로벌 차원의 정의롭고 지속 가능한 사이버 보안을 증진하기 위해 공조하는 다층적 체제들의 네트워크다. 다중심주의적 파트너십과 이런 활동에 참여하는 개인이나 기관의 리더십을 통해 인권을 존중하고, 인터넷 접근성을 높이고, 다자간 협력 기반의 공동 통치 메커니즘을 강화하는 긍정적 사이버 평화의 토대를 마련함으로써 우리는 사이버

전쟁을 미연에 방지할 수 있다.

정치학자 헤더 로프Heather Roff도 그에 동의하면서 "사이버 평화는 구조적 형태의 폭력을 근절하는 긍정적 평화의 개념에 기반을 둬야 한다"고 강조한다.[15]

어떤 면에서 이것은 인터넷을 위한 UN 안전보장이사회처럼 들린다. 실제로 우리는 그 기관의 성공과 실패로부터 교훈을 얻을 수 있다. 그것은 가치 있는 목표이고 성취하기 위해 노력해야 할 목표다.

더 작고 더 즉각적인 차원에서 더 정의롭고 평등한 인터넷을 증진하기 위해 우리가 할 수 있는 여러가지 방법이 있다. 미국과 다른 서구 민주주의 국가들에서 우리가 겪는 정부와 기업 차원의 감시 문제 그리고 내가 지금까지 설명한, 우리 삶과 자유를 위협하는 여러 위험들에도 수십억 인구가 훨씬 더 취약한 디지털 자유를 누리고 있으며, 이집트, 에티오피아, 미얀마, 터키 같은 국가에서는 인터넷 사용 때문에 훨씬 더 심각한 위험에 직면하고 있음을 기억하는 것이 중요하다.

나는 액세스 나우Access Now라는 기관의 이사회에 몸담고 있다. 우리의 임무는 위험에 놓인 전 세계 사용자들의 디지털 권리를 방어하고 확장하는 것이다. 우리가 제공하는 서비스 중 하나는 인터넷에서 감시받고 공격당하는 시민사회 구성원들에게 즉각적인 기술 지원을 제공하는 '디지털 보안 상담 서비스'다. 세계 여러 나라의 인터넷 관련 정책을 분석하고 더 긍정적인 정책을 지원하며 디지털 시대의 인권에 대한 연례 콘퍼런스도 주최한다.

이 책을 쓰는 동안 나는 액세스 나우와 그 기관의 작업을 계속 염두에 두고 있었다. 내가 논의해온 문제와 해법 모두 세계의 자유민주주의 나라들에 초점을 맞추고 있다. 인터넷을 이용해 반체제 인사들을 체포하거나 그런 인사들에게 보안 트레이닝을 제공하는 사람들을 체포하는 나라들에는 제대로 적용되지 않는다. 그렇다고 해도 내가 제시한 권고 사항은 그런 나라들에도 긍정적인 효과를 미칠 것으로 믿는다. 한편 세계 곳곳에는 사용자들의 디지털 권리를 향상하기 위해 노력하는 액세스 나우 같은 단체들이 많다. 나이지리아의 패러다임 이니셔티브Paradigm Initiative, 레바논의 SMEX, 케냐의 KICTANet, 칠레의 데레초스 디지탈레스Derechos Digitales 같은 곳들이다.

인터넷은 사회의 구성원들을 균등하게 만들어준다는 점에서 흔히 '사회적 이퀄라이저societal equalizer'로 부르기도 한다. 이는 정당한 규정이다. 인터넷은 중요한 사상과 인류의 이상을 유포하고 증폭한다. 국경을 넘어 사람들을 연결한다. 그리고 인터넷은 더 큰 자유와 더 나은 미래를 추구하는 사람들이 주도하는 십여 개의 길거리 혁명을 가능케 했다. 인터넷 플러스의 긍정적 잠재력이 무엇일지 누가 알겠는가? 물론 인터넷은 어두운 면도 가지고 있고, 그런 부분을 짚는 데 이 책의 대부분을 할애했다. 하지만 인류의 대다수 노력이 그러했듯이 우리는 떠오르는 인터넷 플러스를 신뢰, 보안, 복원력, 평화 그리고 정의에 대한 인류의 이상을 구현하는 매체로 만들기 위해 망치질을 계속해야 할 것이다.

결론

기술과 정책을 하나로

나는 이 책에서 세 가지 시나리오를 반복해서 제시했다. 첫 번째는 전력망에 대한 사이버 공격. 두 번째는 인터넷에 연결된 차를 원격 해킹해 저지르는 살인. 세 번째는 생체 프린터를 해킹해 치명적인 바이러스를 유포하는 '모두를 죽이려면 여기를 클릭하세요' 식의 시나리오다. 첫 번째 사례는 이미 벌어졌다. 두 번째는 기술적으로 가능하다는 사실이 시연을 통해 증명됐다. 세 번째는 아직 두고 볼 일이다.

보안 전문가 댄 기어는 이렇게 경고한 적이 있다. "우리가 원하는 모든 것을 줄 수 있는 기술은 우리가 가진 모든 것을 빼앗아 갈 수 있는 기술이기도 하다."[1] 사회에 안겨준 인터넷의 혜택은 막대했고, 앞으로도 막대할 것이다. 인터넷은 이미 우리의 삶을 다양한 방식으로 개선해서 불과 수십 년밖에 지나지 않았지만 이제는 인터넷 이전을 상상하기조차 어려울 정도다. 온갖 센서와 제어기, 알고리즘과 데이터, 자동화와 사이버 물리 시스템, 인공지능과

로봇공학 등 인터넷 플러스가 몰고 올 미래의 양상은 더욱 큰 변화를 보여줄 것이다. 그러한 변화의 양상은 지금 사람들은 미처 인식하지 못할 정도로 극적일 것이다. 계몽주의 이전의 유럽인들이 현대에 온다면 우리 사회를 이해하지 못할 것이 분명하듯 말이다. 살아 있는 것이 행운인 시대이고 나는 더 많은 미래를 앞둔 젊은 세대가 부럽다.

하지만 예상되는 위기와 위험 역시 심각하다. 인터넷 플러스는 물리적인 방식으로 직접 세계에 영향을 미치고 그에 따른 시사점은 경우에 따라 클 수도 있고 사소할 수도 있다. 하지만 모든 것이 복잡하고 단일한 '초연결' 시스템으로 연결될 경우 그에 따른 위험은 재난 수준으로 급격히 증가할 것이다.

한편 우리의 모든 현행 법률과 규칙, 규범은 과거의 온건한 인터넷에 기반을 두고 있다. 하지만 인터넷의 성격은 변화했고 더욱 크게 변화할 것으로 예상되는 만큼 우리는 정부로 하여금 그에 적절히 대응하도록 유도해야 할 필요가 있다.

내가 미래를 비관적으로 전망하는 이유 중 하나는 기술의 변화와 영향을 지나치게 단선적으로 바라보는 경향 때문이다. 우리는 현재 세계를 주요 변화를 몇 가지만 추가한 채 고스란히 연장하는 경향이 있다. 한 가지 전형적인 사례는 1982년에 나온 영화 〈블레이드 러너Blade Runner〉로, 여기에는 워낙 진보해서 특수 장비 없이는 사람과 구분이 불가능한 안드로이드들이 나온다. 그럼에도 해리슨 포드Harrison Ford가 연기한 주인공 데커드 형사는 그들 중 한 명을 만나려고 할 때 동전을 넣는 공중전화를 사용한다.[2] 오늘날의 휴대전화를 상상할 수 없었기에 나온 장면이다.

우리는 또 기술 변화의 단기적 효과는 과대평가하는 반면 장기적 효과는 과소평가하는 경향이 있다.[3] 초기 인터넷을 생각해보자. 사람들은 물건을 사고 파는 데 인터넷을 이용할 수 있다는 사실은 알았지만 아무도 이베이^{eBay}를 예측하지는 못했다. 인터넷을 통해 친구들과 소식을 주고받을 수 있다는 사실은 알았지만 아무도 페이스북을 꿈꾸지는 못했다. 이런 예는 얼마든지 들 수 있다. 우리는 신기술의 즉각적인 용도는 예상하지만 그것이 사회에 어떻게 발현될지까지는 이해하지 못한다. 나는 개인 디지털 도구, 로봇, 비트코인^{bitcoin} 같은 블록체인 기술, 인공지능 그리고 무인 자동차 등에서도 동일한 현상을 본다.

이것이 뜻하는 바는 우리가 기술 결정론의 덫에 빠지기 쉽다는 점이다. 나는 보안의 현재 궤적을 쉽게 그릴 수 있다. 그러나 앞으로 3년, 5년, 혹은 10년 뒤에 어떤 새롭고 획기적인 발견과 발명이 일어날지에 대해서는 전혀 알 수가 없다. 컴퓨터 과학 분야의 어떤 근본적 진보가 공격과 방어 간의 균형에 돌이킬 수 없는 변화를 가져올지도 나는 예측할 수 없다. 어떤 다른 기술이 발명돼 인터넷 플러스의 보안을 결정적으로 바꿀지도 예측할 수 없다. 어떤 종류의 사회적, 정치적 변화가 일어나 이 책에서 언급한 위험들을 덜 중요하게 만들거나 더 잘 관리할 수 있게 되거나 아니면 전혀 무관하게 만들지도 예측할 수 없다. 우리의 집단적 상상력이 실패하는 것은 미래가 근본적으로 상상 불가능한 것이기 때문이다.

그럼에도 나는 인터넷 플러스의 보안 솔루션이 우리의 뒤가 아닌 앞에 놓여 있으며, 보안 문제들로부터 벗어나기 위해 우리를 제한하기보다는 공학적으로 해법을 찾을 가능성이 더 크다고 믿는다. 6장의 권고안에도 컴퓨터나 인터넷이나 이 책에서 논의한 어떤 신기술의 확산을 심각하게 제한하는 해법이 성공할 확률은 낮다. 이런 기술들의 혜택은 워낙 크고 우리는 당장 그런 혜택에 정신이 팔려 있기 때문에 그 사용을 제한하는 어떤 해법이든 제대로 먹히지 않을 것이다.

우리는 더 활발한 연구, 더 많은 아이디어, 더 높은 창의성과 더 나은 기술에 승부를 걸어야 한다. 유의미한 것, 누적적인 것, 심오한 것, 혁신적인 것까지 아이디어는 부족함이 없다. 나는 그 해법이 정확히 어떤 양상일지는 모르지만 어딘가에 분명히 있으리라는 점은 확신한다.

일례로 나는 인공지능과 머신러닝 기술에서 큰 희망을 본다. 공격이 방어보다 쉬운 까닭 중 하나는 공격자들이 공격 형태를 결정한다는 것이고, 사람과 컴퓨터가 가진 집단적 힘을 모아 다른 사람과 컴퓨터의 상대적으로 약한 부분을 표적으로 삼기 때문이다. 인공지능 기술은 공격과 방어 양쪽에서 컴퓨터와 사람의 이런 균형을 바꿀 수 있다. 이것은 속도와 충격, 복잡성 등 공격자가 가진 상대적 우위를 감소시킬 것이다.[4]

내가 미래를 비관적으로 보는 또 다른 이유는 미국 정부가 보안 개선에 적극 나서지 않을 것으로 보기 때문이다. 현재의 인터넷 보안 지형을 살펴보면 기업들은 이익의 극대화에 골몰하는 반면 규제자로서 시민 보호에 매진해야 할 정부는 그런 역할을 방기하고 있다. 대중은 새로운 네트워크 기술의 놀라운 기능에만 매혹될 뿐 그것이 사회적으로 얼마나 큰 파장을 불러일으키는지에 대해서는 무지하다. 시장에 의해 결정되는 현재 수준의 보안은 인터넷 플러스에서는 역부족이다. 그리고 그런 점을 독자도 이 책을 통해 파악했기를 바란다.

내가 공공 정책의 중요성을 강조하는 것도 그 때문이다. 의회는 대책을 요구하겠지만 다음처럼 그릇된 삼단논법에 기댈 공산이 크다. "무엇인가 대책이 있어야 한다. 이것이 그 대책이다. 따라서 우리는 이것을 실행해야 한다." 인터넷 플러스의 훌륭한 보안 정책은 어떤 내용이어야 할지부터 논의하는 것이 중요하다. 천천히, 주의 깊게, 고려할 시간이 있을 때, 큰 재난이 터지기 전에 말이다.

이 책에서 나는 정부가 나서서 적절한 대책을 마련해야 한다고 강조한다. 이는 특히 작은 정부를 선호하는 미국 사회에서 설득력을 얻기가 어려운 주장이고, 실상 정부가 비효율적이거나 심지어 해악을 끼칠 공산도 크다. 하지만 나는 달리 대안을 찾지 못하겠다. 만약 정부가 그 역할을 방기한다면 — 대체로 미국 정부가 지금까지 그랬던 것처럼 — 인터넷 플러스는 단기적인 상업적, 군사적 이익에만 봉사하는 취약한 상태로 머물고 말 것이다.

이 책에서 나는 종종 비관적 어조를 드러냈지만 장기적으로는 사이버 보안에 대해 낙관적이다. 결국 우리는 이 문제를 해결할 것으로 본다.

독일의 정치가이자 '철혈 재상'으로 유명한 오토 폰 비스마르크Otto Eduard Leopold von Bismarck는 "정치란 가능성의 예술"이라고 선언한 바 있다.[5] 이를 빗댄다면 이렇게 될 것이다. 기술은 가능성의 과학이다. 하지만 정치와 기술은 다른 가능성들을 제시하며, 이것을 이해하기 위해서는 정치인과 공학자들이 '가능성'이라는 단어를 매우 다르게 규정한다는 점을 인식해야 한다. 나 같은 공학자는 문제에 대한 정확한 답, 혹은 최선의 해법을 원한다. 그에 반해 정치인은 실용적이어서 옳은 답이나 최선의 해법을 찾는 대신 자신들이 실제로 성취할 수 있는 것을 찾는다.

기술과 정책은 지금 밀접하게 얽혀 있다. 앞에서 요약한 시나리오와 그런 결과를 초래한 기술적 경제적 트렌드와 그런 문제들을 해결하는 데 필요한 정치적 변화들은 인터넷 보안 기술과 정책 개발에 관여해온 나의 경험에서 나온 것이다. 그리고 둘 다 지극히 중요하다는 이해에서 나온 것이다.

지난 20여 년 동안 우리는 인터넷 보안 정책에 대한 잘못된 권고안을 많이 봐왔다. 데이터 접근이 불가능해지는 사태를 막고 필요한 경우 정부가 접근할 수 있도록 컴퓨터 장비들을 설계해야 한다는 FBI의 주장, 보안 취약점들을 공개해 보완할지 아니면 비밀로 유지한 채 다른 시스템을 공격하는 데 활용할지 정부 기관들이 결정을 내리는 취약점 가치 평가 절차, 신뢰할 만한 선거 결과를 얻을 수 있는 터치스크린 전자 기표 장비의 실패, 디지털 밀레니엄 저작권법 같은 것들이다. 이들 정책 논의 중 어느 것이든 관심을 갖고 지켜봤다면 정책 입안자와 공학자 들이 서로 소통하지 못한다는 사실을 인지했을 것이다.

이런 점을 6, 7, 8, 9장에서 확인했다. 훌륭한 발상이지만 조만간 실현될 가능성이 거의 없는 아이디어들과 그에 대응할 법한 내용을 11장에서 확인했다. 기술적 지식이 없는 정책 입안자들이 어떻게 도리어 상황을 더 악화시키는지 보여주는 내용이었다.

인터넷 플러스는 이런 문제들의 대부분을 더욱 악화시킬 것이다. 점점 더 커지는 워싱턴 정가와 실리콘밸리 간의 간극─정부와 IT 기업 간의 상호 불신─은 위험하다. 컴퓨터 보안 문제가 다른 산업 분야로 널리 퍼지면서 그와 유사한 기술과 정책 간의─그리고 공학자와 정책 입안자 간의─절연이 나타나고 있다. 영국의 변호사 닉 봄Nick Bohm이 "변호사와 공학자가 논쟁을 벌일 때 각자의 주장은 마치 성난 유령들처럼 서로를 지나친다"라고 명쾌하게 표현한 대로다.[6]

이런 분열은 새로운 게 아니다. 2014년 뮌헨 보안 콘퍼런스에서 에스토니아의 투마스 헨드릭 일베스Toomas Hendrik Ilves 대통령은 이렇게 지적했다.

제가 생각건대 오늘날 우리가 직면한 문제의 많은 부분은 55년 전 C. P. 스노우C. P. Snow가 「두 문화The Two Cultures」라는 에세이에서 진단했던 문제의 핵심을 대변합니다.[7] 그것은 과학 기술과 인문학 간의 대화가 단절됐다는 진단이었습니다. 스노우는 어느 쪽도 다른 쪽 문화를 이해하거나 영향을 미치지 못한다고 개탄했습니다. 오늘날 컴퓨터 전문가들은 자유민주주의 사회의 근본 문제와 그것을 다룬 글에 대한 이해는 결여한 채, 사람들을 추적할 수 있는 더 효율적인 방법들을 고안하기 바쁩니다… 단지 그럴 능력이 있고, '쿨'하다는 이유죠. 한편 인문학자들은 기반 기술을 이해하지 못한 탓에, 이를테면 메타데이터 추적을 정부가 자신들의 이메일을 읽는다는 뜻으로 확신합니다.

C. P. 스노우의 두 문화는 서로 대화하지 않을 뿐 아니라 이들은 마치 다른 쪽이 존재하지 않는 것처럼 행동합니다.

스노우가 지적한 문제는 1959년에는 과학 기술과 정책이 지금처럼 자주 혹은 긴밀하게 상호작용하지 않았기 때문에 큰 문제로 여겨지지 않았을 수도 있다. 지금은 다르다. 과학 기술의 사고는 재난적 결과로 이어질 수 있다. 이제는 그 간극을 허물 때다. 정책 입안자와 공학자들은 공조해야 한다. 상대방의 언어를 배우고 서로를 가르쳐야 한다.

그 해법은 두 개의 절반으로 구성된다. 첫째, 정책 입안자들은 기술을 이해해야 한다. 내 상상 속에서 이상적인 정책 결정은 드라마 〈스타트렉: 넥스트 제너레이션〉의 한 장면과 비슷하다. 모두 협상 테이블에 앉아서 공학자들은 데이터의 의미와 과학적 현실을 피카드 선장에게 설명한다. 피카드는 귀기울여 듣고 객관적 사실과 자신의 선택 사항들을 고려한 다음 과학과 기술에 근거한 정책 결정을 내린다.

실제 세계의 작동 방식은 그렇지 못하다. 너무나 자주 정책 입안자들은 과학과 기술을 제대로 이해하지 못한다. 정책 입안자들은 과학과 기술을 제대로 이해하지 못한다. 정치적 의도와 선입견에 휘둘려 과학을 거기에 억지로 끼워 맞추려 든다. 때로는 기술을 모른다는 사실을 자랑하기까지 한다. 로비스트들은 어떤 정책에든 맞추려 서슴없이 사이비 과학을 들이대곤 한다. 그리고 이들은 온갖 의무 사항들에 이미 발목이 묶여 자신들 앞에 놓인 정보를 충분히 이해할 시간조차 없다.

11장에서 나는 보안 시스템의 백도어 설치를 법제화하려는 오스트레일리아의 사례를 언급했다. 2017년 기자 회견에서 맬컴 턴불Malcolm Turnbull 수상은 이렇게 말했다. "오스트레일리아에서는 오스트레일리아의 법이 최우선이라는 사실을 분명히 밝힙니다.[8] 수학의 법칙은 매우 칭찬할 만하지만 오스트레일리아에서 적용되는 유일한 법은 오스트레일리아의 법뿐입니다." 이 발언은 물론 황당할 정도로 틀렸고 그래서 당연히 세계의 웃음거리가 됐다. 오스트레일리아의 법과 수학의 법칙이 상충된다면 당연히 수학의 법칙이 항상 옳을 수밖에 없을 것이다.

마찬가지로 나는 대다수 정책 입안자들이 우리의 개인정보로 가득 찬 대기업 소유의 데이터베이스가 제기하는 위험이나 해커와 다른 나라의 사이버 공격 부대가 국가의 기간 시설에 미치는 위협을 충분히 이해하고 있다고 생각하지 않는다. 내가 1장에서 열거한 컴퓨터 보안의 기본 개념들이나 2장과 3장에서 논의한 보안 실패들을 이해하고 있다고 생각하지 않는다.

정책은 수학, 과학 그리고 공학과 관련된 내용을 고려해야 한다. 정책은 엄연한 사실을 사실이 아닌 것처럼 가장하지 말아야 한다. 나는 정책을 우리의 컴퓨터 보안 문제를 다루는 1차 메커니즘으로 간주한다. 우리의 모든 보안 정책 문제들은 기술적인 내용을 상당 부분 포함하고 있지만 정책 입안자들이 기술을 제대로 이해하지 못한다면 적절한 정책을 만들 수 없을 것이다. 이것은 정책 입안자를 공학자로 만들자는 게 아니라, 이들이 공학자들을 이해하고 적절한 기술 관련 결정을 내리는 데 도움이 될 수 있는 기술적 직관력을 갖추도록 하자는 것이다. 무지는 더 이상 설 자리가 없다.

그렇게 말했지만 정책 입안자들의 기술 이해만으로는 충분치 않을 것이다. 기술과 정책 간의 분단을 해소하는 두 번째 방법은 공학자들이 정책 개발에 참여해야 한다는 점이다. 물론 모두 그래야 한다는 뜻은 아니지만 다음에 소개하는 사람들처럼 공익에 관심을 가진 공학자들이 더 필요하다는 점은 분명하다.

하버드대학교 라타냐 스위니Latanya Sweeney 교수는 정부와 기술 분야를 연구하며 데이터 프라이버시 랩Data Privacy Lab을 운영한다. 스위니 교수는 아마도 익명화를 되돌리는 '탈익명화de-anonymization'의 최고 분석가일 것이다.[9] 그는 여러 다른 익명화 기법들이 어떻게 제대로 작동하지 않는지 자주 시연해 보인다. 인터넷 알고리즘에 내재된 편견을 폭로했고,[10] 프라이버시 기술에도 상당한 기여를 했다.[11] 2014년 스위니 교수는 1년 동안 연방무역위원회의 최고 공학자로 일했다.

수전 랜다우는 현재 터프츠대학교Tufts University 사이버 보안 교수로 재직하고 있다. 암호학자이자 컴퓨터 보안 공학자로 선마이크로시스템스와 구글에서 일했다. 암호화 때문에 범죄 비밀을 끝내 밝혀 낼 수 없을 것이라고 겁을 주는 FBI에 대응해, 랜다우는 모든 곳에 암호화를 적용하는 것이 사실은 가장 바람직하다는 점을 가장 명쾌하게 설명해줄 수 있는 최고의 사상가이자 소통가라고 할 수 있다. 암호화에 관한 책과 글을 쓰고 있으며[12] 의회에 출석해 암호화 문제를 증언하기도 했다.[13]

프린스턴대학교 컴퓨터과학과 에드 펠튼[Ed Felten] 교수는 다양한 분야에서 상당한 보안 연구를 수행했다. 펠튼 교수는 아마도 전자 기표 장비의 보안을 분석한 인물로 가장 잘 알려져 있을 것이다.[14] 2010년 FTC의 최고 공학자로 임명된 바 있고, 2015부터 2년 동안 미국 정부의 최고기술책임자였다.

이 밖에도 나는 아쉬칸 솔타니, 라쿠엘 로마노[Raquel Romano], 크리스 소고이언[Chris Soghoian] 등 수많은 보안 전문가들의 이름과 경력으로 채울 수 있지만 우리가 직면한 문제들은 기술 업무에서 보안 정책 개발 업무로 도약을 이룬 유명 '얼리어답터'를 소개하는 것보다 훨씬 더 중차대하다. 공학자들은 단지 눈에 띄는 역할뿐 아니라 모든 부문과 직급들에 속속들이 스며들어야 한다. 법제 기구, 규제 기관, 비정부 감시 기관, 언론 매체 그리고 싱크탱크 등에 참여해야 한다. 이런 현상은 지금보다 앞으로 더 뚜렷하게 발전해야 한다.

공학자들을 정책 분야에 임명하는 프로그램들이 있다. '테크-콩그레스[Tech-Congress]'는 '뉴아메리카'의 펠로십 프로그램으로 공학자들을 의회의 업무에 투입한다. '오픈 웹 펠로십[Open Web Fellowship]' 프로그램은 공학자들을 비영리 기관들에 배치한다. 이 프로그램의 주안점은 현재 개방형 인터넷을 보호하고 공익을 앞세운 인터넷 정책을 개발하는 데 있다.

다른 프로그램들은 정책 부문의 기술 지식을 높이려 시도한다. '코드 포 아메리카[Code for America]'는 공학이나 다른 기술 지식을 갖춘 사람들을 지방 정부에 배치해 해당 정부의 시스템이 더 적절히 설계되고 구현될 수 있도록 유도한다.

내가 이사회 멤버로도 참여하는 전자프론티어재단[EFF, Electronic Frontier Foundation]

은 오랫동안 기술 전문성과 정책 전문성을 적절히 조합해왔다. 내가 이 사회 멤버로 참여한 바 있는 전자프라이버시정보센터EPIC, Electronic Privacy Information Center도 마찬가지다. 미국시민권연맹ACLU, American Civil Liberties Union 은 '표현, 프라이버시 그리고 기술' 프로젝트를 통해 신기술이 시민권에 미치는 영향을 탐색한다.[15] 국제인권감시기구Human Rights Watch와 앰네스티 인터내셔널Amnesty International 같은 기관도 느리기는 하지만 서서히 이 분야로 발을 들여놓기 시작했다.

많은 대학은 기술과 정책을 버무린 학제 간 학위 프로그램들을 선보인다.[16] MIT는 인터넷 정책 연구 이니셔티브를 통해 기술과 공공정책에 대한 통합적 이해를 제공하는 강좌들을 제공한다.[17] 조지타운 로스쿨은 프라이버시와 기술 센터를 두고 있다.[18] 많은 대학교들은 법과 기술 공동학위 과정을 운영한다. 나는 하버드대학교 케네디행정대학원에서 운영하는 '디지털 HKS' 프로그램의 강좌를 맡고 있다.[19]

이것은 고무적이지만 여전히 예외에 속한다. 공익 공학자들이 기꺼이 선택할 수 있을 만한 현실적 진로를 만들어야 한다.[20] 기술과 공학을 버무린 강좌와 학위 프로그램들을 만들어야 한다. 그런 기술을 필요로 하는 기관들에서 인턴십, 펠로십, 더 나아가 상근직을 만들어야 한다. 기술 회사들은 이런 진로를 탐색하고 싶어 하는 직원들에게 안식 기간을 주고 이들이 비즈니스계로 돌아온 다음에는 그 정책 경험을 인정해줄 필요가 있다. 이 분야를 선택한 이들이 하이테크 벤처 기업만큼 좋은 보수는 받지 못하더라도 전문직으로 유망하다고 확신할 수 있는 진로가 설정돼야 한다. 모든 것이 컴퓨터화, 네트워크화해가는 우리 사회의 보안은 여기에 달려 있다. 이것은 우리 자신과 가족, 가정, 기업 그리고 공동체의 보안 문제이기도 하다.

우리는 훌륭한 한 모델을 공익법에서 찾을 수 있다.[21] 1970년대 초만 해도 그런 것은 없었다. 하지만 포드재단과 다른 자선 기구들이 막 태동하는 공익법 기관들을 지원하기로 결정한 뒤 그 분야를 담당하는 변호사의 숫자는 폭증했다. 1960년대 말 미국의 공익 법 센터는 92개였다.[22] 2000년에 이르러 그 규모는 1천 개를 넘었다.[23] 지금은 하버드 로스쿨 졸업생의 20%가 로펌이나 기업에 커리어를 시작하기보다 공익법 분야로 직행하는 쪽을 택한다.[24] 그런 경험은 높게 평가되고, 나중에 어떤 분야의 법률가로 나가게 되든 긍정적인 경력으로 인정받는다.

컴퓨터과학은 그렇지 않다. 하버드대학교, 혹은 다른 대학의 졸업생들 중 누구도 공익 기술 분야로 나가지 않는다. 그것은 프로그래머나 공학자들이 일반적으로 꿈꾸는 진로가 아니다. 나는 학생들을 탓할 생각은 없다. 이들을 기다려주는 공익 관련 일자리도 없고 이력서에 도움이 되는 공익 경험도 없기 때문이다.

이제 보안을 넘어 기술과 정책을 조합해야 한다. 21세기에 논의되는 주요 정책의 대부분은 기술을 포함할 것이다. 주제가 대량살상 무기든, 로봇이든, 기후 변화든, 식품 안전이든, 혹은 드론이든, 정책을 이해하자면 그와 관련된 과학과 기술도 이해해야 한다. 그런 정책 입안에 공학자들을 참여시키지 않는다면 잘못된 정책으로 귀결되고 말 것이다.

더 일반적으로 인터넷 플러스의 바람직한 작동 방식에 관해 윤리적이고 정치적인 결정을 내리기 시작해야 한다. 우리는 프로그래머들이 자신들이 원하는 대로 코드를 짤 수 있도록 허용하고, 그 과정에서 어떤 해악이 초래되더라도 프로그래머들은 면책되는 환경을 만들었다. 그런 환경은 과거에는 허용이 됐다. 프로그래머들의 결정 내용이 그리 중요하지 않았기 때문이다.

이제는 매우 중요해졌고, 따라서 프로그래머들의 그런 특권도 끝나야 한다고 생각한다.

독자 여러분도 여기에 기여할 수 있다. 우리는 이런 기술의 믿기 어려운 약속들에 매혹된 채 그로부터 초래될 수 있는 문제들은 예상하지 못했다. 나는 지난 2년 간의―그리고 이 책에 일부 소개된―보안 관련 뉴스가 그런 상황을 바꿨기를 기대한다. 이제 우리는 현재 상황을 타파해야 한다. 당신 지역구의 정치인들에게 이런 보안 위협을 심각하게 받아들이도록 압력을 넣으시라. 인터넷 플러스의 보안과 프라이버시를 선거 이슈로 만드시라. 우리가 중요하게 생각하지 않으면 정치인들도 중요하게 생각하지 않을 것이다.

인터넷 플러스가 오고 있다. 진지한 고려나 설계, 계획이 이루어지지 않은 채로 인터넷 플러스는 우리 곁으로 오고 있다. 그것은 우리가 상상만 했던 방식으로, 심지어 상상조차 못했던 방식으로 우리 삶의 모든 것을 바꿀 것이다. 보안에도 변화를 몰고 올 것이다. 더 높아진 자동화, 그로 인해 더 커질 현실적 영향. '오프' 스위치는 더욱 줄어들 것이고, 따라서 위험은 더욱 커질 것이다.

그것은 우리 대다수가 생각하는 것보다 더 빨리 오고 있으며, 현재 가진 툴을 가지고 대비하기는 역부족일 정도로 빠를 것이다. 우리는 더 잘하지 않으면 안 된다. 앞서가지 않으면 안 된다. 더 나은 선택을 내리기 시작해야 한다. 위협에 걸맞은 수준의 강력한 보안 시스템을 만들기 시작해야 한다. 위협을 제대로 짚고, 그에 따른 경제적 정치적 파장을 적절히 반영하되 기술이 변화해도 적실성이 유지되는 법과 정책을 입안해야 한다.

그런 수준에 이르기 위한 유일한 희망은 공학자와 정책 입안자 들이 〈스타트렉〉 브리핑 룸 같은 곳에 한데 모여 머리를 맞대는 것이다. 바로 지금.

노트

여기서 제공하는 인터넷 주소(URL)들은 이 책이 번역된 시점(2019년 5월)에는 모두 유효하지만, 그 이후에는 주소가 바뀌었거나 삭제됐을 수도 있다.

들어가며. 모든 것이 컴퓨터가 되고 있다

1. Andy Greenberg (21 Jul 2015), "Hackers remotely kill a Jeep on the highway—with me in it," Wired, https://www.wired.com/2015/07/hackers-remotely-kill-jeep-highway, https://www.youtube.com/watch?v=MK0SrxBC1xs(video)

2. Andy Greenberg (1 Aug 2016), "The Jeep hackers are back to prove car hacking can get much worse," Wired, https://www.wired.com/2016/08/jeep-hackers-return-high-speed-steering-acceleration-hacks

3. Ishtiaq Rouf et al. (12 Aug 2010), "Security and privacy vulnerabilities of in-car wireless networks: A tire pressure monitoring system case study," 19th USENIX Security Symposium, http://www.winlab.rutgers.edu/~Gruteser/papers/xu_tpms10.pdf

4. Jim Finkle and Bernie Woodall (30 Jul 2015), "Researcher says can hack GM's OnStar app, open vehicle, start engine," Reuters, http://www.reuters.com/article/us-gm-hacking-idUSKCN0Q42FI20150730

5. Ishtiaq Rouf et al. (12 Aug 2010), "Security and privacy vulnerabilities of in-car wireless networks: A tire pressure monitoring system case study," 19th USENIX Security Symposium, http://www.winlab.rutgers.edu/~Gruteser/papers/xu_tpms10.pdf

6. Kim Zetter (16 Jun 2016), "Feds say that banned researcher commandeered plane," Wired, https://www.wired.com/2015/05/feds-say-banned-researcher-commandeered-plane

7. Sam Grobart (12 Apr 2013), "Hacking an airplane with only an Android phone," Bloomberg, http://www.bloomberg.com/news/articles/2013-04-12/hacking-an-airplane-with-only-an-android-phone

8. Calvin Biesecker (8 Nov 2017), "Boeing 757 testing shows airplanes vulnerable to hacking, DHS says," Aviation Today, http://www.aviationtoday.com/2017/11/08/boeing-757-testing-shows-airplanes-vulnerable-hacking-dhs-says

356

9. Kim Zetter (12 Jun 2017), "The malware used against the Ukrainian power grid is more dangerous than anyone thought," Vice Motherboard, https://motherboard.vice.com/en_us/article/zmeyg8/ukraine-power-grid-malware-crashoverride-industroyer. Kevin Poulsen (12 Jun 2017), "U.S. power companies warned 'nightmare' cyber weapon already causing blackouts," Daily Beast, https://www.thedailybeast.com/newly-discovered-nightmare-cyber-weapon-is-already-causing-blackouts

10. Kim Zetter (3 Mar 2016), "Inside the cunning, unprecedented hack of Ukraine's power grid," Wired, https://www.wired.com/2016/03/inside-cunning-unprecedented-hack-ukraines-power-grid

11. Jim Finkle (7 Jan 2016), "U.S. firm blames Russian 'Sandworm' hackers for Ukraine outage," Reuters, https://www.reuters.com/article/us-ukraine-cybersecurity-sandworm/u-s-firm-blames-russian-sandworm-hackers-for-ukraine-outage-idUSKBN0UM00N20160108

12. C&M News (24 Jun 2017), "Watch how hackers took over a Ukrainian power station," YouTube, https://www.youtube.com/watch?v=8ThgK1WXUgk

13. Dragos, Inc. (13 Jun 2017), "CRASHOVERRIDE: Analysis of the threat to electric grid operations," https://dragos.com/blog/crashoverride/CrashOverride-01.pdf

14. Nicholas Weaver makes this point. Nicholas Weaver (14 Jun 2017), "A cyber-weapon warhead test," Lawfare, https://www.lawfareblog.com/cyber-weapon-warhead-test

15. This operation has been named "Dragonfly." Security Response Attack Investigation Team (20 Oct 2017), "Dragonfly: Western energy sector targeted by sophisticated attack group," Symantec Corporation, https://www.symantec.com/connect/blogs/dragonfly-western-energy-sector-targeted-sophisticated-attack-group. Nicole Perlroth and David Sanger (15 Mar 2018), "Cyberattacks put Russian fingers on the switch at power plants, U.S. says," New York Times, https://www.nytimes.com/2018/03/15/us/politics/russia-cyberattacks.html

16. Christopher Meyer (8 Feb 2017), "This teen hacked 150,000 printers to show how the Internet of Things is shit," Vice Motherboard, https://motherboard.vice.com/en_us/article/nzqayz/this-teen-hacked-150000-printers-to-show-how-the-internet-of-things-is-shit

17. Carl Straumsheim (27 Jan 2017), "More anti-Semitic fliers printed at universities," Inside Higher Ed, https://www.insidehighered.com/quicktakes/2017/01/27/more-anti-semitic-fliers-printed-universities

18. Jennifer Kite-Powell (29 Oct 2014), "3D printed virus to attack cancer cells," Forbes, https://www.forbes.com/sites/jenniferhicks/2014/10/29/3d-printed-

virus-to-attack-cancer-cells/#7a8dbddb104b. Katie Collins (16 Oct 2014), "Meet the biologist hacking 3D printed cancer-fighting viruses," Wired UK, https://www.wired.co.uk/article/andrew-hessel-autodesk

19. University of the Basque Country (28 Jan 2015), "Pacemakers with Internet connection, a not-so-distant goal," Science Daily, https://www.sciencedaily.com/releases/2015/01/150128113715.htm

20. Brooke McAdams and Ali Rizvi (4 Jan 2016), "An overview of insulin pumps and glucose sensors for the generalist," Journal of Clinical Medicine 5, no. 1, http://www.mdpi.com/2077-0383/5/1/5. Tim Vanderveen (27 May 2014), "From smart pumps to intelligent infusion systems: The promise of interoperability," Patient Safety and Quality Healthcare, http://psqh.com/may-june-2014/from-smart-pumps-to-intelligent-infusion-systems-the-promise-of-interoperability

21. Pam Belluck (13 Nov 2017), "First digital pill approved to worries about biomedical 'Big Brother,'" New York Times, https://www.nytimes.com/2017/11/13/health/digital-pill-fda.html

22. Diego Barretino (25 Jul 2017), "Smart contact lenses and eye implants will give doctors medical insights," IEEE Spectrum, https://spectrum.ieee.org/biomedical/devices/smart-contact-lenses-and-eye-implants-will-give-doctors-medical-insights

23. Brendan Borrell (29 Jun 2017), "Precise devices: Fitness trackers are more accurate than ever," Consumer Reports, https://www.consumer reports.org/fitness-trackers/precise-devices-fitness-trackers-are-more-accurate-than-ever

24. Anthony Cuthbertson (12 Apr 2016), "This smart collar turns your pet into a living Tamagotchi," Newsweek, http://www.newsweek.com/smart-collar-pet-kyon-tamagotchi-gps-dog-446754

25. Owen Williams (21 Feb 2016), "All I want for Christmas is LG's adorable cat toy," Next Web, http://thenextweb.com/gadgets/2016/02/21/all-i-want-for-christmas-is-lgs-adorable-cat-toy

26. Livescribe, Inc. (accessed 24 Apr 2018), "Livescribe Smartpens," http://www.livescribe.com/en-us/smartpen

27. Brandon Griggs (22 Feb 2014), "'Smart' toothbrush grades your brushing habits," CNN, http://www.cnn.com/2014/01/09/tech/innovation/smart-toothbrush-kolibree. Sarmistha Acharya (23 Feb 2016), "MWC 2016: Oral-B unveils smart toothbrush that uses mobile camera to help you brush your teeth," International Business Times, http://www.ibtimes.co.uk/mwc-2016-oral-b-unveils-smart-toothbrush-that-uses-mobile-camera-help-you-brush-better-1545414

28. Diana Budds (9 Nov 2017), "A smart coffee cup? It's more useful than it sounds," Fast Company, https://www.fastcodesign.com/90150019/the-perfect-

smart-coffee-cup-is-here

29. Phoebe Luckhurst (3 Aug 2017), "These sex toys and smart hook-up apps will make your summer hotter than ever," Evening Standard, https://www.standard.co.uk/lifestyle/london-life/these-sex-toys-and-smart-apps-will-make-your-summer-hotter-than-ever-a3603056.html

30. Samuel Gibbs (13 Mar 2015), "Privacy fears over 'smart' Barbie that can listen to your kids," Guardian, https://www.theguardian.com/technology/2015/mar/13/smart-barbie-that-can-listen-to-your-kids-privacy-fears-mattel

31. Stanley (accessed 24 Apr 2018), "Smart Measure Pro," http://www.stanleytools.com/explore/stanley-mobile-apps/stanley-smart-measure-pro

32. April Glaser (26 Apr 2016), "Dig gardening? Plant some connected tech this spring," Wired, https://www.wired.com/2016/04/connected-gardening-tech-iot

33. Samar Warsi (26 Dec 2017), "A motorcycle helmet will call an ambulance and text your family if you have an accident," Vice Motherboard, https://motherboard.vice.com/en_us/article/a37bwp/smart-motorcycle-helmet-helli-will-call-ambulance-skully-pakistan

34. Christopher Snow (14 Mar 2017), "Everyone's buying a smart thermostat—here's how to pick one," USA Today, https://www.usatoday.com/story/tech/reviewedcom/2017/03/14/smart-thermostats-are-2017s-hottest-home-gadget heres-how-to-pick-the-right-one-for-you/99125582

35. Kashmir Hill and Surya Mattu (7 Feb 2018), "The house that spied on me," Gizmodo, https://gizmodo.com/the-house-that-spied-on-me-1822429852

36. Rose Kennedy (14 Aug 2017), "Want a scale that tells more than your weight? Smart scales are it," Atlanta Journal-Constitution, http://www.ajc.com/news/health-med-fit-science/want-scale-that-tells-more-than-your-weight-smart-scales-are/XHpLELYnLgn8cQtBtsay6J

37. Alina Bradford (1 Feb 2016), "Why smart toilets might actually be worth the upgrade," CNET, http://www.cnet.com/how-to/smart-toilets-make-your-bathroom-high-tech

38. Alex Colon and Timothy Torres (30 May 2017), "The best smart light bulbs of 2017," PC Magazine, https://www.pcmag.com/article2/0,2817,2483488,00.asp

39. Eugene Kim and Christina Farr (10 Oct 2017), "Amazon is exploring ways to deliver items to your car trunk and the inside of your home," CNBC, https://www.cnbc.com/2017/10/10/amazon-is-in-talks-with-phrame-and-is-working-on-a-smart-doorbell.html

40. Adam Gabbatt (5 Jan 2017), "Don't lose your snooze: The technology that's promising a better night's sleep," Guardian, https://www.theguardian.com/technology/2017/jan/05/sleep-technology-ces-2017-las-vegas-new-products

41. Matt Hamblen (1 Oct 2015), "Just what IS a smart city?" Computerworld,

https://www.computerworld.com/article/2986403/internet-of-things/just-what-is-a-smart-city.html

42. Tim Johnson (20 Sep 2017), "Smart billboards are checking you out—and making judgments," Miami Herald, http://www.miamiherald.com/news/nation-world/national/article174197441.html

43. This is why I am still using the upper-case "Internet" in this book, even though most style guides now prefer lowercase. One of the premises of this book is that the Internet is a singular connected network—that any part of it can affect any other part of it—and needs to be viewed in this way to properly talk about security.

44. Gartner (accessed 24 Apr 2018), "Internet of Things," Gartner IT Glossary, https://www.gartner.com/it-glossary/internet-of-things

45. Gartner (7 Feb 2017), "Gartner says 8.4 billion connected 'things' will be in use in 2017, up 31 percent from 2016," https://www.gartner.com/newsroom/id/3598917

46. Tony Danova (2 Oct 2013), "Morgan Stanley: 75 billion devices will be connected to the Internet of Things by 2020," Business Insider, http://www.businessinsider.com/75-billion-devices-will-be-connected-to-the-internet-by-2020-2013-10. Peter Brown (25 Jan 2017), "20 billion connected Internet of Things devices in 2017, IHS Markit says," Electronics 360, http://electronics360.globalspec.com/article/8032/20-billion-connected-internet-of-things-devices-in-2017-ihs-markit-says. Julia Boorstin (1 Feb 2016), "An Internet of Things that will number ten billions," CNBC, https://www.cnbc.com/2016/02/01/an-internet-of-things-that-will-number-ten-billions.html. Statista (2018), "Internet of Things (IoT) connected devices installed base worldwide from 2015 to 2025 (in billions)," https://www.statista.com/statistics/471264/iot-number-of-connected-devices-worldwide

47. Michael Sawh (26 Sep 2017), "The best smart clothing: From biometric shirts to contactless payment jackets," Wareable, https://www.wareable.com/smart-clothing/best-smart-clothing

48. J. R. Raphael (7 Jan 2016), "The 'smart'-everything trend has officially turned stupid," Computerworld, http://www.computerworld.com/article/3019713/internet-of-things/smart-everything-trend.html

49. Something that senses, plans, and acts is the classic definition of a robot. Robin R. Murphy (2000), "Robotic paradigms," in Introduction to AI Robotics, MIT Press, https://books.google.com/books/about/?id=RVlnL_X6FrwC

50. In 2016, I tried calling this the "World-Sized Web." "Internet+" is a better term. Bruce Schneier (2 Feb 2016), "The Internet of Things will be the world's biggest robot," Forbes, https://www.forbes.com/sites/bruceschneier/2016/

02/02/the-internet-of-things-will-be-the-worlds-biggest-robot

51. Even the conservative Economist published an editorial in 2017 supporting both regulation and liabilities for IoT devices. Economist (8 Apr 2017), "How to manage the computer-security threat," https://www.economist.com/news/leaders/21720279-incentives-software-firms-take-security-seriously-are-too-weak-how-manage

52. This is an excellent book on that topic: Alexander Klimburg (2017), The Darkening Web: The War for Cyberspace, Penguin, https://books.google.com/books/about/?id=kytBvgAACAAJ

53. Cambridge Cyber Security Summit (4 Oct 2017), "Transparency, communication and conflict," CNBC, https://www.cnbc.com/video/2017/10/09/cambridge-cyber-security-summit-transparency-communication-and-conflict.html

Part 1. 트렌드

1. Ankit Anubhav (20 Jul 2017), "IoT thermostat bug allows hackers to turn up the heat," NewSky Security, https://blog.newskysecurity.com/iot-thermostat-bug-allows-hackers-to-turn-up-the-heat-948e554e5e8b

2. Lorenzo Franceschi-Bicchierai (7 Aug 2016), "Hackers make the first-ever ransomware for smart thermostats," Vice Motherboard, https://motherboard.vice.com/en_us/article/aekj9j/internet-of-things-ransomware-smart-thermostat

3. No, I'm not telling you what brand I have.

4. Kim Zetter (26 May 2015), "Is it possible for passengers to hack commercial aircraft?" Wired, http://www.wired.com/2015/05/possible-passengers-hack-commercial-aircraft. Gerald L. Dillingham, Gregory C. Wilshusen, and Nabajyoti Barkakati (14 Apr 2015), "Air traffic control: FAA needs a more comprehensive approach to address cybersecurity as agency transitions to NextGen," GAO-15-370, US Government Accountability Office, http://www.gao.gov/assets/670/669627.pdf

5. Andy Greenberg (21 Jul 2015), "Hackers remotely kill a Jeep on the highway—with me in it," Wired, https://www.wired.com/2015/07/hackers-remotely-kill-jeep-highway, https://www.youtube.com/watch?v=MK0SrxBC1xs (video)

6. Liviu Arsene (20 Nov 2014), "Hacking vulnerable medical equipment puts millions at risk," Information Week, http://www.informationweek.com/partner-perspectives/bitdefender/hacking-vulnerable-medical-equipment-puts-millions-at-risk/a/d-id/1319873

7. David Hambling (10 Aug 2017), "Ships fooled in GPS spoofing attack suggest Russian cyberweapon," New Scientist, https://www.newscientist.com/article/2143499-ships-fooled-in-gps-spoofing-attack-suggest-russian-cyberweapon

8. Colin Neagle (2 Apr 2015), "Smart home hacking is easier than you think," Network World, http://www.networkworld.com/article/2905053/security0/smart-home-hacking-is-easier-than-you-think.html

9. Ad blockers represent the largest consumer boycott in human history. Sean Blanchfield (1 Feb 2017), "The state of the blocked web: 2017 global adblock report," PageFair, https://pagefair.com/downloads/2017/01/PageFair-2017-Adblock-Report.pdf

10. Kate Murphy (20 Feb 2016), "The ad blocking wars," New York Times, https://www.nytimes.com/2016/02/21/opinion/sunday/the-ad-blocking-wars.html

11. Pedro H. Calais Guerra et al. (13–14 Jul 2010), "Exploring the spam arms race to characterize spam evolution," Electronic Messaging, Anti-Abuse and Spam Conference (CEAS 2010), https://honeytarg.cert.br/spampots/papers/spampots-ceas10.pdf

12. Alfred Ng (1 Oct 2017), "Credit card thieves are getting smarter. You can, too," CNET, https://www.cnet.com/news/credit-card-skimmers-thieves-are-getting-smarter-you-can-too

13. David Sancho, Numaan Huq, and Massimiliano Michenzi (2017), "Cashing in on ATM malware: A comprehensive look at various attack types," Trend Micro, https://documents.trendmicro.com/assets/white_papers/wp-cashing-in-on-atm-malware.pdf

1장. 컴퓨터의 보안을 확보하기는 여전히 어렵다

1. Quoted in A. K. Dewdney (1 Mar 1989), "Computer recreations: Of worms, viruses and core war," Scientific American, http://corewar.co.uk/dewdney/1989-03.htm

2. Rod Beckstrom (2 Nov 2011), "Statement to the London Conference on Cyberspace, Internet Corporation for Assigned Names and Numbers (ICANN)," https://www.icann.org/en/system/files/files/beckstrom-speech-cybersecurity-london-02nov11-en.pdf

3. Bruce Schneier (1 Apr 2000), "The process of security," Information Security, https://www.schneier.com/essays/archives/2000/04/the_process_of_secur.html

4. Mystic, level 40. 2017년 8월 서울에서 파오리를 잡고 요코하마에 뮤츠가 등장할 때까지 약 일주일 동안 간신히 그들을 모두 잡았다. 그리고 다시 2017년 11월 내가 첫 뮤츠를 잡은 다음 12월에 3세대가 출시되기 전까지 일주일 동안 또 그들을 모두 잡을 수 있었다. 나는 여행을 많이 하면서 모든 지역 포켓몬을 잡을 수 있었다. 그래도 3세대의 오리지널 포켓몬을 모두 잡으려면 시간이 좀 걸릴 것 같다.

5. 2017년 말, 나는 아이폰을 빨리 바꿔야 했다. 그 과정에서 아이클라우드로 데이터를 백업하려고 했다. 어떻게 된 것인지 모르겠지만, 아이클라우드는 20년 간의 캘린더 기록을 삭

제해냈다. 최근의 백업이 달력 기록을 삭제하는 데 성공했다. 최근 백업 지원이 없었더라면 이를 어떻게 해냈을지 모르겠다.

6. Roger A. Grimes (8 Jul 2014), "5 reasons why software bugs still plague us," CSO, https://www.csoonline.com/article/2608330/security/5-reasons-why-software-bugs-still-plague-us.html. David Heinemeier Hansson (7 Mar 2016), "Software has bugs. This is normal," Signal v. Noise, https://m.signalvnoise.com/software-has-bugs-this-is-normal-f64761a262ca

7. 2002년, 빌 게이츠는 모든 직원에게 그의 트레이드 마크와 같은 "trustworthy computing" 메모를 보냈다. 같은 해에 모든 직원이 보안 교육을 받을 수 있도록 윈도우 개발을 완전히 중단했다. 2004년에 마이크로소프트사의 첫 보안 개발 라이프 사이클 보안 도구가 나왔다. Abhishek Baxi (10 Mar 2014), "From a Bill Gates memo to an industry practice: The story of Security Development Lifecycle," Windows Central, https://www.windowscentral.com/bill-gates-memo-industry-practice-story-security-development-cycle

8. 솔직하게 말하자면, 그 회사는 2017년에 상당히 중요한 버그가 있었다. Adrian Kingsley-Hughes (19 Dec 2017), "Apple seems to have forgotten about the whole 'it just works' thing," ZDNet, http://www.zdnet.com/article/apple-seems-to-have-forgotten-about-the-whole-it-just-works-thing

9. National Research Council (1996), "Case study: NASA space shuttle flight control software," in Statistical Software Engineering, National Academies Press, https://www.nap.edu/read/5018/chapter/4

10. Martha Wetherholt (1 Sep 2015), "NASA's approach to software assurance," Crosstalk, http://static1.1.sqspcdn.com/static/f/702523/26502332/1441086732177/201509-Wetherholt.pdf

11. Peter Bright (25 Aug 2015), "How security flaws work: The buffer overflow," Ars Technica, https://arstechnica.com/information-technology/2015/08/how-security-flaws-work-the-buffer-overflow

12. Eric Rescorla (1 Jan 2005), "Is finding security holes a good idea?" IEEE Security & Privacy 3, no. 1, https://dl.acm.org/citation.cfm?id=1048817. Andy Ozment and Stuart Schechter (1 Jul 2006), "Milk or wine: Does software security improve with age?" in Proceedings of the 15th USENIX Security Symposium, https://www.microsoft.com/en-us/research/publication/milk-or-wine-does-software-security-improve-with-age

13. Heather Kelly (9 Apr 2014), "The 'Heartbleed' security flaw that affects most of the Internet," CNN, https://www.cnn.com/2014/04/08/tech/web/heartbleed-openssl/index.html

14. Andy Greenberg (7 Jan 2018), "Triple Meltdown: How so many researchers found a 20-year-old chip flaw at the same time," Wired, https://www.wired.com/story/meltdown-spectre-bug-collision-intel-chip-flaw-discovery

15. Sandy Clark et al. (6–10 Dec 2010), "Familiarity breeds contempt: The honeymoon effect and the role of legacy code in zero-day vulnerabilities," in Proceedings of the 26th Annual Computer Security Applications Conference, https://dl.acm.org/citation.cfm?id=1920299

16. Nate Anderson (17 Nov 2010), "How China swallowed 15% of 'Net traffic for 18 minutes," Ars Technica, https://arstechnica.com/information-technology/2010/11/how-china-swallowed-15-of-net-traffic-for-18-minutes

17. Some meager security features have been added by some large networks, but the document that defines BGP explicitly states: "Security issues are not discussed in this document." Yakov Rekhter and Tony Li (Mar 1995), "A Border Gateway Protocol 4 (BGP-4)," Network Working Group, Internet Engineering Task Force, https://tools.ietf.org/html/rfc1771

18. Axel Arnbak and Sharon Goldberg (30 Jun 2014), "Loopholes for circumventing the Constitution: Unrestrained bulk surveillance on Americans by collecting network traffic abroad," Michigan Telecommunications and Technology Law Review 21, no. 2, https://repository.law.umich.edu/cgi/viewcontent.cgi?article=1204&context=mttlr. Sharon Goldberg (22 Jun 2017), "Surveillance without borders: The 'traffic shaping' loophole and why it matters," Century Foundation, https://tcf.org/content/report/surveillance-without-borders-the-traffic-shaping-loophole-and-why-it-matters

19. Jim Cowie (19 Nov 2013), "The new threat: Targeted Internet traffic misdirection," Vantage Point, Oracle + Dyn, https://dyn.com/blog/mitm-internet-hijacking

20. Jim Cowie (19 Nov 2013), "The new threat: Targeted Internet traffic misdirection," Vantage Point, Oracle + Dyn, https://dyn.com/blog/mitm-internet-hijacking

21. Dan Goodin (13 Dec 2017), "'Suspicious' event routes traffic for big-name sites through Russia," Ars Technica, https://arstechnica.com/information-technology/2017/12/suspicious-event-routes-traffic-for-big-name-sites-through-russia

22. Dan Goodin (27 Aug 2008), "Hijacking huge chunks of the internet: A new How To," Register, https://www.theregister.co.uk/2008/08/27/bgp_exploit_revealed

23. Craig Timberg (30 May 2015), "A flaw in the design," Washington Post, http://www.washingtonpost.com/sf/business/2015/05/30/net-of-insecurity-part-1

24. Brian E. Carpenter, ed. (Jun 1996), "Architectural principles of the Internet," Network Working Group, Internet Engineering Task Force, https://www.ietf.org/rfc/rfc1958.txt

25. Tyler Moore (2010), "The economics of cybersecurity: Principles and policy

options," International Journal of Critical Infrastructure Protection, https://tylermoore.utulsa.edu/ijcip10.pdf

26. In 2017, the switchover was again delayed. Internet Corporation for Assigned Names and Numbers (27 Sep 2017), "KSK rollover postponed," https://www.icann.org/news/announcement-2017-09-27-en

27. Michael Jordon (12 Sep 2014), "Hacking Canon Pixma printers: Doomed encryption," Context Information Security, https://www.contextis.com/blog/hacking-canon-pixma-printers-doomed-encryption

28. Ralph Kinney (25 May 2017), "Will it run Doom? Smart thermostat running classic FPS game Doom," Zareview, https://www.zareview.com/will-run-doom-smart-thermostat-running-classic-fps-game-doom

29. JJ (1 Mar 2010), "The DoomBox," Dashfest, http://www.dashfest.com/?p=113

30. Kyle Orland (19 Oct 2017), "Denuvo's DRM now being cracked within hours of release," Ars Technica, https://arstechnica.com/gaming/2017/10/denuvos-drm-ins-now-being-cracked-within-hours-of-release

31. Seth Schoen (17 Mar 2016), "Thinking about the term 'backdoor,'" Electronic Frontier Foundation, https://www.eff.org/deeplinks/2016/03/thinking-about-term-backdoor

32. Bruce Schneier (18 Feb 2016), "Why you should side with Apple, not the FBI, in the San Bernardino iPhone case," Washington Post, https://www.washingtonpost.com/posteverything/wp/2016/02/18/why-you-should-side-with-apple-not-the-fbi-in-the-san-bernardino-iphone-case

33. Dan Goodin (12 Jan 2016), "Et tu, Fortinet? Hard-coded password raises new backdoor eavesdropping fears," Ars Technica, https://arstechnica.com/information-technology/2016/01/et-tu-fortinet-hard-coded-password-raises-new-backdoor-eavesdropping-fears

34. Maria Korolov (6 Dec 2017), "What is a botnet? And why they aren't going away anytime soon," CSO, https://www.csoonline.com/article/3240364/hacking/what-is-a-botnet-and-why-they-arent-going-away-anytime-soon.html

35. 이는 컴퓨터 보안이 시작된 이래로 사실이다. 1979년의 저널 인용구에서 다음과 같이 말하고 있다. "공격 팀이 노리는 정보에 접근하는 것을 현대 컴퓨터 보안이 막아 낸 경우는 거의 없다." 기본적으로 공격자가 항상 이긴다. Roger R. Schell (Jan–Feb 1979), "Computer security: The Achilles' heel of the electronic Air Force?" Air University Review 30, no. 2 (reprinted in Air & Space Power Journal, Jan–Feb 2013), http://insct.syr.edu/wp-content/uploads/2015/05/Schell_Achilles_Heel.pdf

36. Bruce Schneier (19 Nov 1999), "A plea for simplicity: You can't secure what you don't understand," Information Security, https://www.schneier.com/essays/archives/1999/11/a_plea_for_simplicit.html

37. David McCandless (24 Sep 2015), "How many lines of code does it take?"

Information Is Beautiful, http://www.informationisbeautiful.net/visualizations/million-lines-of-code

38. Lily Hay Newman (12 Mar 2017), "Hacker lexicon: What is an attack surface?" Wired, https://www.wired.com/2017/03/hacker-lexicon-attack-surface

39. Robert McMillan (17 Sep 2017), "An unexpected security problem in the cloud," Wall Street Journal, https://www.wsj.com/articles/an-unexpected-security-problem-in-the-cloud-1505700061

40. Elena Kadavny (1 Dec 2017), "Thousands of records exposed in Stanford data breaches," Palo Alto Online, https://www.paloaltoonline.com/news/2017/12/01/thousands-of-records-exposed-in-stanford-data-breaches

41. Dan Geer (6 Aug 2014), "Cybersecurity as realpolitik," Black Hat 2014, http://geer.tinho.net/geer.blackhat.6viii14.txt

42. Aside from those social systems, our internal psychology and moral values mostly keep us from murdering others.

43. Elizabeth A. Harris et al. (17 Jan 2014), "A sneaky path into Target customers' wallets," New York Times, https://www.nytimes.com/2014/01/18/business/a-sneaky-path-into-target-customers-wallets.html

44. Catalin Cimpanu (30 Mar 2017), "New Mirai botnet slams U.S. college with 54-hour DDoS attack," Bleeping Computer, https://www.bleepingcomputer.com/news/security/new-mirai-botnet-slams-us-college-with-54-hour-ddos-attack. Manos Antonakakis et al. (8 Aug 2017), "Understanding the Mirai botnet," in Proceedings of the 26th USENIX Security Symposium, https://www.usenix.org/system/files/conference/usenixsecurity17/sec17-antonakakis.pdf

45. Alex Schiffer (21 Jul 2017), "How a fish tank helped hack a casino," Washington Post, https://www.washingtonpost.com/news/innovations/wp/2017/07/21/how-a-fish-tank-helped-hack-a-casino

46. 이 에세이는 불안정을 야기하는 이메일 주소 해석이 지메일과 넷플릭스 사이에서 인터랙션하는 방법을 설명한다. James Fisher (7 Apr 2018), "The dots do matter: How to scam a Gmail user," Jameshfisher.com, https://jameshfisher.com/2018/04/07/the-dots-do-matter-how-to-scam-a-gmail-user.html

47. Mat Honan (6 Aug 2012), "How Apple and Amazon security flaws led to my epic hacking," Wired, https://www.wired.com/2012/08/apple-amazon-mat-honan-hacking. Mat Honan (17 Aug 2012), "How I resurrected my digital life after an epic hacking," Wired, https://www.wired.com/2012/08/mat-honan-data-recovery

48. Pedro Venda (18 Aug 2015), "Hacking DefCon 23's IoT Village Samsung fridge," Pen Test Partners, http://www.pentestpartners.com/blog/hacking-defcon-23s-iot-village-samsung-fridge. John Leyden (25 Aug 2015), "Samsung smart fridge leaves Gmail logins open to attack," Register, http://www.theregister.

co.uk/2015/08/24/smart_fridge_security_fubar

49. Yan Michalevsky, Gabi Nakibly, and Dan Boneh (20– 22 Aug 2014), "Gyrophone: Recognizing speech from gyroscope signals," in Proceedings of the 23rd USENIX Security Symposium, https://crypto.stanford.edu/gyrophone

50. Dan Goodin (10 Oct 2017), "How Kaspersky AV reportedly was caught helping Russian hackers steal NSA secrets," Ars Technica, https://arstechnica.com/information-technology/2017/10/russian-hackers-reportedly-used-kaspersky-av-to-search-for-nsa-secrets

51. Catalin Cimpanu (30 Mar 2017), "New Mirai botnet slams U.S. college with 54-hour DDoS attack," Bleeping Computer, https://www.bleepingcomputer.com/news/security/new-mirai-botnet-slams-us-college-with-54-hour-ddos-attack

52. Tara Seals (18 May 2016), "Enormous malware as a service infrastructure fuels ransomware epidemic," Infosecurity Magazine, https://www.infosecurity-magazine.com/news/enormous-malware-as-a-service

53. Aaron Sankin (9 Jul 2015), "Forget Hacking Team—many other companies sell surveillance tech to repressive regimes," Daily Dot, https://www.dailydot.com/layer8/hacking-team-competitors

54. US Department of Justice (28 Nov 2017), "Canadian hacker who conspired with and aided Russian FSB officers pleads guilty," https://www.justice.gov/opa/pr/canadian-hacker-who-conspired-and-aided-russian-fsb-officers-pleads-guilty

55. Bruce Schneier (3 Jan 2017), "Class breaks," Schneier on Security, https://www.schneier.com/blog/archives/2017/01/class_breaks.html

56. Dan Goodin (6 Nov 2017), "Flaw crippling millions of crypto keys is worse than first disclosed," Ars Technica, https://arstechnica.com/information-technology/2017/11/flaw-crippling-millions-of-crypto-keys-is-worse-than-first-disclosed

57. US Department of Homeland Security (Nov 2012), "National risk estimate: Risks to U.S. critical infrastructure from global positioning system disruptions," https://www.hsdl.org/?abstract&did=739832

58. Andy Greenberg (26 Nov 2012), "Security flaw in common keycard locks exploited in string of hotel room break-ins," Forbes, https://www.forbes.com/sites/andygreenberg/2012/11/26/security-flaw-in-common-keycard-locks-exploited-in-string-of-hotel-room-break-ins

59. Andy Greenberg (6 Dec 2012), "Lock firm Onity starts to shell out for security fixes to hotels' hackable locks," Forbes, https://www.forbes.com/sites/andygreenberg/2012/12/06/lock-firm-onity-starts-to-shell-out-for-security-fixes-to-hotels-hackable-locks. Andy Greenberg (15 May 2013), "Hotel lock hack still being used in burglaries months after lock firm's fix," Forbes, https://www.

forbes.com/sites/andygreenberg/2013/05/15/hotel-lock-hack-still-being-used-in-burglaries-months-after-lock-firms-fix. Andy Greenberg (1 Aug 2017), "The hotel room hacker," Wired, https://www.wired.com/2017/08/the-hotel-hacker

60. Whitfield Diffie and Martin E. Hellman (1 Jun 1977), "Exhaustive cryptanalysis of the NBS Data Encryption Standard," Computer, https://www-ee.stanford.edu/~hellman/publications/27.pdf

61. Bruce Schneier (1995), Applied Cryptography, 2nd edition, Wiley

62. Electronic Frontier Foundation (1998), Cracking DES: Secrets of Encryption Research, Wiretap Politics, and Chip Design, O'Reilly & Associates

63. Stephanie K. Pell and Christopher Soghoian (29 Dec 2014), "Your secret Stingray's no secret anymore: The vanishing government monopoly over cell phone surveillance and its impact on national security and consumer privacy," Harvard Journal of Law and Technology 28, no. 1, https://papers.ssrn.com/sol3/papers.cfm?abstract_id=2437678afosr3tw3aFrd another half decade: Kim Zetter (31 Jul 2010), "Hacker spoofs cellphone tower to intercept calls," Wired, https://www.wired.com/2010/07/intercepting-cell-phone-calls

64. My essay about how to choose a secure password: Bruce Schneier (25 Feb 2014), "Choosing a secure password," Boing Boing, https://boingboing.net/2014/02/25/choosing-a-secure-password.html

65. Don Coppersmith (May 1994), "The Data Encryption Standard (DES) and its strength against attacks," IBM Journal of Research and Development38, no. 3, http://simson.net/ref/1994/coppersmith94.pdf

66. Eli Biham and Adi Shamir (1990), "Differential cryptanalysis of DES-like cryptosystems," Journal of Cryptology 4, no. 1, https://link.springer.com/article/10.1007/BF00630563

2장. 패치는 실패한 '보안 패러다임'이다

1. In 2014, Facebook changed its motto. Samantha Murphy (30 Apr 2014), "Facebook changes its 'Move fast and break things' motto," Mashable, http://mashable.com/2014/04/30/facebooks-new-mantra-move-fast-with-stability/#ebhnHppqdPq9

2. Stephen A. Shepherd (22 Apr 2003), "How do we define responsible disclosure?" SANS Institute, https://www.sans.org/reading-room/whitepapers/threats/define-responsible-disclosure-932

3. Andy Greenberg (16 Jul 2014), "Meet 'Project Zero,' Google's secret team of bug-hunting hackers," Wired, https://www.wired.com/2014/07/google-project-zero. Robert Hackett (23 Jun 2017), "Google's elite hacker SWAT team vs. everyone," Fortune, http://fortune.com/2017/06/23/google-project-zero-

hacker-swat-team

4. Andy Ozment and Stuart Schechter (1 Jul 2006), "Milk or wine: Does software security improve with age?" in Proceedings of the 15th USENIX Security Symposium, https://www.microsoft.com/en-us/research/publication/milk-or-wine-does-software-security-improve-with-age

5. Malwarebytes (4 Oct 2017), "PUP reconsideration information: How do we identify potentially unwanted software?" https://www.malwarebytes.com/pup. Chris Hutton (1 Aug 2014), "12 downloads that sneak unwanted software into your PC," Tom's Guide, https://www.tomsguide.com/us/top-downloads-unwanted-software,news-19249.html

6. Cyrus Farivar (15 Sep 2017), "Equifax CIO, CSO 'retire' in wake of huge security breach," Ars Technica, https://arstechnica.com/tech-policy/2017/09/equifax-cio-cso-retire-in-wake-of-huge-security-breach

7. John Leyden (7 Apr 2017), "'Amnesia' IoT botnet feasts on year-old unpatched vulnerability," Register, https://www.theregister.co.uk/2017/04/07/amnesia_iot_botnet

8. Fredric Paul (7 Sep 2017), "Fixing, upgrading and patching IoT devices can be a real nightmare," Network World, https://www.networkworld.com/article/3222651/internet-of-things/fixing-upgrading-and-patching-iot-devices-can-be-a-real-nightmare.html

9. Lucian Constantin (17 Feb 2016), "Hard-coded password exposes up to 46,000 video surveillance DVRs to hacking," PC World, https://www.pcworld.com/article/3034265/hard-coded-password-exposes-up-to-46000-video-surveillance-dvrs-to-hacking.html

10. Craig Heffner (6 Jul 2010), "How to hack millions of routers," DefCon 18, https://www.defcon.org/images/defcon-18/dc-18-presentations/Heffner/DEFCON-18-Heffner-Routers.pdf. Craig Heffner (5 Oct 2010), "DEFCON 18: How to hack millions of routers," YouTube, http://www.youtube.com/watch?v=stnJiPBIM6o

11. Jennifer Valentino-DeVries (18 Jan 2016), "Rarely patched software bugs in home routers cripple security," Wall Street Journal, https://www.wsj.com/articles/rarely-patched-software-bugs-in-home-routers-cripple-security-1453136285

12. Elinor Mills (17 Jun 2008), "New DNSChanger Trojan variant targets routers," CNET, http://news.cnet.com/8301-10784_3-9970972-7.html

13. Graham Cluley (1 Oct 2012), "How millions of DSL modems were hacked in Brazil, to pay for Rio prostitutes," Naked Security, http://nakedsecurity.sophos.com/2012/10/01/hacked-routers-brazil-vb2012

14. Dan Goodin (27 Nov 2013), "New Linux worm targets routers, cameras,

'Internet of things' devices," Ars Technica, http://arstechnica.com/security/2013/11/new-linux-worm-targets-routers-cameras-Internet-of-things-devices

15. Robinson Meyer (21 Oct 2016), "How a bunch of hacked DVR machines took down Twitter and Reddit," Atlantic, https://www.theatlantic.com/technology/archive/2016/10/how-a-bunch-of-hacked-dvr-machines-took-down-twitter-and-reddit/505073

16. Manos Antonakakis et al. (8 Aug 2017), "Understanding the Mirai botnet," in Proceedings of the 26th USENIX Security Symposium, https://www.usenix.org/system/files/conference/usenixsecurity17/sec17-antonakakis.pdf

17. Andy Greenberg (24 Jul 2016), "After Jeep hack, Chrysler recalls 1.4m vehicles for bug fix," Wired, https://www.wired.com/2015/07/jeep-hack-chrysler-recalls-1-4m-vehicles-bug-fix

18. Dan Goodin (30 Aug 2017), "465k patients told to visit doctor to patch critical pacemaker vulnerability," Ars Technica, https://www.arstechnica.com/information-technology/2017/08/465k-patients-need-a-firmware-update-to-prevent-serious-pacemaker-hacks

19. Kyree Leary (27 Apr 2017), "How to update your Kindle and Kindle Fire devices," Digital Trends, https://www.digitaltrends.com/mobile/how-to-update-your-kindle

20. Flexera Software (13 Mar 2017), Vulnerability Review 2017, https://www.flexera.com/enterprise/resources/research/vulnerability-review

21. Alex Dobie (16 Sep 2012), "Why you'll never have the latest version of Android," Android Central, http://www.androidcentral.com/why-you-ll-never-have-latest-version-android

22. Gregg Keizer (23 Mar 2017), "Google: Half of Android devices haven't been patched in a year or more," Computerworld, https://www.computerworld.com/article/3184400/android/google-half-of-android-devices-havent-been-patched-in-a-year-or-more.html

23. Adrian Kingsley-Hughes (24 Sep 2014), "Apple pulls iOS 8.0.1 update, after killing cell service, Touch ID," ZDNet, http://www.zdnet.com/article/apple-pulls-ios-8-0-1-update-after-killing-cell-service-touch-id

24. Dan Goodin (14 Aug 2017), "Update gone wrong leaves 500 smart locks inoperable," Ars Technica, https://www.arstechnica.com/information-technology/2017/08/500-smart-locks-arent-so-smart-anymore-thanks-to-botched-update

25. Mathew J. Schwartz (9 Jan 2018), "Microsoft pauses Windows security updates to AMD devices," Data Breach Today, https://www.databreachtoday.com/microsoft-pauses-windows-security-updates-to-amd-devices-a-10567

26. Larry Seltzer (15 Dec 2014), "Microsoft update blunders going out of control," ZDNet, http://www.zdnet.com/article/has-microsoft-stopped-testing-their-updates

27. Microsoft currently only supports the four most recent versions of Windows. Microsoft Corporation (accessed 24 Apr 2018), "Windows lifecycle factsheet," https://support.microsoft.com/en-us/help/13853/windows-lifecycle-fact-sheet

28. Brian Barrett (14 Jun 2017), "If you still use Windows XP, prepare for the worst," Wired, https://www.wired.com/2017/05/still-use-windows-xp-prepare-worst

29. Jeff Parsons (15 May 2017), "This is how many computers are still running Windows XP," Mirror, https://www.mirror.co.uk/tech/how-many-computers-still-running-10425650

30. David Sancho, Numaan Huq, and Massimiliano Michenzi (2017), "Cashing in on ATM malware: A comprehensive look at various attack types," Trend Micro, https://documents.trendmicro.com/assets/white_papers/wp-cashing-in-on-atm-malware.pdf

31. Catalin Cimpanu (26 Oct 2017), "Backdoor account found in popular ship satellite communications system," Bleeping Computer, https://www.bleepingcomputer.com/news/security/backdoor-account-found-in-popular-ship-satellite-communications-system

32. Lucian Armasu (13 Nov 2017), "Boeing 757 hacked by DHS in cybersecurity test," Tom's Hardware, http://www.tomshardware.com/news/boeing-757-remote-hack-test,35911.html

33. Dan Goodin (30 Aug 2017), "465k patients told to visit doctor to patch critical pacemaker vulnerability," Ars Technica, https://arstechnica.com/information-technology/2017/08/465k-patients-need-a-firmware-update-to-prevent-serious-pacemaker-hacks

34. Electronic Frontier Foundation (1 Jul 2011; last updated 7 Aug 2012), "US v. ElcomSoft Sklyarov," https://www.eff.org/cases/us-v-elcomsoft-sklyarov

35. John Leyden (31 Jul 2002), "HP invokes DMCA to quash Tru64 bug report," Register, https://www.theregister.co.uk/2002/07/31/hp_invokes_dmca_to_quash. Declan McCullagh (2 Aug 2002), "HP backs down on copyright warning," CNET, https://www.cnet.com/news/hp-backs-down-on-copyright-warning

36. Electronic Frontier Foundation (1 Mar 2013), "Unintended consequences: Fifteen years under the DMCA," https://www.eff.org/pages/unintended-consequences-fifteen-years-under-dmca

37. Charlie Osborne (31 Oct 2016), "US DMCA rules updated to give security experts legal backing to research," ZDNet, http://www.zdnet.com/article/us-

dmca-rules-updated-to-give-security-experts-legal-backing-to-research

38. Maria A. Pallante (Oct 2015), "Section 1201 rulemaking: Sixth triennial proceeding to determine exemptions to the prohibition on circumvention," United States Copyright Office, https://www.copyright.gov/1201/2015/registers-recommendation.pdf

39. Kim Zetter (9 Sep 2008), "DefCon: Boston subway officials sue to stop talk on fare card hacks," Wired, https://www.wired.com/2008/08/injunction-requ

40. Chris Perkins (14 Aug 2015), "Volkswagen suppressed a paper about car hacking for 2 years," Mashable, http://mashable.com/2015/08/14/volkswagen-suppress-car-vulnerability

41. Kim Zetter (11 Sep 2016), "A bizarre twist in the debate over vulnerability disclosures," Wired, https://www.wired.com/2015/09/fireeye-enrw-injunction-bizarre-twist-in-the-debate-over-vulnerability-disclosures

42. Electronic Frontier Foundation (21 Jul 2016), "EFF lawsuit takes on DMCA section 1201: Research and technology restrictions violate the First Amendment," https://www.eff.org/press/releases/eff-lawsuit-takes-dmca-section-1201-research-and-technology-restrictions-violate

43. Winston Royce (25–28 Aug 1970), "Managing the development of large software systems," 1970 WESCON Technical Papers 26, https://books.google.com/books?id=9U1GAQAAIAAJ

44. Agile Alliance (accessed 24 Apr 2018), "Agile 101," https://www.agilealliance.org/agile101

45. There has been some work integrating security into agile development practices. Information Security Forum (Oct 2017), "Embedding Security into Agile Development: Ten Principles for Rapid Development," unpublished draft.

3장. 인터넷에서 누가 누구인지 알기가 점점 더 어려워진다

1. Glenn Fleishman (14 Dec 2000), "Cartoon captures spirit of the Internet," New York Times, http://www.nytimes.com/2000/12/14/technology/cartoon-captures-spirit-of-the-internet.html

2. Kaamran Hafeez (23 Feb 2015), "Cartoon: 'Remember when, on the Internet, nobody knew who you were?'" New Yorker, http://www.kaamranhafeez.com/product/remember-internet-nobody-knew-new-yorker-cartoon. 45 Tailored Access Operations (TAO) group: It's now called the Computer Network Operations group.

3. Rob Joyce (28 Jan 2016), "Disrupting nation state hackers," USENIX Enigma 2016, https://www.youtube.com/watch?v=bDJb8WOJYdA (video), https://

www.usenix.org/sites/default/files/conference/protected-files/enigma_slides_
joyce.pdf (slides)

4. Brendan I. Koerner (23 Oct 2016), "Inside the cyberattack that shocked the
U.S. government," Wired, https://www.wired.com/2016/10/inside-cyberattack-
shocked-us-government

5. Brian Krebs (5 Feb 2014), "Target hackers broke in via HVAC company,"
Krebs on Security, https://krebsonsecurity.com/2014/02/target-hackers-broke-
in-via-hvac-company

6. Jim Finkle (29 May 2014), "Iranian hackers use fake Facebook accounts
to spy on U.S., others," Reuters, http://www.reuters.com/article/iran-
hackers/iranian-hackers-use-fake-facebook-accounts-to-spy-on-u-s-others-
idUSL1N0OE2CU20140529

7. Lorenzo Franceschi-Bicchierai (15 Apr 2016), "The vigilante who hacked
Hacking Team explains how he did it," Vice Motherboard, https://
motherboard.vice.com/en_us/article/3dad3n/the-vigilante-who-hacked-
hacking-team-explains-how-he-did-it

8. David E. Sanger and Nick Corasanti (14 Jun 2016), "D.N.C. says Russian
hackers penetrated its files, including dossier on Donald Trump," New York
Times, https://www.nytimes.com/2016/06/15/us/politics/russian-hackers-dnc-
trump.html

9. When Russia attacked the 2018 Winter Olympics in South Korea, it tried to
blame North Korea. Ellen Nakashima (24 Feb 2018), "Russian spies hacked the
Olympics and tried to make it look like North Korea did it, U.S. officials say,"
Washington Post, https://www.washingtonpost.com/world/national-security/
russian-spies-hacked-the-olympics-and-tried-to-make-it-look-like-north-korea-
did-it-us-officials-say/2018/02/24/44b5468e-18f2-11e8-92c9-376b4fe57ff7_story.
html

10. Kurt Thomas and Angelika Moscicki (9 Nov 2017), "New research:
Understanding the root cause of account takeover," Google Security Blog,
https://security.googleblog.com/2017/11/new-research-understanding-root-
cause.html

11. Bruce Schneier (9 Feb 2005), "The curse of the secret question," Schneier on
Security, https://www.schneier.com/essays/archives/2005/02/the_curse_of_
the_sec.html

12. Eric Lipton, David E. Sanger, and Scott Shane (13 Dec 2016), "The perfect
weapon: How Russian cyberpower invaded the U.S.," New York Times,
https://www.nytimes.com/2016/12/13/us/politics/russia-hack-election-dnc.
html

13. Alex Johnson (4 May 2017), "Massive phishing attack targets Gmail users,"

NBC News, https://www.nbcnews.com/tech/security/massive-phishing-attack-targets-millions-gmail-users-n754501

14. Nary Subramanian (1 Jan 2011), "Biometric authentication," in Encyclopedia of Cryptography and Security, Springer, https://link-springer-com/content/pdf/10.1007%2F978-1-4419-5906-5_775.pdf

15. Robert Zuccherato (1 Jan 2011), "Authentication token," in Encyclopedia of Cryptography and Security, Springer, https://link-springer-com.ezproxy.cul.columbia.edu/referencework/10.1007%2F978-1-4419-5906-5

16. J. R. Raphael (30 Nov 2017), "What is two-factor authentication (2FA)? How to enable it and why you should," CSO, https://www.csoonline.com/article/3239144/password-security/what-is-two-factor-authentication-2fa-how-to-enable-it-and-why-you-should.html

17. Andy Greenberg (26 Jun 2016), "So hey you should stop using texts for two-factor authentication," Wired, https://www.wired.com/2016/06/hey-stop-using-texts-two-factor-authentication

18. Steve Dent (8 Sep 2017), "U.S. carriers partner on a better mobile authentication system," Engadget, https://www.engadget.com/2017/09/08/mobile-authentication-taskforce-att-verizon-tmobile-sprint

19. Dario Salice (17 Oct 2017), "Google's strongest security, for those who need it most," Keyword, https://www.blog.google/topics/safety-security/googles-strongest-security-those-who-need-it-most

20. Here's one example from 2018: Kif Leswing (16 Jan 2018), "A password for the Hawaii emergency agency was hiding in a public photo, written on a Post-it note," Business Insider, http://www.businessinsider.com/hawaii-emergency-agency-password-discovered-in-photo-sparks-security-criticism-2018-1

21. Gary Robbins (23 Apr 2017), "The Internet of Things lets you control the world with a smartphone," San Diego Union Tribune, http://www.sandiegouniontribune.com/sd-me-connected-home-20170423-story.html

22. Steven Melendez (18 Jul 2017), "How to steal a phone number and everything linked to it," Fast Company, https://www.fastcompany.com/40432975/how-to-steal-a-phone-number-and-everything-linked-to-it

23. Alex Perekalin (19 May 2017), "Why two-factor authentication is not enough," Kaspersky Daily, https://www.kaspersky.com/blog/ss7-attack-intercepts-sms/16877. Nathaniel Popper (21 Aug 2017), "Identity thieves hijack cellphone accounts to go after virtual currency," New York Times, https://www.nytimes.com/2017/08/21/business/dealbook/phone-hack-bitcoin-virtual-currency.html

24. Rapid7 (9 Aug 2017), "Man-in-the-middle (MITM) attacks," Rapid7 Fundamentals, https://www.rapid7.com/fundamentals/man-in-the-middle-attacks

25. Gartner (accessed 24 Apr 2018), "Reviews for online fraud detection," https://www.gartner.com/reviews/market/OnlineFraudDetectionSystems

26. David Kushner (26 Feb 2013), "The real story of Stuxnet," IEEE Spectrum, https://spectrum.ieee.org/telecom/security/the-real-story-of-stuxnet

27. Dan Goodin (3 Nov 2017), "Stuxnet-style code signing is more widespread than anyone thought," Ars Technica, https://arstechnica.com/information-technology/2017/11/evasive-code-signed-malware-flourished-before-stuxnet-and-still-does. Doowon Kim, Bum Jun Kwon, and Tudor Dumitras (1 Nov 2017), "Certified malware: Measuring breaches of trust in the Windows code-signing PKI," ACM Conference on Computer and Communications Security (ACM CCS '17), http://www.umiacs.umd.edu/~tdumitra/papers/CCS-2017.pdf

28. Amanda Holpuch (15 Dec 2015), "Facebook adjusts controversial 'real name' policy in wake of criticism," Guardian, https://www.theguardian.com/us-news/2015/dec/15/facebook-change-controversial-real-name-policy

29. Eric Griffith (3 Dec 2017), "How to create an anonymous email account," PC Magazine, https://www.pcmag.com/article2/0,2817,2476288,00.asp

30. Nate Anderson and Cyrus Farivar (3 Oct 2013), "How the feds took down the Dread Pirate Roberts," Ars Technica, https://arstechnica.com/tech-policy/2013/10/how-the-feds-took-down-the-dread-pirate-roberts

31. Joseph Cox (15 Jun 2016), "How the feds use Photoshop to track down pedophiles," Vice Motherboard, https://motherboard.vice.com/en_us/article/8q8594/enhance-enhance-enhance-how-the-feds-use-photoshop-to-track-down-pedophiles. Tom Kelly (27 Oct 2007), "Ashbourne Interpol officer's role in paedophile suspect hunt," Heath Chronicle, http://www.meathchronicle.ie/news/roundup/articles/2007/03/11/1025-ashbourne-interpol-officers-role-in-paedophile-suspect-hunt

32. Dan Goodin (5 Dec 2017), "Mastermind behind sophisticated, massive botnet outs himself," Ars Technica, https://arstechnica.com/tech-policy/2017/12/mastermind-behind-massive-botnet-tracked-down-by-sloppy-opsec

33. John Leyden (13 Apr 2012), "FBI track alleged Anon from unsanitised busty babe pic," Register, https://www.theregister.co.uk/2012/04/13/fbi_track_anon_from_iphone_photo

34. Leon E. Panetta (11 Oct 2012), "Remarks by Secretary Panetta on cybersecurity to the Business Executives for National Security, New York City," US Department of Defense, http://archive.defense.gov/transcripts/transcript.aspx?transcriptid=5136

35. Andy Greenberg (8 Apr 2010), "Security guru Richard Clarke talks cyberwar," Forbes, http://www.forbes.com/2010/04/08/cyberwar-obama-korea-technology-security-clarke.html

36. Kim Zetter (29 Jan 2016), "NSA hacker chief explains how to keep him out of your system," Wired, https://www.wired.com/2016/01/nsa-hacker-chief-explains-how-to-keep-him-out-of-your-system

37. US Department of Justice (19 May 2014), "U.S. charges five Chinese military hackers for cyber espionage against U.S. corporations and a labor organization for commercial advantage," https://www.justice.gov/opa/pr/us-charges-five-chinese-military-hackers-cyber-espionage-against-us-corporations-and-labor.

38. Matt Apuzzo and Sharon LaFraniere (16 Feb 2018), "13 Russians indicted as Mueller reveals effort to aid Trump campaign," New York Times, https://www.nytimes.com/2018/02/16/us/politics/russians-indicted-mueller-election-interference.html

39. Benjamin Edwards et al. (11 Jan 2017), "Strategic aspects of cyberattack, attribution, and blame," Proceedings of the National Academy of Sciences of the United States of America 114, no. 11, http://www.pnas.org/content/pnas/114/11/2825.full.pdf

40. William R. Detlefsen (23 May 2015), "Cyber attacks, attribution, and deterrence: Three case studies," School of Advanced Military Studies, US Army Command and General Staff College, http://www.dtic.mil/dtic/tr/fulltext/u2/1001276.pdf. Benjamin Edwards et al. (11 Jan 2017), "Strategic aspects of cyberattack, attribution, and blame," Proceedings of the National Academy of Sciences of the United States of America 114, no. 11, http://www.pnas.org/content/114/11/2825.full.pdf. Delbert Tran (16 Aug 2017), "The law of attribution," Cyber Conflict Project, Yale University, https://law.yale.edu/system/files/area/center/global/document/2017.05.10_-_law_of_attribution.pdf

41. Bruce Schneier (11 Dec 2014), "Comments on the Sony hack," Schneier on Security, https://www.schneier.com/blog/archives/2014/12/comments_on_the.html

42. David E. Sanger and Martin Fackler (18 Jan 2015), "N.S.A. breached North Korean networks before Sony attack, officials say," New York Times, https://www.nytimes.com/2015/01/19/world/asia/nsa-tapped-into-north-korean-networks-before-sony-attack-officials-say.html

43. When Russia attacked the 2018 Winter Olympics in South Korea, it tried to blame North Korea. Ellen Nakashima (24 Feb 2018), "Russian spies hacked the Olympics and tried to make it look like North Korea did it, U.S. officials say," Washington Post, https://www.washingtonpost.com/world/national-security/russian-spies-hacked-the-olympics-and-tried-to-make-it-look-like-north-korea-did-it-us-officials-say/2018/02/24/44b5468e-18f2-11e8-92c9-376b4fe57ff7_story.html

1. I'll talk about this in Chapter 11, but here's just one recent example: Cyrus Farivar (7 Mar 2018), "FBI again calls for magical solution to break into encrypted phones," Ars Technica, https://arstechnica.com/tech-policy/2018/03/fbi-again-calls-for-magical-solution-to-break-into-encrypted-phones

2. Shoshana Zuboff (17 Apr 2015), "Big other: Surveillance capitalism and the prospects of an information civilization," Journal of Information Technology30, https://papers.ssrn.com/sol3/papers.cfm?abstract_id=2594754

3. Aaron Taube (24 Jan 2014), "Apple wants to use your heart rate and facial expressions to figure out what mood you're in," Business Insider, http://www.businessinsider.com/apples-mood-based-ad-targeting-patent-2014-1. Andrew McStay (4 Aug 2015), "Now advertising billboards can read your emotions... and that's just the start," Conversation, http://theconversation.com/now-advertising-billboards-can-read-your-emotions-and-thats-just-the-start-45519

4. Andrew McStay (27 Jun 2017), "Tech firms want to detect your emotions and expressions, but people don't like it," Conversation, https://theconversation.com/tech-firms-want-to-detect-your-emotions-and-expressions-but-people-dont-like-it-80153. Nick Whigham (13 May 2017), "Glitch in digital pizza advert goes viral, shows disturbing future of facial recognition tech," News.com.au, http://www.news.com.au/technology/innovation/design/glitch-in-digital-pizza-advert-goes-viral-shows-disturbing-future-of-facial-recognition-tech/news-story/3b43904b6dd5444a279fd3cd6f8551db

5. Pamela Paul (10 Dec 2010), "Flattery will get an ad nowhere," New York Times, http://www.nytimes.com/2010/12/12/fashion/12Studied.html

6. Paul Boutin (30 May 2016), "The secretive world of selling data about you," Newsweek, http://www.newsweek.com/secretive-world-selling-data-about-you-464789

7. Keith Collins (21 Nov 2017), "Google collects Android users' locations even when location services are disabled," Quartz, https://qz.com/1131515/google-collects-android-users-locations-even-when-location-services-are-disabled. Arsalan Mosenia et al. (15 Sep 2017), "Pin Me: Tracking a smartphone user around the world," IEEE Transactions on MultiScale Computing Systems vol. PP, no. 99, http://ieeexplore.ieee.org/document/8038870. Christopher Loran (13 Dec 2017), "How you can be tracked even with your GPS turned off," Android Authority, https://www.androidauthority.com/tracked-gps-off-822865

8. Jialiu Lin et al. (5–8 Sep 2012), "Expectation and purpose: Understanding users' mental models of mobile app privacy through crowdsourcing," in Proceedings of the 2012 International Conference on Ubiquitous Computing, ACM, https://www.winlab.rutgers.edu/~janne/privacyasexpectations-ubicomp12-final.pdf

9. Retailers are tracking customers using their cell phones' Wi-Fi as they walk around in stores. Stephanie Clifford and Quentin Hardy (14 Jul 2013), "Attention, shoppers: Store is tracking your cell," New York Times, http://www.nytimes.com/2013/07/15/business/attention-shopper-stores-are-tracking-your-cell.html

10. Sapna Maheshwari (28 Dec 2017), "That game on your phone may be tracking what you're watching on TV," New York Times, https://www.nytimes.com/2017/12/28/business/media/alphonso-app-tracking.html

11. Ben Chen and Facebook Corporation (22 Mar 2016), "Systems and methods for utilizing wireless communications to suggest connections for a user," US Patent 9,294,991, https://patents.justia.comm/patent/9294991

12. Catherine Crump et al. (17 Jul 2013), "You are being tracked: How license plate readers are being used to record Americans' movements," American Civil Liberties Union, https://www.aclu.org/files/assets/071613-aclu-alprreport-opt-v05.pdf

13. Dylan Curren (30 Mar 2018), "Are you ready? Here's all the data Facebook and Google have on you," Guardian, https://www.theguardian.com/commentisfree/2018/mar/28/all-the-data-facebook-google-has-on-you-privacy

14. Settings like Chrome's "incognito mode" or Firefox's "private browsing" keep the browser from saving your browsing history. It does not prevent any websites you visit from tracking you.

15. Hans Greimel (6 Oct 2015), "Toyota unveils new self-driving safety tech, targets 2020 autonomous drive," Automotive News, http://www.autonews.com/article/20151006/OEM06/151009894/toyota-unveils-new-self-driving-safety-tech-targets-2020-autonomous

16. Dana Bartholomew (2015), "Long comment regarding a proposed exemption under 17 U.S.C. 1201," Deere and Company, https://copyright.gov/1201/2015/comments-032715/class%2021/John_Deere_Class21_1201_2014.pdf

17. Stuart Dredge (30 Sep 2015), "Apple removed drone-strike apps from App Store due to 'objectionable content,'" Guardian, https://www.theguardian.com/technology/2015/sep/30/apple-removing-drone-strikes-app. Lorenzo Franceschi-Bicchierai (28 Mar 2017), "Apple just banned the app that tracks U.S. drone strikes again," Vice Motherboard, https://motherboard.vice.com/en_us/article/538kan/apple-just-banned-the-app-that-tracks-us-drone-strikes-again

18. Jason Grigsby (19 Apr 2010), "Apple's policy on satire: 16 apps rejected for 'ridiculing public figures,'" Cloudfour, https://cloudfour.com/thinks/apples-policy-on-satire-16-rejected-apps

19. Telegraph Reporters (31 Jul 2017), "Apple removes VPN apps used to evade China's internet censorship," Telegraph, http://www.telegraph.co.uk/

technology/2017/07/31/apple-removes-vpn-apps-used-evade-chinas-internet-censorship

20. AdNauseam (5 Jan 2017), "AdNauseam banned from the Google Web Store," https://adnauseam.io/free-adnauseam.html

21. Bruce Schneier (26 Nov 2012), "When it comes to security, we're back to feudalism," Wired, https://www.wired.com/2012/11/feudal-security

22. Judith Donath (16 Nov 2017), "UberFREE: The ultimate advertising experience," Medium, https://medium.com/@judithd/the-future-of-self-driving-cars-and-of-advertising-will-be-promoted-rides-free-transportation-b5f7acd702d4

23. 큐릭사는 소비자가 리필할 수있는 포드를 사용할 수 없도록 한 지 몇 년 후, 지금은 소비자들이 추가 기능을 구입하기만 하면 원하는 커피를 구입할 수 있도록 하고 있다. Alex Hern (11 May 2015), "Keurig takes steps towards abandoning coffee-pod DRM," Guardian, https://www.theguardian.com/technology/2015/may/11/keurig-takes-steps-towards-abandoning-coffee-pod-drm

24. Brian Barrett (23 Sep 2016), "HP has added DRM to its ink cartridges. Not even kidding (updated)," Wired, https://www.wired.com/2016/09/hp-printer-drm

25. Electronic Frontier Foundation (last updated 31 Aug 2004), Chamberlain Group Inc. v. Skylink Technologies Inc., https://www.eff.org/cases/chamberlain-group-inc-v-skylink-technologies-inc. Tech Law Journal (31 Aug 2004), "Federal Circuit rejects anti-circumvention claim in garage door opener case," http://www.techlawjournal.com/topstories/2004/20040831.asp. US Supreme Court (25 Mar 2014), "Opinion," Lexmark International, Inc. v. Static Control Components, Inc., No. 12–873, https://www.supremecourt.gov/opinions/13pdf/12-873_3dq3.pdf

26. Hugo Campos (24 Mar 2015), "The heart of the matter," Slate, http://www.slate.com/articles/technology/future_tense/2015/03/patients_should_be_allowed_to_access_data_generated_by_implanted_devices.html

27. Darren Murph (6 Apr 2007), "Mileage maniacs hack Toyota's Prius for 116 mpg," Engadget, https://www.engadget.com/2007/04/06/mileage-maniacs-hack-toyotas-prius-for-116-mpg

28. Jeremy Hoag (13 Mar 2012), "Hack your ride: Cheat codes and workarounds for your car's tech annoyances," Lifehacker, http://lifehacker.com/5893227/hack-your-ride-cheat-codes-and-workarounds-for-your-cars-tech-annoyances

29. Michelle V. Rafter (22 Jul 2014), "Decoding what's in your car's black box," Edmunds, https://www.edmunds.com/car-technology/car-black-box-recorders-capture-crash-data.html

30. Peter Hall (7 Jun 2014), "Car black box data can be used as evidence,"

Morning Call, http://www.mcall.com/mc-car-black-box-data-can-be-used-as-evidence-story.html

31. Brian Heaton (27 Mar 2014), "Expert: California car data privacy bill 'unworkable,'" Government Technology, http://www.govtech.com/transportation/Expert-California-Car-Data-Privacy-Bill-Unworkable.html

32. Jason Koebler (21 Mar 2017), "Why American farmers are hacking their tractors with Ukrainian firmware," Vice Motherboard, https://motherboard.vice.com/en_us/article/xykkkd/why-american-farmers-are-hacking-their-tractors-with-ukrainian-firmware.

33. Jerome Radcliffe (4 Aug 2011), "Hacking medical devices for fun and insulin: Breaking the human SCADA system," Black Hat 2011, https://media.blackhat.com/bh-us-11/Radcliffe/BH_US_11_Radcliffe_Hacking_Medical_Devices_WP.pdf. Chuck Seegert (8 Oct 2014), "Hackers develop DIY remote-monitoring for diabetes," Med Device Online, http://www.meddeviceonline.com/doc/hackers-develop-diy-remote-monitoring-for-diabetes-0001

34. John Scott-Railton et al. (19 Jun 2017), "Reckless exploit: Mexican journalists, lawyers, and a child targeted with NSO spyware," Citizen Lab, https://citizenlab.ca/2017/06/reckless-exploit-mexico-nso

35. John Scott-Railton et al. (29 Jun 2017), "Reckless redux: Senior Mexican legislators and politicians targeted with NSO spyware," Citizen Lab, https://citizenlab.ca/2017/06/more-mexican-nso-targets

36. John Scott-Railton et al. (10 Jul 2017), "Reckless III: Investigation into Mexican mass disappearance targeted with NSO spyware," Citizen Lab, https://citizenlab.ca/2017/07/mexico-disappearances-nso

37. John Scott-Railton et al. (2 Aug 2017), "Reckless IV: Lawyers for murdered Mexican women's families targeted with NSO spyware," Citizen Lab, https://citizenlab.ca/2017/08/lawyers-murdered-women-nso-group

38. John Scott-Railton et al. (30 Aug 2017), "Reckless V: Director of Mexican anti-corruption group targeted with NSO group's spyware," Citizen Lab, https://citizenlab.ca/2017/08/nso-spyware-mexico-corruption

39. John Scott-Railton et al. (11 Feb 2017), "Bitter sweet: Supporters of Mexico's soda tax targeted with NSO exploit links," Citizen Lab, https://citizenlab.ca/2017/02/bittersweet-nso-mexico-spyware

40. Bill Marczak et al. (15 Oct 2015), "Pay no attention to the server behind the proxy: Mapping FinFisher's continuing proliferation," Citizen Lab, https://citizenlab.ca/2015/10/mapping-finfishers-continuing-proliferation

41. Glenn Greenwald (2014), No Place to Hide: Edward Snowden, the NSA, and the U.S. Surveillance State, Metropolitan Books, https://books.google.com/books/?id=AvFzAgAAQBAJ

42. NSA의 수집 프로그램에 통신 산업의 협력은 꼭 필요하다. Mieke Eoyang (6 Apr 2016), "Beyond privacy and security: The role of the telecommunications industry in electronic surveillance," Aegis Paper Series No. 1603, Hoover Institution, https://www.hoover.org/research/beyond-privacy-security-role-telecommunications-industry-electronic-surveillance-0

43. Andrei Soldatov and Irina Borogan (8 Sep 2015), "Inside the Red Web: Russia's back door onto the internet—extract," Guardian, https://www.theguardian.com/world/2015/sep/08/red-web-book-russia-internet

44. Aaron Sankin (9 Jul 2015), "Forget Hacking Team—Many other companies sell surveillance tech to repressive regimes," Daily Dot, https://www.dailydot.com/layer8/hacking-team-competitors

45. Patrick Howell O'Neill (20 Jun 2017), "ISS World: The traveling spyware roadshow for dictatorships and democracies," CyberScoop, https://www.cyberscoop.com/iss-world-wiretappers-ball-nso-group-ahmed-mansoor

46. Juan Andres Guerrero-Saade et al. (Apr 2017), "Penquin's moonlit maze: The dawn of nation-state digital espionage," Kaspersky Lab, https://securelist.com/files/2017/04/Penquins_Moonlit_Maze_PDF_eng.pdf

47. Richard Norton-Taylor (4 Sep 2007), "Titan Rain: How Chinese hackers targeted Whitehall," Guardian, https://www.theguardian.com/technology/2007/sep/04/news.internet

48. Ellen Nakashima (8 Dec 2011), "Cyber-intruder sparks response, debate," Washington Post, https://www.washingtonpost.com/national/national-security/cyber-intruder-sparks-response-debate/2011/12/06/gIQAxLuFgO_story.html

49. Caitlin Dewey (28 May 2013), "The U.S. weapons systems that experts say were hacked by the Chinese," Washington Post, https://www.washingtonpost.com/news/worldviews/wp/2013/05/28/the-u-s-weapons-systems-that-experts-say-were-hacked-by-the-chinese

50. Kim Zetter (12 Jan 2010), "Google to stop censoring search results in China after hack attack," Wired, https://www.wired.com/2010/01/google-censorship-china

51. Robert Windrem (10 Aug 2015), "China read emails of top U.S. officials," NBC News, https://www.nbcnews.com/news/us-news/china-read-emails-top-us-officials-n406046

52. Brendan I. Koerner (23 Oct 2016), "Inside the cyberattack that shocked the U.S. government," Wired, https://www.wired.com/2016/10/inside-cyberattack-shocked-us-government. Evan Perez (24 Aug 2017), "FBI arrests Chinese national connected to malware used in OPM data breach," CNN, http://www.cnn.com/2017/08/24/politics/fbi-arrests-chinese-national-in-opm-data-breach/index.html

53. Kaspersky Lab Global Research and Analysis Team (30 Aug 2017), "Introducing White Bear," SecureList, https://securelist.com/introducing-whitebear/81638

54. British Broadcasting Corporation (29 Mar 2009), "Major cyber spy network uncovered," BBC News, http://news.bbc.co.uk/1/hi/world/americas/7970471.stm

55. Boldizsár Bencsáth et al. (14 Oct 2011), "Duqu: A Stuxnet-like malware found in the wild," Laboratory of Cryptography and System Security, Budapest University of Technology and Economics, http://www.crysys.hu/publications/files/benc sathPBF11duqu.pdf

56. Ellen Nakashima, Greg Miller, and Julie Tate (19 Jun 2012), "U.S., Israel developed Flame computer virus to slow Iranian nuclear efforts, officials say," Washington Post, https://www.washingtonpost.com/world/national-security/us-israel-developed-computer-virus-to-slow-iranian-nuclear-efforts-officials-say/2012/06/19/gJQA6xBPoV_story.htm

57. Fahmida Y. Rashid (11 Feb 2014), "The Mask hack 'beyond anything we've seen so far,'" PC Magazine, http://securitywatch.pcmag.com/hacking/320622-the-mask-hack-beyond-anything-we-ve-seen-so-far. Brian Donohue (11 Feb 2014), "The Mask: Unveiling the world's most sophisticated APT campaign," Kaspersky Lab Daily, https://www.kaspersky.com/blog/the-mask-unveiling-the-worlds-most-sophisticated-apt-campaign/3723. Dan Goodin (8 Aug 2016), "Researchers crack open unusually advanced malware that hid for 5 years," Ars Technica, https://arstechnica.com/information-technology/2016/08/researchers-crack-open-unusually-advanced-malware-that-hid-for-5-years

58. Choe Sang-Hun (10 Oct 2017), "North Korean hackers stole U.S.-South Korean military plans, lawmaker says," New York Times, https://www.nytimes.com/2017/10/10/world/asia/north-korea-hack-war-plans.html

59. Barack Obama and Xi Jinping (25 Sep 2015), "Remarks by President Obama and President Xi of the People's Republic of China in joint press conference," White House Office of the Press Secretary, https://obamawhitehouse.archives.gov/the-press-office/2015/09/25/remarks-president-obama-and-president-xi-peoples-republic-china-joint

60. Joseph Menn and Jim Finkle (20 Jun 2016), "Chinese economic cyber-espionage plummets in U.S.: Experts," Reuters, http://www.reuters.com/article/us-cyber-spying-china/chinese-economic-cyber-espionage-plummets-in-u-s-experts-idUSKCN0Z700D

61. Josh Dawsey, Emily Stephenson, and Andrea Peterson (5 Oct 2017), "John Kelly's personal cellphone was compromised, White House believes," Politico, https://www.politico.com/story/2017/10/05/john-kelly-cell-phone-compromised-243514

62. Mike Levine (25 Jun 2015), "China is 'leading suspect' in massive hack of US government networks," ABC News, http://abcnews.go.com/US/china-leading-suspect-massive-hack-us-government-networks/story?id=32036222

63. The NSA's budget is classified, but estimated to be around $11 billion. No other country even comes close. Scott Shane (29 Aug 2013), "New leaked document outlines U.S. spending on intelligence agencies," New York Times, http://www.nytimes.com/2013/08/30/us/politics/leaked-document-outlines-us-spending-on-intelligence.html. Michael Holt (4 Oct 2015), "Top 15 global intelligence agencies with biggest budgets in the world have tripled since 2009–2016," LinkedIn, https://www.linkedin.com/pulse/top-15-global-intelligence-agencies-biggest-budgets-world-holt

64. Anne Edmundson et al. (10 Mar 2017), "RAN: Routing around nation-states," Princeton University, https://www.cs.princeton.edu/~jrex/papers/ran17.pdf

65. Kiyo Dorrer (31 Mar 2017), "Hello, Big Brother: How China controls its citizens through social media," Deutsche Welle, http://www.dw.com/en/hello-big-brother-how-china-controls-its-citizens-through-social-media/a-38243388. Maya Wang (18 Aug 2017), "China's dystopian push to revolutionize surveillance," Human Rights Watch, https://www.hrw.org/news/2017/08/18/chinas-dystopian-push-revolutionize-surveillance

66. Gary King, Jennifer Pan, and Margaret E. Roberts (May 2013), "How censorship in China allows government criticism but silences collective expression," American Political Science Review 107, no. 2, https://gking.harvard.edu/files/censored.pdf

67. The system can be subverted, but combined with China's surveillance and enforcement regime and the resultant self-censorship, it's very effective. Oliver August (23 Oct 2007), "The Great Firewall: China's misguided— and futile—attempt to control what happens online," Wired, https://www.wired.com/2007/10/ff-chinafirewall

68. Josh Chin and Gillian Wong (28 Nov 2016), "China's new tool for social control: A credit rating for everything," Wall Street Journal, https://www.wsj.com/articles/chinas-new-tool-for-social-control-a-credit-rating-for-everything-1480351590

69. Matthew Lasar (22 Jun 2011), "Nazi hunting: How France first 'civilized' the internet," Ars Technica, https://arstechnica.com/tech-policy/2011/06/how-france-proved-that-the-internet-is-not-global. Anthony Faiola (6 Jan 2016), "Germany springs to action over hate speech against migrants," Washington Post, https://www.washingtonpost.com/world/europe/germany-springs-to-action-over-hate-speech-against-migrants/2016/01/06/6031218e-b315-11e5-8abc-d09392edc612_story.html

70. Richard Clarke and Robert K. Knake (Apr 2010), Cyber War: The Next Threat to National Security and What to Do about It, Harper Collins, https://books. google.com/books?id=rNRlR4RGkecC

71. David E. Sanger (2018), The Perfect Weapon: War, Sabotage, and Fear in the Cyber Age, Crown, https://books.google.com/books?id=htc7DwAAQBAJ

72. Fred Kaplan (2016), Dark Territory: The Secret History of Cyber War, Simon & Schuster, https://books.google.com/books?id=q1AJCgAAQBAJ

73. 최고의 합의 정의는 Tallinn 매뉴얼일 것이다. NATO Cooperative Cyber Defence Centre of Excellence (Feb 2017), Tallinn Manual 2.0 on the International Law Applicable to Cyber Operations, 2nd edition, Cambridge University Press, http://www.cambridge.org/us/academic/subjects/law/humanitarian-law/tallinn-manual-20-international-law-applicable-cyber-operations-2nd-edition

74. David Kushner (26 Feb 2013), "The real story of Stuxnet," IEEE Spectrum, https://spectrum.ieee.org/telecom/security/the-real-story-of-stuxnet. Ralph Langner (1 Nov 2013), "To kill a centrifuge," Langner Group, https://www. langner.com/wp-content/uploads/2017/03/to-kill-a-centrifuge.pdf. Kim Zetter (2015), Countdown to Zero Day: Stuxnet and the Launch of the World's First Digital Weapon, Crown Books, https://books.google.com/books?id=1l2YAwAAQBAJ

75. 이는 주로 SCADA 시스템으로 알려져 있다. Alex Hern (17 Oct 2013), "U.S. power plants 'vulnerable to hacking,'" Guardian, https://www.theguardian.com/technology/2013/oct/17/us-power-plants-hacking. Jack Wiles et al. (23 Aug 2008), Techno Security's Guide to Securing SCADA, Ingress, https://books.google.com/books?id=sHtIdWn1gnAC

76. David A. Fulghum, Robert Wall, and Douglas Barrie (5 Nov 2007), "Details about Israel's high-tech strike on Syria," Aviation Week Network, http://aviationweek.com/awin/details-about-israel-s-high-tech-strike-syria

77. John Markoff (13 Aug 2008), "Before the gunfire, cyberattacks," New York Times, http://www.nytimes.com/2008/08/13/technology/13cyber.html

78. Alan D. Campen, ed. (1992), The First Information War: The Story of Communications, Computers, and Intelligence Systems in the Persian Gulf War, AFCEA International Press, https://archive.org/details/firstinformation00camp

79. Barack Obama (13 Apr 2016), "Statement by the president on progress in the fight against ISIL," White House Office of the Press Secretary, https://obamawhitehouse.archives.gov/the-press-office/2016/04/13/statement-president-progress-fight-against-isil

80. This operation has been named "Dragonfly." Security Response Attack Investigation Team (20 Oct 2017), "Dragonfly: Western energy sector targeted by sophisticated attack group," Symantec Corporation, https://www.symantec.

384

com/connect/blogs/dragonfly-western-energy-sector-targeted-sophisticated-attack-group

81. Joseph Berger (25 Mar 2016), "A dam, small and unsung, is caught up in an Iranian hacking case," New York Times, http://www.nytimes.com/2016/03/26/nyregion/rye-brook-dam-caught-in-computer-hacking-case.html

82. United States Computer Emergency Readiness Team (20 Oct 2017), "Alert (TA17-293A): Advanced persistent threat activity targeting energy and other critical infrastructure sectors," https://www.us-cert.gov/ncas/alerts/TA17-293A

83. Seymour M. Hersh (7 Jul 2008), "Preparing the battlefield," New Yorker, https://www.newyorker.com/magazine/2008/07/07/preparing-the-battlefield

84. Kertu Ruus (2008), "Cyber war I: Estonia attacked from Russia," European Affairs 9, no. 1–2, http://www.europeaninstitute.org/index.php/component/content/article?id=67:cyber-war-i-estonia-attacked-from-russia.

85. Benjamin Elgin and Michael Riley (12 Dec 2014), "Now at the Sands Casino: An Iranian hacker in every server," Bloomberg, http://www.businessweek.com/articles/2014-12-11/iranian-hackers-hit-sheldon-adelsons-sands-casino-in-las-vegas

86. The industry name for these kinds of attackers is APT: advanced persistent threat.

87. Ben Buchanan (Jan 2017), "The legend of sophistication in cyber operations," Harvard Kennedy School Belfer Center for Science and International Affairs, https://www.belfercenter.org/publication/legend-sophistication-cyber-operations

88. Scott DePasquale and Michael Daly (12 Oct 2016), "The growing threat of cyber mercenaries," Politico, https://www.politico.com/agenda/story/2016/10/the-growing-threat-of-cyber-mercenaries-000221

89. David E. Sanger, David D. Kirkpatrick, and Nicole Perlroth (15 Oct 2017), "The world once laughed at North Korean cyberpower. No more," New York Times, https://www.nytimes.com/2017/10/15/world/asia/north-korea-hacking-cyber-sony.html

90. John D. Negroponte (11 Jan 2007), "Annual threat assessment of the Director of National Intelligence," Office of the Director of National Intelligence, http://www.au.af.mil/au/awc/awcgate/dni/threat_assessment_11jan07.pdf

91. Dennis C. Blair (12 Feb 2009), "Annual threat assessment of the intelligence community for the Senate Select Committee on Intelligence," Office of the Director of National Intelligence, https://www.dni.gov/files/documents/Newsroom/Testimonies/20090212_testimony.pdf

92. Dennis C. Blair (2 Feb 2010), "Annual threat assessment of the U.S. intelligence community for the Senate Select Committee on Intelligence," Office of the

Director of National Intelligence, https://www.dni.gov/files/documents/Newsroom/Testimonies/20100202_testimony.pdf

93. Daniel R. Coats (11 May 2017), "Statement for the record: Worldwide threat assessment of the US intelligence community: Senate Select Committee on Intelligence," Office of the Director of National Intelligence, https://www.dni.gov/files/documents/Newsroom/Testimonies/SSCI%20Unclassified%20SFR%20-%20Final.pdf

94. Toomas Hendrik Ilves (31 Jan 2014), "Rebooting trust? Freedom vs. security in cyberspace," Office of the President, Republic of Estonia, https://vp2006-2016.president.ee/en/official-duties/speeches/9796-qrebooting-trust-freedom-vs-security-in-cyberspaceq

95. Jarrad Shearer (13 Jul 2010; updated 26 Sep 2017), "W32.Stuxnet," Symantec, https://www.symantec.com/security_response/writeup.jsp?docid=2010-071400-3123-99

96. Iain Thomson (28 Jun 2017), "Everything you need to know about the Petya, er, NotPetya nasty trashing PCs worldwide," Register, https://www.theregister.co.uk/2017/06/28/petya_notpetya_ransomware. Josh Fruhlinger (17 Oct 2017), "Petya ransomware and NotPetya: What you need to know now," CSO, https://www.csoonline.com/article/3233210/ransomware/petya-ransomware-and-notpetya-malware-what-you-need-to-know-now.html. Nicholas Weaver (28 Jun 2017), "Thoughts on the NotPetya ransomware attack," Lawfare, https://lawfareblog.com/thoughts-notpetya-ransomware-attack. Ellen Nakashima (12 Jan 2018), "Russian military was behind 'Notpetya' cyberattack in Ukraine, CIA concludes," Washington Post, https://www.washingtonpost.com/world/national-security/russian-military-was-behind-notpetya-cyberattack-in-ukraine-cia-concludes/2018/01/12/048d8506-f7ca-11e7-b34a-b85626af34ef_story.html

97. Nicole Perlroth (23 Oct 2012), "In cyberattack on Saudi firm, U.S. sees Iran firing back," New York Times, http://www.nytimes.com/2012/10/24/business/global/cyberattack-on-saudi-oil-firm-disquiets-us.html

98. David E. Sanger and William J. Broad (4 Mar 2017), "Trump inherits a secret cyberwar against North Korean missiles," New York Times, https://www.nytimes.com/2017/03/04/world/asia/north-korea-missile-program-sabotage.html

99. Mark Galeotti (6 Jul 2014), "The 'Gerasimov Doctrine' and Russian non-linear war," In Moscow's Shadows, https://inmoscowsshadows.wordpress.com/2014/07/06/the-gerasimov-doctrine-and-russian-non-linear-war. Henry Foy (15 Sep 2017), "Valery Gerasimov, the general with a doctrine for Russia," Financial Times, https://www.ft.com/content/7e14a438-989b-11e7-a652-cde3f882dd7b

100. David E. Sanger and Elisabeth Bumiller (31 May 2011), "Pentagon to consider cyberattacks acts of war," New York Times, http://www.nytimes.com/2011/06/01/us/politics/01cyber.html

101. Lucas Kello (2017), The Virtual Weapon and International Order, Yale University Press, https://yalebooks.yale.edu/book/9780300220230/virtual-weapon-and-international-order

102. Carol Morello and Greg Miller (2 Jan 2015), "U.S. imposes sanctions on N. Korea following attack on Sony," Washington Post, https://www.washingtonpost.com/world/national-security/us-imposes-sanctions-on-n-korea-following-attack-on-sony/2015/01/02/3e5423ae-92af-11e4-a900-9960214d4cd7_story.html

103. Lauren Gambino and Sabrina Siddiqui (30 Dec 2016), "Obama expels 35 Russian diplomats in retaliation for US election hacking," Guardian, https://www.theguardian.com/us-news/2016/dec/29/barack-obama-sanctions-russia-election-hack

104. Jason Healey (2011), "The spectrum of national responsibility for cyberattacks," Brown Journal of World Affairs 18, no. 1, https://www.brown.edu/initiatives/journal-world-affairs/sites/brown.edu.initiatives.journal-world-affairs/files/private/articles/18.1_Healey.pdf

105. David E. Sanger and William J. Broad (4 Mar 2017), "Trump inherits a secret cyberwar against North Korean missiles," New York Times, https://www.nytimes.com/2017/03/04/world/asia/north-korea-missile-program-sabotage.html

106. Nadiya Kostyuk and Yuri M. Zhukov (10 Nov 2017), "Invisible digital front: Can cyber attacks shape battlefield events?" Journal of Conflict Resolution, http://journals.sagepub.com/doi/pdf/10.1177/0022002717737138

107. Robert Axelrod and Rum Iliev (28 Jan 2014), "Timing of cyber conflict," Proceedings of the National Academy of Sciences of the United States of America 111, no. 4, http://www.pnas.org/content/111/4/1298

108. Caitlin Dewey (28 May 2013), "The U.S. weapons systems that experts say were hacked by the Chinese," Washington Post, https://www.washingtonpost.com/news/worldviews/wp/2013/05/28/the-u-s-weapons-systems-that-experts-say-were-hacked-by-the-chinese. Marcus Weisgerber (23 Sep 2015), "China's copycat jet raises questions about F-35," Defense One, http://www.defenseone.com/threats/2015/09/more-questions-f-35-after-new-specs-chinas-copycat/121859. Justin Ling (24 Mar 2016), "Man who sold F-35 secrets to China pleads guilty," Vice News, https://news.vice.com/article/man-who-sold-f-35-secrets-to-china-pleads-guilty

109. The Council on Foreign Relations is trying to track all of them. Adam Segal (6

Nov 2017), "Tracking state-sponsored cyber operations," Council on Foreign Relations, https://www.cfr.org/blog/tracking-state-sponsored-cyber-operations

110. To be fair, just because attack is easier than defense doesn't mean that offensive cyberspace operations are easier than defensive ones. Rebecca Slayton (1 Feb 2017), "What is the cyber offense-defense balance? Conceptions, causes, and assessment," International Security 41, no. 3, https://www.mitpressjournals.org/doi/abs/10.1162/ISEC_a_00267?journalCode=isec

111. Gideon Rachman (5 Jan 2017), "Axis of power," New World, BBC Radio 4, http://www.bbc.co.uk/programmes/b086tfbh

112. This quote is attributed to several people, but this is the earliest citation I could find: Fred Kaplan (12 Dec 2016), "How the U.S. could respond to Russia's hacking," Slate, http://www.slate.com/articles/news_and_politics/war_stories/2016/12/the_u_s_response_to_russia_s_hacking_has_consequences_for_the_future_of.html

113. Charlie Osborne (17 Jan 2018), "US hospital pays $55,000 to hackers after ransomware attack," ZDNet, http://www.zdnet.com/article/us-hospital-pays-55000-to-ransomware-operators

114. Brian Krebs (16 Sep 2016), "Ransomware getting more targeted, expensive," Krebs on Security, https://krebsonsecurity.com/2016/09/ransomware-getting-more-targeted-expensive

115. Kaspersky Lab (28 Nov 2016), "Story of the year: The ransomware revolution," Kaspersky Security Bulletin 2016, https://media.kaspersky.com/en/business-security/kaspersky-story-of-the-year-ransomware-revolution.pdf

116. Symantec Corporation (19 Jul 2016), "Ransomware and businesses 2016," https://www.symantec.com/content/en/us/enterprise/media/security_response/whitepapers/ISTR2016_Ransomware_and_Businesses.pdf. Symantec Corporation (26 Apr 2017), "Alarming increase in targeted attacks aimed at politically motivated sabotage and subversion," https://www.symantec.com/about/newsroom/press-releases/2017/symantec_0426_01

117. Carbon Black (9 Oct 2017), "The ransomware economy," https://cdn.www.carbonblack.com/wp-content/uploads/2017/10/Carbon-Black-Ransomware-Economy-Report-101117.pdf

118. Herb Weisman (9 Jan 2017), "Ransomware: Now a billion dollar a year crime and growing," NBC News, https://www.nbcnews.com/tech/security/ransomware-now-billion-dollar-year-crime-growing-n704646. Symantec Corporation (19 Jul 2016), "Ransomware and businesses 2016," http://www.symantec.com/content/en/us/enterprise/media/security_response/whitepapers/ISTR2016_Ransomware_and_Businesses.pdf

119. Luke Graham (7 Feb 2017), "Cybercrime costs the global economy $450

billion: CEO," CNBC, https://www.cnbc.com/2017/02/07/cybercrime-costs-the-global-economy-450-billion-ceo.html

120. Steve Morgan (22 Aug 2016), "Cybercrime damages expected to cost the world $6 trillion by 2021," CSO, https://www.csoonline.com/article/3110467/security/cybercrime-damages-expected-to-cost-the-world-6-trillion-by-2021.html

121. Dennis C. Blair et al. (22 Feb 2017), "Update to the IP Commission Report: The theft of American intellectual property: Reassessments of the challenge and United States Policy," National Bureau of Asian Research, http://www.ipcommission.org/report/IP_Commission_Report_Update_2017.pdf

122. Federal Bureau of Investigation (14 Jun 2016), "Business e-mail compromise: The 3.1 billion dollar scam," https://www.ic3.gov/media/2016/160614.aspx. Brian Krebs (23 Jun 2016), "FBI: Extortion, CEO fraud among top online fraud complaints in 2016," Krebs on Security, https://krebsonsecurity.com/2017/06/fbi-extortion-ceo-fraud-among-top-online-fraud-complaints-in-2016

123. Kenneth R. Harney (31 Mar 2016), "Scary new scam could swipe all your closing money," Chicago Tribune, http://www.chicagotribune.com/classified/realestate/ct-re-0403-kenneth-harney-column-20160331-column.html.

124. Brian Krebs (12 Oct 2012), "The scrap value of a hacked PC, revisited," Krebs on Security, https://krebsonsecurity.com/2012/10/the-scrap-value-of-a-hacked-pc-revisited

125. Dan Goodin (2 Feb 2018), "Cryptocurrency botnets are rendering some companies unable to operate," Ars Technica, https://arstechnica.com/information-technology/2018/02/cryptocurrency-botnets-generate-millions-but-exact-huge-cost-on-victims

126. White Ops (20 Dec 2016), "The Methbot operation," https://www.whiteops.com/hubfs/Resources/WO_Methbot_Operation_WP.pdf

127. Rob Wainwright et al. (15 Mar 2017), "European Union serious and organized crime threat assessment: Crime in the age of technology," Europol, https://www.europol.europa.eu/activities-services/main-reports/european-union-serious-and-organised-crime-threat-assessment-2017

128. Nicolas Rapp and Robert Hackett (25 Oct 2017), "A hacker's tool kit," Fortune, http://fortune.com/2017/10/25/cybercrime-spyware-marketplace. Dan Goodin (1 Feb 2018), "New IoT botnet offers DDoSes of once-unimaginable sizes for $20," Ars Technica, https://arstechnica.com/information-technology/2018/02/for-sale-ddoses-guaranteed-to-take-down-gaming-servers-just-20

129. Dorothy Denning (20 Feb 2018), "North Korea's growing criminal cyberthreat," Conversation, https://theconversation.com/north-koreas-growing-criminal-cyberthreat-89423

130. Sam Kim (7 Feb 2018), "Inside North Korea's hacker army," Bloomberg,

https://www.bloomberg.com/news/features/2018-02-07/inside-kim-jong-un-s-hacker-army

131. Kim Zetter (17 Jun 2016), "That insane, $81M Bangladesh bank heist? Here's what we know," Wired, https://www.wired.com/2016/05/insane-81m-bangladesh-bank-heist-heres-know

132. Brian Krebs (16 Oct 2016), "Hacked cameras, DVRs powered today's massive internet outage," Krebs on Security, https://krebsonsecurity.com/2016/10/hacked-cameras-dvrs-powered-todays-massive-internet-outage

133. Proofpoint (16 Jan 2014), "Your fridge is full of spam: Proof of an IoT-driven attack," https://www.proofpoint.com/us/threat-insight/post/Your-Fridge-is-Full-of-SPAM. Dan Goodin (17 Jan 2014), "Is your refrigerator really part of a massive spam-sending botnet?" Ars Technica, https://arstechnica.com/information-technology/2014/01/is-your-refrigerator-really-part-of-a-massive-spam-sending-botnet

134. Pierluigi Paganini (12 Apr 2017), "The rise of the IoT botnet: Beyond the Mirai bot," InfoSec Institute, http://resources.infosecinstitute.com/rise-iot-botnet-beyond-mirai-bot

135. Dana Ford (24 Aug 2013), "Cheney's defibrillator was modified to prevent hacking," CNN, http://www.cnn.com/2013/10/20/us/dick-cheney-gupta-interview/index.html

136. David Kravets (17 Mar 2017), "Man accused of sending a seizure-inducing tweet charged with cyberstalking," Ars Technica, https://arstechnica.com/tech-policy/2017/03/man-arrested-for-allegedly-sending-newsweek-writer-a-seizure-inducing-tweet

137. Steve Overly (8 Mar 2017), "What we know about car hacking, the CIA and those WikiLeaks claims," Washington Post, https://www.washingtonpost.com/news/innovations/wp/2017/03/08/what-we-know-about-car-hacking-the-cia-and-those-wikileaks-claims

138. Lorenzo Franceschi-Bicchierai (7 Aug 2016), "Hackers make the first-ever ransomware for smart thermostats," Vice Motherboard, https://motherboard.vice.com/en_us/article/aekj9j/Internet-of-things-ransomware-smart-thermostat

139. David Z. Morris (29 Jan 2017), "Hackers hijack hotel's smart locks, demand ransom," Fortune, http://fortune.com/2017/01/29/hackers-hijack-hotels-smart-locks

140. Russell Brandom (12 May 2017), "UK hospitals hit with massive ransomware attack," Verge, https://www.theverge.com/2017/5/12/15630354/nhs-hospitals-ransomware-hack-wannacry-bitcoin. April Glaser (27 Jun 2017), "U.S. hospitals have been hit by the global ransomware attack," Recode, https://www.recode.net/2017/6/27/15881666/global-eu-cyber-attack-us-hackers-nsa-hospitals

141. Denis Campbell and Haroon Siddique (15 May 2017), "Operations cancelled as Hunt accused of ignoring cyber-attack warnings," Guardian, https://www. theguardian.com/technology/2017/may/15/warning-of-nhs-cyber-attack-was-not-acted-on-cybersecurity

142. ITV (16 May 2017), "NHS cyber attack: Hospitals no longer diverting patients," http://www.itv.com/news/2017-05-16/nhs-cyber-attack-hospitals-no-longer-diverting-patients

143. Sean Gallagher (25 Oct 2016), "How one rent-a-botnet army of cameras, DVRs caused Internet chaos," Ars Technica, https://arstechnica.com/information-technology/2016/10/inside-the-machine-uprising-how-cameras-dvrs-took-down-parts-of-the-internet

5장. 위험은 재난 수준으로 확대된다

1. Mike Gault (20 Dec 2016), "The CIA secret to cybersecurity that no one seems to get," Wired, https://www.wired.com/2015/12/the-cia-secret-to-cybersecurity-that-no-one-seems-to-get

2. Jon Blistein (15 Mar 2016), "Hacker pleads guilty to stealing celebrity nude photos," Rolling Stone, https://www.rollingstone.com/movies/news/hacker-pleads-guilty-to-stealing-celebrity-nude-photos-20160315

3. Nate Lord (27 Jul 2017), "A timeline of the Ashley Madison hack," Digital Guardian, https://digitalguardian.com/blog/timeline-ashley-madison-hack

4. Eric Lipton, David E. Sanger, and Scott Shane (13 Dec 2016), "The perfect weapon: How Russian cyberpower invaded the U.S.," New York Times, https://www.nytimes.com/2016/12/13/us/politics/russia-hack-election-dnc.html

5. Stacy Cowley (2 Oct 2017), "2.5 million more people potentially exposed in Equifax breach," New York Times, https://www.nytimes.com/2017/10/02/business/equifax-breach.html

6. Brendan I. Koerner (23 Oct 2016), "Inside the cyberattack that shocked the U.S. government," Wired, https://www.wired.com/2016/10/inside-cyberattack-shocked-us-government. Evan Perez (24 Aug 2017), "FBI arrests Chinese national connected to malware used in OPM data breach," CNN, http://www.cnn.com/2017/08/24/politics/fbi-arrests-chinese-national-in-opm-data-breach/index.html

7. Ross Anderson uses this language in his writings. Eireann Leverett, Richard Clayton, and Ross Anderson (6 Jun 2017), "Standardization and certification of the 'Internet of Things,'" Institute for Consumer Policy, https://www.conpolicy.de/en/news-detail/standardization-and-certification-of-the-internet-of-things

8. Kim Zetter (26 Sep 2007), "Simulated cyberattack shows hackers blasting away at the power grid," Wired, https://www.wired.com/2007/09/simulated-cyber

9. Kim Zetter (1 Jan 2015), "A cyberattack has caused confirmed physical damage for the second time ever," Wired, https://www.wired.com/2015/01/german-steel-mill-hack-destruction

10. Joseph Berger (25 Mar 2016), "A dam, small and unsung, is caught up in an Iranian hacking case," New York Times, http://www.nytimes.com/2016/03/26/nyregion/rye-brook-dam-caught-in-computer-hacking-case.html

11. Charles Perrow (1999), Normal Accidents: Living with High-Risk Technologies, Princeton University Press, https://www.amazon.com/Normal-Accidents-Living-High-Risk-Technologies/dp/0691004129.

12. Michael Martinez, John Newsome, and Rene Marsh (21 Jul 2015), "Handgun-firing drone appears legal in video, but FAA, police probe further," CNN, http://www.cnn.com/2015/07/21/us/gun-drone-connecticut/index.html

13. Jordan Golson (2 Aug 2016), "Jeep hackers at it again, this time taking control of steering and braking systems," Verge, https://www.theverge.com/2016/8/2/12353186/car-hack-jeep-cherokee-vulnerability-miller-valasek

14. Kim Zetter (8 Jun 2015), "Hacker can send fatal dose to hospital drug pumps," Wired, https://www.wired.com/2015/06/hackers-can-send-fatal-doses-hospital-drug-pumps

15. Kim Zetter (26 May 2015), "Is it possible for passengers to hack commercial aircraft?" Wired, https://www.wired.com/2015/05/possible-passengers-hack-commercial-aircraft. Anthony Cuthbertson (20 Dec 2016), "Hackers expose security flaws with major airlines," Newsweek, http://www.newsweek.com/hackers-hijack-planes-flight-system-flaw-534071

16. Jack Morse (18 Jul 2017), "Remotely hacking ships shouldn't be this easy, and ye..." Mashable, http://mashable.com/2017/07/18/hacking-boats-is-fun-and-easy

17. Jill Scharr (6 Jun 2014), "Hacking an electronic highway sign is way too easy," Tom's Guide, https://www.tomsguide.com/us/highway-signs-easily-hacked,news-18915.html

18. Robert McMillan (12 Apr 2017), "Tornado-siren false alarm shows radio-hacking risk," Wall Street Journal, https://www.wsj.com/articles/tornado-siren-false-alarm-shows-radio-hacking-risk-1492042082

19. John Denley (28 Sep 2017), "No nuclear weapon is safe from cyberattacks," Wired, https://www.wired.co.uk/article/no-nuclear-weapon-is-safe-from-cyberattacks

20. Gregory Falco (Mar 2018), "The Vacuum of Space Cyber Security," Cyber Security Project, Harvard Kennedy School Belfer Center for Science and

International Affairs, unpublished draft.

21. Neal A. Pollar, Adam Segal, and Matthew G. DeVost (16 Jan 2018), "Trust war: Dangerous trends in cyber conflict," War on the Rocks, https://warontherocks.com/2018/01/trust-war-dangerous-trends-in-cyber-conflict

22. Rick Maese and Matt Bonesteel (9 Dec 2016), "World Anti-Doping Agency report details scope of massive Russian scheme," Washington Post, https://www.washingtonpost.com/news/early-lead/wp/2016/12/09/wada-report-details-scope-of-massive-russian-doping-scheme

23. Karen DeYoung and Ellen Nakashima (16 Jul 2016), "UAE orchestrated hacking of Qatari government sites, sparking regional upheaval, according to U.S. intelligence officials," Washington Post, https://www.washingtonpost.com/world/national-security/uae-hacked-qatari-government-sites-sparking-regional-upheaval-according-to-us-intelligence-officials/2017/07/16/00c46e54-698f-11e7-8eb5-cbccc2e7bfbf_story.html

24. Nicole Perlroth, Michael Wines, and Matthew Rosenberg (1 Sep 2017), "Russian election hacking efforts, wider than previously known, draw little scrutiny," New York Times, https://www.nytimes.com/2017/09/01/us/politics/russia-election-hacking.html

25. James R. Clapper (26 Feb 2015), "Statement for the record: Worldwide threat assessment of the US intelligence community: Senate Armed Services Committee," Office of the Director of National Intelligence, http://www.dni.gov/files/documents/Unclassified_2015_ATA_SFR_-_SASC_FINAL.pdf

26. Ashley Carman (11 Sep 2015), "'Information integrity' among top cyber priorities for U.S. gov't, Clapper says," SC Magazine, http://www.scmagazine.com/intelligence-committee-hosts-cybersecurity-hearing/article/438202

27. Katie Bo Williams (27 Sep 2015), "Officials worried hackers will change your data, not steal it," Hill, http://thehill.com/policy/cyber security/254977-officials-worried-hackers-will-change-your-data-not-steal-it

28. James R. Clapper (9 Feb 2016), "Statement for the record: Worldwide threat assessment of the US intelligence community: Senate Armed Services Committee," Office of the Director of National Intelligence, https://www.dni.gov/files/documents/SASC_Unclassified_2016_ATA_SFR_FINAL.pdf

29. Shaun Waterman (20 Jul 2016), "Bank regulators briefed on Treasury-led cyber drill," Fed Scoop, https://www.fedscoop.com/us-treasury-cybersecurity-drill-july-2016

30. Telis Demos (3 Dec 2017), "Banks build line of defense for doomsday cyberattack," Wall Street Journal, https://www.wsj.com/articles/banks-build-line-of-defense-for-doomsday-cyberattack-1512302401

31. Ben Buchanan and Taylor Miller (Jun 2017), "Machine Learning for

Policymakers: What It Is and Why It Matters," Cyber Security Project, Harvard Kennedy School Belfer Center for Science and International Affairs, https://www.belfercenter.org/sites/default/files/files/publication/Machine earningforPolicymakers.pdf

32. Sam Wong (30 Nov 2016), "Google Translate AI invents its own language to translate with," New Scientist, https://www.newscientist.com/article/2114748-google-translate-ai-invents-its-own-language-to-translate-with. Cade Metz (9 May 2017), "Facebook's new AI could lead to translations that actually make sense," Wired, https://www.wired.com/2017/05/facebook-open-sources-neural-networks-speed-translations

33. Elizabeth Gibney (17 Jan 2016), "Google AI algorithm masters ancient game of Go," Nature 529, http://www.nature.com/news/google-ai-algorithm-masters-ancient-game-of-go-1.19234

34. Andre Esteva et al. (25 Jan 2017), "Dermatologist-level classification of skin cancer with deep neural networks," Nature 542, https://www.nature.com/nature/journal/v542/n7639/full/nature21056.html

35. Julia Angwin et al. (23 May 2016), "Machine bias," ProPublica, https://www.propublica.org/article/machine-bias-risk-assessments-in-criminal-sentencing

36. Peter Holley (26 Sep 2017), "Teenage suicide is extremely difficult to predict. That's why some experts are turning to machines for help," Washington Post, https://www.washingtonpost.com/amphtml/news/innovations/wp/2017/09/25/teenage-suicide-is-extremely-difficult-to-predict-thats-why-some-experts-are-turning-to-machines-for-help

37. To be fair, there are a lot of questions about this research. Yilun Wang and Michal Kosinski (15 Feb 2017; last updated 16 Oct 2017), "Deep neural networks are more accurate than humans at detecting sexual orientation from facial images," Open Science Framework, https://osf.io/zn79k

38. Orley Ashenfelter (29 May 2008), "Predicting the quality and prices of Bordeaux wine," Economic Journal, http://onlinelibrary.wiley.com/doi/10.1111/j.1468-0297.2008.02148.x/abstract

39. Mitchell Hoffman, Lisa Kahn, and Danielle Li (Nov 2015), "Discretion in hiring," National Bureau of Economic Research, https://www.nber.org/papers/w21709.pdf

40. Adam Himmelsbach (18 Aug 2012), "Punting less can be rewarding, but coaches aren't risking jobs on it," New York Times, http://www.nytimes.com/2012/08/19/sports/football/calculating-footballs-risk-of-not-punting-on-fourth-down.html

41. Sally Adee (17 Aug 2016), "Scammer AI can tailor clickbait to you for phishing attacks," New Scientist, https://www.newscientist.com/article/2101483-

scammer-ai-can-tailor-clickbait-to-you-for-phishing-attacks

42. Riccardo Miotto, Brian A. Kidd, and Joel T. Dudley (17 May 2016), "Deep Patient: An unsupervised representation to predict the future of patients from the electronic health records," Scientific Reports 6, no. 26094, https://www.nature.com/articles/srep26094

43. Will Knight (11 Apr 2017), "The dark secret at the heart of AI," MIT Technology Review, https://www.technologyreview.com/s/604087/the-dark-secret-at-the-heart-of-ai

44. William Messner, ed. (2014), Autonomous Technologies: Applications That Matter, SAE International, http://books.sae.org/jpf-auv-004

45. Anh Nguyen, Jason Yosinski, and Jeff Clune (2 Apr 2015), "Deep neural networks are easily fooled: High confidence predictions for unrecognizable images," in Proceedings of the 2015 IEEE Conference on Computer Vision and Pattern Recognition (CVPR '15), https://arxiv.org/abs/1412.1897

46. Christian Szegedy et al. (19 Feb 2014), "Intriguing properties of neural networks," in Conference Proceedings: International Conference on Learning Representations (ICLR) 2014, https://arxiv.org/abs/1312.6199

47. Andrew Ilyas et al. (20 Dec 2017), "Partial information attacks on real-world AI," LabSix, http://www.labsix.org/partial-information-adversarial-examples

48. James Vincent (24 Mar 2016), "Twitter taught Microsoft's AI chatbot to be a racist asshole in less than a day," Verge, https://www.theverge.com/2016/3/24/11297050/tay-microsoft-chatbot-racist.

49. Timothy B. Lee (10 Oct 2017), "Dow Jones posts fake story claiming Google was buying Apple," Ars Technica, https://arstechnica.com/tech-policy/2017/10/dow-jones-posts-fake-story-claiming-google-was-buying-apple

50. Bob Pisani (21 Apr 2015), "What caused the flash crash? DFTC, DOJ weigh in," CNBC, https://www.cnbc.com/2015/04/21/what-caused-the-flash-crash-cftc-doj-weigh-in.html

51. Edmund Lee (24 Apr 2013), "AP Twitter account hacked in market-moving attack," Bloomberg, https://www.bloomberg.com/news/articles/2013-04-23/dow-jones-drops-recovers-after-false-report-on-ap-twitter-page

52. George Dvorsky (11 Sep 2017), "Hackers have already started to weaponize artificial intelligence," Gizmodo, https://gizmodo.com/hackers-have-already-started-to-weaponize-artificial-in-1797688425

53. Cade Metz (6 Jul 2016), "DARPA goes full Tron with its grand battle of the hack bots," Wired, https://www.wired.com/2016/07/__trashed-19

54. Matthew Braga (16 Jun 2016), "In the future, we'll leave software bug hunting to the machines," Vice Motherboard, https://motherboard.vice.com/en_amrugtsi7/c3lea8/cyber-grand-challenge. Cade Metz (5 Aug 2016), "Hackers

don't have to be human anymore. This bot battle proves it," Wired, https://www.wired.com/2016/08/security-bots-show-hacking-isnt-just-humans

55. Sharon Gaudin (5 Aug 2016), "'Mayhem' takes first in DARPA hacking challenge," Computerworld, https://www.computerworld.com/article/3104891/security/mayhem-takes-first-in-darpas-all-computer-hacking-challenge.html

56. Kevin Townsend (29 Nov 2016), "How machine learning will help attackers," Security Week, http://www.securityweek.com/how-machine-learning-will-help-attackers

57. Cylance (1 Aug 2017), "Black Hat attendees see AI as double-edged sword," https://www.cylance.com/en_us/blog/black-hat-attendees-see-ai-as-double-edged-sword.html

58. Greg Allen and Taniel Chan (13 Jul 2017), "Artificial intelligence and national security," Harvard Kennedy School Belfer Center for Science and International Affairs, https://www.belfercenter.org/sites/default/files/files/publication/AI%20NatSec%20-%20final.pdf

59. Matt Burgess (22 Aug 2017), "Ethical hackers have turned this robot into a stabbing machine," Wired, https://www.wired.co.uk/article/hacked-robots-pepper-nao-alpha-2-stab-screwdriver

60. Tamara Bonaci et al. (17 Apr 2015), "To make a robot secure: An experimental analysis of cyber security threats against teleoperated surgical robotics," ArXiv 1504.04339v1, https://arxiv.org/pdf/1504.04339v1.pdf. Darlene Storm (27 Apr 2015), "Researchers hijack teleoperated surgical robot: Remote surgery hacking threats," Computerworld, https://www.computerworld.com/article/2914741/cybercrime-hacking/researchers-hijack-teleoperated-surgical-robot-remote-surgery-hacking-threats.html

61. Thomas Fox-Brewster (3 May 2017), "Catastrophe warning: Watch an industrial robot get hacked," Forbes, https://www.forbes.com/sites/thomasbrewster/2017/05/03/researchers-hack-industrial-robot-making-a-drone-rotor

62. Paul Scharre (24 Apr 2017), Army of None: Autonomous Weapons and the Future of War, W. W. Norton, https://books.google.combooks?id=sjMsDwAAQBAJ

63. Heather Roff (9 Feb 2016), "Distinguishing autonomous from automatic weapons," Bulletin of the Atomic Scientists, http://thebulletin.org/autonomous-weapons-civilian-safety-and-regulation-versus-prohibition/distinguishing-autonomous-automatic-weapons

64. Paul Scharre (29 Feb 2016), "Autonomous weapons and operational risk," Center for a New American Security, https://www.cnas.org/publications/reports/autonomous-weapons-and-operational-risk

65. Michael Sainato (19 Aug 2015), "Stephen Hawking, Elon Musk, and Bill Gates

warn about artificial intelligence," Observer, http://observer.com/2015/08/
stephen-hawking-elon-musk-and-bill-gates-warn-about-artificial-intelligence

66. Stuart Russell et al. (11 Jan 2015), "An open letter: Research priorities for robust and beneficial artificial intelligence," Future of Life Institute, https://futureoflife.org/ai-open-letter

67. These two essays talk about that: Ted Chiang (18 Dec 2017), "Silicon Valley is turning into its own worst fear," BuzzFeed, https://www.buzzfeed.com/tedchiang/the-real-danger-to-civilization-isnt-ai-its-runaway. Charlie Stross (Jan 2018), "Dude, you broke the future!" Charlie's Diary, http://www.antipope.org/charlie/blog-static/2018/01/dude-you-broke-the-future.html

68. Rodney Brooks (7 Sep 2017), "The seven deadly sins of predicting the future of AI," http://rodneybrooks.com/the-seven-deadly-sins-of-predicting-the-future-of-ai

69. Sean Gallagher (15 Nov 2016), "Chinese company installed secret backdoor on hundreds of thousands of phones," Ars Technica, https://arstechnica.com/information-technology/2016/11/chinese-company-installed-secret-backdoor-on-hundreds-of-thousands-of-phones

70. Cyrus Farivar (11 Jul 2017), "Kaspersky under scrutiny after Bloomberg story claims close links to FSB," Ars Technica, https://arstechnica.com/information-technology/2017/07/kaspersky-denies-inappropriate-ties-with-russian-govt-after-bloomberg-story

71. Selena Larson (14 Feb 2018), "The FBI, CIA and NSA say Americans shouldn't use Huawei phones," CNN, http://money.cnn.com/2018/02/14/technology/huawei-intelligence-chiefs/index.html

72. Emily G. Cohen (7 Jul 1997), "Check Point response to Mossad rumor," Firewalls Mailing List, Great Circle Associates, http://old.greatcircle.com/firewalls/mhonarc/firewalls.199707/msg00223.html

73. Julia Angwin et al. (15 Aug 2015), "AT&T helped U.S. spy on Internet on a vast scale, New York Times, https://www.nytimes.com/2015/08/16/us/politics/att-helped-nsa-spy-on-an-array-of-internet-traffic.html

74. Arnd Weber et al. (22 Mar 2018), "Sovereignty in information technology: Security, safety and fair market access by openness and control of the supply chain," Karlsruher Institut für Technologie, http://www.itas.kit.edu/pub/v/2018/weua18a.pdf

75. Georg T. Becker et al. (Jan 2014), "Stealthy dopant-level hardware Trojans: Extended version," Journal of Cryptographic Engineering4, https://link.springer.com/article/10.1007/s13389-013-0068-0

76. Paul Mozur (28 Jan 2015), "New rules in China upset Western tech companies," New York Times, https://www.nytimes.com/2015/01/29/technology/in-china-

new-cybersecurity-rules-perturb-western-tech-companies.html

77. So does the US: Zack Whittaker (17 Mar 2016), "U.S. government pushed tech firms to hand over source code," ZDNet, http://www.zdnet.com/article/us-government-pushed-tech-firms-to-hand-over-source-code

78. John Leyden (23 Oct 2017), "'We've nothing to hide': Kaspersky Lab offers to open up source code," Register, https://www.theregister.co.uk/2017/10/23/kaspersky_source_code_review

79. Joel Schectman, Dustin Volz, and Jack Stubbs (2 Oct 2017), "HP Enterprise let Russia scrutinize cyberdefense system used by Pentagon," Reuters, https://www.reuters.com/article/us-usa-cyber-russia-hpe-specialreport/special-report-hp-enterprise-let-russia-scrutinize-cyberdefense-system-used-by-pentagon-idUSKCN1C716M

80. Whether they were successful or not was deliberately withheld by the New York Times, citing national security concerns. My guess is that they were successful. David E. Sanger and Nicole Perlroth (23 Mar 2014), "N.S.A. breached Chinese servers seen as security threat," New York Times, https://www.nytimes.com/2014/03/23/world/asia/nsa-breached-chinese-servers-seen-as-spy-peril.html

81. The one document we have shows the NSA intercepting devices "bound for the Syrian Telecommunications Establishment (STE) to be used as part of their internet backbone." Chief (name redacted), Access and Target Development (S3261) (Jun 2010), "Stealthy techniques can crack some of SIGINT's hardest targets," SID Today, http://www.spiegel.de/media/media-35669.pdf. Sean Gallagher (14 May 2014), "Photos of an NSA 'upgrade' factory show Cisco router getting implant," Ars Technica, https://arstechnica.com/tech-policy/2014/05/photos-of-an-nsa-upgrade-factory-show-cisco-router-getting-implant

82. Darren Pauli (18 Mar 2015), "Cisco posts kit to empty houses to dodge NSA chop shops," Register, https://www.theregister.co.uk/2015/03/18/want_to_dodge_nsa_supply_chain_taps_ask_cisco_for_a_dead_drop

83. Kim Zetter (19 Dec 2015), "Secret code found in Juniper's firewalls shows risk of government backdoors," Wired, https://www.wired.com/2015/12/juniper-networks-hidden-backdoors-show-the-risk-of-government-backdoors

84. Jeremy Kirk (14 Oct 2013), "Backdoor found in D-Link router firmware code," InfoWorld, http://www.infoworld.com/article/2612384/network-router/backdoor-found-in-d-link-router-firmware-code.html

85. Benitez (7 Nov 2017), "How to protect yourself from downloading fake apps and getting hacked," ABC News, http://abcnews.go.com/US/protect-downloading-fake-apps-hacked/story?id=50972286

86. Lorenzo Franceschi-Bicchierai (3 Nov 2017), "More than 1 million people downloaded a fake WhatsApp Android app," Vice Motherboard, https://motherboard.vice.com/en_us/article/evbakk/fake-whatsapp-android-app-1-million-downloads

87. Lucian Constantin (18 Sep 2017), "Malware-infected CCleaner installer distributed to users via official servers for a month," Vice Motherboard, https://motherboard.vice.com/en_us/article/a3kgpa/ccleaner-backdoor-malware-hack. Thomas Fox-Brewster (21 Sep 2017), "Avast: The 2.3M CCleaner hack was a sophisticated assault on the tech industry," Forbes, https://www.forbes.com/sites/thomasbrewster/2017/09/21/avast-ccleaner-attacks-target-tech-industry

88. Andy Greenberg (7 Jul 2017), "The Petya plague exposes the threat of evil software updates," Wired, https://www.wired.com/story/petya-plague-automatic-software-updates

89. Joseph Graziano (21 Nov 2013), "Fake AV software updates are distributing malware," Symantec Corporation, https://www.symantec.com/connect/blogs/fake-av-software-updates-are-distributing-malware

90. Omer Shwartz et al. (14 Aug 2017), "Shattered trust: When replacement smartphone components attack," in Proceedings of the 11th USENIX Workshop on Offensive Technologies (WOOT 17), https://www.usenix.org/conference/woot17/workshop-program/presentation/shwartz

91. Mike Murphy (18 Dec 2017), "Think twice about buying internet-connected devices off eBay," Quartz, https://qz.com/1156059/dont-buy-second-hand-internet-connected-iot-devices-from-sites-like-ebay-ebay.

92. Aaron Maasho (29 Jan 2018), "China denies report it hacked African Union headquarters," Reuters, https://www.reuters.com/article/us-africanunion-summit-china/china-denies-report-it-hacked-african-union-headquarters-idUSKBN1FI2I5

93. Elaine Sciolino (15 Nov 1988), "The bugged embassy case: What went wrong," New York Times, http://www.nytimes.com/1988/11/15/world/the-bugged-embassy-case-what-went-wrong.html

94. Elisabeth Bumiller and Thom Shanker (11 Oct 2012), "Panetta warns of dire threat of cyberattack," New York Times, http://www.nytimes.com/2012/10/12/world/panetta-warns-of-dire-threat-of-cyberattack.html.

95. Daniel R. Coats (11 May 2017), "Statement for the record: Worldwide threat assessment of the US intelligence community: Senate Select Committee on Intelligence," Office of the Director of National Intelligence, https://www.dni.gov/files/documents/Newsroom/Testimonies/SSCI%20Unclassified%20SFR%20-%20Final.pdf

96. Daniel R. Coats (13 Feb 2018), "Statement for the record: Worldwide threat

assessment of the US intelligence community," Office of the Director of National Intelligence, https://www.dni.gov/files/documents/Newsroom/Testimonies/2018-ATA---Unclassified-SSCI.pdf

97. Simon Ruffle et al. (6 Jul 2015), "Business blackout: The insurance implications of a cyber attack on the U.S. power grid," Lloyd's Cambridge Centre for Risk Studies, https://www.lloyds.com/news-and-insight/risk-insight/library/society-and-security/business-blackout

98. Stephen Paddock is an example of this. Alex Horton (3 Oct 2017), "The Las Vegas shooter modified a dozen rifles to shoot like automatic weapons," Washington Post, https://www.washingtonpost.com/news/checkpoint/wp/2017/10/02/video-from-las-vegas-suggests-automatic-gunfire-heres-what-makes-machine-guns-different

99. Reprap Algarve (23 Sep 2016), "DIY 3D printed assassination drone," YouTube, https://www.youtube.com/watch?v=N3mdUjT6C5w

100. Jack Goldsmith and Stuart Russell (5 Jun 2018), "Strengths Become Vulnerabilities: How a Digital World Disadvantages the United States in Its International Relations," Aegis Series Paper, Hoover Working Group on National Security, Technology, and Law, https://www.hoover.org/sites/default/files/research/docs/381100534-strengths-become-vulnerabilities.pdf

101. Barack Obama (16 Dec 2016), "Press conference by the president," White House Office of the Press Secretary, https://obamawhitehouse.archives.gov/the-press-office/2016/12/16/press-conference-president

102. Joseph Nye has written extensively about deterrence in cyberspace. Joseph S. Nye Jr. (1 Feb 2017), "Deterrence and dissuasion in cyberspace," International Security 41, no. 3, https://www.mitpressjournals.org/doi/pdf/10.1162/ISEC_a_00266

103. Rochelle F. H. Bohaty (12 Jan 2008), "Dangerously vulnerable," Chemical & Engineering News, http://pubs.acs.org/cen/email/html/cen_87_i02_8702gov2.html

104. Also, biological attacks and cyberattacks are both much harder to attribute than the others, making them even scarier.

105. Peter Vincent Pry (8 May 2014), "Electromagnetic pulse: Threat to critical infrastructure," Testimony before the Subcommittee on Cybersecurity, Infrastructure Protection and Security Technologies, House Committee on Homeland Security, http://docs.house.gov/meetings/HM/HM08/20140508/102200/HHRG-113-HM08-Wstate-PryP-20140508.pdf. William R. Graham and Peter Vincent Pry (12 Oct 2017), "North Korea nuclear EMP attack: An existential threat," US House of Representatives Committee on Homeland Security, Subcommittee on Oversight and Management Efficiency Hearing,

http://docs.house.gov/meetings/HM/HM09/20171012/106467/HHRG-115-HM09-Wstate-PryP-20171012.pdf

106. The term "weapon of mass destruction" is now being used for pretty much everything. The FBI referred to the Boston Marathon bombers' pressure-cooker bombs as weapons of mass destruction. Federal Bureau of Investigation (accessed 24 Apr 2018), "Weapons of mass destruction," http://www.fbi.gov/about-us/investigate/terrorism/wmd/wmd_faqs. Brian Palmer (31 Mar 2010), "When did IEDs become WMD?" Slate, http://www.slate.com/articles/news_and_ politics/explainer/2010/03/when_did_ieds_become_wmd.html

107. Daniel R. Coats (11 May 2017), "Statement for the record: Worldwide threat assessment of the US intelligence community: Senate Select Committee on Intelligence," Office of the Director of National Intelligence, https://www.dni.gov/files/documents/Newsroom/Testimonies/SSCI%20Unclassified%20SFR%20-%20Final.pdf

108. Ron Suskind (2006), The One Percent Doctrine: Deep inside America's Pursuit of Its Enemies since 9/11, Simon & Schuster, https://www.amazon.com/dp/B000NY12N2/ref=dp-kindle-redirect?_encoding=UTF8&btkr=1.

109. I have long thought: James Barron (15 Aug 2003), "The blackout of 2003," New York Times, http://www.nytimes.com/2003/08/15/nyregion/blackout-2003-overview-power-surge-blacks-northeast-hitting-cities-8-states.html

110. US-CERT National Cyber Awareness System (Dec 2003), "2003 CERT Advisories," Carnegie Mellon Software Engineering Institute, https://www.cert.org/historical/advisories/CA-2003-20.cfm

111. Paul F. Barber et al. (13 Jul 2004), "Technical analysis of the August 13, 2003 blackout," North American Electric Reliability Council, http://www.nerc.com/docs/docs/blackout/NERC_Final_Blackout_Report_07_13_04.pdf. U.S.-Canada Power System Outage Task Force (1 Apr 2004), "Final report on the August 14, 2003 blackout in the United States and Canada: Causes and recommendations," https://energy.gov/sites/prod/files/oeprod/DocumentsandMedia/BlackoutFinal-Web.pdf

112. Brian Krebs (18 Jan 2017), "Who is AnnaSenpai, the Mirai worm author?" Krebs on Security, https://krebsonsecurity.com/2017/01/who-is-anna-senpai-the-mirai-worm-author

113. Garrett M. Graff (13 Dec 2017), "How a dorm room Minecraft scam brought down the Internet," Wired, https://www.wired.com/story/mirai-botnet-minecraft-scam-brought-down-the-internet

114. Parmy Olson (9 Nov 2012), "The day a computer virus came close to plugging Gulf Oil," Forbes, https://www.forbes.com/sites/parmyolson/2012/11/09/the-day-a-computer-virus-came-close-to-plugging-gulf-oil

115. Iain Thomson (16 Aug 2017), "NotPetya ransomware attack cost us $300m— shipping giant Maersk," Register, https://www.theregister.co.uk/2017/08/16/ notpetya_ransomware_attack_cost_us_300m_says_shipping_giant_maersk

116. Elton Hobson (24 Nov 2017), "Powerful video warns of the danger of autonomous 'slaughterbot' drone swarms," Global News, https://globalnews. ca/news/3880186/powerful-video-warns-of-the-danger-of-autonomous-slaughterbot-drone-swarms

117. Michael Hippke and John G. Learned (6 Feb 2018), "Interstellar communication. IX. Message decontamination is possible," ArXiv1802.02180v1, https://arxiv. org/pdf/1802.02180.pdf

118. I've heard the term "BRINE" used as an acronym to refer to "biology, robotics, information, nanotechnology, and energy." James Kadtke and Linton Wells II (4 Sep 2014), "Policy challenges of accelerating technological change: Security policy and strategy implications of parallel scientific revolutions," Center for Technology and National Security Policy, National Defense University, http:// ctnsp.dodlive.mil/files/2014/09/DTP106.pdf

119. Bruce Russett et al. (Dec 1994), "Did Americans' expectations of nuclear war reduce their savings?" International Studies Quarterly 38, http://www.jstor.org/ discover/10.2307/2600866?uid=3739256&uid=2&uid=4&sid=21103807505461

120. William R. Beardslee (Mar–Apr 1983), "Adolescents and the threat of nuclear war: The evolution of a perspective," Yale Journal of Biology and Medicine 56, http://www.ncbi.nlm.nih.gov/pmc/articles/PMC2589708/pdf/yjbm00104-0020.pdf

121. Union of Concerned Scientists (20 Apr 2015), "Close calls with nuclear weapons," http://www.ucsusa.org/sites/default/files/attach/2015/04/ Close%20Calls%20with%20Nuclear%20Weapons.pdf. Future of Life Institute (1 Feb 2016), "Accidental nuclear war: A timeline," https://futureoflife.org/ background/nuclear-close-calls-a-timeline

122. Benjamin Schwarz (1 Jan 2013), "The real Cuban missile crisis," Atlantic, https://www.theatlantic.com/magazine/archive/2013/01/the-real-cuban-missile-crisis/309190

123. Sewell Chan (18 Sep 2017), "Stanislav Petrov, Soviet officer who helped avert nuclear war," New York Times, https://www.nytimes.com/2017/09/18/world/ europe/stanislav-petrov-nuclear-war-dead.html.

124. Laura Geggel (9 Feb 2016), "The odds of dying," Live Science, https://www. livescience.com/3780-odds-dying.html.

125. As amazing as it seems today, immediately after 9/11, people actually believed that terrorist attacks of that magnitude would happen every few months. Pew Research Center (Apr 2013), "Apr 18–21 2013, omnibus, final topline,

N=1,002," Pew Research Center, http://www.people-press.org/files/legacy-questionnaires/4-23-13%20topline%20for%20release.pdf

126. the Boston Marathon bombings: Adam Gabbatt (23 Apr 2013), "Boston Marathon bombing injury toll rises to 264," Guardian, http://www.theguardian. com/world/2013/apr/23/boston-marathon-injured-toll-rise

127. National Safety Council (accessed 24 Apr 2018), "What are the odds of dying from…," http://www.nsc.org/learn/safety-knowledge/Pages/injury-facts-chart. aspx (text, chart), http://injuryfacts.nsc.org/all-injuries/preventable-death-overview/odds-of-dying (graphic). Kevin Gipson and Adam Suchy (Sep 2011), "Instability of televisions, furniture, and appliances: Estimated and reported fatalities, 2011 report," Consumer Product Safety Commission, https://web. archive.org/web/20111007090947/http://www.cpsc.gov/library/foia/foia11/os/ tipover2011.pdf

128. John Mueller and Mark G. Stewart (1 Jul 2012), "The terrorism delusion: America's overwrought response to September 11," International Security37, no. 1, https://politicalscience.osu.edu/faculty/jmueller/absisfin.pdf

129. Daniel Gilbert (2 Jul 2006), "If only gay sex caused global warming," Los Angeles Times, http://articles.latimes.com/2006/jul/02/opinion/op-gilbert2. Bruce Schneier (13 Jun 2008), "The psychology of security," AfricaCrypt 2008, https://www.schneier.com/academic/archives/2008/01/the_psychology_of_ se.html

130. Bruce Schneier (8 Sep 2005), "Terrorists don't do movie plots," Wired, http:// www.wired.com/2005/09/terrorists-dont-do-movie-plots

131. Bruce Schneier (31 Jul 2012), "Drawing the wrong lessons from horrific events," CNN, http://www.cnn.com/2012/07/31/opinion/schneier-aurora-aftermath/index.html

132. Bruce Schneier (Nov 2009), "Beyond security theater," New Internationalist, https://www.schneier.com/essays/archives/2009/11/beyond_security_thea. html

PART 2: 해법들

1. Statista (Oct 2017), "Global spam volume as percent-age of total e-mail traffic from January 2014 to September 2017, by month," https://www.statista.com/ statistics/420391/spam-email-traffic-share

2. Jordan Robertson (19 Jan 2016), "E-mail spam goes artisanal," Bloomberg, https://www.bloomberg.com/news/articles/2016-01-19/e-mail-spam-goes-artisanal

3. Steven J. Murdoch (3 Oct 2017), "Liability for push payment fraud pushed onto

the victims," Bentham's Gaze, https://www.benthamsgaze.org/2017/10/03/liability-for-push-payment-fraud-pushed-onto-the-victims. Steven J. Murdoch and Ross Anderson (9 Nov 2014), "Security protocols and evidence: Where many payment systems fail," FC 2014: International Conference on Financial Cryptography and Data Security, https://link.springer.com/chapter/10.1007/978-3-662-45472-5_2

4. Patrick Jenkins and Sam Jones (25 May 2016), "Bank customers may cover cost of fraud under new UK proposals," Financial Times, https://www.ft.com/content/e335211c-2105-11e6-aa98-db1e01fabc0c

5. Federal Trade Commission (Aug 2012), "Lost or stolen credit, ATM, and debit cards," https://www.consumer.ftc.gov/articles/0213-lost-or-stolen-credit-atm-and-debit-cards

6. Bruce Schneier (2012), Liars and Outliers: Enabling the Trust That Society Needs to Thrive, Wiley, http://www.wiley.com/WileyCDA/Wiley Title/productCd-1118143302.html

7. Arjun Jayadev and Samuel Bowles (Apr 2006), "Guard labor," Journal of Development Economics79, no. 2, http://www.sciencedirect.com/science/article/pii/S0304387806000125

8. Gartner (16 Aug 2017), "Gartner says worldwide information security spending will grow 7 percent to reach $86.4 billion in 2017," https://www.gartner.com/newsroom/id/3784965

9. If we want more security: Allison Gatlin (8 Feb 2016), "Cisco, IBM, Dell M&A brawl may whack Symantec, Palo Alto, Fortinet," Investor's Business Daily, https://www.investors.com/news/technology/cisco-ibm-dell-ma-brawl-whacks-symantec-palo-alto-fortinet

10. Ponemon Institute (20 Jun 2017) "2017 cost of data breach study," http://info.resilientsystems.com/hubfs/IBM_Resilient_Branded_Content/White_Papers/2017_Global_CODB_Report_Final.pdf

11. Symantec Corporation (23 Jan 2018), "2017 Norton cyber security insights report: Global results," https://www.symantec.com/content/dam/symantec/docs/about/2017-ncsir-global-results-en.pdf

12. "We found that resulting values are": I was a member of the steering committee for this research project. Paul Dreyer et al. (14 Jan 2018), "Estimating the global cost of cyber risk," RAND Corporation, https://www.rand.org/pubs/research_reports/RR2299.html

6장. 보안이 확보된 인터넷 플러스는 이런 양상일 것이다

1. Finn Lützow-Holm Myrstad (1 Dec 2016), "#Toyfail: An analysis of consumer

and privacy issues in three internet-connected toys," For-brukerrådet, https://consumermediallc.files.wordpress.com/2016/12/toyfail_report_desember2016.pdf

2. Philip Oltermann (17 Feb 2017), "German parents told to destroy doll that can spy on children," Guardian, https://www.theguardian.com/world/2017/feb/17/german-parents-told-to-destroy-my-friend-cayla-doll-spy-on-children

3. Samuel Gibbs (26 Nov 2015), "Hackers can hijack WiFi Hello Barbie to spy on your children," Guardian, https://www.theguardian.com/technology/2015/nov/26/hackers-can-hijack-wi-fi-hello-barbie-to-spy-on-your-children

4. Tara Siegel Bernard et al. (7 Sep 2017), "Equifax says cyberattack may have affected 143 million in the U.S.," New York Times, https://www.nytimes.com/2017/09/07/business/equifax-cyberattack.html. Stacy Cowley (2 Oct 2017), "2.5 million more people potentially exposed in Equifax breach," New York Times, https://www.nytimes.com/2017/10/02/business/equifax-breach.html

5. Lukasz Lenart (9 Mar 2017), "S2-045: Possible remote code execution when performing file upload based on Jakarta Multipart parser," Apache Struts 2 Documentation, https://cwiki.apache.org/confluence/display/WW/S2-045. Dan Goodin (9 Mar 2017), "Critical vulnerability under 'massive' attack imperils high-impact sites," Ars Technica, https://arstechnica.com/information-technology/2017/03/critical-vulnerability-under-massive-attack-imperils-high-impact-sites

6. Dan Goodin (2 Oct 2017), "A series of delays and major errors led to massive Equifax breach," Ars Technica, https://arstechnica.com/information-technology/2017/10/a-series-of-delays-and-major-errors-led-to-massive-equifax-breach

7. Cyrus Farivar (15 Sep 2017), "Equifax CIO, CSO 'retire' in wake of huge security breach," Ars Technica, https://arstechnica.com/tech-policy/2017/09/equifax-cio-cso-retire-in-wake-of-huge-security-breach

8. James Scott (20 Sep 2017), "Equifax: America's in-credible insecurity," Institute for Critical Infrastructure Technology, http://icitech.org/wp-content/uploads/2017/09/ICIT-Analysis-Equifax-Americas-In-Credible-Insecurity-Part-One.pdf

9. Bruce Schneier (1 Nov 2017), "Testimony and statement for the record: Hearing on 'securing consumers' credit data in the age of digital commerce' before the Subcommittee on Digital Commerce and Consumer Protection Committee on Energy and Commerce, United States House of Representatives," http://docs.house.gov/meetings/IF/IF17/20171101/106567/HHRG-115-IF17-Wstate-SchneierB-20171101.pdf

10. Thomas Fox-Brewster (8 Sep 2017), "A brief history of Equifax security fails," Forbes, https://www.forbes.com/sites/thomasbrewster/2017/09/08/equifax-data-breach-history

11. Here's one example of what that means: Open Web Application Security Project (last modified 3 Aug 2016), "Security by design principles," https://www.owasp.org/index.php/Security_by_Design_Principles

12. Jonathan Zittrain et al. (Feb 2018), "'Don't Panic' Meets the Internet of Things: Recommendations for a Responsible Future," Berklett Cybersecurity Project, Berkman Center for Internet and Society at Harvard University, unpublished draft

13. Bruce Schneier (9 Feb 2017), "Security and privacy guidelines for the Internet of Things," Schneier on Security, https://www.schneier.com/blog/archives/2017/02/security_and_pr.html

14. 라타냐 스위니는 익명화된 데이터를 다시 되돌리는 놀라운 작업을 했다. Here are some examples: Latanya Sweeney (accessed 24 Apr 2018), "Research accomplishments of Latanya Sweeney, Ph.D.: Policy and law: Identifiability of de-identified data," http://latanyasweeney.org/work/identifiability.html

15. 이는 한결같이 믿어지지 않는다. For example: Debra Littlejohn Shinder (27 Jul 2016), "From mainframe to cloud: It's technology déjà vu all over again," TechTalk, https://techtalk.gfi.com/from-mainframe-to-cloud-its-technology-deja-vu-all-over-again

16. Software and Information Industry Association (15 Sep 2017), "Principles for ethical data use," SIAA Issue Brief, http://www.siia.net/Portals/0/pdf/Policy/Principles%20for%20Ethical%20Data%20Use%20SIIA%20Issue%20Brief.pdf?ver=2017-09-15-130746-523. Erica Kochi et al. (12 Mar 2018), "How to prevent discriminatory outcomes in machine learning," Global Future Council on Human Rights 2016–2018, World Economic Forum, http://www3.weforum.org/docs/WEF_40065_White_Paper_How_to_Prevent_Discriminatory_Outcomes_in_Machine_Learning.pdf

17. Will Knight (11 Apr 2017), "The dark secret at the heart of AI," MIT Technology Review, https://www.technologyreview.com/s/604087/the-dark-secret-at-the-heart-of-ai

18. secret 알고리즘에 관한 자세한 내용은 다음을 보라. Frank Pasquale (2015), The Black Box Society: The Secret Algorithms That Control Money and Information, Harvard University Press, http://www.hup.harvard.edu/catalog.php?isbn=9780674368279

19. Larry Hardesty (27 Oct 2016), "Making computers explain themselves," MIT News, http://news.mit.edu/2016/making-computers-explain-themselves-machine-learning-1028. Sara Castellanos and Steven Norton (10 Aug 2017),

"Inside DARPA's push to make artificial intelligence explain itself," Wall Street Journal, https://blogs.wsj.com/cio/2017/08/10/inside-darpas-push-to-make-artificial-intelligence-explain-itself. Matthew Hutson (31 May 2017), "Q&A: Should artificial intelligence be legally required to explain itself?" Science, http://www.sciencemag.org/news/2017/05/qa-should-artificial-intelligence-be-legally-required-explain-itself

20. The EU's General Data Protection Regulation includes some form of a "right to an explanation." Experts are still arguing about how extensive that right is. Bryce Goodman and Seth Flaxman (28 Jun 2016), "European Union regulations on algorithmic decision-making and a 'right to explanation,'" 2016 ICML Workshop on Human Interpretability in Machine Learning, https://arxiv.org/abs/1606.08813. Sandra Wachter, Brent Mittelstadt, and Luciano Floridi (24 Jan 2017), "Why a right to explanation of automated decision-making does not exist in the General Data Protection Regulation," International Data Privacy Law 2017, https://papers.ssrn.com/sol3/papers.cfm?abstract_id=2903469

21. Will Knight (11 Apr 2017), "The dark secret at the heart of AI," MIT Technology Review, https://www.technologyreview.com/s/604087/the-dark-secret-at-the-heart-of-ai

22. Cliff Kuang (21 Nov 2017), "Can A.I. be taught to explain itself?" New York Times Magazine, https://www.nytimes.com/2017/11/21/magazine/can-ai-be-taught-to-explain-itself.html

23. Nicholas Diakopoulos et al. (17 Nov 2016), "Principles for accountable algorithms and a social impact statement for algorithms," Fairness, Accountability, and Transparency in Machine Learning, https://www.fatml.org/resources/principles-for-accountable-algorithms

24. Tad Hirsch (9 Sep 2017), "Designing contestability: Interaction design, machine learning, and mental health," 2017 Conference on Designing Interactive Systems, https://dl.acm.org/citation.cfm?doid=3064663.3064703

25. Christian Sandvig et al. (22 May 2014), "Auditing algorithms: Research methods for detecting discrimination on Internet platforms," 64th Annual Meeting of the International Communication Association, http://www-personal.umich.edu/~csandvig/research/Auditing%20Algorithms%20--%20Sandvig%20-%20ICA%202014%20Data%20and%20Discrimination%20Preconference.pdf. Philip Adler et al. (23 Feb 2016), "Auditing black-box models for indirect influence," 2016 IEEE 16th International Conference on Data Mining (ICDM), http://ieeexplore.ieee.org/document/7837824

26. Julia Angwin et al. (23 May 2016), "Machine bias," ProPublica, https://www.propublica.org/article/machine-bias-risk-assessments-in-criminal-sentencing

27. Melissa E. Hathaway and John E. Savage (9 Mar 2012), "Stewardship of

cyberspace: Duties for internet service providers," CyberDialogue 2012, University of Toronto, https://www.belfercenter.org/sites/default/files/legacy/files/cyberdialogue2012_hathaway-savage.pdf

28. 이 장의 상당 내용은 다음의 보고서에서 발췌했다. Melissa E. Hathaway and John E. Savage (9 Mar 2012), "Stewardship of cyberspace: Duties for internet service providers," CyberDialogue 2012, University of Toronto, https://www.belfercenter.org/sites/default/files/legacy/files/cyberdialogue2012_hathaway-savage.pdf

29. Linda Rosencrance (10 Jun 2008), "3 top ISPs to block access to sources of child porn," Computerworld, https://www.computerworld.com/article/2535175/networking/3-top-isps-to-block-access-to-sources-of-child-porn.html

30. 엔지니어들은 '제조업체 사용 설명(Manufacturer Usage Descriptions)'이라는 보안 시스템을 개발하고 있다. 이 보안 시스템은 라우터가 중앙 데이터베이스를 조회해서 IoT 장치가 어디로 연결돼야 하는지, 그리고 주고받도록 허가 받은 정보는 무엇인지 확인하는 곳에 쓰인다. 라우터는 이 보안 시스템을 사용하는 것만으로 장치의 연결을 제한할 수 있다. 이 방법이 올바르다고 주장하는 것은 아니다. 하지만 앞으로 더 논의해볼 만한 아이디어임은 분명하다. Eliot Lear, Ralph Droms, and Dan Romascanu (24 Oct 2017), "Manufacturer Usage Description specification," Internet Engineering Task Force, https://datatracker.ietf.org/doc/draft-ietf-opsawg-mud. Max Pritikin et al. (30 Oct 2017), "Bootstrapping remote secure key infrastructures (BRSKI)," Internet Engineering Task Force, https://datatracker.ietf.org/doc/draft-ietf-anima-bootstrapping-keyinfra

31. 이 장의 상당 내용은 다음의 보고서에서 발췌했다. Melissa E. Hathaway and John E. Savage (9 Mar 2012), "Stewardship of cyberspace: Duties for internet service providers," CyberDialogue 2012, University of Toronto, https://www.belfercenter.org/sites/default/files/legacy/files/cyber dialogue2012_hathaway-savage.pdf

32. Bruce Schneier (9 Apr 2014), "Heartbleed," Schneier on Security, https://www.schneier.com/blog/archives/2014/04/heartbleed.html

33. Paul Mutton (8 Apr 2014), "Half a million widely trusted websites vulnerable to Heartbleed bug," Netcraft, https://news.netcraft.com/archives/2014/04/08/half-a-million-widely-trusted-websites-vulnerable-to-heartbleed-bug.html

34. Ben Grubb (11 Apr 2014), "Man who introduced serious 'Heartbleed' security flaw denies he inserted it deliberately," Sydney Morning Herald, http://www.smh.com.au/it-pro/security-it/man-who-introduced-serious-heartbleed-security-flaw-denies-it-deliberately-20140410-zqta1.html. Alex Hern (11 Apr 2014), "Heartbleed: Developer who introduced the error regrets 'oversight,'" Guardian, https://www.theguardian.com/technology/2014/apr/11/heartbleed-

developer-error-regrets-oversight

35. Steven J. Vaughan-Nichols (28 Apr 2014), "Cash, the Core Infrastructure Initiative, and open source projects," ZDNet, http://www.zdnet.com/article/cash-the-core-infrastructure-initiative-and-open-source-projects

36. Alex McKenzie (5 Dec 2009), "Early sketch of ARPANET's first four nodes," Scientific American, https://www.scientificamerican.com/gallery/early-sketch-of-arpanets-first-four-nodes

37. Yudhanjaya Wijeratne (28 Jun 2016), "The seven companies that really own the Internet," Icarus Wept, http://icaruswept.com/2016/06/28/who-owns-the-internet

38. Dan Goodin (10 Dec 2014), "Hack said to cause fiery pipeline blast could rewrite history of cyberwar," Ars Technica, https://arstechnica.com/information-technology/2014/12/hack-said-to-cause-fiery-pipeline-blast-could-rewrite-history-of-cyberwar

39. Simon Romero (9 Sep 2013), "N.S.A. spied on Brazilian oil company, report says," New York Times, http://www.nytimes.com/2013/09/09/world/americas/nsa-spied-on-brazilian-oil-company-report-says.html. 116 In 2017, someone was able to spoof: David Hambling (10 Aug 2017), "Ships fooled in GPS spoofing attack suggest Russian cyberweapon," New Scientist, https://www.newscientist.com/article/2143499-ships-fooled-in-gps-spoofing-attack-suggest-russian-cyberweapon

40. Office of Homeland Security (15 Jul 2002), "National strategy for homeland security," https://www.hsdl.org/?view&did=856. George W. Bush (5 Feb 2003), "The national strategy for the physical protection of critical infrastructures and key assets," Office of the President of the United States, https://www.hsdl.org/?abstract&did=1041. Homeland Security Council (5 Oct 2007), "National strategy for homeland security," https://www.dhs.gov/xlibrary/assets/nat_strat_homelandsecurity_2007.pdf. George W. Bush (28 Feb 2003), "Directive on management of domestic incidents," Office of the Federal Register, https://www.hsdl.org/?view&did=439105. George W. Bush (17 Dec 2003), "Directive on national preparedness," Office of the Federal Register, https://www.hsdl.org/?view&did=441951

41. Barack Obama (12 Feb 2013), "Directive on critical infrastructure security and resilience," White House Office, https://www.hsdl.org/?view&did=731087

42. Donald J. Trump (Dec 2017), "National security strategy of the United States of America," https://www.whitehouse.gov/wp-content/uploads/2017/12/NSS-Final-12-18-2017-0905.pdf

43. Lawrence Norden and Christopher Famighetti (15 Sep 2015), "America's voting machines at risk," Brennan Center for Justice, New York University School of

Law, https://www.brennancenter.org/publication/americas-voting-machines-risk

44. Office of Homeland Security (15 Jul 2002), "National strategy for homeland security," https://www.hsdl.org/?view &did=856

45. One document I found said that only 8% of all utilities are privately owned, but that they generate 75% of the nation's power. Christopher Bellavita (16 Mar 2009), "85% of what you know about homeland security is probably wrong," Homeland Security Watch, http://www.hlswatch.com/2009/03/16/85-percent-is-wrong

46. Midwest Publishing Company (accessed 24 Apr 2018), "Electric utility industry overview," http://www.midwestpub.com/electricutility_overview.php

47. Here's one report: President's National Infrastructure Advisory Council (14 Aug 2017), "Securing cyber assets: Addressing urgent cyber threats to critical infrastructure," https://www.dhs.gov/sites/default/files/publications/niac-cyber-study-draft-report-08-15-17-508.pdf

48. Glenn Greenwald (15 Jul 2013), "The crux of the NSA story in one phrase: 'Collect it all,'" Guardian, https://www.theguardian.com/commentisfree/2013/jul/15/crux-nsa-collect-it-all

49. Jerome H. Saltzer, David P. Reed, and David D. Clark (1 Nov 1984), "End-to-end arguments in system design," ACM Transactions on Computer Systems 2, no. 4, http://web.mit.edu/Saltzer/www/publications/endtoend/endtoend.pdf

50. Tim Wu (6 Dec 2017), "How the FCC's net neutrality plan breaks with 50 years of history," Wired, https://www.wired.com/story/how-the-fccs-net-neutrality-plan-breaks-with-50-years-of-history

7장. 어떻게 인터넷 플러스의 보안을 확보할 것인가

1. ISO 27001이 좋은 예다. International Organization for Standardization (accessed 24 Apr 2018), "ISO/IEC 27000 family: Information security management systems," http://www.iso.org/iso/home/standards/management-standards/iso 27001.htm

2. Pierre J. Schlag (Dec 1985), "Rules and standards," UCLA Law Review33, https://lawweb.colorado.edu/profiles/pubpdfs/schlag/schlag UCLALR.pdf. Julia Black (28 Mar 2007), "Principles based regulation: Risks, challenges and opportunities," University of Sydney, http://eprints.lse.ac.uk/62814/1/__lse.ac.uk_storage_LIBRARY_Secondary_libfile_shared_repository_Content_Black,%20J_Principles%20based%20regulation_Black_Principles%20based%20regulation_2015.pdf

3. Cary Coglianese (2016), "Performance-based regulation: Concepts and

challenges," in Francesca Bignami and David Zaring, eds., Comparative Law and Regulation: Understanding the Global Regulatory Process, Edward Elgar Publishing, http://onlinepubs.trb.org/onlinepubs/PBRLit/Coglianese3.pdf

4. 금융 기관에 적용되는 1999년의 그램리치블라일리(Gramm-Leach-Bliley) 규정이 좋은 예시다. 규정은 해야 하는 것을 명시하지 않는다. 대신 문제에 접근하는 방법을 정하고, 규제에 영향을 받는 기관은 그에 합당한 보호 장치를 마련하도록 명시한다. 그 결과, 해당 기관은 규제를 준수하는 데 탄력성을 갖게 되며, 규제 기관은 강제력을 행사하는 데 유연성을 확보한다. 다만 때로 '합당하다'는 것이 '다른 사람들은 모두 그렇게 한다'고 바꾸기 어려운 멘탈리티(군중심리)가 생기는 것이 단점이다. Lorrie Faith Cranor et al. (11 Jun 2013), "Are they actually any different? Comparing thousands of financial institutions' privacy practices," Twelfth Workshop on the Economics of Information Security (WEIS 2013), https://www.blaseur.com/papers/financial-final.pdf

5. National Institute of Standards and Technology (revised 5 Dec 2017), "Framework for improving critical infrastructure cybersecurity, version 1.1 draft 2," https://www.nist.gov/sites/default/files/documents/2017/12/05/draft-2_framework-v1-1_without-markup.pdf. 123 Unfortunately, the NIST Cybersecurity Framework: Donald J. Trump (11 May 2017), "Presidential executive order on strengthening the cybersecurity of federal networks and critical infrastructure," Office of the President of the United States, https://www.whitehouse.gov/presidential-actions/presidential-executive-order-strengthening-cybersecurity-federal-networks-critical-infrastructure

6. Christina McGhee (21 May 2014), "DoD turns to FedRAMP and cloud brokering," FCW, https://fcw.com/articles/2014/05/21/drill-down-dod-fedramp-and-cloud-brokering.aspx

7. Michael Rapaport and Theo Francis (26 Sep 2017), "Equifax says departing CEO won't get $5.2 million in severance pay," Wall Street Journal, https://www.wsj.com/articles/equifax-says-departing-ceo-wont-get-5-2-million-in-severance-pay-1506449778. Maria Lamagna (26 Sep 2017), "After breach, Equifax CEO leaves with $18 million pension, and possibly more," MarketWatch, https://www.marketwatch.com/story/equifax-ceo-leaves-with-18-million-pension-and-maybe-more-2017-09-26

8. Catalin Cimpanu (11 Nov 2017), "Hack cost Equifax only $87.5 million—for now," Bleeping Computer, https://www.bleepingcomputer.com/news/business/hack-cost-equifax-only-87-5-million-for-now

9. Nathan Bomey (14 Jul 2016), "BP's Deepwater Horizon costs total $62B," USA Today, https://www.usatoday.com/story/money/2016/07/14/bp-deepwater-horizon-costs/87087056

10. Daniel Kahneman and Amos Tversky (Mar 1979), "Prospect theory: An analysis

of decision under risk," Econometrica 47, no. 2, https://www.princeton.edu/~kahneman/docs/Publications/prospect_theory.pdf

11. Bruce Schneier (Jul/Aug 2008), "How the human brain buys security," IEEESecurity & Privacy, https://www.schneier.com/essays/archives/2008/07/how_the_human_brain.html

12. Dan Goodin (2 Oct 2017), "A series of delays and major errors led to massive Equifax breach," Ars Technica, https://arstechnica.com/information-technology/2017/10/a-series-of-delays-and-major-errors-led-to-massive-equifax-breach

13. Jamie Condliffe (15 Dec 2016), "A history of Yahoo hacks," MIT Technology Review, https://www.technologyreview.com/s/603157/a-history-of-yahoo-hacks

14. Andy Greenberg (21 Nov 2017), "Hack brief: Uber paid off hackers to hide a 57-million user data breach," Wired, https://www.wired.com/story/uber-paid-off-hackers-to-hide-a-57-million-user-data-breach

15. Russell Lange and Eric W. Burger (27 Dec 2017), "Long-term market implications of data breaches, not," Journal of Information Privacy and Security, http://www.tandfonline.com/doi/full/10.1080/15536548.2017.1394070

16. Ash Carter (17 Apr 2015), "The Department of Defense cyber strategy," US Department of Defense, https://www.defense.gov/Portals/1/features/2015/0415_cyber-strategy/Final_2015_DoD_CYBER_STRATEGY_for_web.pdf

17. John Michael Greer (2011), The Wealth of Nature: Economics as if Survival Mattered, New Society Publishers, https://books.google.com/books?id=h3-eVcJImqMC

18. Flynn McRoberts et al. (1 Sep 2002), "The fall of Andersen," Chicago Tribune, http://www.chicagotribune.com/news/chi-0209010315sep01-story.html

19. Megan Gross (3 Mar 2016), "Volkswagen details what top management knew leading up to emissions revelations," Ars Technica, http://arstechnica.com/cars/2016/03/volkswagen-says-ceo-was-in-fact-briefed-about-emissions-issues-in-2014. Danielle Ivory and Keith Bradsher (8 Oct 2015), "Regulators investigating 2nd VW computer program on emissions," New York Times, http://www.nytimes.com/2015/10/09/business/international/vw-diesel-emissions-scandal-congressional-hearing.html. Guilbert Gates et al. (8 Oct 2015; revised 28 Apr 2016), "Explaining Volkswagen's emissions scandal," New York Times, http://www.nytimes.com/interactive/2015/business/international/vw-diesel-emissions-scandal-explained.html

20. Jan Schwartz and Victoria Bryan (29 Sep 2017), "VW's Dieselgate bill hits $30 bln after another charge," Reuters, https://www.reuters.com/article/legal-uk-volkswagen-emissions/vws-dieselgate-bill-hits-30-bln-after-another-charge-idUSKCN1C4271

21. Bill Vlasic (6 Dec 2017), "Volkswagen official gets 7-year term in diesel-emissions cheating," New York Times, https://www.nytimes.com/2017/12/06/business/oliver-schmidt-volkswagen.html

22. Albert Bianchi Jr., Michelle L. Dama, and Adrienne S. Ehrhardt (3 Mar 2017), "Executives and board members could face liability for data breaches," National Law Review, https://www.natlawreview.com/article/executives-and-board-members-could-face-liability-data-breaches. Joseph B. Crace Jr. (3 Apr 2017), "When does data breach liability extend to the boardroom?" Law 360, https://www.law360.com/articles/907786

23. Matt Burgess (1 Feb 2017), "TalkTalk's chief executive Dido Harding has resigned," Wired, https://www.wired.co.uk/article/talktalk-dido-harding-resign-quit

24. Darren C. Skinner (1 Jun 2006), "Director responsibilities and liability exposure in the era of Sarbanes-Oxley," Practical Lawyer, https://www.apks.com/en/perspectives/publications/2006/06/director-responsibilities-and-liability-exposure

25. Mary Jo White and Andrew J. Ceresney (19 May 2017), "Individual accountability: Not always accomplished through enforcement," New York Law Journal, http://www.law.com/newyorklawjournal/almID/1202786743746

26. Charles Cresson Wood (4 Dec 2016), "Solving the information security & privacy crisis by expanding the scope of top management personal liability," Journal of Legislation 43, no. 1, http://scholarship.law.nd.edu/jleg/vol43/iss1/5

27. Earlence Fernandes, Jaeyeon Jung, and Atul Prakash (18 Aug 2016), "Security analysis of emerging smart home applications," 2016 IEEE Symposium on Security and Privacy, http://ieeexplore.ieee.org/document/7546527

28. SmartThings Inc. (accessed 24 Apr 2018), "Welcome to SmartThings!" https://www.smartthings.com/terms

29. This has been called "the biggest lie on the Internet." Jonathan A. Obar and Anne Oeldorf-Hirsch (24 Aug 2016), "The biggest lie on the Internet: Ignoring the privacy policies and terms of service policies of social networking services," 44th Research Conference on Communication, Information and Internet Policy 2016 (TPRC 44), https://papers.ssrn.com/sol3/papers.cfm?abstract_id=2757465

30. This right has been challenged in court, and today there are some limits to what companies can do in their terms of service. Juliet Moringiello and John Ottaviani (7 May 2016), "Online contracts: We may modify these at any time, right?" Business Law Today, https://www.americanbar.org/publications/blt/2016/05/07_moringiello.html

31. Jessica Silver-Greenberg and Robert Gebeloff (31 Oct 2015), "Arbitration

everywhere, stacking the deck of justice," New York Times, https://www.
nytimes.com/2015/11/01/business/dealbook/arbitration-everywhere-stacking-
the-deck-of-justice.html

32. Jane Chong (30 Oct 2013), "We need strict laws if we want more secure
software," New Republic, https://newrepublic.com/article/115402/sad-state-
software-liability-law-bad-code-part-4

33. Brenda R. Sharton and David S. Kantrowitz (22 Sep 2017), "Equifax and why
it's so hard to sue a company for losing your personal information," Harvard
Business Review, https://hbr.org/2017/09/equifax-and-why-its-so-hard-to-sue-
a-company-for-losing-your-personal-information

34. Janis Kestenbaum, Rebecca Engrav, and Erin Earl (6 Oct 2017), "4 takeaways
from FTC v. D-Link Systems," Law 360, https://www.law360.com/cybersecurity-
privacy/articles/971473

35. Federal Trade Commission (29 Jul 2016), "In the matter of LabMD, Inc., a
corporation: Opinion of the commission," Docket No. 9357, https://www.ftc.
gov/system/files/documents/cases/160729labmd-opinion.pdf

36. Craig A. Newman (18 Dec 2017), "LabMD appeal has privacy world waiting,"
Lexology, https://www.lexology.com/library/detail.aspx?g=129a4ea7-cc38-
4976-94af-3f09e8e280d0

37. Andy Greenberg (15 May 2013), "Hotel lock hack still being used in
burglaries months after lock firm's fix," Forbes, https://www.forbes.com/sites/
andygreenberg/2013/05/15/hotel-lock-hack-still-being-used-in-burglaries-
months-after-lock-firms-fix

38. Roger J. Traynor (5 Jul 1944), Escolav. Coca Cola Bottling Co. of Fresno, S.F.
16951, Supreme Court of California, https://repository.uchastings.edu/cgi/
viewcontent.cgi?article=1150&context=traynor_opinions

39. United States Code (2011), "18 U.S. Code §2520— Recovery of civil damages
authorized," in United States Code, 2006 edition, Supp. 5, Title 18—Crimes
and Criminal Procedure, https://www.gpo.gov/fdsys/search/pagedetails.
action?packageId=USCODE-2011-title18&granuleId=USCODE-2011-title18-
partI-chap119-sec2520

40. US Copyright Office (Oct 2009; accessed 24 Apr 2018), "504. Remedies for
infringement: Damages and profits," in Copyright Law of the United States (Title
17), Chapter 5: "Copyright Notice, Deposit, and Registration," https://www.
copyright.gov/title17/92chap5.html

41. This article nicely lays out the liability arguments: Donna L. Burden and Hilarie
L. Henry (1 Aug 2015), "Security software vendors battle against impending
strict products liability," Product Liability Committee Newsletter, International
Association of Defense Counsel, http://www.iadclaw.org/securedocument.

42. Greg Reigel et al. (13 Oct 2015), "GARA: The General Aviation Revitalization Act of 1994," GlobalAir.com, https://blog.globalair.com/post/GARA-the-General-Aviation-Revitalization-Act-of-1994.aspx

43. Adam Janofsky (17 Sep 2017), "Insurance grows for cyberattacks," Wall Street Journal, https://www.wsj.com/articles/insurance-grows-for-cyberattacks-1505700360

44. Paul Christiano (17 Feb 2018), "Liability insurance," Sideways View, https://sideways-view.com/2018/02/17/liability-insurance

45. Paul Merrey et al. (12 Jul 2017), "Seizing the cyber insurance opportunity," KPMG International, https://home.kpmg.com/xx/en/home/insights/2017/06/seizing-the-cyber-insurance-opportunity.html. US House of Representatives (22 Mar 2016), "The role of cyber insurance in risk management," Hearing before the Subcommittee on Cybersecurity, Infrastructure Protection, and Security Technologies of the Committee on Homeland Security, https://www.gpo.gov/fdsys/pkg/CHRG-114hhrg22625/html/CHRG-114hhrg22625.htm

46. Adam Janofsky (17 Sep 2017), "Cyberinsurers look to measure risk," Wall Street Journal, https://www.wsj.com/articles/cyberinsurers-look-to-measure-risk-1505700301

47. There are some pretty horrendous baby monitor security stories. Craig Silverman (24 Jul 2015), "7 creepy baby monitor stories that will terrify all parents," BuzzFeed, https://www.buzzfeed.com/craigsilverman/creeps-hack-baby-monitors-and-say-terrifying-thing

48. Carl Franzen (4 Aug 2017), "How to find a hack-proof baby monitor," Lifehacker, https://offspring.lifehacker.com/how-to-find-a-hack-proof-baby-monitor-1797534985

49. Amazon.com (accessed 24 Apr 2018), "VTech DM111 audio baby monitor with up to 1,000 ft of range, 5-level sound indicator, digitized transmission & belt clip," https://www.amazon.com/VTech-DM111-Indicator-Digitized-Transmission/dp/B00JEV5UI8/ref=pd_lpo_vtph_75_bs_lp_t_1

50. I found one security assessment of a few brands. Mark Stanislav and Tod Beardsley (29 Sep 2015), "Hacking IoT: A case study on baby monitor exposure and vulnerabilities," Rapid7, https://www.rapid7.com/docs/Hacking-IoT-A-Case-Study-on-Baby-Monitor-Exposures-and-Vulnerabilities.pdf. 134 "lemons market": George A. Akerlof (1 Aug 1970), "The market for 'lemons': Quality uncertainty and the market mechanism," Quarterly Journal of Economics 84, no. 3, https://academic.oup.com/qje/article-abstract/84/3/488/1896241

51. Bruce Schneier (19 Apr 2007), "How security companies sucker us with

lemons," Wired, https://www.wired.com/2007/04/securitymatters-0419

52. One study estimated it would take average consumers 244 hours/year to read all of the privacy policies they agree to. Aleecia M. McDonald and Lorrie Faith Cranor (1 Oct 2008), "The cost of reading privacy policies," I/S: A Journal of Law and Policy for the Information Society, 2008 Privacy Year in Review issue, http://lorrie.cranor.org/pubs/readingPolicyCost-authorDraft.pdf

53. Samsung (accessed 24 Apr 2018), "Samsung local privacy policy—SmartTV supplement," http://www.samsung.com/hk_en/info/privacy/smarttv

54. Samuel Gibbs (24 Jul 2017), "Smart fridges and TVs should carry security rating, police chief says," Guardian, https://www.theguardian.com/technology/2017/jul/24/smart-tvs-fridges-should-carry-security-rating-police-chief-says

55. Catherine Stupp (5 Oct 2016), "Commission plans cybersecurity rules for internet-connected machines," Euractiv, http://www.euractiv.com/section/innovation-industry/news/commission-plans-cybersecurity-rules-for-internet-connected-machines. John E. Dunn (11 Oct 2016), "The EU's latest idea to secure the Internet of Things? Sticky labels," Naked Security, https://nakedsecurity.sophos.com/2016/10/11/the-eus-latest-idea-to-secure-the-internet-of-things-sticky-labels

56. Denham Sadler (23 Oct 2017), "Security ratings for IoT devices?" InnovationAus.com, http://www.innovationaus.com/2017/10/Security-ratings-for-IoT-devices

57. US Congress (1 Aug 2017), "S.1691—Internet of Things (IoT) Cybersecurity Improvement Act of 2017," https://www.congress.gov/bill/115th-congress/senate-bill/1691/actions. Morgan Chalfant (27 Oct 2017), "Dems push for program to secure internet-connected devices," Hill, http://thehill.com/policy/cybersecurity/357509-dems-push-for-program-to-secure-internet-connected-devices

58. Consumer Reports (6 Mar 2017), "Consumer Reports launches digital standard to safeguard consumers' security and privacy in complex marketplace," https://www.consumerreports.org/media-room/press-releases/2017/03/consumer_reports_launches_digital_standard_to_safeguard_consumers_security_and_privacy_in_complex_marketplace

59. Nate Cardozo et al. (Jul 2017), "Who Has Your Back? 2017," Electronic Frontier Foundation, https://www.eff.org/files/2017/07/08/whohasyourback_2017.pdf

60. Rebecca MacKinnon et al. (March 2017), "2017 corporate accountability index," Ranking Digital Rights, https://rankingdigitalrights.org/index2017/assets/static/download/RDRindex2017report.pdf

61. Peter "Mudge" Zatko has some interesting ideas in this area and has set up

a cyber underwriters lab to test software security. Kim Zetter (29 Jul 2016), "A famed hacker is grading thousands of programs—and may revolutionize software in the process," Intercept, https://theintercept.com/2016/07/29/a-famed-hacker-is-grading-thousands-of-programs-and-may-revolutionize-software-in-the-process

62. Foley & Lardner LLP (17 Jan 2018), "State data breach notification laws," https://www.foley.com/state-data-breach-notification-laws

63. Selena Larson (1 Dec 2017), "Senators introduce data breach disclosure bill," CNN, http://money.cnn.com/2017/12/01/technology/bill-data-breach-laws/index.html

64. 혼돈의 결과였다. 예를 들어, 데이터 유출은 회사에 단기간 영향을 미치지만, 2주 후의 주가는 최소한의 영향을 미친다. Russell Lange and Eric W. Burger (27 Dec 2017), "Long-term market implications of data breaches, not," Journal of Information Privacy and Security, http://www.tandfonline.com/doi/full/10.1080/15536548.2017.1394070

65. US Department of Homeland Security (accessed 24 Apr 2018), "Stop.Think. Connect.," https://www.dhs.gov/stopthinkconnect

66. Bruce Schneier (Sep/Oct 2013), "Security design: Stop trying to fix the user," IEEE Security & Privacy, https://www.schneier.com/blog/archives/2016/10/security_design.html

67. Here are some examples: IEEE (accessed 24 Apr 2018), "IEEE Computer Society Certification and Credential Program," https://www.computer.org/web/education/certifications. Association for Computing Machinery (accessed 24 Apr 2018), "Skillsoft Learning Collections," https://learning.acm.org/e-learning/skillsoft. (ISC)² (accessed 24 Apr 2018), "(ISC)² information security certifications," https://www.isc2.org/Certifications

68. International Organization for Standardization (accessed 24 Apr 2018), "ISO/IEC 27000 family: Information security management systems," http://www.iso.org/iso/home/standards/management-standards/iso27001.htm

69. Julie Peeler and Angela Messer (17 Apr 2015), "(ISC)² study: Workforce shortfall due to hiring difficulties despite rising salaries, increased budgets and high job satisfaction rate," (ISC)² Blog, http://blog.isc2.org/isc2_blog/2015/04/isc-study-workforce-shortfall-due-to-hiring-difficulties-despite-rising-salaries-increased-budgets-a.html. Jeff Kauflin (16 Mar 2017), "The fast-growing job with a huge skills gap: Cyber security," Forbes, https://www.forbes.com/sites/jeffkauflin/2017/03/16/the-fast-growing-job-with-a-huge-skills-gap-cyber-security. ISACA (Jan 2016), "2016 cybersecurity skills gap," https://image-store.slidesharecdn.com/be4eaf1a-eea6-4b97-b36e-b62dfc8dcbae-original.jpeg. Steve Morgan (2017), "Cybersecurity jobs report: 2017 edition," Herjavec Group,

https://www.herjavecgroup.com/wp-content/uploads/2017/06/HG-and-CV-The-Cybersecurity-Jobs-Report-2017.pdf

70. John Oltsik (14 Nov 2017), "Research confirms the cybersecurity skills shortage is an existential threat," CSO, https://www.csoonline.com/article/3237049/security/research-confirms-the-cybersecurity-skills-shortage-is-an-existential-threat.html

71. Mark Goodman (21 Jan 2015), "We need a Manhattan project for cyber security," Wired, https://www.wired.com/2015/01/we-need-a-manhattan-project-for-cyber-security

72. Accenture (2 Oct 2017), "Defining a cyber moon shot," https://www.accenture.com/t20171004T064630Z__w__/us-en/_acnmedia/PDF-62/Accenture-Defining-Cyber-Moonshot-POV.pdf

8장. 보안을 앞서 강화해야 할 주체는 정부다

1. Faye Bowers (29 Oct 1997), "Building a 747: 43 days and 3 million fasteners," Christian Science Monitor, https://www.csmonitor.com/1997/1029/102997.us.us.2.html

2. My average speed was 27 miles per hour. That's a calm year for me; in 2015, my average speed was 33 miles per hour.

3. 이는 좋은 요약문이다. Mark Hansen, Carolyn McAndrews, and Emily Berkeley (Jul 2008), "History of aviation safety oversight in the United States," DOT/FAA/AR-08-39, National Technical Information Service, http://www.tc.faa.gov/its/worldpac/techrpt/ar0839.pdf

4. The taxi ride to the airport is the most dangerous part of the trip.

5. Here's one example: Coalition for Cybersecurity and Policy and Law (26 Oct 2017), "New whitepaper: Building a national cybersecurity strategy: Voluntary, flexible frameworks," Center for Responsible Enterprise and Trade, https://create.org/news/new-whitepaper-building-national-cybersecurity-strategy

6. April Glaser (15 Mar 2017), "Federal privacy laws won't necessarily protect you from spying drones," Recode, https://www.recode.net/2017/3/15/14934050/federal-privacy-laws-spying-drones-senate-hearing

7. Katie Hafner (2 Oct 2006), "And if you liked the movie, a Netflix contest may reward you handsomely," New York Times, http://www.nytimes.com/2006/10/02/technology/02netflix.html

8. Arvind Narayanan and Vitaly Shmatikov (18 May 2008), "Robust de-anonymization of large sparse datasets," 2008 IEEE Symposium on Security and Privacy (SP '08), https://dl.acm.org/citation.cfm?id=1398064

9. Paul Ohm (13 Aug 2009), "Broken promises of privacy: Responding to the

surprising failure of anonymization," UCLA Law Review 57, https://papers.ssrn.com/sol3/papers.cfm?abstract_id=1450006

10. Ryan Singel (12 Mar 2010), "Netflix cancels recommendation contest after privacy lawsuit," Wired, https://www.wired.com/2010/03/netflix-cancels-contest

11. 이 아이디어는 여기서 얻을 수 있다. Melissa E. Hathaway and John N. Stewart (25 Jul 2014), "Taking control of our cyber future," Georgetown Journal of International Affairs, https://www.georgetownjournalofinternationalaffairs.org/online-edition/cyber-iv-feature-taking-control-of-our-cyber-future

12. Eireann Leverett, Richard Clayton, and Ross Anderson (6 Jun 2017), "Standardization and certification of the 'Internet of Things,'" Institute for Consumer Policy, https://www.conpolicy.de/en/news-detail/standardization-and-certification-of-the-internet-of-things

13. Jedidiah Bracy (7 Apr 2016), "McSweeny, Soltani, and regulating the IoT," International Association of Privacy Professionals, https://iapp.org/news/a/mcsweeney-soltani-and-regulating-the-iotn1i4v9erUsity of Washington law professor Ryan Calo: Ryan Calo (15 Sep 2014), "The case for a federal robotics commission," Brookings Institution, https://www.brookings.edu/research/the-case-for-a-federal-robotics-commission

14. Matthew U. Scherer (Spring 2016), "Regulating artificial intelligence systems: Risks, challenges, competencies, and strategies," Harvard Journal of Law & Technology 29, no. 2, http://jolt.law.harvard.edu/articles/pdf/v29/29HarvJLTech353.pdf

15. National Cyber Bureau (2 Jun 2013), "Mission of the bureau," Prime Minister's Office, http://www.pmo.gov.il/English/PrimeMinistersOffice/DivisionsAndAuthorities/cyber/Pages/default.aspx

16. National Cyber Security Centre (9 Jun 2017; accessed 24 Apr 2018), "About the NCSC," https://www.ncsc.gov.uk/information/about-ncsc

17. Andrew Odlyzko (1 Mar 2009), "Network neutrality, search neutrality, and the never-ending conflict between efficiency and fairness in markets," Review of Network Economics 8, no. 1, https://www.degruyter.com/view/j/rne.2009.8.issue-1/rne.2009.8.1.1169/rne.2009.8.1.1169.xml.

18. Food and Drug Administration (accessed 24 Apr 2018), "The FDA's role in medical device cybersecurity," https://www.fda.gov/downloads/MedicalDevices/DigitalHealth/UCM544684.pdf

19. Charles Ornstein (17 Nov 2015), "Federal privacy law lags far behind personal-health technologies," Washington Post, https://www.washingtonpost.com/news/to-your-health/wp/2015/11/17/federal-privacy-law-lags-far-behind-personal-health-technologies

20. Russell Brandom (25 Nov 2013), "Body blow: How 23andMe brought down the FDA's wrath," Verge, https://www.theverge.com/2013/11/25/5144928/how-23andme-brought-down-fda-wrath-personal-genetics-wojcicki. Gina Kolata (6 Apr 2017), "F.D.A. will allow 23andMe to sell genetic tests for disease risk to consumers," New York Times, https://www.nytimes.com/2017/04/06/health/fda-genetic-tests-23andme.html

21. Electronic Privacy Information Center (24 Aug 2015), "FTC v. Wyndham," https://epic.org/amicus/ftc/wyndham

22. Federal Trade Commission (9 Dec 2015), "Wyndham settles FTC charges it unfairly placed consumers' payment card information at risk," https://www.ftc.gov/news-events/press-releases/2015/12/wyndham-settles-ftc-charges-it-unfairly-placed-consumers-payment

23. Josh Constine (27 Jun 2017), "Facebook now has 2 billion monthly users...and responsibility," TechCrunch, https://techcrunch.com/2017/06/27/facebook-2-billion-users

24. Eric R. Hinz (1 Nov 2012), "A distinctionless distinction: Why the RCS/ECS distinction in the Stored Communications Act does not work," Notre Dame Law Review 88, no. 1, https://scholarship.law.nd.edu/cgi/viewcontent.cgi?referer=&httpsredir=1&article=1115&context=ndlr

25. David Kravets (21 Oct 2011), "Aging 'privacy' law leaves cloud email open to cops," Wired, https://www.wired.com/2011/10/ecpa-turns-twenty-five

26. Olivia Solon and Sabrina Siddiqui (3 Sep 2017), "Forget Wall Street: Silicon Valley is the new political power in Washington," Guardian, https://www.theguardian.com/technology/2017/sep/03/silicon-valley-politics-lobbying-washington

27. Jonathan Taplin (30 Jul 2017), "Why is Google spending record sums on lobbying Washington?" Guardian, https://www.theguardian.com/technology/2017/jul/30/google-silicon-valley-corporate-lobbying-washington-dc-politics

28. Alex Ruoff (29 Jul 2016), "Fitness trackers, wellness apps won't be regulated by FDA," Bureau of National Affairs, https://www.bna.com/fitness-trackers-wellness-n73014445597. Food and Drug Administration, Center for Devices and Radiological Health (29 Jul 2016), "General wellness: Policy for low risk devices, guidance for industry and Food and Drug Administration staff," Federal Register, https://www.federalregister.gov/documents/2016/07/29/2016-17902/general-wellness-policy-for-low-risk-devices-guidance-for-industry-and-food-and-drug-administration

29. Brian Fung (29 Mar 2017), "What to expect now that Internet providers can collect and sell your Web browser history," Washington Post, https://www.washingtonpost.com/news/the-switch/wp/2017/03/29/what-to-expect-now-

that-internet-providers-can-collect-and-sell-your-web-browser-history

30. Yochai Benkler and Julie Cohen (17 Nov 2017), "Networks 2" (conference session), After the Digital Tornado Conference, Wharton School, University of Pennsylvania, http://digitaltornado.net. Supernova Group (19 Nov 2017), "After the Tornado 05: Networks 2," YouTube, https://www.youtube.com/watch?v=pCGZ8tIrrIU

31. It made things worse, since it super-seded stronger state laws and took away individuals' ability to bring lawsuits. Brian Krebs (2 Jul 2017), "Is it time to can the CAN-SPAM Act?" Krebs on Security, https://krebsonsecurity.com/2017/07/is-it-time-to-can-the-can-spam-act

32. Mitchell J. Katz (13 Jan 2017), "FTC announces crackdown on two massive illegal robocall operations," Federal Trade Commission, https://www.ftc.gov/news-events/press-releases/2017/01/ftc-announces-crackdown-two-massive-illegal-robocall-operations. Mike Snider (22 Jun 2017), "FCC hits robocaller with agency's largest-ever fine of $120 million," USA Today, https://www.usatoday.com/story/tech/news/2017/06/22/fcc-hits-robocaller-agencys-largest-ever-fine-120-million/103102546

33. Mitchell J. Katz (6 Jun 2017), "FTC and DOJ case results in historic decision awarding $280 million in civil penalties against Dish Network and strong injunctive relief for Do Not Call violations," Federal Trade Commission, https://www.ftc.gov/news-events/press-releases/2017/06/ftc-doj-case-results-historic-decision-awarding-280-million-civil

34. Mitchell J. Katz (11 Mar 2015), "FTC charges DIRECTV with deceptively advertising the cost of its satellite television service," Federal Trade Commission, https://www.ftc.gov/news-events/press-releases/2015/03/ftc-charges-directv-deceptively-advertising-cost-its-satellite

35. Cecilia Kang (8 Jan 2018), "Toymaker VTech settles charges of violating child privacy law," New York Times, https://www.nytimes.com/2018/01/08/business/vtech-child-privacy.html

36. Juliana Gruenwald Henderson (6 Feb 2017), "VIZIO to pay $2.2 million to FTC, state of New Jersey to settle charges it collected viewing histories on 11 million smart televisions without users' consent," Federal Trade Commission, https://www.ftc.gov/news-events/press-releases/2017/02/vizio-pay-22-million-ftc-state-new-jersey-settle-charges-it

37. 컴퓨터 보안 분야에서 이 문제에 관한 상반된 의견을 볼 수 있다. Adam Thierer (11 Mar 2012), "Avoiding a precautionary principle for the Internet," Forbes, https://www.forbes.com/sites/adamthierer/2012/03/11/avoiding-a-precautionary-principle-for-the-internet. Andy Stirling (8 Jul 2013), "Why the precautionary principle matters," Guardian, https://www.theguardian.com/science/political-

science/2013/jul/08/precautionary-principle-science-policy.

38. Kevin Kelly has written about how to be deliberate in deciding which technologies society should use, and how to roll them out. Kevin Kelly (2010), What Technology Wants, Viking, https://books.google.com/books?id=_ ToftPd4R8UC

39. 스페인 경찰이 FBI의 지원으로 체포했다. Romanian, Belarusian, and Taiwanese authorities; and several cybersecurity companies. Micah Singleton (26 Mar 2018), "Europol arrests suspects in bank heists that stole $1.2 billion using malware," Verge, https://www.theverge.com/2018/3/26/17165300/europol-arrest-suspect-bank-heists-1-2-billion-cryptocurrency-malware

40. Noah Rayman (7 Aug 2014), "The world's top 5 cybercrime hotspots," Time, http://time.com/3087768/the-worlds-5-cybercrime-hotspots

41. Christine Kim (27 Jul 2017), "North Korea hacking increasingly focused on making money more than espionage: South Korea study," Reuters, https://www.reuters.com/article/us-northkorea-cybercrime/north-korea-hacking-increasingly-focused-on-making-money-more-than-espionage-south-korea-study-idUSKBN1AD0BO

42. Council of Europe (accessed 24 Apr 2018), "Details of Treaty No. 185: Convention on Cybercrime," https://www.coe.int/en/web/conventions/full-list/-/conventions/treaty/185

43. Bruce Sterling (22 Dec 2015), "Respecting Chinese and Russian cyber-sovereignty in the formerly global internet," Wired, https://www.wired.com/beyond-the-beyond/2015/12/respecting-chinese-and-russian-cyber-sovereignty-in-the-formerly-global-internet. Andrea Limbago (13 Dec 2016), "The global push for cyber sovereignty is the beginning of cyber fascism," Hill, http://thehill.com/blogs/congress-blog/technology/310382-the-global-push-for-cyber-sovereignty-is-the-beginning-of. Vladimir Mikheev (22 Mar 2017), "Why do Beijing and Moscow embrace cyber sovereignty?" Russia beyond the Headlines, https://www.rbth.com/opinion/2017/03/22/why-do-beijing-and-moscow-embrace-cyber-sovereignty_725018

44. Joseph S. Nye (forthcoming), "Normative restraints on cyber conflict," Cyber Security

45. United Nations General Assembly (24 Jun 2013), "Report of the Group of Governmental Experts on Developments in the Field of Information and Telecommunications in the Context of International Security," Resolution A/68/98, http://www.un.org/ga/search/view_doc.asp?symbol=A/68/98

46. Stefan Soesanto and Fosca D'Incau (15 Aug 2017), "The UNGGE is dead: Time to fall forward," European Council on Foreign Relations, http://www.ecfr.eu/article/commentary_time_to_fall_forward_on_cyber_governance

44525554675455666745666766666

47. Ariel Rabkin (3 Mar 2015), "Cyber-arms cannot be controlled by treaties," American Enterprise Institute, https://www.aei.org/publication/cyber-arms-cannot-be-controlled-by-treaties

48. Jason Healey (Apr 2014), "Risk nexus: Beyond data breaches: Global interconnections of cyber risk," Atlantic Council, http://publications.atlanticcouncil.org/cyberrisks//risk-nexus-september-2015-overcome-by-cyber-risks.pdf

49. Matt Thomlinson (31 Jan 2014), "Microsoft announces Brussels Transparency Center at Munich Security Conference," Microsoft on the Issues, https://blogs.microsoft.com/on-the-issues/2014/01/31/microsoft-announces-brussels-transparency-center-at-munich-security-conference

50. Brad Smith (14 Feb 2017), "The need for a Digital Geneva Convention," Microsoft on the Issues, https://blogs.microsoft.com/on-the-issues/2017/02/14/need-digital-geneva-convention

51. Kent Walker (31 Oct 2017), "Digital security and due process: Modernizing cross-border government access standards for the cloud era," Google, https://blog.google/documents/2/CrossBorderLawEnforcementRequestsWhitePaper_2.pdf

9장. 어떻게 정부는 방어를 공격보다 우선시할 수 있는가

1. Jason Healey (Jan 2017), "A nonstate strategy for saving cyberspace," Atlantic Council Strategy Paper No. 8, Atlantic Council, http://www.atlanticcouncil.org/images/publications/AC_StrategyPapers_No8_Saving_Cyberspace_WEB.pdf

2. John Ferris (1 Mar 2010), "Signals intelligence in war and power politics, 1914–2010," in The Oxford Handbook of National Security Intelligence, Oxford, http://www.oxfordhandbooks.com/view/10.1093/oxfordhb/9780195375886.001.0001/oxfordhb-9780195375886-e-0010

3. Dancho Danchev (2 Nov 2008), "Black market for zero day vulnerabilities still thriving," ZDNet, http://www.zdnet.com/blog/security/black-market-for-zero-day-vulnerabilities-still-thriving/2108. Dan Patterson (9 Jan 2017), "Gallery: The top zero day Dark Web markets," TechRepublic, https://www.techrepublic.com/pictures/gallery-the-top-zero-day-dark-web-markets.

4. Andy Greenberg (21 Mar 2012), "Meet the hackers who sell spies the tools to crack your PC (and get paid six-figure fees)," Forbes, http://www.forbes.com/sites/andygreenberg/2012/03/21/meet-the-hackers-who-sell-spies-the-tools-to-crack-your-pc-and-get-paid-six-figure-fees

5. Joseph Cox and Lorenzo Franceschi-Bicchierai (7 Feb 2018), "How a tiny startup became the most important hacking shop you've never heard of," Vice

Motherboard, https://motherboard.vice.com/en_us/article/8xdayg/iphone-zero-days-inside-azimuth-security

6. Adam Segal (19 Sep 2016), "Using incentives to shape the zero-day market," Council on Foreign Relations, https://www.cfr.org/report/using-incentives-shape-zero-day-market

7. Tor Project (last updated 20 Sep 2017), "Policy [re Tor bug bounties]," Hacker One, Inc., https://hackerone.com/torproject

8. Zerodium (13 Sep 2017; expired 1 Dec 2017), "Tor browser zero-day exploits bounty (expired)," https://zerodium.com/tor.html

9. Jack Goldsmith (12 Apr 2014), "Cyber paradox: Every offensive weapon is a (potential) chink in our defense—and vice versa," Lawfare, http://www.lawfareblog.com/2014/04/cyber-paradox-every-offensive-weapon-is-a-potential-chink-in-our-defense-and-vice-versa

10. Joel Brenner (14 Apr 2014), "The policy tension on zero-days will not go away," Lawfare, http://www.lawfareblog.com/2014/04/the-policy-tension-on-zero-days-will-not-go-away

11. Cory Doctorow (11 Mar 2014), "If GCHQ wants to improve national security it must fix our technology," Guardian, http://www.theguardian.com/technology/2014/mar/11/gchq-national-security-technology

12. Bruce Schneier (20 Feb 2014), "It's time to break up the NSA," CNN, http://edition.cnn.com/2014/02/20/opinion/schneier-nsa-too-big/index.html

13. Dan Geer (3 Apr 2013), "Three policies," http://geer.tinho.net/three.policies.2013Apr03Wed.PDF

14. Brad Smith (14 May 2017), "The need for urgent collective action to keep people safe online: Lessons from last week's cyberattack," Microsoft on the Issues, https://blogs.microsoft.com/on-the-issues/2017/05/14/need-urgent-collective-action-keep-people-safe-online-lessons-last-weeks-cyberattack

15. Heather West (7 Mar 2017), "Mozilla statement on CIA/WikiLeaks," Open Policy & Advocacy, https://blog.mozilla.org/netpolicy/2017/03/07/mozilla-statement-on-cia-wikileaks. Jochai Ben-Avie (3 Oct 2017), "Vulnerability disclosure should be part of new EU cybersecurity strategy," Open Policy & Advocacy, https://blog.mozilla.org/netpolicy/2017/10/03/vulnerability-disclosure-should-be-in-new-eu-cybersecurity-strategy

16. Richard A. Clarke et al. (12 Dec 2013), "Liberty and security in a changing world," President's Review Group on Intelligence and Communications Technologies, https://obamawhitehouse.archives.gov/sites/default/files/docs/2013-12-12_rg_final_report.pdf

17. Both the NSA and the FBI have made that argument. David E. Sanger (28 Apr 2014), "White House details thinking on cybersecurity flaws," New York

Times, http://www.nytimes.com/2014/04/29/us/white-house-details-thinking-on-cybersecurity-gaps.html

18. Rick Ledgett (7 Aug 2017), "No, the U.S. government should not disclose all vulnerabilities in its possession," Lawfare, https://www.lawfareblog.com/no-us-government-should-not-disclose-all-vulnerabilities-its-possession

19. Andrea Peterson (4 Oct 2013), "Why everyone is left less secure when the NSA doesn't help fix security flaws," Washington Post, https://www.washingtonpost.com/news/the-switch/wp/2013/10/04/why-everyone-is-left-less-secure-when-the-nsa-doesnt-help-fix-security-flaws

20. Lily Hay Newman (16 Jun 2017), "Why governments won't let go of secret software bugs," Wired, https://www.wired.com/2017/05/governments-wont-let-go-secret-software-bugs

21. Michael Daniel (28 Apr 2014), "Heartbleed: Understanding when we disclose cyber vulnerabilities," Office of the President of the United States, http://www.whitehouse.gov/blog/2014/04/28/heart bleed-understanding-when-we-disclose-cyber-vulnerabilities

22. Andrew Crocker (19 Jan 2016), "EFF pries more information on zero days from the government's grasp," Electronic Frontier Foundation, https://www.eff.org/deeplinks/2016/01/eff-pries-more-transparency-zero-days-governments-grasp

23. [Office of the President of the United States] (15 Nov 2017), "Vulnerabilities equities policy and process for the United States government," https://www.whitehouse.gov/sites/whitehouse.gov/files/images/External%20-%20Unclassified%20VEP%20Charter%20FINAL.PDF. Rob Joyce (15 Nov 2017), "Improving and making the vulnerability equities process transparent is the right thing to do," Wayback Machine, https://web.archive.org/web/20171115151504/https://www.whitehouse.gov/blog/2017/11/15/improving-and-making-vulnerability-equities-process-transparent-right-thing-do

24. Ellen Nakashima and Craig Timberg (16 May 2017), "NSA officials worried about the day its potent hacking tool would get loose. Then it did," Washington Post, https://www.washingtonpost.com/business/technology/nsa-officials-worried-about-the-day-its-potent-hacking-tool-would-get-loose-then-it-did/2017/05/16/50670b16-3978-11e7-a058-ddbb23c75d82_story.html

25. The NSA eventually disclosed the vulnerability, but that was after the Russians stole it. Dan Goodin (17 May 2017), "Fearing Shadow Brokers leak, NSA reported critical flaw to Microsoft," Ars Technica, https://arstechnica.com/information-technology/2017/05/fearing-shadow-brokers-leak-nsa-reported-critical-flaw-to-microsoft.

26. Andy Greenberg (7 Jan 2018), "Triple Meltdown: How so many researchers found a 20-year-old chip flaw at the same time," Wired, https://www.wired.

com/story/meltdown-spectre-bug-collision-intel-chip-flaw-discovery

27. 2017년에 사용할 수 있는 데이터 세트를 사용해 연간 재발견 비율을 추정했는데, 11%~ 22% 사이였다. 개별적으로 랜드 연구진은 나와 다른 가정으로 다른 데이터 세트를 이용해서 이를 추정했는데, 그 비율은 6% 미만이었다. 우리는 코끼리의 다른 곳을 만지는 맹인이었다. 우리는 작은 데이터 조각으로부터 각각 추론한다. 분명한 것은, 우리는 국가안보국의 능력을 많이 신뢰하지 않을 것이다. Trey Herr, Bruce Schneier, and Christopher Morris (7 Mar 2017), "Taking stock: Estimating vulnerability recovery," Belfer Cyber Security Project White Paper Series, Harvard Kennedy School Belfer Center for Science and International Affairs, https://papers.ssrn.com/sol3/papers.cfm? abstract_id=2928758. Lillian Ablon and Timothy Bogart (9 Mar 2017), "Zero days, thousands of nights: The life and times of zero-day vulnerabilities and their exploits," RAND Corporation, https://www.rand.org/pubs/research_ reports/RR1751.html

28. Scott Shane, Matthew Rosenberg, and Andrew W. Lehren (7 Mar 2017), "WikiLeaks releases trove of alleged C.I.A. hacking documents," New York Times, https://www.nytimes.com/2017/03/07/world/europe/wikileaks-cia-hacking.html.https://www.nytimes.com/2017/11/12/us/nsa-shadow-brokers. html. Scott Shane, Nicole Perlroth, and David E. Sanger (12 Nov 2017), "Security breach and spilled secrets have shaken the N.S.A. to its core," New York Times, https://www.nytimes.com/2017/11/12/us/nsa-shadow-brokers.html

29. Bruce Schneier (28 Jul 2017), "Zero-day vulnerabilities against Windows in the NSA tools released by the Shadow Brokers," Schneier on Security, https:// www.schneier.com/blog/archives/2017/07/zero-day_vulner.html

30. Dan Goodin (16 Apr 2017), "Mysterious Microsoft patch killed 0-days released by NSA-leaking Shadow Brokers," Ars Technica, https://arstechnica.co.uk/ information-technology/2017/04/purported-shadow-brokers-0days-were-in-fact-killed-by-mysterious-patch

31. National Security Agency/Central Security Service (30 Oct 2015), "Discovering IT problems, developing solutions, sharing expertise," https://www.nsa.gov/ news-features/news-stories/2015/discovering-solving-sharing-it-solutions.shtml

32. Jason Healey (1 Nov 2016), "The U.S. government and zero-day vulnerabilities: From pre-Heartbleed to the Shadow Brokers," Columbia Journal of International Affairs, https://jia.sipa.columbia.edu/online-articles/healey_ vulnerability_equities_process

33. Bruce Schneier (19 May 2014), "Should U.S. hackers fix cybersecurity holes or exploit them?" Atlantic, https://www.schneier.com/essays/archives/2014/05/ should_us_hackers_fi.html. Ari Schwartz and Rob Knake (1 Jun 2016), "Government's role in vulnerability disclosure: Creating a permanent and accountable vulnerability equities process," Harvard Kennedy School Belfer

Center for Science and International Affairs, https://www.belfercenter.org/publication/governments-role-vulnerability-disclosure-creating-permanent-and-accountable. Jason Healey (1 Nov 2016), "The U.S. governmentand zero-day vulnerabilities: Frompre-Heartbleed to the Shadow Brokers," Columbia Journal of International Affairs, https://jia.sipa.columbia.edu/online-articles/healey_vulnerability_equities_process

34. Oren J. Falkowitz (10 Jan 2017), "U.S. cyber policy makes Americans vulnerable to our own government," Time, http://time.com/4625798/donald-trump-cyber-policy

35. John Gilmore (6 Sep 2013), "Re: [Cryptography] opening discussion: Speculation on 'BULLRUN,'" Mail Archive, https://www.mail-archive.com/cryptography@metzdowd.com/msg12325.html

36. Niels Ferguson and Bruce Schneier (Dec 2003), "A cryptographic evaluation of IPsec," Counterpane Internet Security, https://www.schneier.com/academic/paperfiles/paper-ipsec.pdf

37. Elad Barkan, Eli Biham, and Nathan Keller (17 Sep 2003), "Instant ciphertext-only cryptanalysis of GSM encrypted communication," http://cryptome.org/gsm-crack-bbk.pdf

38. Nicole Perlroth, Jeff Larson, and Scott Shane (5 Sep 2013), "Secret documents reveal N.S.A. campaign against encryption," New York Times, http://www.nytimes.com/interactive/2013/09/05/us/documents-reveal-nsa-campaign-against-encryption.html. Nicole Perlroth, Jeff Larson, and Scott Shane (5 Sep 2013), "N.S.A. able to foil basic safeguards of privacy on web," New York Times, http://www.nytimes.com/2013/09/06/us/nsa-foils-much-internet-encryption.html. Julian Ball, Julian Borger, and Glenn Greenwald (6 Sep 2013), "Revealed: How US and UK spy agencies defeat internet privacy and security," Guardian, https://www.theguardian.com/world/2013/sep/05/nsa-gchq-encryption-codes-security

39. Albert Gidari (22 Feb 2016), "More CALEA and why it trumps the FBI's All Writs Act order," Center for Internet and Society, Stanford Law School, http://cyberlaw.stanford.edu/blog/2016/02/more-calea-and-why-it-trumps-fbis-all-writs-act-order.

40. InfoSec Institute (8 Jan 2016), "Cellphone surveillance: The secret arsenal," http://resources.infosecinstitute.com/cellphone-surveillance-the-secret-arsenal

41. Joel Hruska (17 Jun 2014), "Stingray, the fake cell phone tower cops and carriers use to track your every move," Extreme Tech, http://www.extremetech.com/mobile/184597-stingray-the-fake-cell-phone-tower-cops-and-providers-use-to-track-your-every-move

42. Kim Zetter (19 Jun 2014), "Emails show feds asking Florida cops to deceive

judges," Wired, http://www.wired.com/2014/06/feds-told-cops-to-deceive-courts-about-stingray

43. Nathan Freed Wessler (3 Jun 2014), "U.S. marshals seize local cops' cell phone tracking files in extraordinary attempt to keep information from public," American Civil Liberties Union, https://www.aclu.org/blog/national-security-technology-and-liberty/us-marshals-seize-local-cops-cell-phone-tracking-files

44. Robert Patrick (19 Apr 2015), "Controversial secret phone tracker figured in dropped St. Louis case," St. Louis Post-Dispatch, http://www.stltoday.com/news/local/crime-and-courts/controversial-secret-phone-tracker-figured-in-dropped-st-louis-case/article_fbb82630-aa7f-5200-b221-a7f90252b2d0.html. Cyrus Farivar (29 Apr 2015), "Robbery suspect pulls guilty plea after stingray disclosure, case dropped," Ars Technica, http://arstechnica.com/tech-policy/2015/04/29/alleged-getaway-driver-challenges-stingray-use-robbery-case-dropped

45. Stephanie K. Pell and Christopher Soghoian (29 Dec 2014), "Your secret Stingray's no secret anymore: The vanishing government monopoly over cell phone surveillance and its impact on national security and consumer privacy," Harvard Journal of Law and Technology 28, no. 1, https://papers.ssrn.com/sol3/papers.cfm?abstract_id=2437678

46. Kim Zetter (21 Jul 2010), "Hacker spoofs cell phone tower to intercept calls," Wired, http://www.wired.com/2010/07/intercepting-cell-phone-calls

47. Ashkan Soltani and Craig Timberg (17 Sep 2014), "Tech firm tries to pull back curtain on surveillance efforts in Washington," Washington Post, http://www.washingtonpost.com/world/national-security/researchers-try-to-pull-back-curtain-on-surveillance-efforts-in-washington/2014/09/17/f8c1f590-3e81-11e4-b03f-de718edeb92f_story.html

48. A Mr. Mark Lazarte sells a PKI 1640 IMSI-catcher for $1,800. It seems to be made in Guangdong, China. Mark Lazarte (accessed 24 Apr 2018), "IMSI catcher," Alibaba, https://www.alibaba.com/product-detail/IMSI-catcher_135958750.html

49. Charlie Savage et al. (4 Jun 2015), "Hunting for hackers, NSA secretly expands Internet spying at U.S. border," New York Times, https://www.nytimes.com/2015/06/05/us/hunting-for-hackers-nsa-secretly-expands-internet-spying-at-us-border.html

50. Vassilis Prevelakis and Diomidis Spinellis (29 Jun 2007), "The Athens affair," IEEE Spectrum, https://spectrum.ieee.org/telecom/security/the-athens-affair

51. Tom Cross (3 Feb 2010), "Exploiting lawful intercept to wiretap the Internet," Black Hat DC 2010, http://www.blackhat.com/presentations/bh-dc-10/Cross_Tom/BlackHat-DC-2010-Cross-Attacking-LawfulI-Intercept-wp.pdf

52. Quoted in Susan Landau (1 Mar 2016), "Testimony for House Judiciary

Committee hearing on 'The encryption tightrope: Rebalancing Americans' security and privacy,'" https://judiciary.house.gov/wp-content/uploads/2016/02/Landau-Written-Testimony.pdf

53. Andrea Peterson (4 Oct 2013), "Why everyone is left less secure when the NSA doesn't help fix security flaws," Washington Post, https://www.washingtonpost.com/news/the-switch/wp/2013/10/04/why-everyone-is-left-less-secure-when-the-nsa-doesnt-help-fix-security-flaws

54. Michael V. Hayden (17 May 2017), "The equities decision: Deciding when to exploit or defend," Chertoff Group, http://www.chertoffgroup.com/point-of-view/109-the-chertoff-group-point-of-view/665-the-equities-decision-deciding-when-to-exploit-or-defend

55. Harold Abelson et al. (7 Jul 2015), "Keys under doormats: Mandating insecurity by requiring government access to all data and communications," MIT CSAIL Technical Report 2015-026, MIT Computer Science and Artificial Intelligence Laboratory, https://dspace.mit.edu/handle/1721.1/97690

56. I have heard it referred to as GCHQ's London branch.

57. Ellen Nakashima (2 Feb 2016), "National Security Agency plans major reorganization," Washington Post, https://www.washingtonpost.com/world/national-security/national-security-agency-plans-major-reorganization/2016/02/02/2a66555e-c960-11e5-a7b2-5a2f824b02c9_story.html

58. Nicholas Weaver makes this point well. Nicholas Weaver (10 Feb 2016), "Trust and the NSA reorganization," Lawfare, https://www.lawfareblog.com/trust-and-nsa-reorganization

59. Samantha Masunaga (2 Oct 2017), "FBI doesn't have to say who unlocked San Bernardino shooter's iPhone, judge rules," Los Angeles Times, http://beta.latimes.com/business/la-fi-tn-fbi-iphone-20171002-story.html

60. Arash Khamooshi (3 Mar 2016), "Breaking down Apple's iPhone fight with the U.S. government," New York Times, https://www.nytimes.com/interactive/2016/03/03/technology/apple-iphone-fbi-fight-explained.html

61. Thomas Fox-Brewster (26 Feb 2018), "The feds can now (probably) unlock every iPhone model in existence," Forbes, https://www.forbes.com/sites/thomasbrewster/2018/02/26/government-can-access-any-apple-iphone-cellebrite. Sean Gallagher (28 Feb 2018), "Cellebrite can unlock any iPhone (for some values of 'any')," Ars Technica, https://arstechnica.com/information-technology/2018/02/cellebrite-can-unlock-any-iphone-for-some-values-of-any

62. Matt Zapotosky (28 Mar 2016), "FBI has accessed San Bernardino shooter's phone without Apple help," Washington Post, https://www.washingtonpost.com/world/national-security/fbi-has-accessed-san-bernardino-shooters-phone-without-apples-help/2016/03/28/e593a0e2-f52b-11e5-9804-537defcc3cf6_story.

html. David Kravets (1 Oct 2017), "FBI may keep secret the name of vendor that cracked terrorist's iPhone," Ars Technica, https://arstechnica.com/tech-policy/2017/10/fbi-does-not-have-to-disclose-payments-to-vendor-for-iphone-cracking-tool

63. Jonathan Zittrain et al. (Feb 2016), "Don't panic: Making progress on the 'going dark' debate," Berkman Center for Internet and Society, Harvard University, https://cyber.harvard.edu/pubrelease/dont-panic/Dont_Panic_Making_Progress_on_Going_Dark_Debate.pdf

64. Susan Landau (2017), Listening In: Cybersecurity in an Insecure Age, Yale University Press, https://books.google.com/books?id=QZ47DwAAQBAJ.

65. Susan Landau (1 Mar 2016), "Testimony for House Judiciary Committee hearing on 'The encryption tightrope: Rebalancing Americans' security and privacy,' " https://judiciary.house.gov/wp-content/uploads/2016/02/Landau-Written-Testimony.pdf

66. Steven M. Bellovin et al. (19 Aug 2014), "Lawful hacking: Using existing vulnerabilities for wiretapping on the Internet," Northwestern Journal of Technology and Intellectual Property 12, no. 1, https://www.ssrn.com/abstract=2312107

67. They're trying. Federal Bureau of Investigation (29 Dec 2014), "Most wanted talent: Seeking tech experts to become cyber special agents," https://www.fbi.gov/news/stories/fbi-seeking-tech-experts-to-become-cyber-special-agents

68. Neil Robinson and Emma Disley (10 Sep 2010), "Incentives and challenges for information sharing in the context of network and information security," European Network and Information Security Agency, https://www.enisa.europa.eu/publications/incentives-and-barriers-to-information-sharing/at_download/fullReport.

69. Lawrence A. Gordon, Martin P. Loeb, and William Lucyshyn (Feb 2003), "Sharing information on computer systems security: An economic analysis," Journal of Accounting and Public Policy 22, no. 6, http://citeseerx.ist.psu.edu/viewdoc/download?doi=10.1.1.598.6498&rep=rep1&type=pdf

70. US Department of Homeland Security (10 Sep 2015), "Enhancing resilience through cyber incident data sharing and analysis," https://www.dhs.gov/sites/default/files/publications/Data%20Categories%20White%20Paper%20-%20508%20compliant.pdf

71. Jonathan Bair et al. (forthcoming), "That was close! Reward reporting of cybersecurity 'near misses,'" Colorado Technology Law Journal 16, no. 2, https://papers.ssrn.com/sol3/papers.cfm?abstract_id=3081216

72. Neil Robinson (19 Jun 2012), "The case for a cyber-security safety board: A global view on risk," RAND Blog, https://www.rand.org/blog/2012/06/the-

case-for-a-cyber-security-safety-board-a-global.html

73. National Transportation Safety Board (accessed 24 Apr 2018), "2017–2018 most wanted list," https://www.ntsb.gov/safety/mwl/Pages/default.aspx

74. Ben Rothke (19 Feb 2015), "It's time for a National Cybersecurity Safety Board (NCSB)," CSO, https://www.csoonline.com/article/2886326/security-awareness/it-s-time-for-a-national-cybersecurity-safety-board-ncsb.html

75. Sean Michael Kerner (27 Oct 2017), "Cyber Threat Alliance adds new members to security sharing group," eWeek, http://www.eweek.com/security/cyber-threat-alliance-adds-new-members-to-security-sharing-group

76. The US indicted five members of the Chinese People's Liberation Army for these hacks in 2014. Michael S. Schmidt and David E. Sanger (19 May 2014), "5 in China army face U.S. charges of cyberattacks," New York Times, https://www.nytimes.com/2014/05/20/us/us-to-charge-chinese-workers-with-cyberspying.html

77. Nicole Gaouette (10 Jan 2017), "FBI's Comey: Republicans also hacked by Russia," CNN, http://www.cnn.com/2017/01/10/politics/comey-republicans-hacked-russia/index.html

78. In 2017, Representative Will Hurd proposed this. Frank Konkel (21 Jun 2017), "Lawmaker: Cyber National Guard could fill federal workforce gaps," Nextgov, http://www.nextgov.com/cybersecurity/2017/06/lawmaker-cyber-national-guard-could-fill-federal-workforce-gaps/138851

79. Monica M. Ruiz (9 Jan 2018), "Is Estonia's approach to cyber defense feasible in the United States?" War on the Rocks, https://warontherocks.com/2018/01/estonias-approach-cyber-defense-feasible-united-states

10장. 플랜 B: 어떤 일이 벌어질까?

1. Martin Matishak (1 Jan 2018), "After Equifax breach, anger but no action in Congress," Politico, https://www.politico.com/story/2018/01/01/equifax-data-breach-congress-action-319631

2. Robert McLean (15 Sep 2017), "Elizabeth Warren's Equifax bill would make credit freezes free," CNN, http://money.cnn.com/2017/09/15/pf/warren-schatz-equifax/index.html

3. Devin Coldewey (24 Oct 2017), "Congress votes to disallow consumers from suing Equifax and other companies with arbitration agreements," TechCrunch, https://techcrunch.com/2017/10/24/congress-votes-to-disallow-consumers-from-suing-equifax-and-other-companies-with-arbitration-agreements/amp

4. Mark R. Warner (1 Aug 2017), "Senators introduce bipartisan legislation to improve cybersecurity of 'Internet of things' (IoT) devices," https://www.

warner.senate.gov/public/index.cfm/2017/8/enators-introduce-bipartisan-legislation-to-improve-cybersecurity-of-internet-of-things-iot-devices.

5. Barack Obama (9 Feb 2016), "Presidential executive order: Commission on Enhancing National Cybersecurity," Office of the President of the United States, https://www.whitehouse.gov/the-press-office/2016/02/09/executive-order-commission-enhancing-national-cybersecurity

6. Thomas E. Donilon et al. (1 Dec 2016), "Report on securing and growing the digital economy," Commission on Enhancing National Cybersecurity, https://www.nist.gov/sites/default/files/documents/2016/12/02/cybersecurity-commission-report-final-post.pdf

7. Donald J. Trump (11 May 2017), "Presidential executive order on strengthening the cybersecurity of federal networks and critical infrastructure," Office of the President of the United States, https://www.whitehouse.gov/presidential-actions/presidential-executive-order-strengthening-cybersecurity-federal-networks-critical-infrastructure

8. Nick Marinos (13 Feb 2018), "Critical infrastructure protection: Additional actions are essential for assessing cybersecurity framework adoption," GAO-18-211, US Government Accountability Office, https://www.gao.gov/assets/700/690112.pdf

9. You could blame it on the dysfunctional administration, but I don't believe it would have fared much better in a different administration.

10. Economist (8 Apr 2017), "How to manage the computer-security threat," https://www.economist.com/news/leaders/21720279-incentives-software-firms-take-security-seriously-are-too-weak-how-manage

11. Christopher Jensen (26 Nov 2015), "50 years ago, Unsafe at Any Speed shook the auto world," New York Times, https://www.nytimes.com/2015/11/27/automobiles/50-years-ago-unsafe-at-any-speed-shook-the-auto-world.html

12. European Union (27 Apr 2016), "Regulation (EU) 2016/679 of the European Parliament and of the Council of 27 April 2016 on the protection of natural persons with regard to the processing of personal data and on the free movement of such data, and repealing Directive 95/46/EC (General Data Protection Regulation)," Official Journal of the European Union, http://eur-lex.europa.eu/eli/reg/2016/679/oj

13. This is a good short summary: Cennydd Bowles (12 Jan 2018), "A techie's rough guide to GDPR," https://www.cennydd.com/writing/a-techies-rough-guide-to-gdpr

14. Mark Scott and Laurens Cerulus (31 Jan 2018), "Europe's new data protection rules export privacy standards worldwide," Politico, https://www.politico.eu/article/europe-data-protection-privacy-standards-gdpr-general-protection-data-

regulation
15. 이는 이미 일어나고 있다. 페이팔은 GDPR에 응해 고객 데이터를 공유하는 600개 이상의 회사 목록을 발표했다. 오프라인 페이지로 전환했지만, 정보는 저장됐다. Rebecca Ricks (accessed 24 Apr 2018), "How PayPal shares your data," https://rebecca-ricks. com/paypal-data

16. Mark Scott and Laurens Cerulus (31 Jan 2018), "Europe's new data protection rules export privacy standards worldwide," Politico, https://www.politico.eu/ article/europe-data-protection-privacy-standards-gdpr-general-protection-data-regulation

17. Clint Boulton (26 Jan 2017), "U.S. companies spending millions to satisfy Europe's GDPR," CIO, https://www.cio.com/article/3161920/privacy/article. html. Nick Ismail (2 May 2017), "Only 43% of organizations are preparing for GDPR," Information Age, http://www.information-age.com/43-organisations-preparing-gdpr-123465995. Sarah Gordon (18 Jun 2017), "Businesses failing to prepare for EU rules on data protection," Financial Times, https://www.ft.com/ content/28f4eff8-51bf-11e7-a1f2-db19572361bb

18. EUGDPR.org (accessed 24 Apr 2018), "GDPR key changes," https://www. eugdpr.org/key-changes.html

19. Mark Scott (27 Jun 2017), "Google fined record$2.7 billion in E.U. antitrust ruling," New York Times, https://www.nytimes.com/2017/06/27/technology/ eu-google-fine.html. Aoife White and Mark Bergen (29 Aug 2017), "Google to comply with EU search demands to avoid more fines," Bloomberg, https:// www.bloomberg.com/news/articles/2017-08-29/google-faces-tuesday-deadline-as-clock-ticks-toward-new-eu-fines

20. Hayley Tsukayama (18 May 2017), "Facebook will pay $122 million in fines to the E.U.," Washington Post, https://www.washingtonpost.com/news/the-switch/wp/2017/05/18/facebook-will-pay-122-million-in-fines-to-the-eu

21. Paul Roberts (2 Nov 2017), "Hilton was fined $700K for a data breach. Under GDPR it would be $420M," Digital Guardian, https://digitalguardian.com/blog/ hilton-was-fined-700k-data-breach-under-gdpr-it-would-be-420m

22. Eireann Leverett, Richard Clayton, and Ross Anderson (6 Jun 2017), "Standardization and certification of the 'Internet of Things,'" Institute for Consumer Policy, https://www.conpolicy.de/en/news-detail/standardization-and-certification-of-the-internet-of-things

23. In this way, software is similar to textbooks in the US market, where a few states effectively control what is available nationally because of their very onerous demands

24. Cyrus Farivar (4 Apr 2018), "CEO says Facebook will impose new privacy rules 'everywhere,'" Ars Technica, https://arstechnica.com/tech-policy/2018/04/ceo-

says-facebook-will-impose-new-eu-privacy-rules-everywhere

25. Kennedy's Law LLP (20 Apr 2016), "Personal data privacy principles in Asia Pacific," http://www.kennedyslaw.com/dataprivacyapacguide2016

26. Wire Staff (24 Aug 2017), "Right to privacy a fundamental right, says Supreme Court in unanimous verdict," Wire, https://thewire.in/170303/supreme-court-aadhaar-right-to-privacy

27. Bryan Tan (9 Feb 2018), "Singapore finalises new Cybersecurity Act," Out-Law, https://www.out-law.com/en/articles/2018/february/singapore-finalises-new-cybersecurity-act

28. Omer Tene (22 Mar 2017), "Israel enacts landmark data security notification regulations," Privacy Tracker, https://iapp.org/news/a/israel-enacts-landmark-data-security-notification-regulations

29. Steve Eder (24 Sep 2016), "Donald Trump's hotel chain to pay penalty over data breaches," New York Times, https://www.nytimes.com/2016/09/25/us/politics/trump-hotel-data.html

30. Adolfo Guzman-Lopez (2 Nov 2016), "California attorney general warns tech companies about mining student data for profit," Southern California Public Radio, https://www.scpr.org/news/2016/11/02/65908/attorney-general-warns-tech-companies-to-follow-ne

31. Francine McKenna (15 Sep 2017), "Equifax faces its biggest litigation threat from state attorneys general," MarketWatch, https://www.marketwatch.com/story/equifax-faces-its-biggest-litigation-threat-from-state-attorneys-general-2017-09-15/print

32. Nitasha Tiku (14 Nov 2017), "State attorneys general are Google's next headache," Wired, https://www.wired.com/story/state-attorneys-general-are-googles-next-headache

33. Maria Armental (6 Sep 2017), "Lenovo reaches $3.5 million settlement over preinstalled adware," MarketWatch, https://www.marketwatch.com/story/lenovo-reaches-35-million-settlement-with-ftc-over-preinstalled-adware-2017-09-05

34. Brian Krebs (18 Mar 2018), "San Diego sues Experian over ID theft service," Krebs on Security, https://krebsonsecurity.com/2018/03/san-diego-sues-experian-over-id-theft-service

35. Michael Krimminger (25 Mar 2017), "New York cybersecurity regulations for financial institutions enter into effect," Harvard Law School Forum on Corporate Governance and Financial Regulation, https://corpgov.law.harvard.edu/2017/03/25/new-york-cybersecurity-regulations-for-financial-institutions-enter-into-effect

36. Karl D. Belgum (21 Jun 2017), "Internet of Things legislation in California

is dead for this year, but it will be back," Nixon Peabody, http://web20. nixonpeabody.com/dataprivacy/Lists/Posts/Post.aspx?ID=1155

37. Eyragon Eidam and Jessica Mulholland (10 Apr 2017), "10 states take Internet privacy matters into their own hands," Government Technology, http://www. govtech.com/policy/10-States-Take-Internet-Privacy-Matters-Into-Their-Own-Hands.html

38. California Legislative Information (accessed 24 Apr 2018), "SB-327 Information privacy: Connected devices," https://leginfo.legislature.ca.gov/faces/billHistoryClient.xhtml?bill_id=201720180SB327

39. Alan L. Friel, Linda A. Goldstein, and Holly Al Melton (31 Jan 2018), "ADttorneys@law—January 31, 2018," Baker Hostetler, https://www.bakerlaw. com/alerts/ad-ttorneyslaw-january-31-2018

40. Elizabeth Zima (23 Feb 2018), "California wants to govern bots and police user privacy on social media," Government Technology, http://www.govtech. com/social/California-Wants-to-Govern-bots-and-Police-User-Privacy-on-Social-Media.html

41. Deborah Gage (15 Sep 2017), "Eight questions to ask before buying an internet-connected device," Wall Street Journal, https://www.wsj.com/articles/eight-questions-to-ask-before-buying-an-internet-connected-device-1505487931

42. Here are two things to get you started: Electronic Frontier Foundation (21 Oct 2014, last updated 21 Sep 2015), "Surveillance self-defense," https://ssd.eff. org. Motherboard Staff (15 Nov 2017), "The Motherboard guide to not getting hacked," Vice Motherboard, https://motherboard.vice.com/en_us/article/d3devm/motherboard-guide-to-not-getting-hacked-online-safety-guide.

43. Rick Falkvinge (21 Jul 2017), "Worst known governmental leak ever is slowly coming to light: Agency moved nation's secret data to 'the cloud,'" Privacy News Online, https://www.privateInternetaccess.com/blog/2017/07/swedish-transport-agency-worst-known-governmental-leak-ever-is-slowly-coming-to-light

44. For security, use Signal. If having Signal on your phone would be suspicious, use WhatsApp. Micah Lee (22 Jun 2016), "Battle of the secure messaging apps: How Signal beats WhatsApp," Intercept, https://theintercept.com/2016/06/22/battle-of-the-secure-messaging-apps-how-signal-beats-whatsapp

45. Joe Uchill (23 Jun 2017), "DOJ applies to take Microsoft data warrant case to Supreme Court," Hill, http://thehill.com/policy/cybersecurity/339281-doj-applies-to-take-microsoft-data-warrant-case-to-supreme-court

46. Bruce Schneier (2015), Data and Goliath: The Hidden Battles to Collect Your Data and Control Your World, W. W. Norton, https://books.google.com/books/?id=MwF-BAAAQBAJ

1. Ian Urbina (23 Mar 2007), "Court rejects law limiting online pornography," New York Times, www.nytimes.com/2007/03/23/us/23porn.html

2. Electronic Frontier Foundation (1 Mar 2013), "Unintended consequences: Fifteen years under the DMCA," https://www.eff.org/pages/unintended-consequences-fifteen-years-under-dmca

3. Louis J. Freeh (9 Sep 1997), "The impact of encryption on public safety: Statement of the Director, Federal Bureau of Investigation, before the Permanent Select Committee on Intelligence, United States House of Representatives," https://fas.org/irp/congress/1997_hr/h970909f.htm

4. Valerie Caproni (17 Feb 2011), "Statement before the House Judiciary Committee, Subcommittee on Crime, Terrorism, and Homeland Security," Federal Bureau of Investigation, https://archives.fbi.gov/archives/news/testimony/going-dark-lawful-electronic-surveillance-in-the-face-of-new-technologies

5. James B. Comey (8 Jul 2015), "Going dark: Encryption, technology, and the balances between public safety and privacy," Federal Bureau of Investigation, https://www.fbi.gov/news/testimony/going-dark-encryption-technology-and-the-balances-between-public-safety-and-privacy

6. Rod J. Rosenstein (4 Oct 2017), "Deputy Attorney General Rod J. Rosenstein delivers remarks at the Cambridge Cyber Summit," US Department of Justice, https://www.justice.gov/opa/speech/deputy-attorney-general-rod-j-rosenstein-delivers-remarks-cambridge-cyber-summit

7. Peter Swire and Kenesa Ahmad are responsible for that term. Peter Swire and Kenesa Ahmad (28 Nov 2011), "'Going dark' versus a 'golden age for surveillance,'" Center for Democracy and Technology, https://cdt.org/blog/%E2%80%98going-dark%E2%80%99-versus-a-%E2%80%98golden-age-for-surveillance%E2%80%99

8. Andi Wilson, Danielle Kehl, and Kevin Bankston (17 Jun 2015), "Doomed to repeat history? Lessons from the crypto wars of the 1990s," New America Foundation, https://www.newamerica.org/oti/doomed-to-repeat-history-lessons-from-the-crypto-wars-of-the-1990s

9. Federal Bureau of Investigation (3 Jun 1999), "Encryption: Impact on law enforcement," https://web.archive.org/web/20000815210233/https://www.fbi.gov/library/encrypt/en60399.pdf

10. Ellen Nakashima (16 Oct 2014), "FBI director: Tech companies should be required to make devices wiretap-friendly," Washington Post, https://www.washingtonpost.com/world/national-security/fbi-director-tech-companies-should-be-required-to-make-devices-wire-tap-friendly/2014/10/16/93244408-

555c-11e4-892e-602188e70e9c_story.html

11. Rod J. Rosenstein (10 Oct 2017), "Deputy Attorney General Rod J. Rosenstein delivers remarks on encryption at the United States Naval Academy," US Department of Justice, https://www.justice.gov/opa/speech/deputy-attorney-general-rod-j-rosenstein-delivers-remarks-encryption-united-states-naval

12. Bhairav Acharya et al. (28 Jun 2017), "Deciphering the European encryption debate: United Kingdom," New America, https://www.newamerica.org/oti/policy-papers/deciphering-european-encryption-debate-united-kingdom

13. Amar Tooer (24 Aug 2016), "France and Germany want Europe to crack down on encryption," Verge, https://www.theverge.com/2016/8/24/12621834/france-germany-encryption-terorrism-eu-telegram. Catherine Stupp (22 Nov 2016), "Five member states want EU-wide laws on encryption," Euractiv, https://www.euractiv.com/section/social-europe-jobs/news/five-member-states-want-eu-wide-laws-on-encryption

14. Samuel Gibbs (19 Jun 2017), "EU seeks to outlaw 'backdoors' in new data privacy proposals," Guardian, https://www.theguardian.com/technology/2017/jun/19/eu-outlaw-backdoors-new-data-privacy-proposals-uk-government-encrypted-communications-whatsapp

15. Rachel Baxendale (14 Jul 2017), "Laws could force companies to unlock encrypted messages of terrorists," Australian, http://www.theaustralian.com.au/national-affairs/laws-could-force-companies-to-unlock-encrypted-messages-of-terrorists/news-story/ed481d29c956dfac9361061a60dcf590

16. Vinod Sreeharsha (19 Jul 2016), "WhatsApp is briefly shut down in Brazil for a third time," New York Times, https://www.nytimes.com/2016/07/20/technology/whatsapp-is-briefly-shut-down-in-brazil-for-a-third-time.html

17. Mariella Moon (20 Dec 2016), "Egypt has blocked encrypted messaging app Signal," Engadget, https://www.engadget.com/2016/12/20/egypt-blocks-signal

18. Patrick Howell O'Neill (20 Jun 2016), "Russian bill requires encryption backdoors in all messenger apps," Daily Dot, https://www.dailydot.com/layer8/encryption-backdoor-russia-fsb. Adam Maida (18 Jul 2017), "Online and on all fronts: Russia's assault on freedom of expression," Human Rights Watch, https://www.hrw.org/report/2017/07/18/online-and-all-fronts/russias-assault-freedom-expression. Kenneth Rapoza (16 Oct 2017), "Russia fines cryptocurrency world's preferred messaging app, Telegram," Forbes, https://www.forbes.com/sites/kenrapoza/2017/10/16/russia-fines-cryptocurrency-worlds-preferred-messaging-app-telegram

19. Benjamin Haas (29 Jul 2017), "China blocks WhatsApp services as censors tighten grip on internet," Guardian, https://www.theguardian.com/technology/2017/jul/19/china-blocks-whatsapp-services-as-censors-tighten-

grip-on-internet

20. Mallory Locklear (23 Oct 2017), "FBI tried and failed to unlock 7,000 encrypted devices," Engadget, https://www.engadget.com/2017/10/23/fbi-failed-unlock-7-000-encrypted-devices

21. Fred Upton et al. (20 Dec 2016), "Encryption working group year-end report," House Judiciary Committee and House Energy and Commerce Committee Encryption Working Group, US House of Representatives, https://judiciary. house.gov/wp-content/uploads/2016/12/20161220EWGFINALReport.pdf

22. Steve Cannane (9 Nov 2017), "Cracking down on encryption could 'make it easier for hackers' to penetrate private services," ABC News Australia, http:// www.abc.net.au/news/2017-11-10/former-mi5-chief-says-encryption-cut-could-lead-to-more-hacking/9136746

23. Lily Hay Newman (21 Apr 2017), "Encrypted chat took over. Let's encrypt calls, too," Wired, https://www.wired.com/2017/04/encrypted-chat-took-now-encrypted-callings-turn

24. Whitfield Diffie and Susan Landau (1 Oct 2001), "The export of cryptography in the 20th century and the 21st," Sun Microsystems, https://pdfs. semanticscholar.org/1870/af818dd0075bb5e79764427a7c932fe3cfc6.pdf

25. British Broadcasting Corporation (12 Jan 2015), "David Cameron says new online data laws needed," BBC News, http://www.bbc.com/news/uk-politics-30778424. Andrew Griffin (12 Jan 2015), "WhatsApp and Snapchat could be banned under new surveillance plans," Independent, https://www. independent.co.uk/life-style/gadgets-and-tech/news/whatsapp-and-snapchat-could-be-banned-under-new-surveillance-plans-9973035.html

26. Charles Riley (4 Jun 2017), "Theresa May: Internet must be regulated to prevent terrorism," CNN, http://money.cnn.com/2017/06/04/technology/social-media-terrorism-extremism-london/index.html

27. Bruce Schneier, Kathleen Seidel, and Saranya Vijayakumar (11 Feb 2016), "A worldwide survey of encryption products," Publication 2016-2, Berkman Center for Internet & Society, Harvard University, https://papers.ssrn.com/sol3/papers.cfm?abstract_id=2731160

28. Cory Doctorow (4 Jun 2017), "Theresa May wants to ban crypto: Here's what that would cost, and here's why it won't work anyway," Boing Boing, https:// boingboing.net/2017/06/04/theresa-may-king-canute.html

29. Daniel Moore and Thomas Rid (Feb 2016), "Cryptopolitik and the Darknet," Survival58, no. 1, https://www.tandfonline.com/doi/abs/10.1080/00396338.201 6.1142085

30. Mike McConnell, Michael Chertoff, and William Lynn (28 Jul 2015), "Why the fear over ubiquitous data encryption is overblown," Washington Post,

https://www.washingtonpost.com/opinions/the-need-for-ubiquitous-data-encryption/2015/07/28/3d145952-324e-11e5-8353-1215475949f4_story.html

31. Helen Nissenbaum (1 Sep 1998), "The meaning of anonymity in an information age," Information Society15, http://www.cs.cornell.edu/~shmat/courses/cs5436/meaning-of-anonymity.pdf

32. The NSA's bulk collection program ended in 2015. Now, the phone companies save the metadata, and the NSA is able to query the database on demand. This seems like a difference without a difference. Charlie Savage (2 May 2017), "Reined-in NSA still collected 151 million phone records in '16," New York Times, https://www.nytimes.com/2017/05/02/us/politics/nsa-phone-records.html

33. Catherine Crump et al. (17 Jul 2013), "You are being tracked: How license plate readers are being used to record Americans' movements," American Civil Liberties Union, https://www.aclu.org/files/assets/071613-aclu-alprreport-opt-v05.pdf

34. Fred H. Cate and James X. Dempsey, eds. (2017), Bulk Collection: Systematic Government Access to Private-Sector Data, Oxford University Press, http://www.oxfordscholarship.com/view/10.1093/oso/9780190685515.001.0001/oso-9780190685515

35. Jeanne Guillemin (1 Jul 2006), "Scientists and the history of biological weapons: A brief historical overview of the development of biological weapons in the twentieth century," EMBO Reports7, http://www.ncbi.nlm.nih.gov/pmc/articles/PMC1490304

36. Jim Harper (10 Nov 2009), "The search for answers in Fort Hood," Cato at Liberty, http://www.cato.org/blog/search-answers-fort-hood. Jim Harper (11 Nov 2009), "Fort Hood: Reaction, response, and rejoinder," Cato at Liberty, http://www.cato.org/blog/fort-hood-reaction-response-rejoinder

37. Office of the Inspectors General for the Intelligence Community, Central Intelligence Agency, Department of Justice, and Department of Homeland Security (10 Apr 2014; unclassified summary released 6 Dec 2016), "Summary of information handling and sharing prior to the April 15, 2013 Boston Marathon bombings," https://www.dni.gov/index.php/who-we-are/organizations/ic-ig/ic-ig-news/1604

38. Irving Lachow (22 Feb 2013), "Active cyber defense: A framework for policymakers," Center for a New American Security, https://www.cnas.org/publications/reports/active-cyber-defense-a-framework-for-policymakers

39. Patrick Lin lays out the various arguments well. Patrick Lin (26 Sep 2016), "Ethics of hacking back: Six arguments from armed conflict to zombies," California Polytechnic State University, Ethics + Emerging Sciences Group,

http://ethics.calpoly.edu/hackingback.pdf

40. Josephine Wolff (17 Oct 2017), "Attack of the hack back," Slate, http://www. slate.com/articles/technology/future_tense/2017/10/hacking_back_the_worst_ idea_in_cybersecurity_rises_again.html

41. Josephine Wolff (14 Jul 2017), "When companies get hacked, should they be allowed to hack back?" Atlantic, https://www.theatlantic.com/business/ archive/2017/07/hacking-back-active-defense/533679

42. Jordan Robertson and Michael Riley (30 Dec 2013), "Would the U.S. really crack down on companies that hack back?" Bloomberg, https://www.bloomberg. com/news/2014-12-30/why-would-the-u-s-crack-down-on-companies-that-hack-back-.html

43. Tom Graves (13 Oct 2017), "Rep. Tom Graves formally introduces active cyber defense bill," https://tomgraves.house.gov/news/documentsingle. aspx?DocumentID=398840

44. Stewart A. Baker (8 May 2013), "The attribution revolution: Raising the costs for hackers and their customers: Statement of Stewart A. Baker, Partner, Steptoe & Johnson LLP, before the Judiciary Committee's Subcommittee on Crime and Terrorism, United States Senate," https://www.judiciary.senate. gov/imo/media/doc/5-8-13BakerTestimony.pdf. Stewart A. Baker (11 Sep 2013), "Testimony of Stewart A. Baker before the Committee on Homeland Security and Governmental Affairs, United States Senate: The Department of Homeland Security at 10 Years: Examining Challenges and Addressing Emerging Threats," https://www.hsgac.senate.gov/hearings/the-department-of-homeland-security-at-10-years-examining-challenges-and-achievements-and-addressing-emerging-threats. Stewart A. Baker, Orin Kerr, and Eugene Volokh (2 Nov 2012), "The hackback debate," Steptoe Cyberblog, https://www. steptoecyberblog.com/2012/11/02/the-hackback-debate. Stewart A. Baker (22 Jul 2016), "The case for limited hackback rights," Washington Post, https:// www.washingtonpost.com/news/volokh-conspiracy/wp/2016/07/22/the-case-for-limited-hackback-rights

45. Charles Finocchiaro (18 Mar 2013), "Personal factory or catalyst for piracy? The hype, hysteria, and hard realities of consumer 3-D printing," Cardozo Arts and Entertainment Law Journal 31, http://www.cardozoaelj.com/issues/archive/ 2012-13. Matthew Adam Susson (Apr 2013), "Watch the world 'burn': Copyright, micropatent and the emergence of 3D printing," Chapman University School of Law, http://papers.ssrn.com/sol3/papers.cfm?abstract_id=2253109

46. Cory Doctorow (10 Jan 2012), "Lockdown: The coming war on general-purpose computing," Boing Boing, http://boingboing.net/2012/01/10/ lockdown.html. Cory Doctorow (23 Aug 2012), "The coming civil war over

general purpose computing," Boing Boing, http://boingboing.net/2012/08/23/civilwar.html

47. Kristen Ann Woyach et al. (23–26 Sep 2008), "Crime and punishment for cognitive radios," 2008 46th Annual Allerton Conference on Communication, Control, and Computing, http://ieeexplore.ieee.org/document/4797562

12장. 신뢰와 복원력을 갖춘 평화 지향의 인터넷 플러스를 향해

1. There's a lot to this trend that's beyond the scope of the book. Jean M. Twenge, W. Keith Campbell, and Nathan T. Carter (9 Sep 2014), "Declines in trust in others and confidence in institutions among American adults and late adolescents, 1972–2012," Psychological Science 25, no. 10, http://journals.sagepub.com/doi/abs/10.1177/0956797614545133. David Halpern (12 Nov 2015), "Social trust is one of the most important measures that most people have never heard of—and it's moving," Behavioural Insights Team, http://www.behaviouralinsights.co.uk/uncategorized/social-trust-is-one-of-the-most-important-measures-that-most-people-have-never-heard-of-and-its-moving. Eric D. Gould and Alexander Hijzen (22 Aug 2016), "Growing apart, losing trust? The impact of inequality on social capital," International Monetary Fund Working Paper No. 16/176, https://www.imf.org/en/Publications/WP/Issues/2016/12/31/Growing-Apart-Losing-Trust-The-Impact-of-Inequality-on-Social-Capital-44197. Laura D'Olimpio (25 Oct 2016), "Fear, trust, and the social contract: What's lost in a society on permanent alert," ABC News, http://www.abc.net.au/news/2016-10-26/fear-trust--social-contract-society-on-permanent-alert/7959304

2. Kenneth Olmstead (27 Sep 2017), "Most Americans think the government could be monitoring their phone calls and emails," Pew Research Center, http://www.pewresearch.org/fact-tank/2017/09/27/most-americans-think-the-government-could-be-monitoring-their-phone-calls-and-emails

3. Thomas E. Donilon et al. (1 Dec 2016), "Report on securing and growing the digital economy," Commission on Enhancing National Cybersecurity, https://www.nist.gov/sites/default/files/documents/2016/12/02/cybersecurity-commission-report-final-post.pdf

4. Bruce Schneier (2012), Liars and Outliers: Enabling the Trust That Society Needs to Thrive, Wiley, http://www.wiley.com/WileyCDA/WileyTitle/productCd-1118143302.html

5. Tim Hwang and Adi Kamdar (9 Oct 2013), "The theory of peak advertising and the future of the web," version 1, Working Paper, Nesson Center for Internet Geophysics, http://peakads.org/images/Peak_Ads.pdf

6. Charles Perrow (1999), Normal Accidents: Living with High-Risk Technologies, Princeton University Press, https://www.amazon.com/Normal-Accidents-Living-High-Risk-Technologies/dp/0691004129. Charles Perrow (1 Sep 1999), "Organizing to reduce the vulnerabilities of complexity," Journal of Contingencies and Crisis Management 7, no. 3, http://onlinelibrary.wiley.com/doi/10.1111/1468-5973.00108/full

7. Aaron B. Wildavsky (1988), Searching for Safety, Transaction Publishers, https://books.google.com/books?id=rp6U8JsPlM0C

8. Bruce Schneier (14 Nov 2001), "Resilient security and the Internet," ICANN Community Meeting on Security and Stability of the Internet Naming and Address Allocation Systems, Los Angeles, California, http://cyber.law.harvard.edu/icann/mdr2001/archive/pres/schneier.html. Black Hat (accessed 24 Apr 2018), "Speakers," Black Hat Briefings '01, July 11–12 Las Vegas, https://www.blackhat.com/html/bh-usa-01/bh-usa-01-speakers.html

9. Bruce Schneier (2006), Beyond Fear: Thinking Sensibly about Security in an Uncertain World, Springer, https://books.google.com/books?id=btgLBwAAQBAJ&pg=PA120

10. World Economic Forum (7 Jun 2012), "Risk and responsibility in a hyperconnected world: Pathways to global cyber resilience," https://www.weforum.org/reports/risk-and-responsibility-hyperconnected-world-pathways-global-cyber-resilience

11. Gregory Treverton et al. (5 Jan 2017), "Global trends: Paradox of progress," NIC 2017-001, National Intelligence Council, https://www.dni.gov/files/documents/nic/GT-Full-Report.pdf

12. Jason Healey (28 Sep 2017), "Building a defensible cyberspace: Report of the New York Cyber Task Force," Columbia School of International and Public Affairs, http://globalpolicy.columbia.edu/sites/default/files/nyctf_2017-09-28_report.pdf

13. Jason Healey and Hannah Pitts (1 Oct 2012), "Applying international environmental legal norms to cyber statecraft," I/S: A Journal of Law and Policy for the Information Society 8, no. 2, http://moritzlaw.osu.edu/students/groups/is/files/2012/02/6.Healey.Pitts_.pdf

14. "Cyber peace is not the absence of attacks": Scott J. Shackelford (1 Jan 2016), Managing Cyber Attacks in International Law, Business, and Relations: In Search of Cyber Peace, Cambridge University Press, https://books.google.com/books /?id=_q2BAwAAQBAJ

15. Heather M. Roff (24 Feb 2016), "Cyber peace: Cybersecurity through the lens of positive peace," New America Foundation, https://static.newamerica.org/attachments/12554-cyber-peace/FOR%20PRINTING-Cyber_Peace_Roff.2fbbb0b

결론

1. Dan Geer (6 Aug 2007), "Measuring security," USENIX Security Symposium, http://geer.tinho.net/measuringsecurity.tutorial.pdf

2. Economist Tim Harford recently pointed this out. Tim Harford (8 Jul 2017), "What we get wrong about technology," FT Magazine, http://timharford.com/2017/08/what-we-get-wrong-about-technology.

3. This "law" was coined by Stanford University computer scientist Roy Amara, who also directs the Institute for the Future. Matt Ridley (12 Nov 2017), "Amara's law," Matt Ridley Online, http://www.rationaloptimist.com/blog/amaras-law

4. Bruce Schneier (Mar/Apr 2018), "Artificial intelligence and the attack/ defense balance," IEEE Security & Privacy, https://www.schneier.com/essays/archives/2018/03/artificial_intellige.html

5. Wikiquote (accessed 8 May 2018), "Otto von Bismarck," https://en.wikiquote.org/wiki/Otto_von_Bismarck.

6. Nicholas Bohm, Ian Brown, and Brian Gladman (31 Oct 2000), "Electronic commerce: Who carries the risk of fraud?" Journal of Information, Law & Technology 2000, no. 3, http://www.ernest.net/writing/FraudRiskAllocation.pdf

7. Toomas Hendrik Ilves (31 Jan 2014), "Rebooting trust? Freedom vs. security in cyberspace," Office of the President, Republic of Estonia, https://vp2006-2016.president.ee/en/official-duties/speeches/9796-qrebooting-trust-freedom-vs-security-in-cyberspaceq

8. James Titcomb (14 Jul 2017), "Malcolm Turnbull says laws of Australia trump laws of mathematics as tech giants told to hand over encrypted messages," Telegraph, http://www.telegraph.co.uk/technology/2017/07/14/malcolm-turnbull-says-laws-australia-trump-laws-mathematics

9. Here, Sweeney describes research that led to the de-anonymization of medical data belonging to then–Massachusetts governor William Weld. Latanya Sweeney (8 Jan 2001), "Computational disclosure control: A primer on data privacy protection," http://groups.csail.mit.edu/mac/classes/6.805/articles/privacy/sweeney-thesis-draft.pdf

10. Here's one paper: Latanya Sweeney (Jan 2013), "Discrimination in online ad delivery," Communications of the Association of Computing Machinery 56, no. 5, https://arxiv.org/abs/1301.6822

11. Latanya Sweeney (2002), "k-Anonymity: A model for protecting privacy," International Journal on Uncertainty, Fuzziness and Knowledge-Based Systems

10, no. 5, https://dataprivacylab.org/dataprivacy/projects/kanonymity/kanonymity.html

12. This is her latest book: Susan Landau (2017), Listening In: Cybersecurity in an Insecure Age, Yale University Press, https://books.google.com/books?id=QZ47DwAAQBAJ

13. This is her latest testimony: Susan Landau (1 Mar 2016), "Testimony for House Judiciary Committee hearing on 'The encryption tightrope: Balancing Americans' security and privacy,'" https://judiciary.house.gov/wp-content/uploads/2016/02/Landau-Written-Testimony.pdf

14. Here's one paper: Ariel Feldman, J. Alex Halderman, and Edward W. Felten (13 Sep 2006), "Security analysis of the Diebold AccuVote-TS voting machine," 2007 USENIX/ACCURATE Electronic Voting Technology Workshop, https://citp.princeton.edu/research/voting

15. American Civil Liberties Union (accessed 24 Apr 2018), "About the ACLU's Project on Speech, Privacy, and Technology," https://www.aclu.org/other/about-aclus-project-speech-privacy-and-technology

16. A discussion of this trend, and a good list of programs, can be found here: Alan Davidson, Maria White, and Alex Fiorille (26 Feb 2018), "Building the future: Educating tomorrow's leaders in an era of rapid technological change," New America/Freedman Consulting

17. Internet Policy Research Initiative (accessed 24 Mar 2018), Massachusetts Institute of Technology, https://internetpolicy.mit.edu

18. Georgetown Law (accessed 24 Apr 2018), "Center on Privacy & Technology," https://www.law.georgetown.edu/academics/centers-institutes/privacy-technology

19. Digital HKS (accessed 24 Apr 2018), Harvard Kennedy School, https://projects.iq.harvard.edu/digitalhks/home

20. NetGain is a consortium of large foundations that are trying to make this happen. Tom Freedman et al. (10 Feb 2016), "A pivotal moment: Developing a new generation of technologists for the public interest," NetGain Partnership, https://www.netgainpartnership.org/resources/2018/1/26/a-pivotal-moment

21. Freedman Consulting (3 Mar 2006), "Here to there: Lessons from public interest law," unpublished memo.

22. Robert L. Graham (1977), "Balancing the scales of justice: Financing public interest law in America," Loyola University Chicago Law Journal 8, no. 3, http://lawecommons.luc.edu/luclj/vol8/iss3/10

23. Laura Beth Nielsen and Catherine R. Albiston (1 Jan 2005), "The organization of public interest practice: 1975–2004," North Carolina Law Review84, http://scholarship.law.berkeley.edu/facpubs/1618

24. Indeed, some consider this number to be embarrassingly low. Pete Davis (26 Oct 2017), "Our bicentennial crisis: A call to action for Harvard Law School's public interest mission," Harvard Law Record, http://hlrecord.org/wp-content/uploads/2017/10/OurBicentennialCrisis.pdf

찾아보기

ㄱ

가용성   134
감마 그룹   114
감사 가능성   184
감시 자본주의   100, 101, 104, 113, 334, 335
감청통신지원법   271
개인을 식별할 수 있는 정보   181
개인정보보호규정   181, 209
게라시모프 독트린   122
경계 경로 프로토콜   46, 189
경합성   184
고등 보호 프로그램   85
국가교통안전위원회   285
국가사이버국   239
국가안보국   46, 190, 193
국립표준기술원   202
국제 이동국 식별 번호   271
국제표준화기구   228
규약 개발   270
규제 포획   251

ㄴ

낙수   78
노트페트야   122

ㄷ

다인   56
대량 살상 무기 확산 방지 구상   256
데이터 암호화 표준   62
디지털 권리 랭킹 이니셔티브   222
디지털밀레니엄저작권법   76

ㄹ

랜섬웨어   52, 127
랩MD   213
레몬 시장   218
루트킷   59

ㅁ

매수자 위험 부담 원칙   214
멀웨어   52
멜트다운   72
문라이트 메이즈   114
미국 보험협회 안전시험소   221
미국 컴퓨터 침해 사고 대응반   175
미국 컴퓨터학회   228
미라이   56

ㅂ

바이러스   59

방어 우세 전략　259

방위고등연구계획국　144

배후 세력　114

백도어　52, 311

벅샷 양키　114

보안 아키텍트　229

보안의 딜레마　125

보안 중심 설계　175

복원력　331

분산형 서비스 거부 공격　56

불런　270

브리더　92, 318

블라스터　157

비보안　99

비트코인　127, 129

비평화　123

ㅅ

사물인터넷　12, 24

사베인스–옥슬리 법　209

사이드로드　106

사이버 방패법　221

사이버보안법　299

사이버판 달 탐사　231

사이버판 맨해튼 프로젝트　231

소비자연맹　221

수사 권한법　311

스냅챗　106

스마트싱스　210

스크립트 키디　59

스턱스넷　90

스팅레이　271

시그널　304

식품의약국　223

ㅇ

암호화　60, 179

암호화 알고리즘　62

암호화폐　317

애자일　78

에퀴팩스　134, 175

연방무역위원회　213

오니티　214

오픈SSL　187

오픈소스　187, 188, 316

오픈 테크놀로지 인스티튜트　222

외상 후 스트레스 장애　160

웜　59

유엔유럽경제위원회　299

유튜브　106

이터널블루　266

익스피리언　300

인스타그램　106

인증　179

인터넷 기술 표준화 기구　270

인터넷 서비스 제공 회사　166

인터넷 프로토콜 보안　270

ㅈ

자경주의　325

전자기 펄스　155

전자통신프라이버시법　248

전자프론티어재단　222

제로 데이　82

제일브레이크　106

죄수의 딜레마　203

주요 인프라의 사이버 보안 개선을 위한 프레임
　　워크　202

중간자 공격　82, 273

ㅊ

책임성 184
취약점의 지분 평가 과정 265

ㅋ

캘리포니아개인정보보호청 300
캡차 129
컨슈머 리포트 221
크라임웨어 애즈 어 서비스 130
키 위탁 311

ㅌ

타이탄 레인 114
테디 베어와 토스터 법안 300
텔레그램 304

ㅍ

페드램프 202
페이스북 106
포티넷 52
프로토타입 78
플리커 304
피싱 60, 83, 84

ㅎ

하트블리드 187
핵티비스트 83
화웨이 12, 52

A

accountability 184
agile 78
auditability 184

B

BGP 49
BGP, Border Gateway Protocol 46
breeder 92
Buckshot Yankee 114
BULLRUN 270

C

CaaS, Crimeware-as-a-Service 130
CALEA, Communications Assistance for
    Law Enforcement Act 271
California Data Protection Authority 300
CAPCHA 129
caveat emptor 214
Consumer Reports 221
contestability 184
cryptocurrency 317
cyber Manhattan Project 231
cyber moonshot 231
Cybersecurity Act 299

D

DARPA, Defense Advanced Research
    Projects Agency 144
Data Encryption Standard 62
DDoS 56
DMCA, Digital Millenium Copyright Act 76

DNSChanger   70
DNSSEC, Domain Name System Security
    Extensions   49
DNS체인저   70
DPR, General Data Protection Regulation
    181
Dyn   56

E

ECPA, Electronic Communications Privacy
    Act   248
EFF   222
EMP   155
ETERNALBLUE   266
Experian   300

F

FBI   271, 325
FDA   223
FedRAMP   202
Flickr   304
Fortinet   52
FTC, Federal Trade Commission   213

G

Gamma Group   114
GDPR, General Data Protection Regulation
    209
Gerasimov Doctrine   122

H

Hacktivist   83

Heartbleed   187
Huawei   12

I

IEEE   228
IETF, Internet Engineering Task Force   270
IMSI, International Mobile Subscriber Identity
    271
Instagram   106
Investigatory Powers Act   311
IoT   12
IPsec, IP security protocol   270
ISO, International Organization for
    Standardization   228
ISP   46, 114, 166, 340

J

jailbreak   106

K

key escrow   311

L

LabMD가   213
Lemons Market   218

M

Malware   52
Meltdown   72
Mirai   56
Moonlight Maze   114

N

NCO, National Cyber Office 239
NIST, National Institute of Standards and
    Technology 202
NotPetya 122
NTSB 285

O

Onity 214
Open Technology Institute 222

P

PII, Personally Identifiable Information 181
PSI, Proliferation Security Initiative 256
PTSD 160

R

Ranking Digital Rights initiative 222
ransomware 127
Ransomware 52
regulatory capture 251
rootkit 59

S

Sarbanes-Oxley Act 209
script kiddie 59
security by design 175
sideload 106
SmartThings 210
SnapChat 106
Stingray 271
Stuxnet 90

T

Telegram 304
The Teddy Bears & Toasters Act 300
Titan Rain 114

U

UL, Underwriters Laboratories 221
UNECE, United Nations Economic
    Commission for Europe 299
unpeace 123
US-CERT 175

V

VEP, Vulnerabilities Equities Process 265,
    266
vigilantism 325

W

Waterfall 78

Y

Youtube 106

Z

zero-day 82
ZTE 12

에이콘출판의 기틀을 마련하신 故 정완재 선생님 (1935-2004)

모두를 죽이려면 여기를 클릭하세요

TMI, 초연결 네트워크 사회의 보안과 생존 전략

발　행 │ 2019년 5월 31일

지은이 │ 브루스 슈나이어
옮긴이 │ 김 상 현

펴낸이 │ 권 성 준
편집장 │ 황 영 주
편　집 │ 조 유 나
디자인 │ 박 주 란

에이콘출판주식회사
서울특별시 양천구 국회대로 287 (목동)
전화 02-2653-7600, 팩스 02-2653-0433
www.acornpub.co.kr / editor@acornpub.co.kr

이 도서의 국립중앙도서관 출판시도서목록(CIP)은 서지정보유통지원시스템 홈페이지(http://seoji.nl.go.kr)와
국가자료공동목록시스템(http://www.nl.go.kr/kolisnet)에서 이용하실 수 있습니다.(CIP제어번호: CIP2019020170)

책값은 뒤표지에 있습니다.